全球网络犯罪发展及治理态势研究报告

QUANQIU WANGLUO FANZUI FAZHAN JI
ZHILI TAISHI YANJIU BAOGAO

韩　娜／主编

知识产权出版社
全国百佳图书出版单位
—北京—

图书在版编目（CIP）数据

全球网络犯罪发展及治理态势研究报告 / 韩娜主编 . —北京：知识产权出版社，2022.11

ISBN 978-7-5130-8312-6

Ⅰ . ①全…　Ⅱ . ①韩…　Ⅲ . ①计算机犯罪—研究报告—世界　Ⅳ . ① D917.7

中国版本图书馆 CIP 数据核字（2022）第 155667 号

内容提要

本书以总体国家安全观为指导，内容覆盖网络灰黑产业链、网络数据犯罪、网络信息安全犯罪等领域，全面展示了全球网络犯罪最新发展态势，考察了各国的网络犯罪治理的制度、法律、战略、国际规则和合作机制。从计算机、法律、政治、国际关系等多学科复合视角出发，着力呈现全面、真实的全球网络犯罪及其治理图景，并基于各领域的犯罪态势与治理现状提出了针对性的对策。

本书内容深入浅出，适合相关专业学者、研究生作为研究学习的参考，也适合其他读者作为了解网络犯罪及治理态势的普及读本阅读。

责任编辑：阴海燕　　　　**责任印制**：孙婷婷

全球网络犯罪发展及治理态势研究报告

QUANQIU WANGLUO FANZUI FAZHAN JI ZHILI TAISHI YANJIU BAOGAO

韩　娜　主编

出版发行：知识产权出版社有限责任公司　　**网　　址**：http：//www.ipph.cn

电　　话：010-82004826　　http：//www.laichushu.com

社　　址：北京市海淀区气象路 50 号院　　**邮　　编**：100081

责编电话：010-82000860 转 8693　　**责编邮箱**：laichushu@cnipr.com

发行电话：010-82000860 转 8101　　**发行传真**：010-82000893

印　　刷：北京建宏印刷有限公司　　**经　　销**：新华书店、各大网上书店及相关专业书店

开　　本：787mm × 1092mm　1/16　　**印　　张**：22.75

版　　次：2022 年 11 月第 1 版　　**印　　次**：2022 年 11 月第 1 次印刷

字　　数：348 千字　　**定　　价**：118.00 元

ISBN 978-7-5130-8312-6

本书编委会

学术顾问： 汪　勇

主　　编： 韩　娜

编　　委： 康　宁　李梦琦　芦天亮
唐彬彬　吴才毓　杨关生
张溪瑨　张　钰　种　政
周　明

前　言

审视工业革命后激荡蓬勃的社会后，狄更斯在《双城记》中写道："这是最好的时代，也是最坏的时代。"如今人类社会已经经历了三次工业革命，我们仍然可以重复狄更斯在150多年前的这句话。如今的社会是网络时代、信息时代、大数据时代、人工智能时代、云计算时代等的叠加，其基础是网络和计算机的飞速发展。网络空间已经成为平行于现实世界的独立"社会"，同时又与现实世界关联交叉。网络空间成为人类的共同活动空间，数据成为生产要素，算法成为生产方式。在网络与代码的海洋中，诸如云计算技术、大数据技术、区块链技术、人工智能、元宇宙、Web3.0、5G技术、物联网等新技术、新场景、新构想，共同将网络空间的多维度多层次的复杂性推向了更高点，共同促进经济财富的增加、社会文明的进步和人类福祉的发展。因此，这是最好的时代。

但是网络空间的繁荣之下，暗流涌动。面对着不断涌现的内外威胁，网络空间安全岌岌可危。网络灰黑产链条，数据犯罪、侵犯公民个人信息犯罪等新型犯罪，危害到人民的人身和财产安全。国外反动势力虎视眈眈，企图借由网络空间扰乱我国的稳定局面，阻碍中华民族的复兴。针对政府计算机系统、关键基础设施的网络攻击每时每刻都在发生；为"颜色革命"做铺垫的信息操作、虚假宣传不断上演；对涉及我国国家安全的重要数据资源的窃取行为从未停止。因此，这是最坏的时代。

一个国家若失去了网络主权，失去了对网络空间及其资源的控制力，就没有任何国家安全可言。安全是发展的前提，没有国家安全，一切发展都难以进行。网络强国建设，网络安全是重中之重，网络犯罪是对网络安全的最大威胁之一。习近平总书记强调，“没有网络安全就没有国家安全，就没有经济社会稳定运行，广大人民群众利益也难以得到保障”，“要严密防范网络犯罪特别是新型网络犯罪，维护人民群众利益和社会和谐稳定”。可以说，如何维护网络空间安全，如何预防和打击网络犯罪，是这个时代的重要问题，解决这个问题应当成为学术界的重要学术使命之一。这是本书的编写初衷。

为充分发挥高校在互联网领域的教学研究资源和优势，开展网络空间国际交流合作、促进全球互联网事业发展贡献力量，2018 年 12 月，中央网信办联合教育部在全国遴选 10 家首批网络空间国际治理研究基地，中国人民公安大学成功入围。中国人民公安大学作为公安部的直属高等公安院校，在网络空间监管和治理中具有行业资源优势和科学研究优势。中国人民公安大学网络空间国际治理研究基地致力于网络空间中安全、警务、治理的研究工作，本书为研究员们共同编写，力求做到高维度、全景式、多学科地对全球网络犯罪进行全面和深入的描绘和分析，并提出有关对策。

本书具体分工如下：第一章“全球网络犯罪问题界定”由周明副教授和杨关生博士撰写；第二章“新型网络安全威胁问题”由芦天亮副教授撰写；第三章“网络黑灰产业链违法犯罪问题”由周明副教授撰写；第四章“危害国家安全信息犯罪问题”由博士研究生李梦琦撰写；第五章“网络数据犯罪问题”由博士研究生种政撰写；第六章“网络犯罪治理态势概览（一）”由吴才毓博士撰写；第七章“网络犯罪治理态势概览（二）”由康宁副教授撰写；第八章“域外主要国家网络犯罪治理态势”由张钰博士撰写；第九章“网络犯罪治理的国际规制制定态势”由韩娜副教授撰写；第十章“网络犯罪治理的国际合作机制”由唐彬彬副教授和张溪瑨博士撰写。

第一章“全球网络犯罪问题界定”，从总体层面对网络犯罪的概念、发展阶段、犯罪类型、风险来源、全球态势进行了分析；第二章“新型网络安全威胁问题”，从技术的角度剖析了新型网络安全事件的类型、态势，并提出了防御对策；第三章“网络黑灰产业链违法犯罪问题”对网络黑灰产业链进行了极为细致的研究，结合了大量真实案例和法律，提出了治理对策；第四章“危害国家安全信息犯罪问题”将危害国家安全信息犯罪分为煽动颠覆型、编造传播型、宣传恐怖型和获取秘密型，结合各国的治理实践进行了深入论述；第五章“网络数据犯罪问题”围绕数据犯罪，以规范和现实两条主线研究了数据犯罪的对象——数据法益、数据犯罪的类型、各国对数据犯罪的刑事法规制；第六章和第七章“网络犯罪治理态势概览”以比较法的视野研究了跨境数据流动法律制度、个人信息保护制度、区块链法律制度和关键基础设施保护法规；第八章“域外主要国家网络犯罪治理态势”将国家分为网络战略主导方和网络战略追随方，分别研究了这些国家的网络犯罪立法和战略；第九章“网络犯罪治理的国际规则制定态势”研究了联合国、欧洲、上海合作组织、金砖国家等国家、地区或组织制定的法律、条约和文件，总结了国际规则中的核心议题;第十章“网络犯罪治理的国际合作机制”基于网络命运共同体理念，倡导打击网络犯罪的国际合作，对具体规则、框架、发展态势进行了梳理。

本书仍存在诸多不足之处，恳请实务界人士、学术界同行提出宝贵意见。本书在筹备、撰写和出版的过程中得到了中国人民公安大学各层面的支持和鼓励，在此致以深深的谢意。

目 录

第一章　全球网络犯罪问题界定

第一节　网络犯罪

计算机技术、网络技术、电信技术的迅猛发展，使得网络与每个人的联系越来越密切。网络延伸到人们生活的方方面面，而网络犯罪也将其触角伸到这些领域。网络犯罪因其特殊属性，不是一个城市、一个地区的治理问题，甚至不是一个国家的治理问题，而是全球性问题。只有全球所有国家都重视网络犯罪问题，并采取积极有效的措施，才能将网络犯罪的危害降到最低，才能从根本上实现对网络的有效治理，使网络最大限度造福于人类社会。就像习近平总书记在第二届世界互联网大会开幕式上的讲话中提到的那样："一个安全稳定繁荣的网络空间，对各国乃至世界都具有重大意义。在现实空间，战火硝烟仍未散去，恐怖主义阴霾难除，违法犯罪时有发生。网络空间，不应成为各国角力的战场，更不能成为违法犯罪的温床。各国应该共同努力，防范和反对利用网络空间进行的恐怖、淫秽、贩毒、洗钱、赌博等犯罪活动。不论是商业窃密，还是对政府网络发起黑客攻击，都应该根据相关法律和国际公约予以坚决打击。维护网络安全不应有双重标准，不能一个国家安全而其他国家不安全，一部分国家安全而另一部分国家不安全，更不能以牺牲别国安全谋求自身所谓绝对安全。"

网络犯罪在当今社会呈现显著特点。①传统犯罪互联网化，网络犯罪由计算机犯罪而来，当前的网络犯罪不再局限于计算机犯罪，传统犯罪由线下转向线上，将互联网作为犯罪工具、犯罪手段的趋势日益显著。诈骗、赌博、盗窃、色情等传统违法犯罪重新以网络犯罪形式出现，并造成严重的社会危害。②网络犯罪产业链化，上下游黑灰产业链与网络犯罪及其他犯罪相互配合，为网络犯罪提供资金供给、技术、推广、结算等帮助。③网络犯罪共同犯罪化，网络犯罪单兵作战的情况越来越少，在利益的驱使下，互联网公司参与到网络犯罪中、在网络犯罪中扮演着越来越重要的角色。④网络犯罪跨国化，网络犯罪没有传统犯罪那种物理国界线，在犯罪过程中很容易“越界”，打破了传统犯罪国家、地域的界限，这使得网络犯罪管辖权争议较大，增加了犯罪行为被查出的难度，提高了办案的成本，也使得网络犯罪的犯罪人容易躲避法律的惩处。⑤网络犯罪主体多元化，随着网络的普及化、简易化趋势增强，网络犯罪的门槛也随之降低，网络犯罪对犯罪主体的要求进一步放宽，呈现犯罪主体多元化、低龄化趋势。

一、网络犯罪的概念

根据中国互联网络信息中心（CNNIC）发布的第47次《中国互联网络发展状况统计报告》中的统计：截至2020年12月，我国网民规模达9.89亿，手机网民规模达9.86亿，互联网普及率达70.4%。网络与我们生活从来没有像现在这么密切。特别是2020年新型冠状病毒肺炎疫情期间，基本上进入所有的公共场所，都需要申请和出示“防疫健康码”，进一步推动了互联网的普及应用。网络就像水和空气一样，与我们密不可分。

进入网络时代，我们在享受着网络带来的诸多便利的同时，也遇到了纷繁复杂的问题。网络空间有合法行为，就会存在、滋生非法行为，甚至是犯罪行为。法律往往具有一定的滞后性，技术的发展速度远快于法律的更新速度，这使得网络领域的行为，尤其是新兴技术得不到有效的规制，出现了大量针对网络空间的犯罪以及利用网络技术实施犯罪的情况。网络技术发展迅速，各国技术发展水平不一，使得各国对于网络技术发展的态度有很大区别，有的比较注重网络安全，有的则更重视网络技术的发展。实则网络安全是相对的，网络安全和信息化是一体之双翼、驱动之双轮，需要平衡驾驭。另外，各国对于网络犯罪的态度有所不同，有的国家将网络犯罪行为规定得比较具体，而有的国家则规定得比较笼统。

网络犯罪并非现在才出现的新情况，而是一种不断演变的犯罪现象。自计算机出现的那一天起，计算机犯罪以及后来的网络犯罪就开始出现。由于 IT 技术的多样性以及滥用 IT 技术方式的多样性，计算机犯罪或者网络犯罪也就不是一种单一的犯罪形式，而且还处在不断变化中。正是因为网络技术的这一特点以及各国网络发展水平的不同，使得各国对于网络犯罪概念的定义有所不同。截至目前，国际社会并没有一个关于网络犯罪的统一概念。即使在我国，学者们对于什么是网络犯罪也有不同的认识，没有达成一致意见。

（一）网络犯罪的三个阶段

网络犯罪是由计算机犯罪演变而来，经历了两个阶段：将网络作为工具的犯罪阶段和网络空间犯罪阶段，每个阶段都有不同的特点。由此，本书将网络犯罪分为三个阶段：计算机犯罪阶段、网络犯罪阶段和网络空间犯罪阶段。

1. 计算机犯罪阶段

第一个阶段是计算机技术刚开始应用时的计算机犯罪阶段：自 20 世纪 40 年代和 50 年代大型计算机首次被发明以来，计算机系统的滥用和误用就一直存在，当时大型计算机是用来改进军用弹药和火箭制导系统的，针对这些计算机以及计算机系统所实施的破坏行为带有一定的军事色彩，并没有被明确地作为犯罪来处理。随着计算机变得越来越必要，学术机构、军事机构、金融机构的研究和交流，恶作剧和恶作剧者不可避免地出现了。最初，这些恶作剧者主要是大学生，他们对计算机及其解题方法有着极大的好奇心。

20 世纪 50 年代，麻省理工学院（MIT）的学生开始尝试用恶作剧的形式进行黑客攻击。

20 世纪 60 年代，随着阿帕网和因特网的发明，计算机被安置在美国、欧洲各个研究所和大学中，越来越多的人接触到计算机，这使得恶作剧和滥用计算机行为变得越来越普遍。1963 年，“网络文化”这一术语第一次出现在牛津英语词典中。人们开始认识到计算机作为一个网络的存在。

20 世纪 70 年代中期，计算机滥用行为和数量进一步增多，相关研究人员开始研究“计算机滥用”问题，在此之前，使用计算机进行的有害活动并没有被作为犯罪来处理，也就是说，在20世纪70年代中期之前，存在计算机攻击、黑客行为等计算机滥用行为，但是并没有所谓的“计算机犯罪”。

20世纪80年代，随着越来越多的计算机通过互联网互联，越来越多的滥用计算机系统的行为促使各国政府开始考虑将此种滥用计算机行为作为犯罪处理，由此，各国通过了计算机相关滥用行为的法律。这些法律的立法原意是重点打击日益增长的计算机黑客现象，并很快扩展到打击其他类型的犯罪行为。计算机和网络技术的发明和广泛使用，使得计算机化、网络化成为现实，也使“计算机犯罪”的概念逐渐浮出水面。

2. 网络犯罪阶段

随着计算机技术的迅猛发展，更小、更强大、更便宜的计算机被迅速应用，并能够执行许多任务，包括在互联网上传和下载数据文件，计算机不再仅仅作为被攻击的“受害者”，而越来越多的以犯罪分子的“工具”形式存在。“计算机犯罪”这一概念越来越不适应社会发展的大环境。

1993年，万维网、大量的软件应用程序、在线内容和高速/宽带互联网连接的出现，使计算机犯罪演变为与计算机相关的犯罪。欧洲理事会于2004年通过的《布达佩斯网络犯罪公约》是应对网络犯罪的第一个国际公约。该公约抛弃了“计算机犯罪”的概念，转而使用“网络犯罪”概念，认为网络犯罪是：“危害计算机系统、网络和计算机数据的保密性、完整性和可用性，以及滥用这些系统、网络和资料的行为”；法国学者达尼埃尔·马丁和弗雷德里克·马丁认为：“网络犯罪的概念实际上涵盖了以下两种类型的刑事犯罪：第一种是以信息技术为犯罪对象的犯罪，也就是人们通常所说的纯正信息犯罪；第二种是以信息技术为实施犯罪方法的犯罪，这类犯罪所针对的是与信息和通信新技术相关的犯罪。”❶

❶ 达尼埃尔·马丁，弗雷德里克-保罗·马丁．网络犯罪—威胁风险与反击[M].北京：中国大百科全书出版社，2002：12-13.

3. 网络空间犯罪阶段

进入 21 世纪，尤其是近 10 年来，网络技术、电信技术获得空前大发展，网络在世界各国都得到普及，电信技术由 2G 到 3G 再到 4G，从 2019 年开始，5G 技术大规模商用，网络交流再次“提速”，世界越来越变成一个互联互通的“大网络”。计算机、平板电脑、智能手机、智能汽车以及各种智能设备相互连通，形成巨大的信息网络系统。入侵电脑系统、利用计算机进行犯罪这些犯罪形式早就“落伍”了，每时每刻都不断有新形式的网络犯罪产生。数据安全、身份信息安全、电信诈骗、网络赌博、网络钓鱼、垃圾邮件、恶意软件、数据导流、伪基站、木马植入等各种类型的犯罪应接不暇，而且这些犯罪类型相互交织，一个犯罪行为可能涉及多个网络犯罪行为。此时，网络不再是单一的网络，而是世界“大网络”，要在大网络的视野下看待网络犯罪问题，因此，“网络空间”的提法应运而生，人类社会进入了“网络空间时代”。

（二）网络犯罪的三种定义

计算机犯罪阶段、网络犯罪阶段和网络空间犯罪阶段这三个网络犯罪发展阶段相应派生出三种不同的“网络犯罪”的观点：目标说、工具说和空间说。

“目标说”将网络作为网络犯罪分子违法犯罪行为攻击的目标，对应的是计算机犯罪阶段的犯罪类型。

“工具说”认为，网络是违法犯罪分子实施其违法犯罪行为的工具，通过网络实现其违法犯罪的目标。对应的是“网络犯罪”阶段犯罪类型，这一时期，网络仅仅是可以登录互联网的工具，还并未进入互联互通的“大互联网”时代，网络是作为犯罪工具形式而存在的。

随着网络技术的发展，世界进入“万物互联”时代，网络成为人们生活的一部分。“目标说”和“工具说”的市场越来越小，坚持这两种观点的人越来越少。“目标说”和“工具说”不能适应社会发展需要的形势下，网络犯罪“空间说”观点被提出来，并获得人们的认可。“空间说”是将网络看作一个独立的空间，跟现实社会一样，只要是发生在这一虚拟空间中的犯罪行为，都是网络犯罪。“空间说”将网络犯罪概念作了最大化处理，将凡是与网络相关的犯罪行为都看作网络犯罪。这一观点符合网络以及网络犯罪发展趋势，是比较合理的观点。

因此，在当前语境下，网络犯罪其实指的是“网络空间犯罪”，因为表述习惯、表述简洁，我们还是采用“网络犯罪”这一术语。

二、网络犯罪的影响要素

影响网络犯罪的因素主要有以下几个方面。

（一）影响网络犯罪的经济要素

在司法实践中，实施网络犯罪的犯罪目的主要是为了获取利益。网络犯罪一个特点就是其犯罪成本相对比较低，而犯罪收益却比较高。以一个较低的投入，取得较高的收益，是刺激网络犯罪高发的重要因素。以网络电信诈骗犯罪为例，实施诈骗犯罪只需要一台可以上网的电脑、可以拨号的手机、几个经过简单培训能够掌握一些话术的犯罪分子即可“开工”电信诈骗。而电信诈骗的收益却是非常高的，有的电信诈骗犯罪案件涉案金额上百万甚至上千万元。

犯罪成本与收益另外的一个问题就是，犯罪行为能否被迅速发现。传统犯罪往往会在“犯罪现场”留下蛛丝马迹，犯罪分子必须想方设法将它们转移隐藏，以逃避侦查。防止留下痕迹以及逃避侦查，往往需要耗费犯罪分子大量时间和精力，需要一定的“犯罪经验”。在网络世界，逃避侦查相对容易一些。网络世界都是一组一组的网络数据，具有虚拟性，只要具备一定的网络技术，使用网络反侦察手段，就可以轻易逃避打击。少量的投入，较小的成本，而产生出较大的收益，且被发现并得到惩罚的概率较低，这些因素使得网络犯罪屡禁不绝。经济因素是推动网络犯罪不断发展的“原动力”。

（二）影响网络犯罪的技术要素

互联网技术、软件技术在不断进步，网络技术是一把“双刃剑”，在造福社会的同时也被应用在网络犯罪中。近些年，智能技术在不断进步，AI、大数据等技术应用于社会生产生活，同时也被应用于网络犯罪。比如 AI 技术，当前一些电信诈骗的“话术员”不再是真人，而是 AI 机器，或者用 AI 机器合成诈骗分子想要的语音类型。根据报道，“2019 年 1 月 21 日，杭州的邓先生接到了一个问他要不要贷款的电话，因为他正急需，就和对方聊了起来。邓先生不知道，一开始跟他聊天的是机器人，等到真人详谈时，骗子已然张开大网。杭州市西湖区人民检察院日前起诉了一个诈骗团伙，有夫妻，有亲戚，专门实施声称‘会员就可贷款’电信诈骗，为了撒大网搜寻目标，骗子公司还用上了 AI 机器人，并由两名技术人员日常维护”[1]。2019 年 3 月，“一群窃贼使用 AI 语音模仿软件，仿冒某公司高层电话该公司员工，让其把钱打到一个异地账户中，电话中高度仿制了这名高层的音调、停顿甚至是德国口音，最终成功盗走了 24 万美元”。此案被称为全球首例 AI 诈骗案，“有联合国区域间犯罪与司法研究所负责人就此表示，将机器学习技术应用于欺骗性声音使网络犯罪变得更加容易。”[2] 网络技术的不断发展，是“推动”网络犯罪不断发展的“助推力”。

（三）影响网络犯罪的社会要素

网络犯罪主要体现为“财产性”犯罪，财产性犯罪具有一定的隐蔽性，不像故意杀人、抢劫、放火等暴力犯罪，网络犯罪多以“静悄悄”的方式进行，由此带来的社会影响力比较小。除非是犯罪的被害人，否则，一般人很少注意网络犯罪问题。

---

[1] 电信诈骗夫妻店用上 AI 机器人，还专门雇了两名技术人员来维护 [EB/OL].（2019–12–07）[2021–08–29]. 人民网官方账号，https://baijiahao.baidu.com/s?id=1652230356838216808&wfr=spider&for=pc.

[2] AI 换脸 App 问题太多 火得快凉得更快 [EB/OL].（2019–09–09）[2021–08–29]. 人民网官方账号，https：//baijiahao.baidu.com/s?id=1644157191873217572&wfr=spider&for=pc.

另外，网络犯罪的行为人并不认为自己的行为有多么恶劣。尤其很多网络黑灰产业链犯罪行为人认为自己只是“打了个电话”“只是提供了自己的资金账户”“只是帮朋友一个小忙”，别人只是给自己一些手续费，并没有意识到自己在参与侵犯他人权益的违法犯罪活动，已经构成涉嫌参与或实施网络犯罪活动。这种情况与社会生活和规制社会生活的法律同步发生迅速变化有较大关联。在网络犯罪活动更新迭代的过程中，立法执法活动迅速跟进，本来“置身事外”的社会公众却未能及时知晓相关的变化，因而导致法律知识断层、法律意识阶段性淡薄的情况出现。

（四）影响网络犯罪的法治要素

网络技术在不断发展，法律有一定的滞后性，对于网络犯罪行为的认定和惩处存在法律空白与漏洞。虽然 2016 年最高人民法院、最高人民检察院、公安部联合印发《关于办理刑事案件收集提取和审查判断电子数据若干问题的规定》。但在现实的司法实践环节，如电子证据的取证、固定、鉴定、举证依然存在标准不清晰、程序较复杂、效果不确定等问题，打击网络犯罪还存在诸多困难，加之司法人员技术能力限制，尚未能起到有效打击惩处此类犯罪行为的效果。

三、网络犯罪的类型

对于网络犯罪的类型，《布达佩斯网络犯罪公约》及附加协定（《关于网络犯罪的公约的附加协议，关于将通过计算机系统实施的种族主义和仇外性质的行为犯罪化》），将网络犯罪分为 4 类 13 种犯罪：第一类是侵犯计算机系统和数据的犯罪；第二类是与计算机相关的犯罪；第三类是与内容相关的犯罪；第四类是侵犯著作权及其邻接权罪。

就我国而言，我国社会信息化发展至今已有 20 余年，我国网络犯罪也经历了计算机犯罪、网络犯罪、网络空间犯罪三个样态，在每一个演变阶段中，我国刑法都及时回应，在网络法方面，《中华人民共和国刑法》（以下简称《刑法》）经过了6次修改，目前已经形成了针对各种类型网络犯罪的应对策略。随着网络黑色产业链的形成，上、中、下游已经形成了分工。上游的软件研发者制作黑客工具、木马程序及病毒等，并出售牟利；中游的网络犯罪人使用上游研发的网络工具窃取终端用户的网络数据，并出售牟利；下游的犯罪人利用从中游犯罪人手中购得的数据信息实施盗窃、诈骗等各种犯罪[1]。为应对这一趋势，2014年5月4日，最高人民法院、最高人民检察院、公安部《关于办理网络犯罪案件适用刑事诉讼程序若干问题的意见》中指出，关于网络犯罪案件的范围包括："（1）危害计算机信息系统安全犯罪案件；（2）通过危害计算机信息系统安全实施的盗窃、诈骗、敲诈勒索等犯罪案件；（3）在网络上发布信息或者设立主要用于实施犯罪活动的网站、通讯群组，针对或者组织、教唆、帮助不特定多数人实施的犯罪案件；（4）主要犯罪行为在网络上实施的其他案件。"

2021年，最高人民检察院印发《人民检察院办理网络犯罪案件规定》，第2条明确规定："本规定所称网络犯罪是指针对信息网络实施的犯罪，利用信息网络实施的犯罪，以及其他上下游关联犯罪。"将上下游关联犯罪认定为网络犯罪。

根据网络技术发展状况以及网络犯罪发展的特点，可以将网络犯罪分为三类：一是以网络为犯罪对象的网络犯罪；二是以网络为犯罪工具、手段的网络犯罪；三是上下游关联犯罪，即网络黑灰产业链犯罪。

以网络为犯罪对象的网络犯罪主要涉及如下刑法罪名：非法侵入计算机信息系统罪，破坏计算机信息系统罪，非法获取计算机信息系统数据、非法控制计算机信息系统罪，提供非法侵入、非法控制计算机信息系统程序、工具罪，帮助信息网络活动罪，拒不履行网络安全管理义务罪，非法利用信息网络罪等。

以网络为犯罪工具、手段的网络犯罪所涉及的行为类型主要有：利用网络进行盗窃、诈骗、赌博、敲诈勒索、传播淫秽物品、强制猥亵妇女、儿童、侮辱、诽谤、寻衅滋事、侵犯公民个人信息等。尤其是利用网络进行电信诈骗，是近

[1] 皮勇．我国网络犯罪刑法立法研究——兼论我国刑法修正案（七）中的网络犯罪立法[J]．河北法学，2009（6）：49–57.

年来重点打击的犯罪行为类型。网络诈骗的犯罪手法多种多样，防不胜防，重点关注并打击一类网络诈骗之后，往往又会不断冒出新型网络诈骗类型。常见类型有网络信息卡诈骗、中奖诈骗、网络传销诈骗、网络购物诈骗、利用微信红包诈骗、以刷信誉有报酬方式诈骗、冒充身份诈骗、以提供虚假服务和稀缺资源诈骗、网上招生招聘诈骗、以医疗为幌子诈骗、虚假兼职诈骗、互联网金融诈骗。

上下游关联犯罪，主要指的是网络黑灰产业链犯罪，网络黑灰产业链并非一个罪名。网络黑灰产业链是由多个相关行为组成的行为集合体。另外，之所以称为“黑灰产业链”，也是为此类行为做了定性，即此类行为是游离于违法、犯罪边缘的“灰色”“黑色”地带。行为是否构成犯罪、构成何种犯罪，存在着一定的不确定性。如果毫无争议构成犯罪，那么就可以网络犯罪或者其他罪名定罪处罚。正是因为网络黑灰产业链的这一特点，使得相关行为的定性与处罚存在一定的难度。学界对于“网络黑灰产业链”有不同的认定，有的学者指出“网络黑灰产”定义为：“以虚拟网络空间为场所，以中立性技术为依靠，以谋取不正当利益为动机，以非犯罪技术或行为为表象，以实施违法犯罪行为为实质的社会分工组织形式”❶。

网络黑灰产业链犯罪的特征是：首先，这是一种违法犯罪行为，但是不同于传统犯罪，其法律属性并不是非常明确；其次，网络黑灰产业链是依托于网络技术而存在与发展，是网络空间中的违法犯罪行为；最后，网络黑灰产业链是由一系列相关行为构成，存在上游、中游、下游多个合作链条，呈现出网络关系的产业链。

（一）以网络为犯罪对象的网络犯罪

1. 非法侵入计算机信息系统罪

我国《刑法》第 285 条第 1 款规定：“违反国家规定，侵入国家事务、国

❶ 刘宪权，网络黑灰产上游犯罪的刑法规制 [J]. 国家检察官学院学报，2021，29（1）：3–17.

防建设、尖端科学技术领域的计算机信息系统的，处三年以下有期徒刑或者拘役。”

本罪是指违反国家法律规定，侵入国家事务、国防建设、尖端科学技术领域的计算机信息系统的行为。行为人只要在客观上实施了侵入行为，无论是否进一步实施其他行为，均可以构成本罪。

2. 非法获取计算机信息系统数据、非法控制计算机信息系统罪

《刑法》第 285 条第 2 款规定：“违反国家规定，侵入前款规定以外的计算机信息系统或者采用其他技术手段，获取该计算机信息系统中存储、处理或者传输的数据，或者对该计算机信息系统实施非法控制，情节严重的，处三年以下有期徒刑或者拘役，并处或者单处罚金；情节特别严重的，处三年以上七年以下有期徒刑，并处罚金。”

本罪包括非法获取计算机信息系统数据和非法控制计算机信息系统两种行为，然而根据最高人民法院、最高人民检察院的罪名司法解释，并没有将这两种行为分别设立为两个罪名，而是采取了排列式的罪名方式。

3. 提供侵入、非法控制计算机信息系统程序、工具罪

《刑法》第 285 条第 3 款规定：“提供专门用于侵入、非法控制计算机信息系统的程序、工具，或者明知他人实施侵入、非法控制计算机信息系统的违法犯罪行为而为其提供程序、工具，情节严重的，依照前款的规定处罚。”

4. 破坏计算机信息系统罪

《刑法》第 286 条规定：“违反国家规定，对计算机信息系统功能进行删除、修改、增加、干扰，造成计算机信息系统不能正常运行，后果严重的，处五年以下有期徒刑或者拘役；后果特别严重的，处五年以上有期徒刑。违反国家规定，对计算机信息系统中存储、处理或者传输的数据和应用程序进行删除、修改、增加的操作，后果严重的，依照前款的规定处罚。故意制作、传播计算机病毒等破坏性程序，影响计算机系统正常运行，后果严重的，依照第一款的规定处罚。单位犯前三款罪的，对单位判处罚金，并对其直接负责的主管人员和其他直接责任人员，依照第一款的规定处罚。”

5. 拒不履行信息网络安全管理义务罪

《刑法》第 286 条之一条规定："网络服务提供者不履行法律、行政法规规定的信息网络安全管理义务，经监管部门责令采取改正措施而拒不改正，有下列情形之一的，处三年以下有期徒刑、拘役或者管制，并处或者单处罚金：（一）致使违法信息大量传播的；（二）致使用户信息泄露，造成严重后果的；（三）致使刑事案件证据灭失，情节严重的；（四）有其他严重情节的。单位犯前款罪的，对单位判处罚金，并对其直接负责的主管人员和其他直接责任人员，依照前款的规定处罚。有前两款行为，同时构成其他犯罪的，依照处罚较重的规定定罪处罚。"

（二）以网络为犯罪工具、手段的网络犯罪

利用计算机网络实施传统犯罪，例如网络诈骗、网络盗窃等，均是传统犯罪的网络化。《刑法》第 287 条规定："利用计算机实施金融诈骗、盗窃、贪污、挪用公款、窃取国家秘密或者其他犯罪的，依照本法有关规定定罪处罚"。"在刑法已有规定的情况下，提示司法人员注意对相关规定的适用。因此，注意规定也称为提示性规定。注意规定不同于特别规定，特别规定是刑法对某一特别事项所做的规定，因而是对于已有的规定来说，是一种补充性规定。《刑法》第 287 条的规定，提示司法人员对于利用计算机实施刑法已经规定的犯罪的，应当按照相关规定定罪处罚。可以说，大多数传统犯罪都可以利用网络（以网络为工具）实施或者在网络空间（以网络为地点）实施。对于这些发生在网络上的传统犯罪，完全可以根据现行刑法规定进行认定处罚，只不过需要对刑法教义学的犯罪认定原理进行适当的调整。"[1]

《刑法》第 287 条对利用计算机实施犯罪作了提示性规定，即：利用计算机实施金融诈骗、盗窃、贪污、挪用公款、窃取国家秘密或者其他犯罪的，依照本法有关规定定罪处罚。

在第 287 条之一条规定了非法利用信息网络罪，"利用信息网络实施下列

---

[1] 陈兴良 . 网络犯罪的类型及其司法认定 [J]. 法治研究，2021，135（3）：3–16.

行为之一，情节严重的，处三年以下有期徒刑或者拘役，并处或者单处罚金：（一）设立用于实施诈骗、传授犯罪方法、制作或者销售违禁物品、管制物品等违法犯罪活动的网站、通讯群组的；（二）发布有关制作或者销售毒品、枪支、淫秽物品等违禁物品、管制物品或者其他违法犯罪信息的；（三）为实施诈骗等违法犯罪活动发布信息的。单位犯前款罪的，对单位判处罚金，并对其直接负责的主管人员和其他直接责任人员，依照第一款的规定处罚。有上述行为，同时构成其他犯罪的，依照处罚较重的规定定罪处罚。”

（三）上下游关联犯罪

上下游关联犯罪，主要以网络黑灰产业链犯罪为主。近年来，网络黑灰产业链犯罪呈现高发态势，相关刑事政策积极做出调整，针对突出的“黑灰产”形态增设专门罪名、增设非法利用信息网络罪、增设帮助信息网络犯罪活动罪。

刑法修正案将一些常见的黑灰产样态直接纳入刑事规制范围，设置专门罪名。例如《刑法修正案（七）》《刑法修正案（九）》先后通过增设和完善《刑法》第253条之一，以设置侵犯公民个人信息犯罪专门法条的方式将其直接纳入刑事规制范围；《刑法修正案（七）》增设《刑法》第285条第3款，规定了专门的提供侵入、非法控制计算机信息系统程序、工具罪，将本属共同犯罪帮助犯的行为独立入罪评价。《刑法》第287条款之二规定了帮助信息网络犯罪活动罪：明知他人利用信息网络实施犯罪，为其犯罪提供互联网接入、服务器托管、网络存储、通讯传输等技术支持，或者提供广告推广、支付结算等帮助，情节严重的，处三年以下有期徒刑或者拘役，并处或者单处罚金。单位犯前款罪的，对单位判处罚金，并对其直接负责的主管人员和其他直接责任人员，依照第一款的规定处罚。有前两款行为，同时构成其他犯罪的，依照处罚较重的规定定罪处罚。

网络黑灰产业链最初以电信诈骗犯罪为主要模式。

1. 依附于电信诈骗、网络赌博等犯罪形成的网络黑灰产业链

依附于电信诈骗、网络赌博等犯罪形成的网络黑灰产业链主要类型有：手机黑卡、银行卡、网络账号产业链，非法获取公民个人信息产业链，“暗网”产业链，流量劫持产业链，伪基站产业链，资金通道产业链等。

2. 网络黑灰产业链自身形成的产业链

近些年，随着国家打击电信诈骗力度的加强，网络黑灰产业链不再仅仅依附于电信诈骗生存，而是逐渐发展出具有自身特色的“产业业态”，形成了独立于电信诈骗犯罪之外的新型网络黑灰产业链。网络黑灰产业链自身形成的产业链违法犯罪行为更为隐蔽、涉案金额更大、影响范围更广泛，因此，应当给予网络黑灰产业链自身形成的产业链足够重视。

网络黑灰产业链自身形成的产业链主要有：网络电商刷单产业链，“羊毛党”套利产业链，网络水军产业链，App 违法违规收集使用个人信息产业链，恶意软件、App 网络黑灰产业链，伪造身份黑灰产业链，人脸识别等生物识别技术黑灰产业链等。

第二节　网络犯罪风险类型

一、国家安全风险

（一）没有网络安全就没有国家安全

网络技术的迅猛发展和广泛应用，引起了国家安全领域的革命性变革，网络安全成为国家安全的“无形疆域”，构成了国家安全的重要内容和关键要素，并迅速渗透到国家的政治、经济、军事、文化、社会安全中。可以说，没有网络安全，国家安全的其他领域就得不到有效保障，就没有国家的综合安全。网络安全在国家安全中占有极其重要的战略地位，已经成为国家和社会的基础性安全。❶

早在 2014 年，习近平总书记就指出：“没有网络安全就没有国家安全，没

❶ 王舒毅 . 网络安全国家战略研究 [M]. 北京：金城出版社，2016.

有信息化就没有现代化。建设网络强国，要有自己的技术，有过硬的技术；要有丰富全面的信息服务，繁荣发展的网络文化；要有良好的信息基础设施，形成实力雄厚的信息经济；要有高素质的网络安全和信息化人才队伍；要积极开展双边、多边的互联网国际交流合作。建设网络强国的战略部署要与‘两个一百年’奋斗目标同步推进，向着网络基础设施基本普及、自主创新能力显著增强、信息经济全面发展、网络安全保障有力的目标不断前进。”

网络安全中的国家安全，并非一个国家的安全，而是全世界所有国家的安全，2015 年习近平在第二届世界互联网大会开幕式上的讲话中讲道：“一个安全稳定繁荣的网络空间，对各国乃至世界都具有重大意义。在现实空间，战火硝烟仍未散去，恐怖主义阴霾难除，违法犯罪时有发生。网络空间，不应成为各国角力的战场，更不能成为违法犯罪的温床。各国应该共同努力，防范和反对利用网络空间进行的恐怖、淫秽、贩毒、洗钱、赌博等犯罪活动。不论是商业窃密，还是对政府网络发起黑客攻击，都应该根据相关法律和国际公约予以坚决打击。维护网络安全不应有双重标准，不能一个国家安全而其他国家不安全，一部分国家安全而另一部分国家不安全，更不能以牺牲别国安全谋求自身所谓绝对安全。”

（二）网络是国家安全的重要阵地

一些境外敌对势力将网络作为向我国渗透破坏的重要方式，试图破坏我国国家安全和社会稳定。有一些人忽略了国家安全的重要性，在网络中迷失自己，将互联网作为新的传播工具，大肆散布违法有害信息，做出危害国家安全的犯罪行为。网络是国家安全的重要阵地，能否赢得意识形态领域渗透和反渗透斗争的胜利，在很大程度上决定我们党和国家的未来。

2021 年，国家安全部公布了一起通过网络犯罪危害国家安全的案例。犯罪人田某是河北某高校新闻系学生，长期收听境外反华媒体广播节目，经常通过网络浏览境外大量有害政治信息。2016 年 1 月，田某开通境外社交媒体账号，开始同境外反华敌对势力人员进行互动，接受所谓“民主宪政”的理论影响，反动思想日渐顽固。进入大学后，田某经境外反华媒体记者引荐，成为某西方知名媒体北京分社实习记者，并接受多个境外反华敌对媒体邀请担任驻京记者。在此期间，田某大量接收活动经费，介入炒作多起热点敏感案事件，累计向境外提供反宣素材 3000 余份，刊发署名文章 500 余篇。在境外势力蛊惑教唆下，田某于 2018 年创办了一个境外反动网站，大肆传播各类反宣信息和政治谣言，对我国进行恶毒攻击。2019 年 4 月，田某受境外反华媒体人邀请秘密赴西方某国，同境外 20 余个敌对组织接触，同时接受该国 10 余名官员直接问询和具体指令，秘密搜集提供污蔑抹黑我国的所谓“证据”。田某与境外反华组织接触开展的一系列渗透活动，严重危害我国政治安全。国家安全机关通过严密侦查，于 2019 年 6 月依法将田某抓捕归案。[1] 这一案例非常典型，表明了网络安全对于国家安全的重要性，国家应当依法加强网络空间治理，加强网络内容建设，做强网上正面宣传，培育积极健康、向上向善的网络文化，用社会主义核心价值观和人类优秀文明成果滋养人心、滋养社会，做到正能量充沛、主旋律高昂，为广大网民特别是青少年营造一个风清气正的网络空间。

二、新型网络安全风险

（一）“四新经济”给网络安全带来的新挑战

随着高新技术的飞速发展，我国的社会经济转型呈现出以科技化带动产业化的特点，由此出现了以“新技术、新产业、新业态、新模式”为代表的“四新经济”的发展。新业态是指基于不同产业的组合、企业内部价值链和外部产业链环节的分化、融合、行业跨界整合，以及嫁接信息及互联网技术所形成的新型企业、商业乃至产业的组织形态[2]。“四新经济”推动的互联网技术的进步与应用，同时也给网络安全带来了新的挑战。“道高一尺魔高一丈”，技术进步

[1] 反华敌对势力渗透拉拢策反内地赴港学生 [N]. 法治日报，2021-04-15（5）.

[2] 王丹娜，周汉民 . 推动中国数字经济安全、高质量发展 [J]. 中国信息安全，2020（5）：66-70.

的同时，还应当防范危害网络安全犯罪行为给国家、社会以及网络空间带来的巨大危害。

（二）新型网络安全风险的特点

新型网络安全风险有四个特征：①规模大、多元化。各类同构和异构数据被广泛收集、存储、分析和应用，数据日益成为重要战略资源和新生产要素。信息系统和平台呈现出存储数据规模巨大、数据类型多样、数据产生速度快、数据价值高等特点，这些有价值的数据将会成为不法分子违法犯罪的目标，大数据时代下数据安全问题将更加凸显。②隐蔽性、虚拟化。在互联网、云平台场景下，信息虚拟化在促进“四新经济”发展的同时，也使网络安全风险更隐蔽。如以互联网平台为载体的网络传销、网络贩毒、虚拟货币、勒索病毒等，由于其隐蔽性强、传播速度快、虚拟化、取证难、涉案范围广、匿名性等特点，使不法分子有可乘之机。③异构性、复杂化。互联网、工业互联网、物联网等已经成为“新基础设施”。新基础设施下的网络环境日益复杂和异构化，虽然可以根据用户、业务需求，为其提供个性化服务，但是各种网络攻击手段的与日俱增，使安全的需要在异构网络的各个关键环节日益增加。④信息化、智能化。人工智能技术的革新促进了“四新经济”的发展，使传统网络安全风险与新型网络安全风险相互交织。信息化、智能化技术是一把双刃剑，既带来了新的网络安全风险，导致新的智能化网络攻击手段增多，又推动形成了新的网络安全治理手段。[1]

（三）新型网络安全风险防范策略

针对日益突出的新型网络安全风险，2020 年，我国将防控新型网络安全风险作为工作的重中之重，并提出治理对策：“一是构筑打击遏制网络犯罪的‘新高地’。要抓住群众反映强烈的网络贩枪、网络黄赌毒、网络传销、电信网络

[1] 陈伟，张平，戴华，等．新型网络安全风险的管控技术与对策 [J]. 南京邮电大学学报（社会科学版），2021，23（8）：1–10.

诈骗、网络套路贷等新兴网络犯罪，完善线索快速落查、跨区域协作和跨境执法司法合作机制，深化打击整治行动，坚决打掉网络黑灰产业链，遏制网络犯罪高发势头。二是构筑大数据安全的‘防护罩’。要把大数据安全作为贯彻总体国家安全观的基础性工程，依法严厉打击侵犯公民隐私、损坏数据安全、窃取数据秘密等违法犯罪活动。三是构筑新业态风险的‘隔离带’。要坚持鼓励创新与确保安全相统一，对新技术、新产业、新业态、新模式，既留足发展空间又坚守安全底线。”❶在应对新型网络安全风险过程中，要发挥部门优势，健全相关部门信息共享、会商研判、协调处置等工作机制，深入打击整治网络贩枪、网络黄赌毒、网络传销、电信网络诈骗、网络套路贷等网络犯罪，依法严厉打击网络犯罪利益链条。加强网络安全监管、电话用户实名登记，落实网络安全主体责任。

三、数据安全风险

（一）数据安全重要性

大数据时代的到来，使得数据成为一项非常重要的资源。数据的安全问题成为国家和社会关注的焦点问题之一。大数据技术及应用蓬勃发展，大数据数量和价值快速攀升，除数据资源自身蕴含的丰富价值外，元数据资源经挖掘分析可创造出更为巨大的经济和社会价值。随着“互联网 +”行动计划进一步推进实施，大数据将加速从互联网向更广泛的领域渗透，与此同时，大数据安全威胁也将全面辐射到各行各业。❷习近平总书记在十九届中央政治局第二次集体学习时的讲话中就提出：“要切实保障国家数据安全。要加强关键信息基础设施安全保护，强化国家关键数据资源保护能力，增强数据安全预警和溯源能力。要加强政策、

❶ 2020 年防控新型网络安全风险将成为重中之重 [EB/OL]. [2021-09-13]. http：//www.cac.gov.cn/2020-01/19/c_1580973813671081.htm.

❷ 大数据时代数据安全保障的举措分析 [EB/OL]. [2021-06-13]. http：//www.cac.gov.cn/2015-06/03/c_1115494301.htm.

监管、法律的统筹协调，加快法规制度建设。要制定数据资源确权、开放、流通、交易相关制度，完善数据产权保护制度。要加大对技术专利、数字版权、数字内容产品及个人隐私等的保护力度，维护广大人民群众利益、社会稳定、国家安全。要加强国际数据治理政策储备和治理规则研究，提出中国方案”。

（二）数据安全风险来源

数据安全风险主要有以下几个方面。

1. 数据丢失及泄露风险

数据中心、移动智能终端承载大量重要业务数据和用户个人信息，安全地位日益凸显。存储的大量数据面临丢失、泄露风险。防止数据丢失与泄露需要从关键信息基础设施安全防护入手，2021 年 9 月 1 日起施行的《关键信息基础设施安全保护条例》明确规定：“关键信息基础设施，是指公共通信和信息服务、能源、交通、水利、金融、公共服务、电子政务、国防科技工业等重要行业和领域的，以及其他一旦遭到破坏、丧失功能或者数据泄露，可能严重危害国家安全、国计民生、公共利益的重要网络设施、信息系统等。”“国家对关键信息基础设施实行重点保护，采取措施，监测、防御、处置来源于中华人民共和国境内外的网络安全风险和威胁，保护关键信息基础设施免受攻击、侵入、干扰和破坏，依法惩治危害关键信息基础设施安全的违法犯罪活动。任何个人和组织不得实施非法侵入、干扰、破坏关键信息基础设施的活动，不得危害关键信息基础设施安全。”“运营者依照本条例和有关法律、行政法规的规定以及国家标准的强制性要求，在网络安全等级保护的基础上，采取技术保护措施和其他必要措施，应对网络安全事件，防范网络攻击和违法犯罪活动，保障关键信息基础设施安全稳定运行，维护数据的完整性、保密性和可用性。”《关键信息基础设施安全保护条例》的出台，体现了国家对于数据丢失、泄露风险的重视程度。

2. 个人信息数据交易风险

个人信息、流量等数据在网络犯罪中就意味着利益，在利益驱动下，针对用户信息的非法收集、窃取、贩卖和利用行为日渐猖獗。2021 年 8 月 20 日，十三届全国人大常委会第三十次会议表决通过《中华人民共和国个人信息保护法》(以下简称《个人信息保护法》)。自 2021 年 11 月 1 日起施行。《个人信息保护法》的颁布，对信息安全领域而言具有划时代的重要意义，为数字时代的个人信息保护提供了法律保障。《个人信息保护法》明确了侵害公民个人信息行为的法律责任，《个人信息保护法》第 66 条规定："违反本法规定处理个人信息，或者处理个人信息未履行本法规定的个人信息保护义务的，由履行个人信息保护职责的部门责令改正，给予警告，没收违法所得，对违法处理个人信息的应用程序，责令暂停或者终止提供服务；拒不改正的，并处一百万元以下罚款；对直接负责的主管人员和其他直接责任人员处一万元以上十万元以下罚款。有前款规定的违法行为，情节严重的，由省级以上履行个人信息保护职责的部门责令改正，没收违法所得，并处五千万元以下或者上一年度营业额百分之五以下罚款，并可以责令暂停相关业务或者停业整顿、通报有关主管部门吊销相关业务许可或者吊销营业执照；对直接负责的主管人员和其他直接责任人员处十万元以上一百万元以下罚款，并可以决定禁止其在一定期限内担任相关企业的董事、监事、高级管理人员和个人信息保护负责人。"

3. 数据跨境流动风险

数据在当今世界的诸多领域地位日益凸显，数据跨境流动带来的风险不断提升。数据是推动新一轮技术创新、制度创新和管理创新的关键生产要素，是资本、物资、技术、人员等其他生产要素高效组合的纽带与核心。数据经济时代，社会发展，离不开数据的自由流动，数据开放、流动和共享是不可逆的趋势。同时，也应当管控好数据跨境流动带来的巨大风险。2021 年的滴滴公司美国上市事件，就暴露出了数据网络流动对管控带来的挑战。

网络虽然没有有形国界，但网络安全是有国界的。跨境数据流动已经成为不可逆趋势，各国都在根据自身情况制定跨境数据流动规则。一方面促进跨境数据流动，推动技术革新与社会进步；另一方面对跨境数据流动进行规制，防止无序流动给国家安全、社会问题以及公民权利带来损害。我国应当进一步强化数据边境意识，加强数据出境管控。在《中华人民共和国数据安全法》（以下简称《数据安全法》）框架下，强调数据交流与国际合作，通过数据分级以及其他相应举措，确保跨境数据的安全、有序流动。

第三节　全球网络犯罪发展态势

随着网络技术的成熟，人类文明生活和代码技术的融合程度越来越高，经济、社会以及政治等事务也随之经历着改变与革新。与此同时，网络安全本身的问题和缺陷也被暴露出来，网络犯罪变得比以前更受欢迎，成了全人类需要共同面对的挑战。正如蒂姆·毛瑞尔和亚瑟·纳尔逊在《全球网络威胁》一文中所说的那样“人们在评估网络威胁时,关注的问题不再是网络攻击会不会发生，而是什么时间发生。”[1]

一、网络犯罪的发展环境

2021 年，“元宇宙”概念迅速出现，这在一定程度上也代表着世人对数字世界和现实世界融合的期望越来越高。其中的四项重要技术：区块链（Blockchain）、游戏（Game）、网络算力（Network）、展示方式（Display）的发展将会超出文字、图像、视频的维度，让人类的沟通步入下一个阶段。网络技术的发展也会为网络犯罪带来更多不同场景。特别是新冠肺炎疫情暴发后，物理隔离成为常态。国家间的交流、企业商贸运作以及民众社交生活大范围地由线下转到线上，现实向虚拟转移的进程不断加快。但经济上的衰退导致网络犯罪活动增加，犯罪分子也会利用技术的优势，不断企图突破科技系统的漏洞，寻找犯罪的机会。就外部发展环境而言，主要有以下几个特点。

[1] 毛瑞尔，纳尔逊 . 全球网络威胁 [J]. 金融与发展，2021（3）：24.

第一，集中化的数据收集工作提高了数据泄露的风险。疫情发生前，各国政府本就已经走在全面数字化的道路上，公共行政、运输和贸易的数字化速度越来越快，COVID–19 的大流行加速了这一现象。大量的基础设施建设都希望尽快完成数字化的任务。如何合理地征集、有效管理、使用和保护这些网络数据成了各级政府必须面对的问题。疫情期间很多公司被迫采取远程办公手段，这为“黑暗面”等黑客组织攻击安全系统提供了更多的演练时间和机会。网络犯罪分子通过破坏网络供应链的重要组成部分，发动数量空前的分布式拒绝服务（Distributed Denial of Service，DDoS）攻击，制造了多起引人关注的攻击案例。国际知名公司 NETSCOUT 公布其调查报告结果显示，2021 年上半年，犯罪分子发动了约 540 万次 DDoS 攻击，较 2020 年上半年增长 11%。[1]

第二，犯罪技术组合程度更高，网络攻击技术和手段变得更加复杂。比如，勒索软件和第三方提供商的合作形成了致命的威胁。勒索软件的使用者将 DDoS 加入他们的攻击方案，发起将文件加密、数据窃取和 DDoS 攻击结合在一起的“三重勒索”活动，以加大受害者妥协的压力，增加交付赎金的可能。一个名为 Maze 的勒索软件曾经潜伏在受害者的服务器上长达几个月，目的就是寻找合适的犯罪时机。犯罪分子时刻密切监视着受害者内部沟通信息，在受害者将要进行合并、出售或与客户即将达成大额订单时迅速部署勒索软件，以提高勒索得逞的概率。防弹主机（Bullet-Proof Hosting，BPH）依然是网络犯罪的重要基础设施。这是一种对用户上传和发布的内容不加限制的网络服务，通常被用来发送垃圾邮件或开展在线赌博或网络色情等业务。作为基础设施中关键的一员，BPH 对各种网络安全威胁起着重要的推动作用，包括 CSAM、恐怖主义、命令和控制服务器用于网络攻击以及作为平台促进犯罪交易和讨论等。

第三，虚假信息的传播使得信息不对称情况进一步加剧。COVID–19 的大流行已成为在线欺诈计划的催化剂。目前，我们正面临着第二次世界大战

[1] https：//www.netscout.com/sites/default/files/2021–09/NETSCOUT_ThreatReport2H2021.pdf.

以来最严重的信任危机。疫情隔离、防护和救治信息的延迟和政策规则的变化，使得犯罪分子可以利用这种情况，破坏公众对政府的信任，使得普通机构和个人用户变得更加脆弱。在这种情况下，受害者更容易接受一些平常看起来自相矛盾的虚假信息，比如金融收益广告、潜在治疗方法和预防措施等。但由于个人信息保护制度的限制，部分国家的执法机构并没有获得授权对虚假信息进行彻底的调查。

第四，深度伪造技术在网络犯罪中的热度急剧蹿升。深度伪造技术攻击主要有四种：深度伪造即服务、基于深度伪造内容的网络钓鱼、绕过生物识别技术和数字现实失真。基于深度伪造技术的网络攻击距离泛滥只是时间问题。在远程办公时代，全球的分布式劳动和密集的视频会议已经创造了丰富的音视频数据，人们只需将这些数据输入机器学习系统就足以制作出逼真的伪造内容。攻击者显然也注意到了这一“机遇”。犯罪分子已经发明了新的绕过生物识别技术的方法，如 Pipka 等恶意软件已经成为广泛使用的网络犯罪工具。与此同时，恶意软件也在不断迭代发展，一个软件会产生成千上万的变体。欧盟的网络安全机构 ENISA 检测到：每天有 230 000 种新的恶意软件在不断出现。[1]

第五，人工智能（AI）成为网络犯罪的重要推手。即使缺乏技术和经验的罪犯也可以从网络上购买到支持其犯罪的基础设施和技术支持服务。具体场景包括 AI 恶意软件、AI 社会工程、AI 密码猜测、AI 辅助侦察、AI 内容创作等。“人工智能即服务”降低了进入犯罪行业的技术门槛和障碍，增加了普通人成为潜在罪犯的可能性。数字现实失真导致数字信任危机加剧。Deepfakes 将可能成为数字化时代的重大挑战。执法机关发现，利用人工智能操纵信息传播，破坏选举活动，侵蚀民主原则，制造对制度的不信任，加剧社会分裂、滋生歧视仇外心理和不安全感等威胁在不断累积。

---

[1] https：//www.enisa.europa.eu/news/enisa–news/enisa–threat–landscape–2020.

二、网络犯罪的发展特征

（一）交叉犯罪对刑事调查构成严峻挑战

社会工程学与钓鱼软件等网络犯罪的融合度不断提高。潜在的犯罪动机可能没有改变，但犯罪行为结构、作案手法和应对策略方面都凸显出网络犯罪的多功能性和灵活性。网络钓鱼活动变得更加复杂，更有针对性，更自动化，策略更加高明，并表现出更加明显的持续创新意识和反侦查感知水平。与传统随机犯罪不同，犯罪分子开始采用更具有针对性的方法，比如选定特殊的受害者群体，并制定和优化专门的犯罪策略；比如模仿当地的口音，提前熟悉当前的潮流文化、热点政治事件等。一般活跃度较高的罪犯都会通过建立合法的业务结构对犯罪活动进行包装和掩饰，毕竟某项具体行为是否构成犯罪在部分国家并不是非常明确。

（二）儿童遭受网络犯罪侵害的风险增加

国际刑警组织的报告显示，儿童遭受在线性虐待犯罪的案件数量不断飙升。疫情对执法机关的调查能力造成了严重冲击。国际刑警组织监测到儿童遭受性虐待照片（CSAM）数量不断增加。加密聊天软件的使用扩大了儿童被在线性剥削的风险，执法部门察觉犯罪发生和调查案件的难度上升。2021 年 8 月，苹果宣布即将推出帮助保护儿童免受剥削者伤害计划，希望采用技术限制儿童性虐待材料的传播。但由于受到隐私倡导者的强烈抵制，儿童保护功能被迫延迟。隐私保护和惩治犯罪的关系协调和利益平衡依然是值得关注的重要命题。

（三）罪犯反侦查反监控能力不断提高

网络犯罪分子一直在努力隐藏他们的身份和位置，这种能力也越来越强。一旦发现执法部门在调查时，整个犯罪基础设施可以做到迅速消失，并通过拒绝或允许访问特定 IP 地址的方式逃避侦查。犯罪分子还会将用户的数据转发到正版网站中，而在侦查活动停止后，被确定为犯罪目标的受害者又会被重新引至钓鱼网站。有关攻击者创新的长尾效应仍将持续，网络安全危机日益加剧。大多数的数据安全威胁都会涉及某种形式的数据泄露。新冠肺炎疫情甚至为黑客提供了新的攻击目标。恶意破坏分子正在利用这种数字转型，日益威胁着全球网络系统、安全秩序和冲击公众对通信系统完整性的信心。根据国际清算银行的数据，在新冠肺炎疫情相关的网络攻击事件中，医疗行业和金融行业占比分别排在第一、第二的位置。

（四）犯罪分子种类增加，攻击破坏目标和犯罪动机各不相同

隐藏在网络攻击背后的恶意破坏分子不仅包括愈发猖獗的罪犯，还包括某些国家及某些国家资助的黑客团队。除了借机敛财、泄露信息之外，地缘政治、意识形态等非经济因素也开始发挥影响。多数网络犯罪的目的是窃取财富，但纯粹以干扰和破坏为目标的网络攻击活动数量一直在增加。他们通过永久数据损坏、物理攻击、切断电网、中断支付系统、间谍活动等方式危害其他国家政府、大型企业的网络安全。

同时，传统犯罪网络化速度在不断加快。比如，近年来，贩运人口过程中的受害者招募、非法服务宣传、偷渡费用收取等部分都已经完成了数字化、网络化的过程。故意威胁、恐吓、破坏和袭击、绑架、酷刑、残害和谋杀等传统暴力犯罪活动在暗网平台和加密通信应用的帮助下变得更加泛滥。网络系统在严重有组织犯罪中所能发挥的作用被严重低估。几乎所有的犯罪活动都开发了在线组件，甚至有些犯罪活动已经完全迁移到网上。公开的和暗网上的市场提供了大量获取非法商品和非法服务的机会。数字平台为犯罪分子提供了加密的通信方式和支付方案。犯罪手法层出不穷，出现了新的攻击媒介和新的群体受害者。付款欺诈刑事案件不断增加。SIM 卡交换、BEC、在线投资欺诈、CNP 无卡欺诈使得犯罪领域不断扩大。暗网环境依然不稳定，暗网产品生命周期更短，更新速度更快，并没有明确的犯罪领域。Coinjoin 概念的提出使得犯罪隐蔽性变得更高，网络犯罪结构的附属规则、行为守则、任务分工和等级制度变得更加明确和细致。

（五）网络犯罪逐渐“轻资产化”“产业化”“商业化”

“犯罪即服务”成为一个广泛的理念，从提供犯罪技术帮助到最后的洗钱服务，网络犯罪产业可以提供全流程的刑事犯罪服务。如今，攻击者可以利用网上服务和现成的解决方案开发定制的工具链，定制攻击并复用各种犯罪活动（例如加密货币挖掘、银行凭证盗窃、勒索软件或 DDoS 租赁服务）。即使不具备网络技术专业能力，罪犯也可租用或雇用到从基础设施搭建至受害者网络的访问权限所需的一切服务，网络黑灰产成为数字经济时代网络安全的突出问题。[1]《2020 网络黑灰产犯罪研究报告》把网络黑灰产定义为借助互联网技术、网络媒介为黑客攻击、网络黄赌、网络诈骗、网络盗窃等违法犯罪活动提供帮助并从中非法牟利的犯罪产业。其中，以网络恶意技术与网络恶意攻击最为典型。网络恶意攻击是依托于网络社会存在的攻击模式。联盟模式（勒索软件即服务）则允许勒索软件开发人员和部署该软件的网络犯罪分子共享犯罪利润的解决方案。开发商作为服务提供商，专门为入门级的犯罪分子提供技术支持，并帮助其识别和感染易受攻击的目标。最新数据揭示，网络犯罪分子的合作是流动的、系统的和以利润为导向的。犯罪分子在刑事犯罪框架内的合作和服务更加零散，这给犯罪侦查带来了更大的困难。

三、网络犯罪的治理特征

全球金融、医疗、邮政等信息系统在经历前所未有的数字化转型，新冠肺炎疫情加快了这一进程。竞争、创新不断地激励着科技公司的壮大和发展。与此同时，新冠肺炎疫情使得老百姓在网络服务方面的需求不断上涨。各行业数字化进程不断加快，世界各地的央行都在考虑支持数字货币和推动支付系统现代化。在转型期间，一起重大的网络安全事件便可轻而易举地击垮公众的信

---

[1] “网络犯罪即服务”商业化将是柄双刃剑 [EB/OL].（2021–09–02）[2021–10–14]. https：//www.secrss.com/articles/33983.

心，中断科技创新的步伐。随着创新、竞争和新冠肺炎疫情进一步推动数字革命向前发展，如果没有统一的专项行动，网络系统只会变得越来越易于遭受攻击。因此，网络安全比以往任何时候都更加重要。为了应对新形势下的网络安全问题，各国正在发起前所未有的合作，以应对网络安全危机。

网络犯罪活动与传统犯罪相比，具备跨境性、技术性、有组织性等特征，导致在侦查中，出现侦破难、取证难的特点。[1]公安机关在侦查活动中，最重要的工作之一就是收集和固定与案件有关的电子痕迹——电子数据。由于网络空间与数据的虚拟性，为了有效打击网络犯罪，各国在网络犯罪治理中，不仅需要加强国与国之间的合作，还需要采用公私主体协同的模式。网络犯罪治理有以下三个明显的特征。

（一）跨地域性

由于网络空间的虚拟性以及互联互通性，导致网络犯罪相关的要素可以分布在不同的地区，甚至是不同国家。与传统接触式犯罪不同，嫌疑人可以在虚拟的空间，面向不特定的多数人，同时实施犯罪。嫌疑人、被害人、服务器、银行账户等案件相关内容可能遍布各地。因此，网络犯罪治理呈现出跨地域的特征。在美国微软案（Microsoft Corp. v. United States）中，执法部门所要调取的便是微软公司存储于爱尔兰的服务器中的数据。该特点正是由网络空间的无边界性所决定。同时，随着传统犯罪向线上转移（如网络赌博、网络诈骗等）以及新型网络犯罪的发展（如网络爬虫、网络直播黑灰产等），嫌疑人为逃避刑事追诉，网络犯罪开始呈现出境外转移的趋势。根据公安部统计，2019 年我国侦破大量跨境赌博专案，并从境外遣返 1100 多名涉案嫌疑人。[2]

除了增强网络抗风险能力外，建设网络安全能力还意味着要为有需求的国家和地区提供技术援助。国际货币基金组织及其他国际组织都曾经收到过成员

[1] 喻海松 . 网络犯罪二十讲 [M]. 北京：法律出版社，2020：111.

[2] 公安部举行打击整治跨境网络赌博犯罪工作情况及典型案例发布会 [EB/OL].（2020-01-16）[2022-08-30]. http://www.sclo.gov.cn/xwfbh/gbwxwfbh/gab/Document/1672245/1672245.htm.

国有关网络安全能力建设援助的请求，这在 2016 年孟加拉国事件之后尤其如此。维护我们在网络技术领域的创新成果，就必须加强各国网络技术与网络安全之间的联系，使网络安全技术在全球更具有“普惠性”。只有扩大网络安全技术的普及程度，网络安全能力体系才能成为一张没有漏洞的“安全网”。这一点在金融领域表现得尤其明显，金融科技正在经历着重大的变革。一国的金融系统受到网络攻击，其他国家也很难做到独善其身。因此，有学者建议国际组织需要针对网络安全能力较为落后的地区建立一个专门的发展援助计划。

（二）多主体协同性

各利益相关方及其措施之间的割裂现象依然严重。不同群体各行其是，仅从自身职能出发应对问题。就金融监管部门而言，它关注的是金融系统的稳健性；对外交官而言，他们关注的是国家行为规范；对国家安全机构而言，它总是设法阻止网络攻击活动；而对业内公司高管而言，他们则往往侧重公司而非整个行业所面临的风险。随着实体企业和科技公司之间的界限变得越来越模糊，安全责任的界限也很可能变得越来越模糊。监管机构、执法部门、外交部门、其他政府官员和产业主体之间缺乏明确的角色定位，无法有效搭建起有效的往来互动。在责任问题上，各方在保护信息系统中扮演的角色和职能依然存在不确定性，进一步加剧出现监管空隙的风险。

公私协同至今仍未找到合适的配合模式。犯罪形式多种多样，受害者不愿意或不能完全对案件作出精确详细的描述，一方面他们更希望将精力放在业务经营之上，另一方面也不希望因为报案而招致报复，再次成为网络攻击的目标。欧洲刑警组织报告连续两年指出，网络犯罪案件数量可能存在严重少报。但是，受害者并不知道他们的信息对执法调查极具价值。越多的受害者报告犯罪，执法部门就可以收集到越多的数据和信息，不同犯罪之间的联系才可能建立。我们需要建立一种可以让大众接受的激励和保护机制，真正发挥公私协同治理模式在治理网络犯罪的作用。

随着社会活动向线上转移以及网络平台服务的爆发式增长，大量的数据掌握在平台企业、金融机构等网络运营者手中。原来相对封闭的刑事诉讼程序呈现出强烈的对外交互，甚至是依赖的倾向。[1]从一方面看，网络运营者通过提供服务，掌握了大量的数据。为强化自身的市场竞争地位，还会不断进行数据挖掘与科技创新。从另一方看，平台企业实时参与到网络活动之中，能够及时对违法犯罪活动进行监管。因此，上述数据收集者的数据保有量与使用能力，在某些方面都超过了侦查部门。例如，阿里巴巴、亚马逊、谷歌等企业，就拥有公权力机关并未掌握的海量数据。出于侦查效率、社会治理责任分担的考量，各国在立法上均明确企业、金融机构等第三方的数据留存义务；发现违法信息的主动报告义务；经特定司法程序的数据协助义务（该内容将在本章第二节进行详细介绍）。我国《布达佩斯网络犯罪公约》第 28 条明确要求网络运营者："应当为公安机关、国家安全机关依法维护国家安全和侦查犯罪的活动提供技术支持和协助"。同时，还包含《布达佩斯网络犯罪公约》及其两份附加议定书；美国《存储通信法案》（*Stored Communications Act*，SCA）与《澄清合法使用境外数据法案》（*Clarifying Lawful Overseas Use of Data Act*，Cloud Act）、欧盟《通用数据保护条例》（*General Data Protection Regulation*，GDPR）、英国《2020 年调查权规制法案》（*Regulation of Investigatory Powers Act 2000*，RIPA）、加拿大《侦查与预防电子交流犯罪法案》（*Investigating and Preventing Criminal Electronic Communications Act*，IPCECA）等国内立法。除了平台企业以外，侦查机关与大学、科研机构、智库、观察机构、非政府组织等行为体合作，加强数据收集、分析的能力，也是联合国强调的完善犯罪治理手段的重要内容。

（三）国际合作性

目前，全球各国都没有单方面彻底解决网络攻击破坏事件的技术解决方案。但在网络安全领域，大量敏感数据都涉及国家安全，因此国际合作的困难重重、阻力繁多。即使存在合作也仅仅局限于相互信赖的小团体内部。这种国际执法

[1] 裴炜．信息革命下犯罪的多主体协同治理：以节点治理理论为框架" [M]// 暨南学报（哲学社会科学版），2019（6）：83.

合作的迟缓与政策的不确定性主要来源于当前的地缘政治环境和各方之间的高度不信任。公众对网络系统的信心也因此受到影响。

国际社会必须意识到，利益相关方之间的合作不是一件“锦上添花”而是一件“势在必行”的事情。混合型犯罪风险更加凸显出组合响应机制的重要性。国际社会有必要进一步增强国际合作制度韧性、减少法律管辖权的冲突和障碍，细化数据分析、信息交换或交叉检查、预警通知、情报通知、威胁评估、情况报告等合作流程，提高合作执法行动的效率。除此之外，各国政府应联合参与抵御网络攻击，比如合作建立一些实体机构来协助评估网络威胁、制定协调应对措施，推动集体应对措施的实施，包括制裁、逮捕以及扣押资产等，为网络威胁抵御工作提供制度支持，加强打击网络犯罪执法合作效果。

正是因为网络犯罪的跨地域性，国际合作必然是各国网络犯罪治理必须事先达成的共识。从 20 世纪 90 年代开始，联合国便开始强调网络犯罪治理中的国际合作问题，并针对相关主题颁布大量的手册、宣言等文件。例如，自 1990 年开始，联合国犯罪预防和刑事司法大会均提出以增强国际合作的方式来打击和预防犯罪，2010 年，其在巴西萨尔瓦多召开的第十二届大会中，明确建议：预防犯罪和刑事司法委员会成立政府间专家组，对成员国、相关国际组织和私营部门合作展开国际合作进行信息交流，加强并完善国际打击网络犯罪的立法与对策。1999 年，美洲国家组织（Organization of American States，OAS）也成立专门工作组，建立成员国之间通过国际合作，打击网络犯罪的机制。除此以外，各国也通过现有公约、条约、国内立法，对网络犯罪展开国际司法协助程序。但由于境外取证程序“复杂、冗长”的特点，导致跨境取证难以满足网络犯罪治理“高效、快捷”的需求。[1] 现阶段各国也在逐渐探索刑事侦查阶段的警务合作与司法协助，加速国际合作与情报交流，以强化各国网络犯罪的打击力度。避免出现越来越多的网络犯罪向侦查技术、数据保护不足的国家、地区移动，为全球网络犯罪治理带来威胁。

如今，我们正享受着人类有史以来最高水平的科技繁荣，同时我们也面临

---

[1] 唐彬彬 . 跨境电子数据取证规则的反思与重构 [J]. 法学家，2020（4）：159.

着严重的科技伦理挑战。这些挑战将会威胁甚至破坏我们长期以来努力建立并一直在维系的信用体系、科技理想和抱负。正如欧洲刑警组织指出的那样，网络技术使得严重的有组织犯罪成了“现代版的九头蛇海德拉（Hydra）”。只有秉持着尊重和保护人类基本权利的理念，采用多方联合、协同作战的方法，我们才有可能战胜这种具有强大生命力的怪物。

第二章　新型网络安全威胁问题

第一节　新型网络安全威胁解剖

一、网络安全事件类型

（一）APT 组织对我国重要行业实施攻击

APT 全称为 Advanced Persistent Threat，即高级长期威胁，又称高级持续性威胁、先进持续性威胁等，是指隐匿而持久的电脑入侵过程，一般由某些人员精心策划，针对特定的目标。其通常是出于商业或政治动机，针对特定组织或国家，并在长时间内保持高隐蔽性。APT 攻击是一种由复杂且具有良好资源的攻击者发起，针对目标企业或政府等高价值目标的特定信息执行的网络攻击。这样复杂而智能化的渗透式网络入侵，是目前网络安全的最大威胁之一。尽管企业每年在网络安全方面花费巨大，但大多数企业都不断受到 APT 攻击的威胁，这种威胁可能持续几个月都不会被发现，却对企业造成有形的损害。《全球高级持续性威胁（APT）2020 年度报告》显示，目前，中国已经成为全球 APT 攻击的首要地区性目标。针对中国领先的科研机构、科技企业的网络窃密活动与网络破坏活动持续加剧。

常见的 APT 组织有“海莲花”、TA505、“蓝宝菇”等。海莲花黑客组织是近些年来频繁针对东南亚地区进行攻击的活跃 APT 组织之一，它是一个非常灵活的黑客组织，擅长使用开源工具或商业工具并将其定制化开发使其变为私有工具。TA505 黑客组织是最早由国外的网络安全公司追踪的网络犯罪组织，主要针对全球金融机构进行攻击活动，进行以窃密或窃取资金为目的的经济犯罪活动。TA505 黑客组织通常采用的攻击方式为：鱼叉式钓鱼邮件，并且擅长使用 Office 的新特性或冷门功能进行宏攻击，如 Excel4.0 等。蓝宝菇黑客组织自 2011 年开始活跃并持续 8 年针对我国进行网络间谍活动，公开数据表明，目前该组织的攻击目标主要集中在中国境内，并且该组织偏向攻击教育科研机构。蓝宝菇黑客组织所采用的攻击形式主要是使用鱼叉邮件携带二进制可执行文件并以 RAR 压缩包的形式打包发送，并善于使用脚本类型语言的木马，从攻击形式上来说该组织还会使用一些较为冷门的方式启动后门。

相比一般的网络攻击，APT 攻击往往会造成非常严重的损害，包括知识产权盗窃和关键基础设施被破坏等，也有一些攻击者面向金融机构发动攻击进行偷窃。例如，发生于 2010 年的 Stuxnet 攻击就是利用蠕虫病毒和零日漏洞对伊朗的核项目进行了破坏；2015 年发生的摩诃草事件又利用文档型漏洞针对中国等亚洲国家窃取政府机构和科研教育领域敏感信息。2020 年年初新冠肺炎疫情在我国肆虐，APT 组织进一步利用社会热点、供应链攻击等方式持续对我国重要行业实施攻击。同时由于疫情防控带来的远程办公需求大幅增长，也扩大了 APT 攻击面。具体表现有以下三方面。❶

1. 利用社会热点信息投递钓鱼邮件的 APT 攻击行动高发

境外“白象”“海莲花”等 APT 攻击组织以“新冠肺炎疫情”“基金项目申请”等相关社会热点及工作文件为诱饵，向我国重要单位邮箱账户投递钓鱼邮件，诱导受害人点击仿冒该单位邮件服务提供商或邮件服务系统的虚假页面链接，从而盗取受害人的邮箱账号密码。2020 年 1 月，“白象”组织利用新冠肺炎疫情相关热点，冒充我国卫生机构对我国 20 余家单位发起定向攻击；2020 年 2 月，“海莲花”组织以“H5N1 亚型高致病性禽流感疫情”“冠状病毒实时更新”等时事热点为诱饵对我国部分卫生机构发起“鱼叉”攻击。

2. 供应链攻击成为 APT 组织常用攻击手法

APT 组织多次对攻击目标采用供应链攻击。例如，新冠肺炎疫情防控下的远程办公需求明显增多，虚拟专用网络（VPN）成为远程办公人员接入单位网络的主要技术手段之一。在此背景下，部分 APT 组织通过控制 VPN 服务器，

❶ 王小群，丁丽，严寒冰，等 . 2020 年我国互联网网络安全态势综述 [J]. 保密科学技术，2021（5）:3–10.

将木马文件伪装成VPN客户端升级包，下发给使用这些VPN服务器的重要单位。2021年因疫情、政治等背景下，针对我国的高级威胁仍然持续增加，东亚区域APT组织以及“海莲花”组织等多个境外APT组织通过这一方式对我国党政机关、科研院所等多个重要单位发起攻击，造成较为严重的网络安全风险。

3. 部分APT组织网络攻击工具长期潜伏在我国重要机构设备中

为长期控制重要目标从而窃取信息，部分APT组织利用网络攻击工具，在入侵我国重要机构后长期潜伏，这些工具功能强大、结构复杂、隐蔽性高。2020年3月至7月，“响尾蛇”组织隐蔽控制我国某重点高校主机，持续窃取了多份文件；同年9月，在我某研究机构服务器上发现“方程式”组织使用的高度隐蔽网络窃密工具，结合前期该机构主机被控情况，可以推断，最早可追溯至2013年，“方程式”组织就已开始对该研究机构实施长期潜伏攻击。

（二）App相关违法犯罪案件频发

2020年公安机关针对App违法违规收集个人信息乱象的治理取得明显成效，各类利用App进行违法犯罪活动显著减少。但是从长远来看，个人信息非法售卖的情况仍较为严重，尤其是联网数据库和微信小程序数据泄露风险较为突出。具体表现有以下两方面。

1. 公民个人信息未脱敏展示与非法售卖情况较为严重

当前涉及身份证号码、手机号码、家庭住址等敏感个人信息大量暴露在互联网上，2020年全年仅中国互联网应急中心（CNCERT）就累计监测发现政务公开、招考公示等平台未脱敏展示公民个人信息事件107起，涉及未脱敏个人信息近10万条。此外，全年累计监测发现个人信息非法售卖事件203起，其中，银行、证券、保险相关行业用户个人信息遭非法售卖的事件占比较高，约占数据非法交易事件总数的40%；电子商务、社交平台等用户数据和高校、培训机构、考试机构等教育行业通信录数据分别占数据非法交易事件总数的20%和12%。

2. 联网数据库和微信小程序数据泄露风险问题突出

2020 年，国家互联网应急中心 CNCERT 累计监测并通报互联网信息系统数据库存在安全漏洞、遭受入侵控制，及个人信息遭盗取和非法售卖等重要数据安全事件 3000 余起，涉及电子商务、互联网企业、医疗卫生、校外培训等众多行业机构。分析发现，使用 MySQL、SQLServer、Redis、PostgreSQL 等主流数据库的信息系统遭攻击较为频繁。其中，数据库密码爆破攻击事件最为普遍，占比高达 48%。此外数据库遭删库、拖库、植入恶意代码、植入后门等事件时有发生，数据库存在漏洞等风险情况较为突出。

近年来，微信小程序发展迅速，但也暴露出较为突出的安全隐患，特别是用户个人信息泄露风险形势较为严峻。2020 年 CNCERT 从程序代码安全、服务交互安全、本地数据安全、网络传输安全、安全漏洞五个维度，对国内 50 家银行发布的微信小程序进行了安全性检测，结果显示，平均一个小程序存在 8 项安全风险，在程序源代码暴露关键信息和输入敏感信息时未采取防护措施的小程序数量占比超过 90%；未提供个人信息收集协议的超过 80%；个人信息在本地储存和网络传输过程中未进行加密处理的超过 60%；少数小程序存在较严重的越权风险。

（三）安全漏洞威胁严重

安全漏洞是在硬件、软件、协议的具体实现或系统安全策略上存在的缺陷，从而可以使攻击者能够在未授权的情况下访问或破坏系统，是受限制的计算机、组件、应用程序或其他联机资源的无意中留下的不受保护的入口点。近几年来，我国针对漏洞信息共享与应急工作稳步深化。2020 年国家信息安全漏洞共享平台新增收录通用软硬件漏洞数量创历史新高，达 20704 个，同比增长 27.9%，2016—2020 年新增收录漏洞数量呈显著增长态势，年均增长率为 17.6%。但是，由于计算机系统中仍存在大量历史重大漏洞，再加上网络安全产品自身所存在的各类不安全因素，漏洞安全问题仍应受到重视。

1. 历史重大漏洞利用风险依然较为严重，漏洞修复工作尤为重要和紧迫

经国家信息安全漏洞共享平台（CNVD）抽样监测发现，利用安全漏洞针对境内主机进行扫描探测、代码执行等的远程攻击行为日均超过 2176.4 万次。根据攻击来源 IP 地址进行统计，攻击主要来自境外，占比超过 75%。攻击者所利用的漏洞类型主要覆盖网站侧、主机侧、移动终端侧，其中攻击网站所利用的典型漏洞为 Apache Struts2 远程代码执行、Weblogic 反序列化等漏洞；攻击主机所利用的典型漏洞为“永恒之蓝”、OpenSSL“心脏滴血”等漏洞；攻击移动终端所利用的典型漏洞为 Webview 远程代码执行等漏洞。上述典型漏洞均为历史上曾造成严重威胁的重大漏洞，虽然已曝光较长时间，但目前仍然受到攻击者重点关注，安全隐患依然严重，针对此类漏洞的修复工作尤为重要和紧迫。

2. 网络安全产品自身漏洞风险上升

国家信息安全漏洞共享平台收录的通用型漏洞中，网络安全产品类漏洞数量达 424 个，同比增长 110.9%，网络安全产品自身存在的安全漏洞需获得更多关注。终端安全响应系统、堡垒机、防火墙、入侵防御系统、威胁发现系统等网络安全防护产品多次被披露存在安全漏洞，由于网络安全防护产品在网络安全防护体系中发挥着重要作用，且这些产品在国内使用范围较广，相关漏洞一旦被不法分子利用，可能构成严重的网络安全威胁。

（四）恶意程序在互联网上泛滥

恶意程序通常是指带有攻击意图所编写的一段程序。这些威胁可以分成两个类别：需要宿主程序的威胁和彼此独立的威胁。前者基本上是不能独立于某个实际的应用程序、实用程序或系统程序的程序片段；后者是可以被操作系统调度和运行的自包含程序。2020 年我国持续开展计算机恶意程序常态化打击工作，全年成功关闭 386 个控制规模较大的僵尸网络。2016—2020 年，我国感染计算机恶意程序的主机数量持续下降，并保持在较低感染水平，年均减少率为 25.1%。但是随着技术的不断发展，使得恶意程序仍是网络安全主要威胁之一，具体表现为以下三个方面。

1. 勒索病毒的勒索方式和技术手段不断升级

勒索病毒持续活跃，2020 年全年捕获勒索病毒软件 78.1 万余个，较 2019 年同比增长 6.8%。近年来，勒索病毒逐渐从“广撒网”转向定向攻击，表现出更强的针对性，攻击目标主要是大型高价值机构。同时，勒索病毒的技术手段不断升级，利用漏洞入侵过程以及随后的内网横向移动过程的自动化、集成化、模块化、组织化特点愈发明显，攻击技术呈现快速升级趋势。勒索方式也持续升级，勒索团伙将被加密文件窃取回传，在网站或暗网数据泄露站点上公布部分或全部文件，以威胁受害者缴纳赎金，我国某互联网公司就曾遭受来自勒索团伙 Maze 实施的此类攻击。

2. 采用 P2P 传播方式的联网智能设备恶意程序异常活跃

P2P 传播方式是恶意程序的传统传播手段之一，具有传播速度快、感染规模大、追溯源头难的特点，Mozi、Pinkbot 等联网智能设备恶意程序家族在利用该传播方式后活动异常活跃。据国家互联网应急中心（CNCERT）抽样监测发现，我国境内以 P2P 传播方式控制的联网智能设备数量非常庞大，达 2299.7 万个。2020 年全年联网智能设备僵尸网络控制规模增大，部分大型僵尸网络通过 P2P 传播与集中控制相结合的方式对受控端进行控制。

3. 仿冒 App 综合运用定向投递、多次跳转、泛域名解析等多种手段规避检测

随着恶意 App 治理工作持续推进，正规平台上恶意 App 数量呈逐年下降趋势，仿冒 App 已难以通过正规平台上架和传播，转而采用一些新的传播方式。一些不法分子制作仿冒 App 并通过分发平台生成二维码或下载链接，采取“定向投递”等方式，通过短信、社交工具等向目标人群发送二维码或下载链接，诱骗受害人下载安装。同时，还综合运用下载链接多次跳转、域名随机变化、泛域名解析等多种技术手段，规避检测，当某个仿冒 App 下载链接被处路后，立即生成新的传播链接，以达到规避检测的目的，增加了治理难度。

（五）网站安全问题持续存在

1. 网页仿冒

近年来，不法分子通过网页仿冒诈骗获利的方式层出不穷，其仿冒对象已不仅仅局限于银行类、支付类网站网页，利用社会热点事件开展的网页仿冒诈骗呈爆炸式增长。2020 年全年发现约 20 万个针对我国境内网站的仿冒页面，同比增长约 1.4 倍。其中，大部分为关于“ETC 在线认证”网站、网上行政审批等利用社会热点的仿冒页面。为有效防范网页仿冒引发的危害，CNCERT 围绕针对金融、电信等行业的仿冒页面进行重点处置，全年共协调关闭仿冒页面 1.7 万余个；对于其他仿冒页面，通过中国互联网网络安全威胁治理联盟联合国内 10 家浏览器厂商通过协同防御试点方式，对用户访问钓鱼网站进行提示拦截，全年提示拦截次数达 3.9 亿次。

2. 网站后门

《2020 年中国互联网网络安全报告》显示，境内外约 2.6 万个 IP 地址对我国境内约 5.3 万个网站植入后门，我国境内被植入后门的网站数量同比下降 37.3%。其中，境外 IP 地址约有 2.57 万个（占全部 IP 地址总数的 97.7%），对境内约 5.25 万个网站植入后门。从境外 IP 地址分布来看，位于菲律宾的 IP 地址最多，占境外 IP 地址总数的 18.9%，且所属地址段非常集中，超过半数集中于 14 个 C 段地址；其次是位于美国和中国香港的 IP 地址。从控制我国境内网站总数来看，位于菲律宾的 IP 地址控制我国境内网站数量最多，约 1.9 万个，其次是位于中国香港和美国的 IP 地址，分别控制我国境内约 1.1 万个和 0.8 万个网站。此外，随着我国 IPv6 规模部署工作加速推进，支持 IPv6 的网站范围不断扩大。2020 年，攻击源、攻击目标为 IPv6 地址的网站后门事件有 382 起，共涉及攻击源 IPv6 地址 101 个。

3. 网页篡改

2020 年我国境内被篡改的网站约 10 万个，同比减少 45.9%，其中被篡改的政府网站有 494 个。从境内被篡改网页的顶级域名分布来看，“.com”“.net”和“.org”占比分列前三位，分别占总数的 73.8%、5.2% 和 1.7%，占比分布情况与 2019 年无明显变化。

（六）工业控制系统安全问题严重

工业领域网络安全是国家网络安全的重要组成方面。随着技术手段的不断发展，我国在工业领域的网络安全工作得以强化，但工业控制系统互联网侧安全风险形势仍较为严峻。

1. 监管要求、行业扶持和产业带动成为网络安全在工业领域不断落地和深化的三大动力

随着《信息安全技术网络安全等级保护基本要求》（简称“等保 2.0”）标准正式实施，公安部制定出台《贯彻落实网络安全等级保护制度和关键信息基础设施保护制度的指导意见》，建立并实施关键信息基础设施安全保护制度。为满足监管要求和行业网络安全保障需求，国家相关主管部门加大对重点行业网络安全政策和资金扶持力度，工控安全行业蓬勃发展。为行业量身定做的、具有实际效果的安全解决方案得到更多认可，如电网等较早开展工控安全的行业，已逐步从合规性需求向效果性需求转变。除外围安全监测与防护，核心软硬件的本体安全和供应链安全日益得到重视。

2. 工业控制系统互联网侧安全风险仍较为严峻

据国家互联网应急中心（CNCERT）监测发现，2020 年我国境内直接暴露在互联网上的工控设备和系统存在高危漏洞隐患占比仍然较高。在对能源、轨道交通等关键信息基础设施在线安全巡检中发现，20% 的生产管理系统存在高危安全漏洞。与此同时，工业控制系统已成为黑客攻击利用的重要对象，境外黑客组织对我国工控视频监控设备进行了针对性攻击。2020 年 2 月，针对存在某特定漏洞工控设备的恶意代码攻击持续半个月之久，攻击次数达 6700 万次，攻击对象包含数十万个 IP 地址。为有效降低工业控制系统互联网侧的安全风险，各相关行业需加大资金投入力度，提升工控设备漏洞安全监测能力，加强处路力度，从而及时消除互联网侧安全风险暴露点。

（七）5G 安全问题开始受到重视

2015 年，国际电信联盟（ITU）发布了《IMT 愿景：5G 架构和总体目标》，定义了增强移动宽带（eMBB）、超高可靠低时延（uRLLC）、海量机器类型通信（mMTC）三大应用场景，以及峰值速率、流量密度等八大关键性能指标。与4G相比，5G将提供至少十倍于4G的峰值速率、毫秒级的传输时延和每平方公里百万级的连接能力。从网络架构来看，5G网络整体延续4G特点，包括接入网、核心网和上层应用。为满足5G移动互联和移动物联的多样化业务需求，5G网络在核心网和接入网均采用了新的关键技术，实现了技术创新和网络变革。

5G安全既包括由终端和网络组成的5G网络本身的通信安全，也包括5G网络承载的上层应用安全。5G继承了4G网络分层分域的安全架构，在《5G系统安全架构和流程》中规定：在安全分层方面，5G与4G完全一样，分为传送层、归属层/服务层和应用层，各层间相互隔离；在安全分域方面，5G安全框架分为接入域安全、网络域安全、用户域安全、应用域安全、服务域安全、安全可视化和配置安全六个域，与4G网络安全架构相比，增加了服务域安全。

为应对和解决5G安全问题，基于现有4G安全管理框架和技术保障措施，针对新的安全风险和不确定性，提出了5G安全思路，采取了有针对性的完善措施[1]，主要包括以下六个方面。

1. 坚持发展与安全同步部署

坚持发展与安全并重、鼓励与规范并举的理念，在加快5G网络部署、深度推进5G与各领域融合应用的同时，持续开展5G安全能力建设，统筹做好5G网络设施安全、应用安全、数据安全等工作。密切跟踪5G安全风险，动态开展5G技术安全评估，明确5G安全保障重点。

2. 构建多元协同、清晰明确的安全责任体系

明确产业生态各方责任，不断完善个人信息保护、关键信息基础设施保护、网络信息治理等相关法律法规和政策要求，确保网络运营商、设备供应商、行业服务提供商等主体各司其职、各负其责。加强各行业之间的协同，发挥行业组织作用，建立健全5G网络与垂直行业安全服务保障准则和信用体系，共同应对5G垂直领域融合应用安全问题。

---

[1] 中国信通院和IMT–2020（5G）推进组联合发布《5G安全报告》[J]. 网络新媒体技术，2020，9（2）：65.

3. 持续推进 5G 安全创新发展

加强 5G 安全技术与标准研究，加快建立 5G 安全检测体系，大力推进 5G 安全技术攻关，推动资产识别、漏洞挖掘、入侵防御、数据保护、追踪溯源等网络安全产品的演进升级，持续构建完备、多元、可靠的 5G 安全产品供应和服务体系。加速 5G 安全技术创新成果转化和试点验证，加大在车联网、工业互联网等垂直领域的安全服务和解决方案推广力度。

4. 强化 5G 应用安全风险动态评估

5G 在各类垂直行业中的融合应用将在网络规模部署后不断涌现，其特点与垂直领域高度相关，安全风险也呈现持续动态变化的特点，需结合 5G 垂直领域各自特点，开展行业应用安全相关标准研究，持续开展安全风险跨行业、跨领域评估，强化评估结果运用和转化，及时提出安全应对和处置措施，防范安全风险。

5. 构建 5G 网络安全一体化防护机制

积极推动 5G 网络基础设施安全保障手段建设，建立健全 5G 网络威胁信息共享联动机制，实现威胁信息共享、共治。加快构建 5G 网络威胁监测、全局感知、预警防护、联动处置一体化网络安全防御体系，形成覆盖全生命周期的网络安全防护能力。

6. 加强 5G 综合人才培养和培训

统筹推进 5G 跨学科专业人才培育，建立完善产教融合、校企合作的人才培养体系，加大人才培养支持力度，持续深化 5G 安全培训教育，丰富 5G 安全人才发掘机制，建立多层次安全从业人员选拔渠道。

二、网络安全事件影响

（一）联网智能设备安全事件

2020 年，接入互联网的设备超过 380 亿台，物联网（Internet of Things,

IoT）威胁已成为威胁消费者和企业级运营的威胁媒介之一，它们通常会使用相对简单的恶意软件和自动化（通常是基于脚本的）攻击。在用于入侵 IoT 设备的恶意代码的范围内，IBM X–Force 研究团队在 2019 年跟踪了多次 Mirai 恶意软件活动，这些活动都有一个明显的趋势：它们将攻击的矛头从消费性电子产品转向了企业级硬件。

联网智能设备漏洞数量显著增长，且有大量智能设备感染恶意程序并被控形成僵尸网络。联网智能设备存在的软硬件漏洞可能导致设备数据和用户信息泄露、设备瘫痪、感染僵尸木马程序、被用作跳板攻击内网主机和其他信息基础设施等安全风险和问题。由《2020 年联网智能设备安全态势报告》可知：2020 年，国家互联网应急中心运营的国家信息安全漏洞共享平台（CNVD）新增收录的通用联网智能设备漏洞数量呈显著增长趋势，共收录联网智能设备通用型漏洞 3047 个，事件型漏洞 2141 个。其中，联网智能设备通用型漏洞数量按漏洞类型分类，排名前三位的是权限绕过、信息泄露和缓冲区溢出漏洞，分别占公开收录漏洞总数的 17.03%、13.32% 和 12.54%；联网智能设备通用型漏洞数量按设备类型分类，排名前三位的是手机设备、路由器和智能监控平台，分别占公开收录漏洞总数的 38.33%、20.97% 和 19.53%；联网智能设备事件型漏洞数量按设备类型分类，排名前三位的是智能监控平台、网络摄像头和防火墙，分别占公开收录漏洞总数的 44.84%、31.62%、9.34%。

2020 年，国家互联网应急中心对可用于感染、控制联网智能设备的恶意程序开展抽样监测分析，捕获 341.10 万个联网智能设备恶意样本（同比上升 5.25%）。其中，排名前两位的为 Mirai、Gafgyt 家族及其变种，占比分别为 77.48% 和 13.86%；监测发现 51.99 万个联网智能设备恶意程序传播源 IP 地址，2020 年境外传播源 IP 数量大幅增长（同比上升 9 倍），其中 Mozi 家族通过 P2P 传播方式迅速扩大感染规模，成为境外传播源 IP 数量最多的家族。

通过对联网智能设备被控所形成的僵尸网络进行分析，发现累计控制规模大于 10 万的僵尸网络共 53 个，控制规模为 1 万 ~ 10 万的僵尸网络共 471 个，控制规模较大的控制端主要分布在美国、荷兰、俄罗斯、法国、德国等，控制规模较大的恶意程序家族包括 Tsunami、Gafgyt、Moobot、Cayosin、Fbot、Mirai 等。

（二）运营技术（OT）基础架构安全事件

针对运营技术（OT）基础架构的攻击呈爆炸性增长趋势，遭泄露的记录数量大幅增加。

2020 年 IBM X–Force 分析数据表明，自 2018 年以来，威胁实施者针对工业控制系统（ICS）及类似运营技术资产的攻击事件增加了 2000% 以上。实际上，2019 年针对 OT 资产的事件数量超过了过去三年监测到的活动数量总和。大多数监测到的攻击都是使用 SCADA 和 ICS 硬件组件内已知漏洞组合实施的攻击，以及使用蛮力登录策略针对 ICS 目标进行的密码喷雾攻击。

一些针对 ICS 的攻击活动与两个已知的威胁实施者有关，而且与在遥测中监测到的攻击时间轴激增不谋而合。Xenotime 组织和 IBM Hive0016（APT33）发起了两次特定活动，据报道，它们都扩大了对 ICS 目标的攻击。IT/OT 基础架构的融合使得 IT 漏洞攻击者可以将目标锁定在控制物理资产的 OT 设备，这就可能会大幅增加恢复成本。举例来说，2019 年年初，IBM X–Force IRIS 曾协助一家全球化制造公司应对数据泄露事件，一开始勒索软件只是感染了 IT 系统，随后逐渐蔓延至 OT 基础架构，最终导致工厂运营停摆。这次攻击不仅影响了该公司自身的运营，还在全球市场引发了连锁反应。2019 年为客户提供的 X–Force IRIS 安全评估强调了 OT 系统的易受攻击性，这些系统经常会使用遗留软件和硬件。保留那些无法再修补且充斥着早已公之于众的旧漏洞的生产系统，就意味着：即便 OT 系统并非面向网络，未经修补的 OT 系统也很容易成为牺牲品。在攻击者找到第一个落脚点之后，如果发生横向移动，就可以从网络内部访问这些系统，而且通过相对简单的漏洞利用技巧即可实施破坏活动。尽管 ICS 网络攻击从 2019 年 10 月初以来呈现下滑趋势，但 X–Force 预计，随着威胁实施者不断针对全球范围内的工业网络发起新的活动，针对 OT/ICS 发起的攻击在 2020 年会继续增加。IBM X–Force 的漏洞数据库显示，2019 年新增了 200 多个与 ICS 相关的 CVE，针对 ICS 的威胁在 2020 年也会继续保持增长态势。

（三）恶意软件安全事件

破坏性恶意软件是网络犯罪分子和民族国家威胁实施者常用的伎俩，它能够使受影响的系统无法运行，并让重建变得困难重重。IBM X–Force IRIS 调查发现，破坏性恶意性软件攻击的数量大幅增加，并且无论是攻击的地理范围还是规模都有所增加。大多数破坏性恶意软件变体都会通过删除或覆盖对操作系统运行能力而言至关重要的文件，来达到破坏的目的。在少数情况下，破坏性恶意软件可能会向工业设备发送量身定制的消息以引发故障。

在我们对破坏性恶意软件的定义中还有一类勒索软件，它能够清除机器上的数据或对机器上的数据进行不可逆的加密。2018 年下半年和 2019 年下半年，IBM X–Force IRIS 分别处理了相同数量的破坏性攻击，不难看出，这种潜在的灾难性恶意软件会继续让组织面临风险。从历史上看，破坏性攻击通常来自民族国家对手。但我们监测到这么一种趋势：越来越多受经济利益驱动的勒索软件会在攻击中使用破坏性元素，以变体 LockerGoga 和 MegaCortex 为例，它们在 2018 年年底和 2019 年年初首次发动了破坏性攻击。破坏性攻击造成的损失平均在 2.39 亿美元，是数据泄露平均成本的 60 倍以上。

（四）垃圾邮件和钓鱼攻击事件

垃圾邮件僵尸网络殃及全球，钓鱼攻击呈现持续增长趋势。垃圾邮件仍是影响网络安全最奏效的方式之一，它凭借庞大的垃圾邮件僵尸网络（如 Necurs 僵尸网络），能够接触到最大数量的受害者，每天可传播数百万封垃圾邮件。恶意域名通常会散布恶意软件以分发勒索软件、凭证窃取脚本或指向进一步骗局的链接，并且会乔装成合法品牌或冒充人们知道的品牌来欺骗最终用户。垃圾邮件中的恶意 URL 链接也是大多数受经济利益驱动攻击者的首选，他们可以轻松设好骗局，或者选择地理特定的目标，即便骗局被揭穿，也不会大规模曝光。

IBM X–Force 每天都会运行世界各地的垃圾邮件陷阱，并监控数以千万计的垃圾信息和钓鱼攻击电子邮件。X–Force 对全球垃圾邮件活动分析后得出结论，垃圾邮件会继续使用有限的漏洞，尤为值得关注的只有两个 CVE：2017–0199 和 2017–11882。这两个漏洞均为已修补的漏洞，在威胁实施者尝试通过垃圾邮件活动利用的漏洞中占比近 90%。这些 CVE 都会影响 Microsoft Word，并且除了打开一份设置了陷阱的文档之外，根本无须用户操作。

IBM X–Force 通过对垃圾邮件僵尸网络的研究，深入了解了各种地理位置特定的数据点，这些数据点与垃圾邮件僵尸网络的命令和控制（C2）基础架构密切关联。2019 年，经研究发现 C2 主要托管在北美和西欧国家，占 2019 年监测到的所有 C2 实例的一半以上。剩余的 C2 托管分散在几个较大的区域。在许多情况下，垃圾邮件僵尸网络 C2 基础架构都托管在受影响的服务器上，并且北美和欧洲服务器的使用都符合一个共识，即这些国家或地区通常拥有更一致的服务器正常运行时间。此外，网络犯罪分子更愿意攻击本地资源，当这些服务器中的流量与目标地理位置的设备和网络互动时，不太可能释放危险信号。

第二节　新型网络安全威胁态势分析

相较于传统网络安全威胁技术，新型网络安全威胁种类多样，影响范围广，破坏能力强，在近些年呈现出多发、高发的态势。本节主要对各类新型网络安全威胁发展态势进行分析，包括技术概述、安全威胁、攻击方式、防御技术等。

一、物联网安全态势分析

（一）物联网概述

物联网是继计算机、互联网之后的又一新的信息科学技术。物联网的概念是由麻省理工学院自动识别实验室于1999年在研究RFID时提出的，2005年11月，国际电信联盟（ITU）发布的《ITU互联网报告2005：物联网》中正式提出并进行扩展。针对物联网，目前国际上并没有一致认同的权威的定义，并且随着技术的进步，物联网的定义在不断发生变化。虽然国际上对物联网的定义没有一致认识，但通俗地讲，物联网就是一个通过信息技术将各种物体连接成网络，使物体变得更加智能化，从而实现人与物、物与物、人与人之间的通信的网络。

物联网的体系结构目前公认的是三层体系结构，从下到上依次是感知层、网络层和应用层。其中，感知层处于物联网网络的边沿，分布最为广泛，主要用来完成外部世界信息的感知、识别、采集等功能。网络层是物联网的核心部分，属于网络的中枢神经系统，负责网络中各类终端设备的广泛互连，实现感知层数据的高效、可靠、安全传送。而应用层主要功能是提供各式各样的应用服务。相对于互联网而言，物联网的应用类型和服务更为多样和丰富。

（二）物联网的安全问题

物联网技术的出现，使我们的生活更加方便、快捷的同时，也不可避免地带来了一些安全问题。物联网中的很多应用都与我们的生活息息相关，如摄像头，智能恒温器等设备，通过对它们的信息的采集，可直接或间接地暴露用户的隐私信息，这就导致各类涉及用户隐私信息安全的物联网设备安全事件频频发生，在全社会引发了广泛关注和讨论。[1]目前，物联网发展所暴露出来的安全问题主要集中在技术层面和产业层面两方面。

1. 技术层面

物联网是新一代信息技术的高度集成和综合应用，将进入万物互联发展的新阶段。万物互联的泛在接入、高效传输、海量异构信息处理和智能设备控制，对物联网安全提出更高的要求。

[1] 张星，张克雷，桑鸿庆，等．2019物联网安全年报[J]．信息安全与通信保密，2020（1）：45–62.

物联网感知层数量、种类众多，感知节点呈现多源异构性，通常情况下功能简单、携带能量少，相对于传统移动网络而言，物联网中的终端设备往往处于无人值守的环境中，缺少了人对终端节点的有效监控，终端节点更脆弱，将面临更多的安全问题，如：终端在户外、分散安装、易被接触到又没有纳入管理，导致物理攻击、篡改和仿冒；终端驱动的不可信，可能会泄密和被控制；操作系统或软件过时，漏洞无法及时修复等。

网络层主要是将感知层采集的数据通过传感网、移动网和互联网进行信息的传输，由于物联网中采集的数据需通过各种网络的融合，将信息实时准确地传递出去，物联网的传输网络是一个多网络叠加的开放性网络，传输途径会经过各种不同的网络，会面临比传统网络严重的安全问题，如：无线协议本身缺陷，如缺乏有效认证，可能导致接入侧泄密；封闭的物联网应用和协议无法被安全设备识别，被篡改和入侵后无法及时发现等。

物联网涉及范围广，目前海量数据信息处理和业务控制策略方面的技术还存在着安全性和可靠性的问题。

2. 产业层面

一是技术标准体系较为分散。物联网属于跨领域、跨行业的应用体系，在发展过程中会涉及多个层面及大量技术，而各行业领域需求特点各有不同，因此要求采取不同的技术方案，但若无统一标准极易增加物联网开发和维护成本，从而制约其规模经济发展，因此尽早形成一个统一标准和协议尤为重要。

二是技术开发情况相对比较落后。目前我国物联网技术尚处于起步阶段，致使关键系统在网络攻击面前脆弱不堪。与国际比较相对落后，因此我们应该加大对物联网核心技术和产品的研究力度，从其核心技术入手，争取技术上的突破，实现全国性、综合性物联网业务管理平台的建立，减小与发达国家之间的差距。

三是缺乏可持续发展的商业模式。我国物联网应用规模狭窄，产业链结构复杂，产业链条上各环节利益分配不均匀，因此尚未形成可持续发展的商业模式。而形成可持续发展的商业模式要求调动各方积极性，开辟新型、多元化商业模式。

四是产业结构配置不平衡。在目前的物联网安全产业结构当中，一方面，制造商没有动力来优先考量物联网产品的安全性，致使问题持续恶化；另一方面，消费者即使想知道哪种产品更安全，但找不到任何指标和评级以供参考，并且，外部环境不断恶化，网络武器流失到第三方，可能被大规模使用，造成大面积安全灾难。

3. 监管层面

当前物联网的发展存在着障碍，物联网的监督和管理面临着诸多问题。首先，由于物联网监管存在着人、物、技术等诸多单元，诸多的单元功能运作都存在"碎片化"的倾向。其次，由于物联网具有工科的学科属性，受学科的限制，国内研究人员对物联网专业知识的理解不足。最后，国内对于此类问题研究的成果不是很丰富且国外可借鉴的方案也非常有限，加之我国国情特殊，国外监管经验也不一定适用于我国。物联网监管涉及政府和国家的信息安全问题，其进一步的隐私和保密的技术、伦理和管理问题都将是需要认真研究的问题。❶

科学技术和政府治理的状况都在不断地更新和变化，物联网的复杂性在很大程度上超乎了我们的想象，监管体制优化付诸实践要远远比理论上描述得更复杂，施行过程中阻力重重，新问题和新情况也会不断产生，我国物联网监管体制有待进一步探索和研究。

（三）物联网安全技术

为满足物联网各层次的安全需求，保障网络安全，物联网安全技术框架被提出，它包括技术因素和非技术因素两部分。其中，技术因素部分主要包括感

❶ 北京神州绿盟信息安全科技股份有限公司 . 2020 物联网安全年报 [R/OL].(2021–01–18)[2021–10–14]. https：//www.nsfocus.com.cn/html/2021/92_0118/147.html.

知层安全技术、网络层安全技术和应用层安全技术。[1]

感知层安全技术的主要目的是保护物联网感知层节点、网络的物流安全、保障节点、网络可靠运行、保障数据通信的机密和完整。相应的安全技术主要包括感知层节点物理防护技术、安全认证技术、密钥管理技术、网络安全路由技术、差错控制技术、信息编码技术、入侵检测技术等内容。

网络层安全技术的主要目的是保护物联网网络通信的安全。实现感知层数据对网络的安全接入，保障网络运行的安全、可靠，确保不同网络互联互通的安全。相应的安全技术主要包括接入网络安全技术和互联网安全技术。接入网络安全技术主要有 WLAN 安全技术、WiMAX 安全技术、MESH 网安全技术及 4G 安全技术等。这些安全技术能够有效确保感知层数据对网络接入的安全，确保网络层边界主要信息来源的可靠。互联网是物联网的核心，因此物联网网络层安全很大程度上仍然是依靠传统的互联网及计算机网络安全技术，这些技术主要有防火墙技术、入侵检测技术、DPI 技术、恶意代码检测技术、病毒防护技术等。

应用层安全技术主要是确保物联网各类应用及业务的安全，主要包括保证数据安全的数据库安全技术、保证服务安全的云计算安全技术、保证信息内容安全的内容过滤技术、保证业务安全的访问控制技术、保证物联网信息服务系统安全的 EPCIS 安全技术等。物联网应用层涉及的具体应用及业务类型多种多样，因此对应的安全技术也种类繁多。

二、人工智能安全态势分析

（一）人工智能概述

计算机之父阿兰·图灵在 1950 年的论文《计算机器与智能》中提出了“机器智能”以及著名的“图灵测试”：如果有超过 30% 的测试者不能确定出被

---

[1] 丁莉，胡新宇 . 物联网安全问题及应对策略 [J]. 科学技术创新，2021（22）：95–96.

测试者是人还是机器，那么这台机器就通过了测试，并被认为具有人类智能。1956年，在美国达特茅斯会议上，科学家麦卡锡首次提出“人工智能”：人工智能就是要让机器的行为看起来更像人所表现出的智能行为一样。在人工智能概念提出时，科学家主要确定了智能的判别标准和研究目标，而没有回答智能的具体内涵。之后，包括美国的温斯顿、尼尔逊和中国的钟义信等知名学者都对人工智能内涵提出了各自见解，反映人工智能的基本思想和基本内容：研究如何应用计算机模拟人类智能行为的基本理论、方法和技术。但是，由于人工智能概念不断演进，尚未形成统一定义。目前对于人工智能的基本定义为：人工智能是利用人为制造来实现智能机器或者机器上的智能系统，模拟、延伸和扩展人类智能，感知环境，获取知识并使用知识获得最佳结果的理论、方法和技术，其使用机器代替人类实现认知、识别、分析、决策等功能，本质是对人的意识和思想的信息过程的模拟。[1]

当前人工智能仍处于弱人工智能阶段，主要是面向特定领域的专用智能。从整体发展阶段看，人工智能可划分为弱人工智能、强人工智能和超人工智能三个阶段。弱人工智能擅长于在特定领域、有限规则内模拟和延伸人的智能；强人工智能具有意识、自我和创新思维，能够进行思考、计划、解决问题、抽象思维、理解复杂理念、快速学习和从经验中学习等人类级别智能的工作；超人工智能是在所有领域都大幅超越人类智能的机器智能。虽然人工智能经历了多轮发展，但仍处于弱人工智能阶段，只是处理特定领域问题的专用智能。对于何时能达到甚至是否能达到强人工智能，业界尚未形成共识。

（二）人工智能安全内涵与体系架构

人工智能安全内涵包含三个方面：一是降低人工智能不成熟性以及恶意应用给网络空间和国家社会带来的安全风险；二是推动人工智能在网络安全和公共安全领域深度应用；三是构建人工智能安全管理体系，保障人工智能安全稳

---

[1] 中国信息通信研究院安全研究所.人工智能安全白皮书（2018）[R/OL].（2018-09-18）[2021-10-14]. http：//www.caict.ac.cn/kxyj/qwfb/bps/201809/t20180918_185339.htm.

步发展。[1]

同时，基于对人工智能安全内涵的理解，提出了覆盖安全风险、安全应用、安全管理三个维度的人工智能安全体系架构。其中，人工智能网络空间安全风险主要包括网络安全风险、数据安全风险、算法安全风险和信息安全风险四方面，人工智能安全应用主要包括网络防护应用、数据管理应用、信息审查应用、智能安防应用、金融风控应用和舆情监测应用六方面，而人工智能安全管理主要从法规政策、标准规范、技术手段、安全评估、人才队伍和可控生态六个方面展开。架构中三个维度彼此独立又相互依存。其中，安全风险是人工智能技术与产业对网络空间安全与国家社会安全造成的负面影响；安全应用则是探讨人工智能技术在网络信息安全领域和社会公共安全领域中的具体应用方向；安全管理从有效管控人工智能安全风险和积极促进人工智能技术在安全领域应用的角度，构建人工智能安全管理体系。

（三）人工智能安全问题

目前，人工智能技术所面临的安全问题主要分为以下三方面：人工智能模型安全性问题，人工智能数据与隐私安全性问题以及人工智能系统安全性问题。

1. 人工智能模型安全性问题

人工智能模型安全是指模型面临的所有安全威胁，包括人工智能模型在训练与运行阶段所遭受的来自攻击者的功能破坏威胁，以及由于其自身存在的鲁棒性欠缺所引起的安全威胁。可以进一步将人工智能模型安全分为以下三个子类，分别为：

（1）训练完整性威胁。攻击者通过对训练数据进行修改，对模型注入隐藏的恶意行为。训练完整性威胁能够破坏人工智能模型的完整性，该威胁主要攻击方式包括传统投毒攻击和后门攻击。

[1] 中国信息通信研究院安全研究所．人工智能数据安全白皮书 [R/OL].（2019–08–09）[2021–10–14]. http：//www.caict.ac.cn/kxyj/qwfb/bps/201908/t20190809_206619.htm.

（2）测试完整性威胁。攻击者通过对输入的测试样本进行恶意修改，从而达到欺骗人工智能模型的目的。测试完整性威胁主要为对抗样本攻击。

（3）鲁棒性欠缺威胁。该问题并非来自于恶意攻击，而是来源于模型结构复杂，缺乏可解释性，在面对复杂的现实场时可能会产生不可预计的输出。

2. 人工智能数据与隐私安全性问题

数据是人工智能技术兴起发展的关键要素，数据质量和安全直接影响人工智能系统算法模型的准确性，进而威胁人工智能应用安全。数据安全问题是指人工智能技术所使用的训练、测试数据和模型参数数据被攻击者窃取。这些数据是模型拥有者花费大量的时间和财力收集得到的，涉及用户隐私信息，因此具有巨大的价值。一旦这些数据泄露，将会侵犯用户的个人隐私，造成巨大的经济利益损失。针对人工智能技术使用的数据，攻击者可以通过人工智能模型构建和使用过程中产生的信息在一定程度上窃取人工智能模型的数据。例如，逆向攻击可利用机器学习系统提供的一些应用程序编程接口来获取系统模型的初步信息，进而通过这些初步信息对模型进行逆向分析，从而获取模型内部的训练数据和运行时采集的数据。

3. 人工智能系统安全性问题

承载人工智能技术的应用系统主要包括人工智能技术使用的基础物理设备和软件架构，是人工智能模型中数据收集存储、执行算法、上线运行等所有功能的基础。

应用系统所面临的安全威胁与传统的计算机安全威胁相似，会导致技术出现数据泄露、信息篡改、服务拒绝等安全问题，这些问题可以归纳为两个层面。

（1）软件框架层面。软件框架包含主流的人工智能算法模型的工程框架、实现技术相关算法的开源软件包和第三方库、部署人工智能软件的操作系统，这些软件可能会存在重大的安全漏洞。

人工智能学习框架和组件存在的安全漏洞风险，可引发系统安全问题。目前，国内人工智能产品和应用的研发主要是基于谷歌、微软、亚马逊、百度等科技巨头发布的人工智能学习框架和组件。但是，由于这些开源框架和组件缺乏严格的测试管理和安全认证，可能存在漏洞和后门等安全风险，一旦被攻击者恶意利用，可危及人工智能产品和应用的完整性和可用性，甚至有可能导致重大财产损失和恶劣社会影响。

（2）硬件设施层面。硬件设施主要包含数据采集设备、GPU 服务器、端侧设备等，某些基础设备安全防护功能，容易被攻击者入侵和操纵，进而可被利用来实施恶意行为。

（四）人工智能防御技术

针对人工智能技术发展所面临的安全问题与威胁，学术界与工业界已经提出了许多有效的防御方法和防御手段。

1. 人工智能模型自身安全性增强

为了提高人工智能模型的安全性，研究人员从人工智能模型自身性质出发，针对人工智能模型的不同阶段提出以下方法，以增强人工智能技术在真实场景下使用的可靠性与安全性。

人工智能模型训练阶段主要存在的威胁是数据投毒攻击，它可以非常隐蔽地破坏模型的完整性。近些年来，研究者们提出了多种针对数据投毒攻击的防御方法。根据防御技术的部署场景，可以将这些防御技术分为两类，分别是面向训练数据的防御和面向模型的防御。面向训练数据的防御部署在模型训练数据集上，适用于训练数据的来源不被信任的场景；面向模型的防御主要应用于检测预训练模型是否被毒化，若被毒化则尝试修复模型中被毒化的部分，这适用于模型中可能已经存在投毒攻击的场景。

人工智能模型在预测阶段主要存在的威胁为对抗样本攻击。近些年来，研究者们提出了多种对抗样本防御技术，这些技术被称为对抗防御。对抗防御可以分为启发式防御和可证明式防御两种。根据防御算法的作用目标不同，可以将启发式防御技术分为三类，即对抗训练、输入预处理以及特异性防御算法。启发式防御算法对一些特定的对抗攻击具有良好的防御性能，但其防御性能没有理论性的保障，意味着启发式防御技术在未来很有可能被击破。可证明式防御通过理论证明，计算出特定对抗攻击下模型的最低准确度，即在理论上保证模型面对攻击时性能的下界。但目前的可证明式防御方法很难在大规模数据集上应用。

除了训练与预测阶段存在的威胁，人工智能模型还存在着鲁棒性缺乏风险。鲁棒性缺乏是指模型在面对多变的真实场景时泛化能力有限，导致模型产生不可预测的误判行为。为了增强人工智能模型的鲁棒性，提高模型的泛化能力，增强现实场景下模型应对多变环境因素时模型的稳定性，研究人员提出了数据增强和可解释性增强技术。数据增强技术的目标是加强数据的收集力度并增强训练数据中环境因素的多样性，使模型能够尽可能多地学习到各种真实场景下的样本特征，进而增强模型对多变环境的适应性；可解释性增强技术的目标是解释模型是如何进行决策的以及为何模型能够拥有较好的性能。

2. 人工智能数据安全与隐私泄露防御

人工智能模型在训练和测试过程中可能会造成的模型与数据隐私泄漏风险，主要包括：训练阶段模型参数更新导致的训练数据信息泄漏、测试阶段模型返回查询结果造成的模型数据泄漏和数据隐私泄漏等。并且，即便在没有被直接攻击破解的情况下，人工智能模型正常训练和使用的过程中所产生的信息，也会导致数据隐私的间接泄漏。因此，为了解决这类数据隐私泄漏，研究人员采用的主要方法是在不影响人工智能模型有效性的情况下，尽可能减少或者混淆这类交互数据中包含的有效信息。

人工智能模型在部署时可以采用以下几类数据隐私保护措施：一是模型结构防御，该方法是指在模型的训练过程中对模型进行有目的性地调整，降低模型输出结果对于不同样本的敏感性；二是信息混清防御，该方法是通过对模型输出和模型参数更新等交互数据进行一定的修改，在保证模型有效性的情况下，尽可能破坏和混淆交互数据中包含的有效信息；三是查询控制防御，此类防御通过对查询操作进行检测及时拒绝恶意的查询，从而防止数据泄漏。

3. 人工智能系统安全性防御

为了保障人工智能技术能够安全稳定地落地应用，其硬件与软件安全同样不容忽视。目前研究人员结合传统计算机安全保障技术，对人工智能系统的安全构建做出了许多实践探索。

在硬件安全保护方面，可以对设备进行加密处理，或是在人工智能应用过程中对使用的设备进行必要的检测，确保其不会被攻击者破坏劫持。

在软件、系统安全保护方面，开发人员可以设置多级安全架构，对于各级使用人员进行严格的权限分级管理，遵守数据可用不可见、任务与数据分离、授权进入的规章制度，对核心的模型数据进行加密，保证模型数据只能被可信任的程序访问调用。对于核心数据的活动，要进行持续可追溯的管控措施，其生命周期内的操作要保留记录，生成记录事实和支持决策的审计跟踪、系统日志等。同时，对于整个系统也要配备安全记录模块，将数据采集、输入样本、运行状态、系统输出等信息写入日志，方便在出现问题的时候回溯诊断追责。

三、勒索病毒攻击态势分析

（一）勒索病毒概述

勒索病毒，又称勒索软件、敲诈者病毒等，是近几年流行的新型计算机病毒，病毒通过加密计算机数据，索要匿名数字货币的方式进行勒索。设备一旦感染上该病毒，电脑中的大量文件将被加密，无法正常访问，需要黑客提供的密钥才能解密恢复文件，而要想拿到密钥，则需要按黑客要求支付数额不等的赎金。

近些年，勒索病毒攻击事件频发，变种数量不断攀升，给个人用户和企业用户带来严重损失。2018 年，CNCERT 捕获勒索病毒近 14 万个，全年总体呈现增长趋势，特别在下半年，活跃勒索病毒数量呈现快速增长势头，且更新频率和威胁广度都大幅度增加，例如勒索病毒 GandCrab 全年出现了约 19 个版本，一直快速更新迭代。勒索病毒传播手段多样，利用影响范围广的漏洞进行快速传播是当前主要方式之一，例如勒索病毒 Lucky 通过综合利用弱口令漏洞、Window SMB 漏洞、JBoss 漏洞、Weblogic 漏洞等进行快速攻击传播。Cerber、Locky、XTBL 是主流的勒索病毒家族，主要采用网页挂马、邮件附件和服务器入侵等方式传播。勒索病毒不仅攻击个人计算机，还以手机等移动设备为目标。近期，勒索病毒攻击形势更加严峻，已经对全球能源、金融等领域重要企业造成严重影响。由于勒索病毒加密信息难以恢复、攻击来源难以追踪，攻击直接影响与生产生活相关信息系统的正常运转，勒索病毒对现实世界威胁加剧，已成为全球广泛关注的网络安全难题。❶

（二）勒索病毒主要类型及传播方式

1. 勒索病毒主要类型

（1）文件加密勒索病毒。该类病毒以 RSA、AES 等多种加密算法对用户文件进行加密，受感染的文件被加密后会被删除，用户通常会在文件夹中看到一个包含付款说明的文本文件，以此索要赎金。文件加密勒索病毒代表为 WannaCry，该类型勒索病毒是目前最常见的勒索病毒。感染文件型勒索病毒后，病毒会更改系统桌面并展示勒索支付提示。

（2）数据窃取类勒索病毒。数据窃取类勒索病毒是 2019 年年底以后出现的一类新型勒索方式。该类型的勒索病毒与文件加密类勒索病毒类似，通常采用多种加密算法加密用户数据，一旦感染同样极难进行数据恢复。但不同之处为该类勒索病毒强调的是获取到受害者的重要数据，并以泄露、出售、利用这些重要数据为要挟迫使受害者交付赎金。

（3）屏幕锁定勒索病毒。该类勒索病毒对用户设备屏幕进行锁定，通常以全屏形式呈现涵盖勒索信息的图像，导致用户无法登录和使用设备，或伪装成系统出现蓝屏错误等，进而勒索赎金，但该类勒索病毒未对用户数据进行加密，

❶ 360 互联网安全中心 .2020 年勒索病毒疫情分析报告 [R/OL].（2021–01–12）[2021–10–14].https：//research.360.cn/2015/reportlist.html?list=2.

具备数据恢复的可能。例如，WinLock 勒索病毒通过禁用 Windows 系统关键组件，锁定用户设备屏幕，要求用户通过短信付费的方式支付勒索赎金。

（4）主引导记录勒索病毒。主引导记录 MBR 是电脑硬盘驱动器的一部分，影响操作系统的启动功能。主引导记录勒索病毒会更改电脑的主引导记录，中断电脑的正常启动，然后在屏幕上显示要求赎金的内容，最近流行的 Petya 就属于这类病毒。这类病毒不同于文件型勒索病毒，感染后病毒可能采用磁盘级加密技术覆写磁盘，数据基本无挽回可能。

（5）网络服务器加密勒索病毒。这类病毒专门针对网络服务器上的文件进行加密。它通常使用内容管理系统中的已知漏洞，在网络服务上释放和安装勒索病毒，例如常见的 master 勒索病毒。

（6）移动安卓设备勒索软件。用户遭受感染的方式一般为下载、浏览不信任程序以及网站或伪装程序。

2. 勒索病毒传播方式

勒索病毒主要的传播途径有以下几种。

（1）网站挂马传播。攻击者事先在构建网站时将木马恶意代码嵌入网页中，并诱导用户访问网站并触发恶意代码，然后便劫持用户当前访问页面至勒索病毒下载链接并执行，进而向用户设备植入勒索病毒。

（2）邮件传播。这种传播方式属于比较传统的勒索病毒传播方式。攻击者将勒索病毒内嵌于邮件附件的 docx、xls、txt、jpg 等文件中，然后以广撒网的方式向不同用户大量发送垃圾邮件、钓鱼邮件。一旦收件人打开邮件附件或者点击邮件中的链接地址，勒索病毒将自动加载、安装和运行，实现勒索病毒攻击的目的。

（3）漏洞传播。这种传播方式是这几年非常流行的病毒传播方式。攻击者通过网络、系统、应用程序的漏洞，攻击入侵用户内部网络，获取管理员权限，进而主动传播勒索病毒。

（4）捆绑传播。攻击者利用软件供应商与软件用户之间的信任关系，通过攻击入侵软件供应商相关服务器设备，在合法软件正常传播、升级等过程中，对合法软件进行劫持或篡改，规避用户网络安全防护机制，传播勒索病毒。

（5）介质传播。攻击者通过隐藏 U 盘、移动硬盘等移动存储介质原有文件，创建与移动存储介质盘符、图标等相同的快捷方式，一旦用户点击，自动运行勒索病毒，或运行专门用于收集和回传设备信息的木马程序，便于实施针对性的勒索病毒攻击行为。

（6）远程桌面入侵传播。攻击者通常利用弱口令、暴力破解等方式获取攻击目标服务器远程登录用户名和密码，进而通过远程桌面协议登录服务器并植入勒索病毒。

（三）勒索病毒防御技术

恶意代码攻击会给计算机系统及用户数据带来严重的破坏，因此促使了安全人员对恶意代码防御开展深入研究。目前已经形成了较为完善的恶意代码防御体系，包括入侵前的预防（系统加固技术、防火墙技术等），入侵中的查杀和阻断（杀毒软件、系统安全监控技术等），入侵后的灾难恢复机制（数据备份与数据恢复），以及在个人和企业层面的安全管理措施。对恶意代码进行防御，需要对上述各环节统筹兼顾，如果其中任何一个环节出现了短板，就会产生“木桶效应”，使得整个计算机系统安全防护能力大大减弱。

1. 系统加固技术

系统加固是网络安全防护的基本措施，不仅可以有效防御恶意代码攻击，还可以有效抵御各类黑客入侵手段。系统加固主要包括修改系统配置，以及给系统打补丁等措施，可以减少系统被入侵的可能性。常见的系统加固技术主要包括安装最新安全补丁，禁止不必要的应用和服务，禁止不必要的账号、内核参数及系统配置调整，加强登录口令管理，启动日志审计功能等。

系统漏洞是恶意代码传播的重要渠道，因此系统补丁的管理已经成为了各类安全防护软件的必选功能。系统安全补丁主要是针对操作系统出现的安全漏洞量身订制的。对于最常用的 Windows 操作系统，由于开发工作复杂，代码量巨大，出现蓝屏死机或者存在缓冲区溢出等安全漏洞已是司空见惯，这些安全漏洞容易被攻击者利用并植入恶意代码。微软公司每月会定期推出各种系统安全补丁，旨在增强系统安全性和稳定性，用户应及时更新这些安全补丁。

2. 个人杀毒软件

个人杀毒软件是一种对计算机的内存和文件进行扫描，检测其中隐藏的恶意代码，并对其作出查杀、隔离等不同措施的软件工具。个人杀毒软件通常集成了恶意代码扫描和清除、系统安全监控与危险识别、自动升级、主动防御等功能，有的杀毒软件还能实现防火墙技术、数据备份与恢复等功能。个人杀毒软件主要运用特征码匹配技术、脱壳技术、虚拟机技术、启发式扫描技术等反病毒技术进行恶意代码检测。

个人杀毒软件的工作方式主要有内存监控和扫描磁盘等。内存监控技术会在文件打开、关闭、清除、写入等操作读入内存时，对内存进行监控，以检查文件是否携带了恶意代码。磁盘扫描技术是直接对计算机磁盘中的所有文件进行扫描，运用特征码匹配等技术检测恶意代码。

3. 个人防火墙技术

个人防火墙以软件形式安装在用户计算机上，阻止外部网络对用户计算机的安全威胁。个人防火墙的作用是阻断那些不安全的网络行为，它对计算机发往外部的数据包和外部发送到计算机的数据包进行分析和过滤，拦截异常的、恶意的和具备攻击性的数据包，并且向用户发出提醒。

个人防火墙和网络防火墙的区别是，前者可以监测和控制应用级数据流。如果一个本不应该对外联网的应用程序对外发起了网络连接，个人防火墙就会将这个非法行为报告给用户，可以阻断木马、后门等恶意代码的网络通信。个人防火墙还可以通过监测应用程序向操作系统发出的通信请求，进行应用程序级的访问控制。首先，个人防火墙将每个应用程序与它发出的网络连接请求建立映射关系；然后，个人防火墙根据用户定义的规则，决定允许或是拒绝该应用程序的网络连接请求。这样防止未经许可的应用程序建立与 Internet 的非法连接，可以有效阻止蠕虫、木马和间谍软件的非法数据，进而有效防范它们。

4. 实时监控技术

实时监控技术能够始终运行于计算机系统之中，监控访问系统资源的一切操作，并能够对其中可能含有的恶意行为发出警告。实时监控技术主要包括文件监控、注册表监控、进程监控、脚本监控、内存监控等在内的多种监控技术，它们协同工作形成的全方位立体防护体系，可以大大增强计算机抵御恶意代码的能力。

互联网具有实时性和动态性，网络已经成为恶意代码传播的最佳途径，迫切需要具有实时监控功能的安全防护软件。据统计，运行实时监控系统并进行及时升级的计算机，基本上能抵御 80% 的恶意代码攻击。实时监控防护体系已经被多数安全公司认可和采用，当前，几乎每个恶意代码防范产品都提供了实时监控手段。系统中运行的任何程序及任何行为都在实时监控的注视之下，一旦监测到恶意代码入侵等安全威胁，就会报警并自动查杀，将恶意代码拒之门外，做到防患于未然。

5. 数据备份与数据恢复技术

目前，数据备份主要分成个人计算机备份策略和系统级别备份策略。个人备份策略可以作为个人计算机防范恶意代码攻击的方法之一，该策略主要考虑一些单机用户的重要数据备份，主要备份个人数据、系统重要数据、注册表等数据。系统级备份可以在发生数据灾难时，保证数据少丢失或者不丢失，最大限度地减少损失。目前常用的备份技术主要有以下三种：完全备份、增量备份和差分备份。

根据有无数据备份，数据恢复可以分为正常数据恢复和灾难数据恢复。正常数据恢复相对容易，灾难数据恢复则需要专业的人员或工具。实践证明，并不是一切丢失的数据都可以恢复。如果被删除的文件所在的物理位置（存储空间）已经被其他文件取代，或者文件数据占用的磁盘空间已经分配给其他文件且已经被填充数据，那么该文件就不可能再复原了。对于硬损坏而言，如果硬件或存储介质损坏得非常严重，并且没有冗余信息存在，也是不可能恢复的。

四、DDoS 攻击态势分析

（一）DDoS 攻击概述

DDoS 攻击，又称为分布式拒绝服务攻击，它可以使很多计算机在同一时间遭受到攻击，使攻击的目标无法正常使用。攻击已经出现过很多次，导致很多大型网站都出现了无法进行操作的情况，这样不仅影响了用户的正常使用，同时造成的经济损失也是巨大的。攻击方式在进行攻击的时候，可以对源 IP 地址进行伪造，在攻击发生时具有较强的隐蔽性，因此这种攻击方式也是非常难以防范的。

分布式拒绝服务攻击是一种基于 DoS 的特殊形式的拒绝服务攻击，是一种分布的、协同的大规模攻击方式。单一的 DoS 攻击一般是采用一对一方式的，它利用网络协议和操作系统的一些缺陷，采用欺骗和伪装的策略来进行网络攻击，使网站服务器充斥大量要求回复的信息，消耗网络带宽或系统资源，导致网络或系统不胜负荷以至于瘫痪而停止提供正常的网络服务。与 DoS 攻击由单台主机发起攻击相比较，分布式拒绝服务攻击是借助数百甚至数千台被入侵后安装了攻击进程的主机同时发起的集团行为。

一个完整的 DDoS 攻击体系由攻击者、主控端、代理端和攻击目标四部分组成。主控端和代理端分别用于控制和实际发起攻击，其中主控端只发布命令而不参与实际的攻击，代理端发出 DDoS 的实际攻击包。对于主控端和代理端的计算机，攻击者有控制权或者部分控制权，它在攻击过程中会利用各种手段隐藏自己不被别人发现。真正的攻击者一旦将攻击的命令传送到主控端，攻击者就可以关闭或离开网络，而由主控端将命令发布到各个代理主机上。这样攻击者可以逃避追踪。每一个攻击代理主机都会向目标主机发送大量的服务请求数据包，这些数据包经过伪装，无法识别它的来源，而且这些数据包所请求的服务往往要消耗大量的系统资源，造成目标主机无法为用户提供正常服务，甚至导致系统崩溃。

（二）DDoS 攻击发展态势

1. DDoS 的攻击次数和攻击流量

DDoS 攻击作为一种攻击成本低且攻击效果明显的手段，仍是目前互联网用户面临的较常见、影响较严重的网络安全威胁之一。据阿里云安全团队《2019 年 DDos 攻击态势报告》所披露的数据显示，2019 年全年 100Gbps 以上大流量攻击事件达到了 1.8 万余次，相比于 2018 年上升了 103%。与此同时，持续 2 个月最高攻击流量达 900Gbps，单次流量超百 G 呈现快速增长趋势，成为了标准攻击流量。攻击类型中 UDP 反射攻击仍然为主要攻击手段，得益于国家安全部门、运营商、云厂商等对于反射源治理，大流量攻击的整体情况呈现下降趋势。

2020 年，新冠肺炎疫情在全球肆虐，越来越多的生产活动和社交娱乐从线下转移到线上。在这种情形下，攻击者不仅把最大 DDoS 攻击记录推升到 2.3T，还创造了 45% 的 DDoS 攻击次数增幅，其中 100G 以上的超大流量攻击数量甚至翻番。❶

2. DDoS 攻击类型

为降低 DDoS 攻击对我国基础网络和关键信息基础设施的威胁，国家互联网应急中心持续加强对境内目标遭大流量攻击情况的监测跟踪分析，针对所发现的被用于进行 DDoS 攻击的网络资源重点开展治理。2021 年 7 月，CNCERT 发布《2020 年中国互联网网络安全报告》，对全年监测数据进行了梳理，发现的境内目标遭峰值流量超过 1Gbps 的大流量攻击事件中，攻击方式为 TCP SYN Flood、UDP Flood、NTP Amplification、DNS Amplification 和 SSDP Amplification 这五种攻击的占比达到 91.6%，攻击目标主要位于浙江省、山东省、江苏省、广东省、北京市、上海市、福建省 7 个地区的事件占比达到 81.8%；12 月份是全年攻击最高峰，攻击异常活跃。经对每起攻击事件的攻击时长分析，

❶ 北京神州绿盟信息安全科技股份有限公司 .2020 DDoS 攻击态势报告 [R/OL].（2021-01-21）[2021-10-14].https：//www.nsfocus.com.cn/html/2021/92_0121/148.html.

发现攻击时长不超过 30 分钟的攻击占比高达 94.4%，表明当前攻击者倾向于最优化使用攻击资源，利用大流量攻击瞬时打瘫攻击目标，以对外提供更多服务并非法获利。

3. DDoS 僵尸网络

目前，常见的僵尸网络家族有 Mirai、Gafgyt、Dofloo、SDBot 和 Yoyo。Mirai 和 Gafgyt 仍旧是当今世界范围内影响最大的两个 Linux/IoT DDoS 家族。这两大家族因其代码开源属性而被广泛利用，故其变种不断涌现，甚至进化出新型家族，成为 IoT 安全的严重威胁之一。Dofloo 长期被认为与 XorDDoS 和天罚 DDoS 等家族属于同一个 DDoS 攻击组织。该家族主要服务于灰黑互吃领域，攻击游戏私服与博彩等行业，其 C&C 和 Victim 90% 均位于中国，攻击方式以 CC flood、TCP flood 和 UDP flood 为主。SDBot 家族与 Dofloo 情况类似，C&C 数量与攻击目标有限，下发攻击指令频率高，且指令连续下发时段最高可达 34 小时，攻击方式以 TCP flood 为主。Yoyo 家族在 DDoS 界已活跃 10 余年。该家族背靠极少量的 C&C，运营范围小于 Dofloo，然而同样在特定时段表现出高活跃度，且能够连续数月保持稳定的活跃度，其攻击方式以 ICMP flood 为支配攻击手段，目标数量比起 Dofloo 也相对更多，范围更广，涉及跑分平台、加速器、下载站、在线视频接口、博彩和私服等行业。

在监控范围内，运行在物联网设备上的僵尸网络集中在 Mirai 和 Gafgyt 这两个家族。这两个家族在今年提供了超过 60% 的 DDoS 攻击事件，在 TOP10 的木马家族中，2019 年除了常见的 Mirai 和 Gafgyt 之外，DDoSTF 也进入前三，三者的总占比达到了 65% 左右。2021 年 4 月，OASES 联盟联合联通数科和百度安全共同发布了《2020 年 DDoS 攻击态势报告》，报告显示 2020 年全年累计监测到来自 DDoS 僵尸网络的指令数逾 104 万条，较 2019 年增幅近一倍，其中 DDoS 攻击指令条目约为 103 万条。同样地，在活跃的僵尸网络家族中，Mirai 仍处于支配地位，制造了近 75% 的攻击事件。在僵尸网络分布情况方面，2019 年监测到的僵尸网络有 53% 来自中国，相比于 2018 年，下降了近 20%。与此同时，来自美国和中国香港的僵尸网络分别占比 21% 和 8%，相比于 2018 年，都有不同程度的上升。由此可见，僵尸网络的控制端在逐渐向大陆以外的地区进行转移。

第三节　网络安全防御及对策

一、网络安全防御技术

（一）传统防御技术

1. 访问控制技术

访问控制技术是指主体依据某些控制策略或者权限对客体本身或是其资源进行的不同授权访问。访问控制技术由主体、客体和控制策略三个要素组成。访问控制的主要目的是限制访问主体对客体的访问，从而保障数据资源在合法范围内得以有效使用和管理。访问控制的主要功能包括：保证合法用户访问授权保护的网络资源，防止非法的主体进入受保护的网络资源，或防止合法用户对受保护的网络资源进行非授权的访问。访问控制首先需要对用户身份的合法性进行验证，同时利用控制策略进行选用和管理工作。当用户身份和访问权限验证之后，还需要对越权操作进行监控。因此，访问控制的内容包括认证、控制策略实现和安全审计。访问控制技术的访问控制模型主要有自主访问控制模型、强制访问控制模型、基于角色的访问控制模型、基于任务的访问控制模型、基于对象的访问控制模型。

2. 入侵检测技术

入侵检测技术是通过计算机系统或网络中的若干关键点收集和分析审计记录、安全日志、用户行为及网络数据包等信息，检查网络或系统中当前是否存在违反安全策略的入侵行为和被攻击的迹象的技术。入侵检测系统，就是用于发现计算机或网络中的存在违反安全策略的入侵行为和存在被攻击迹象的软硬件系统。该技术所涉及的方面较多，包括网络通信技术、统计技术以及人工智能技术等[1]，这一技术通过分析技术的应用实行统计分析与签名分析，严密地监控以及检测计算机的运行状态，一旦出现计算机被非法入侵情况，该技术发出信号提醒用户要即刻切断网络，或者是第一时间向防火墙发出通知，由此实现对计算机网络信息安全的保护，保证计算机系统的正常运作。与此同时，该技术本身具有高效、便捷的特点，且在运行中对于网络运行的影响微乎其微。

3. 数据加密技术

在计算机网络安全技术分析中，数据加密技术是关键的技术，能对数据的安全性带来保障。[2]传统的加密技术，主要采用的是重新编码，采取技术手段隐藏用户的数据信息，来确保用户数据的安全性。随着科学技术的发展，这种数据加密技术已经无法适应当前网络信息发展的要求，要在传统技术的基础上加强防盗功能的研究，避免不法分子盗取客户的数据信息，或者对数据信息造成破坏。因此，需要分析数据传输加密技术和数据保存加密技术，对不同种类的加密技术分别加以研究。

4. 防火墙技术

该项技术是计算机网络技术的重要内容，包括了硬件设备和软件设备的防火墙技术研究。从本质上讲，这种技术起到的是隔离的作用，在企业计算机和网络发展中，能在一定程度上阻止外界网络对企业内部网络的攻击访问，及时检查数据传输中的问题，实现对网络运行的实时监控。此外，防火墙技术除了防止内部信息泄露，对重点信息进行隔离，还能对数据包进行过滤，通过计算机网络地址，确保网络技术的安全。安装防火墙是消除计算机网络威胁的重要方式。针对已形成防护体系的防火墙，要自行实行病毒库的更新，定期检测网络系统，实现对网络系统安全的防护。

（二）人工智能技术

当前我国经济快速发展，相应地，网络与计算机技术发展速度也在加快，

[1] 刘积芬 . 网络入侵检测关键技术研究 [D]. 上海：东华大学，2013.

[2] 邓璐 . 计算机网络安全技术与防范措施 [J]. 计算机与网络，2021，47（13）：52.

推动了人工智能技术的发展，并使该技术在多个行业得到广泛应用。❶人工智能技术发展潜力较大，在网络安全防御中得到广泛应用，其安全性较高，对降低安全事故发生率具有非常重要的作用。

1. 运用人工智能防火墙实现高效拦截

基于人工智能技术建立起来的防火墙，可大大提高病毒识别能力，高效拦截病毒或木马人工智能防火墙不但在病毒识别上高效、有力，还能够通过自身的记忆能力，全面实现系统安全防护自动升级。人工智能防火墙在政府、企业、银行与学校等涉密单位应用非常普遍，大大改善了计算机网络运行的环境，净化了网络生态，保证了系统的安全性。

2. 基于人工智能技术构建网络安全态势感知体系

网络安全态势感知是当前创新技术的一种形态，人工智能技术能够在其运行过程中，获得一种动态、整体网络安全风险防控能力。网络安全态势感知体系就是以安全为目标，综合分析网络安全要素，评估网络安全状况，以全局视角保证计算机的安全。该体系能够在使用过程中，及时发现病毒，使新型病毒能够被快速识别、理解分析，做好全面的预判决策。人工智能技术能够对病毒产生进行全面深度地挖掘，形成图形化统计报告，保证了网络运行的环境质量，对校园、银行、企事业单位网络安全管理起到了良好的作用。

（三）可信计算技术

可信计算是信息安全领域一个重要的应用和研究分支，是从系统角度解决当前信息安全隐患的一种有效机制。近年来，随着云计算、物联网、移动计算等技术的发展和应用领域的不断拓宽，现代信息技术在社会生产生活中的引领作用越来越突出，信息技术手段在社会各领域中的支撑功能越来越重要。❷与此同时，无论是信息的提供者还是访问者，对信息的安全要求及重视程度越来

❶ 徐益，慈白山. 基于人工智能技术的网络安全防护研究 [J]. 科技创新与应用，2021，11（27）：166–168.

❷ 冯德尹，吴明念. 可信计算技术在网络信息安全中的应用与研究 [J]. 电脑知识与技术，2021，17（13）：53–54.

越高，人们对信息安全的要求已超出了传统定义中的保密性、完整性、可靠性、可用性和不可抵赖性这 5 大要素，继承传统技术和应用、体现当前应用需求和技术特点、融合现代管理理念和人类社会信任机制的可信计算技术成为信息安全领域的新元素，并在实践中不断探索和发展。

就安全技术方面来看，可信计算技术的应用对于信息控制中心的保护具有重要的作用及价值，可使信息数据的保护得以更好实现，在对各种信息数据进行处理以及网络信息系统的实际运行操作过程中，可使网络信息系统的安全性及完整性得到更好地保证，在此基础上也就可以实现网络信息的更好利用，使网络信息的价值更好发挥，满足网络信息的应用需求及要求。就管理措施层面而言，由于目前很多的网络信息安全管理中选择白名单机制安全系统，在对可信计算技术中的逐级测量及逐级信任的准入制度进行有效应用的基础上，对于信息安全管理可以实行更有效控制，在此基础上也就可以使网络信息的安全性得到更好的保证，为各种网络信息的更好利用提供更好的支持。就技术价值层面而言，由于目前的很多网络信息中都包含一定的机密信息，这些机密信息涉及企业及单位的重要机密，一旦泄露，将会导致十分严重的后果及经济损失，而可信计算技术的应用可使信息安全得到更好保证，也就可以更有效地避免信息泄露情况出现，有效避免经济损失，因而具有十分重要的价值及意义。

（四）量子信息技术

量子信息技术是指以微观粒子的量子态为信息载体，通过量子操控实现信息的传输、处理和获取的前沿交叉技术，主要包括量子通信、量子计算和量子传感。量子信息技术基于量子态的叠加原理、量子纠缠等量子力学基本特性，有望获得更好的信息安全保障、更快的运算速度和更高的感知精度。[1]

量子通信是基于微观世界的物质特性开发出的一门新型通信技术。它具

[1] 高鹏，周华旭，于国际，等. 量子通信技术与当前应用分析 [J]. 电子设计工程，2020，28（16）：115–118，123.

备高传输速率、通信安全可靠等优势。在量子通信技术中，包含的核心概念主要有量子纠缠效应与量子状态信息化两方面。所谓量子纠缠效应就是两个以上的量子系统之间存在非局域的经典关联，可以实现两个量子的关联变化，即不受量子距离限制，一个量子的状态变化总是会引起另一个量子的状态变化。❶而量子信息化状态则是指量子通信中的信息状态，一般采用相位状态来进行对量子状态信息进行描述。根据量子的相位偏移角度判断量子信息的位置状态。

当前阶段，量子通信的典型应用形式包括量子密钥分发和量子隐形传态两类。前者通过对单光子或光场正则分量的量子态制备、传输和测量，在收发双方间实现无法被窃听的安全密钥共享，与传统加密技术相结合完成经典信息加密和安全传输；后者基于通信双方光子纠缠对分发（信道建立）、贝尔态测量（信息调制）和幺正变换（信息解调）实现量子态信息直接传输。

随着第一颗量子科学实验卫星“墨子号”的成功部署，量子密钥分发在自由空间上的应用引起了网络安全通信领域研究人员的广泛关注。❷自由空间远程量子密钥分发具有低衰减、广覆盖的特点，可以克服基于地面光纤量子密钥分发网络传输距离的限制。然而目前自由空间中只有 1 颗量子卫星，量子卫星光组网还面临着许多机遇和挑战。随着量子通信技术的迅猛发展，量子网络编码的研究与应用将为量子互联网的建设带来全新的思路。

二、国外的网络安全治理

（一）英国

2019 年 12 月，英国智库皇家国际事务研究所发布研究报告《国际法对国家型网络攻击的适用》（以下简称《报告》），其中概述了以《联合国宪章》为基础的网络空间国际法主要进程，探讨了国家主权在网络空间中的应用原则，报

❶ 张杰 . 量子通信技术导读 [J]. 无线电通信技术，2020，46（6）：635–636.

❷ 朱畅华 . 量子科技时代网络空间安全挑战与对策 [J]. 保密工作，2020（12）：22–24.

告为推进构建网络空间国际法新规则进程提供了思路。[1]

1.《报告》指出了各国关于网络空间国家主权原则的分歧

《报告》总结国家主权原则的定义，认为国家主权原则概括了国家对领土完整的最高权力，主权平等和其领土内的政治独立，以及基于主权禁止干预另一国内部事务的规则，禁止一国相对于另一国固有的主权权力所采取的强制行为。《报告》指出：网络空间具有主权属性。国家有权对其领土境内的网络基础设施、网络数据、网络活动和网络管理行使主权，也可依据国际法对其领土以外的网络活动行使司法管辖权。

一些国家对国际法在网络空间中的适用方式采取"模棱两可和沉默的政策"。这些国家认为在网络空间中适用国际法，但未说明他们如何考虑主权和不干涉原则的适用。例如，爱沙尼亚关于网络法和国际法的声明将国际法应用于网络空间的许多方面，但并未明确涉及主权和不干预。伊朗表示，"恶意使用信息通信技术是对国家主权和内政的严重威胁"，但并未具体说明这些原则在实践中的应用。

2.《报告》探讨了构建新型网络空间国际法规则的可行性

近年来，国家型网络攻击事件屡屡发生，一些国家出于国家战略和地缘政治等因素，争夺网络空间主导权。意识形态不同、国家利益冲突、报复性打击等等原因，都有可能引发网络对战。针对此类情况，《报告》从多方面探讨了构建新型网络空间国际法规则的可行性，针对不同国家在网络空间的主权与执法问题进行讨论。

（二）美国

美国的网络安全战略体系形成过程中不断针对国家出现的问题进行修改和完善，大量文件和指导令出台又被推翻，在糅合了历代总统的个人风格和时代特点后，逐渐形成了一套以攻为主，以防为辅，攻守结合的具有浓厚美国特色

[1] 卢英佳 . 网络安全与国际法规则——英国皇家国际事务研究所《国际法对国家型网络攻击的适用》报告简析 [J]. 中国信息安全，2020（6）：84–86.

的网络安全战略体系。总的来说这是一套在巩固维护美国网络安全的基础上，寻求联盟合作的同时提高自身威慑力，利用自身网络空间优势资源对其他国家进行压制，不惜损害其他国家利益，试图在网络空间得到霸主地位的网络空间战略体系。❶

1. 巩固维护美国在全球网络空间中的领先地位

美国在全球网络空间内拥有独一无二的资源优势，使得美国在网络空间安全探索有明显的优势，一直在全球处于领先地位，为了巩固和维护这种领先地位，美国主要在以下几个方面做了工作。

一是不断加强关键基础设施维护。美国国土安全部定义关键基础设施为那些对国家至关重要的物理设施资产和虚拟设施资产，它们在遭到破坏时有可能危害国家安全、经济安全、公共健康或安全、环境安全。随着网络流量渗入国家关键基础设施，国家通信、金融、政府设施、医疗等基础设施依赖于网络空间，一旦遭受袭击，将会造成国家遭受直接经济、政治损失，威胁人民生命。

二是提升军队网络空间力量。国家关键基础设施依赖于网络空间，军事活动甚至是战争也频发发生于网络空间。随着网络在美军中的地位明显提升，网络练兵成了美军训练体系中的重点，从单兵训练到集体训练并进行任务演练训练，美军打造了一个大型的可以持续使用的训练环境，创造网络靶场，增强训练环境的对抗性，在训练中添加级别降级、网络堵塞受控等障碍条件，把完整的网络空间情景完全整合到练习和训练中，以便面对各种突发事件，在困境中摸索方法，大大提高了在实战中的作战能力。

三是注重网络安全教育并提高民众的网络安全意识。历届美国政府在任期内出台的网络战略文件中，都会提到加强网络安全教育。虽然美国花费数十亿研究技术保护网络空间安全，但是网络空间是否安全还是取决于拥有知识和技能的人才。美国虽具备网络安全教育和培训的方案，但是缺乏合力，需建立

❶ 王顺业．美国网络安全战略的演变与启示 [J]. 江西警察学院学报，2019（5）：61–70.

一个有效的有侧重点的培养人才的组织。2010年美国国家标准与技术研究院（National Institute of Standards and Technology，NIST）所领导的NICE正式建立，它是一个由政府、学术界以及私营部门共同组成的合作组织，主要工作内容为网络安全教育和培训。

2. 寻求国际联盟合作

美国在2011年《国际网络空间战略》首次提出将在世界范围内开展网络安全工作，支持国际商业和贸易往来，共同加强国家网络空间安全，制定一套行为规范指导各国网络安全行为，与各国维持伙伴关系，共同支持治理网络空间。这个目标看似是美国在促进国际网络空间的发展，联合各国共同对抗网络犯罪，但其中心思想还是要打造以美国为核心的国际网络联盟，美国与各国建立盟友关系，利用联盟国的技术和情报，加快技术发展，提高自身的网络打击能力。

3. 加强网络空间威慑力

美国为加强其网络空间威慑力，主要做出了以下努力。

一是抢占制定网络空间规则的主动权和优先权。美国不断与全球各国和组织推动国际网络空间规则、法律制定，虽困难重重，但美国一直坚持不懈，联络统筹各方推动规则建设，实质上是为了实施有利于自身的国际规则，加强自身的网络威慑力。

二是不断加强网络空间演习。美国多年来不断进行军队及各组织网络空间演习，国土安全部于2004年创建了国家网络演习和计划组（NCEPP），先后进行了50余次网络演习。❶

三是制造网络武器。不仅中央情报局在制造实验武器，美国各情报机构都在制造或协助制造用于网络武器的恶意代码程序。美国制造网络武器准备网络战，利用网络武器对他国进行渗透攻击已经成了公开的秘密，被解密公开的网络工具也只是美国网络工具库的冰山一角，为掌握网络空间主动地位，美国无

---

❶ 严美，王有维．网络空间战略威慑的实践与应用[M]．沈阳：辽宁大学出版社，2017.

论是为了防御还是攻击也势必要准备大量网络武器，这也推动了全球网络空军军备竞赛的加速发展。❶

四是对内对外实施监控。美国的监控意识最早可以追溯到20世纪70年代的“水门事件”，美国不仅对国内各界进行监听，而且对国际社会也在不断监控中。虽监听行为使美国成为众矢之的，但是由于美国占有服务器的优势，大多数被监听者不得不在一定程度上默认这种行为，大量数据将会流经美国服务器而被监听，甚至是一些包含涉密内容的信息，这使得美国在网络战和信息战中占有了极大的主动权。

五是压制别国发展同时研究新兴技术。美国作为世界网络空间的领军人物，在涉及网络空间的各个方面上不断实行不利于他国的双重标准，或利用自身地位优势压制其他国家的发展，不断透露出霸主思想提升自己的网络威慑力。

（三）澳大利亚

2020年8月6日，澳大利亚内政部对外公布了因新型肺炎疫情而推迟发布的《网络安全战略》（以下简称“2020年《战略》”）。此次发布的2020年《战略》，为其成立后发布的第一份网络安全领域战略，总投资额达16.7亿美元，旨在加强未来10年内澳大利亚的网络安全，强调要将打击网络犯罪、推进“数字身份”计划、扶持中小企业和扩大地区影响等方面作为今后国家网络安全战略的政策目标，这是澳大利亚现任政府在结合历史和现实的基础之上，针对当前新冠肺炎疫情的客观环境进行分析判断后得出的结论，是目前澳大利亚关于网络安全最为权威的战略报告。

此次发布的2020年《战略》是根据当时国内外形势变化制定的。新冠肺炎疫情的暴发对澳大利亚网络安全领域造成巨大影响，在疫情蔓延过程中，网络犯罪活动愈加频繁，针对关键基础设施的网络攻击覆盖面广，其中，针对医疗

❶ 张兵城．美军网络空间作战主要方式与特点 [J]. 国际研究参考，2017（11）：32–36.

机构和个人的网络攻击都有不同程度的增加。[1]另外，疫情期间，远程办公成为一种主流的工作方式，大量工作人员不在岗，导致网络安全产业与监管部门未能充分发挥作用。鉴于新冠肺炎疫情的严重性，2020 年《战略》注重于解决企业及个人在线远程工作所面临的安全问题。澳大利亚政府将投资 5830 万美元加强客户参与渠道，并投资 1230 万美元将 24 小时网络安全服务平台扩展到中小企业和家庭，向所有澳大利亚人提供网络安全建议和技术援助，并提供额外的在线资源和量身定制的建议和信息。同时澳大利亚政府以 2600 万美元的投资，支持网络安全中心（ACSC）扩大对中小企业和社区的援助，还将投资 610 万美元，为网络犯罪受害者提供帮助。

2020 年《战略》是 2016 年《网络安全战略》（以下简称“2016 年《战略》”）的延续。相较 2016 年《战略》，2020 年《战略》目标明确，结构清晰，延续了加强人才建设的工作目标和澳大利亚网络安全中心（ACSC）和联合网络中心（JCSC）两大中心的工作框架，保证了与 2016 年《战略》的延续性和一致性。2016 年《战略》总投资额为 2.3 亿美元，成立了两大中心 ACSC 和 JCSC，加强政府与州及地方政府的合作，并不断加强网络人才体系建设。2020 年《战略》投资力度加大，总投资额增加至 16.7 亿美元，对 ACSC 和 JCSC 追加投资，提高打击网络犯罪的能力，打击包括暗网在内的网络犯罪。同时，基于 2016 年《战略》加大人才体系建设力度，制定《网络安全劳动力增长计划》。

2020 年《战略》着重投资情报领域，意在提高网络情报能力，为政府机构准确感知和研判网络空间安全态势提供帮助，也可为政府决策者深化对网络空间安全的认识、制定网络空间安全战略、应对网络空间安全威胁提供参考。同时，要求提高社区的网络安全系数，推行“数字身份”计划使民众可以选择使用可信任的数字身份证书来访问政府和私营部门提供的网络服务，以保护澳大利亚人免受身份盗窃、网络犯罪的侵害，保证澳大利亚人更轻松、更安全地使用网络服务。

---

[1] 卢英佳 . 2020《澳大利亚网络安全战略》主要特点和动向评估 [J]. 中国信息安全，2020（11）：64–67.

三、我国的网络安全策略及趋势

（一）我国网络安全法律法规体系日趋完善

这些年来，我国网络犯罪率不断提升，网络安全出现很大的问题，一般来说，网络犯罪存在的显著特征是：犯罪成本小、不易察觉、过于隐蔽等。在网络技术快速发展的背景下，其犯罪手段也呈现出多元化的发展特点，对犯罪分子创造了更多的机会和条件。[1]基于此，不断完善我国网络法律体系是一项非常关键的工作，具有一定的重要性和必要性。

2020 年，多项网络安全法律法规面向社会公众发布，我国网络安全法律法规体系日臻完善。国家互联网信息办公室等 12 个部门联合制定和发布《网络安全审查办法》，以确保关键信息基础设施供应链安全，维护国家安全。[2]全国人民代表大会常务委员会法制工作委员会就《数据安全法（草案）》和《个人信息保护法（草案）》征求社会公众意见，法律将为切实保护数据安全和用户个人信息安全提供强有力的法治保障。《密码法》正式施行，规定使用密码进行数据加密、身份认证以及开展商用密码应用安全性评估成为系统运营单位的法定义务。《中共中央关于制定国民经济和社会发展第十四个五年规划和二〇三五年远景目标的建议》正式发布，提出保障国家数据安全，加强个人信息保护，全面加强网络安全保障体系和能力建设，维护水利、电力、供水、油气、交通、通信、网络、金融等重要基础设施安全。中共中央印发《法治社会建设实施纲要（2020—2025 年）》，要求依法治理网络空间，推动社会治理从现实社会向网络空间覆盖，建立健全网络综合治理体系，加强依法管网、依法办网、依法上网，全面推进网络空间法治化，营造清朗的网络空间。同时，国家发改委、工业和信息化部、公安部、交通运输部、国家市场监督管理总局等多个部门，陆续出台相关配套文件，不断推进我国各领域网络安全工作。

---

[1] 孟瑜．新形势下落实网络安全等级保护制度 [J]. 电子元器件与信息技术，2021，5（3）：60–61.

[2] 晏子璇．法学视角分析网络法律问题 [J]. 科学大众（科学教育），2019（6）：139–140.

（二）落实网络安全等级保护制度，加强关键信息基础设施保护

网络安全等级保护是国家网络安全保障的基本制度、基本策略、基本方法。开展网络安全等级保护工作是保护信息化发展、维护网络安全的根本保障，是网络安全保障工作中国家意志的体现。《中华人民共和国网络安全法》（以下简称《网络安全法》）亦在 2017 年正式施行，旨在提高全社会的网络安全意识和网络安全保障水平，其中专门构建了“网络安全等级保护制度”作为保障基本网络、关键信息基础设施与大数据安全的基础。[1] 在全球化网络空间主权争夺的大背景下“登高望远”，“网络安全等级保护制度”是提升我国网络安全水平，保障国家安全，促进经济发展，迎接国际化挑战的基础制度之一。

关键信息基础设施是指包括公共通信和信息服务、能源、交通、水利等重要行业和领域的重要网络设施及信息系统，一旦遭到破坏或者数据泄露，可能严重危害国家安全、国计民生、公共利益。[2] 关键信息基础设施就属于第四级。经过 20 多年创新发展可信计算技术与网络安全等级保护制度，在构建主动防御网络安全保障体系、确保关键信息基础设施安全运营等方面取得了重大经济和社会效益。但是，我国全面进入数字化转型、网络化升级，面临霸权国家网络核武器威胁，必须以科学网络安全观在核心技术突破和系统工程建设上跨越发展，以等保 2.0 与可信计算 3.0 构建主动防御保障体系，筑牢我国的网络安全防线。[3] 2021 年 8 月 17 日正式发布《关键信息基础设施安全保护条例》（以下简称《条例》），旨在通过配套立法进一步明确关键信息基础设施安全保护的具体要求，保障国家关键信息基础设施安全。

党中央、国务院高度重视关键信息基础设施安全保护工作。关键信息基础

---

[1] 宁宣凤，吴涵，包达，等 . 国际新形势下的网络安全等级保护制度研究 [A]// 上海市法学会 .《上海法学研究》集刊（2020 年第 15 卷 总第 39 卷）——数字经济法治文集 . 上海：上海市法学会，2020：7.

[2] 沈昌祥 . 按照《关键信息基础设施安全保护条例》筑牢网络空间安全底线 [J]. 信息安全研究，2021，7（10）：890–893.

[3] 孔勇 . 第一时间解读《关键信息基础设施安全保护条例》[J]. 网络安全和信息化，2021（9）：23–27.

设施是经济社会运行的神经中枢，是网络安全的重中之重。当前，关键信息基础设施面临的安全形势严峻，网络攻击威胁事件频发。制定出台《条例》，建立专门保护制度，明确各方责任，提出保障促进措施，有利于进一步健全关键信息基础设施安全保护法律制度体系。

（三）App 违法违规收集使用个人信息情况将进一步改善

在移动互联网时代，个人信息已成为高价值的数据资源，加强 App 个人信息保护势在必行。近年来，国家互联网信息办公室、工业和信息化部、公安部、国家市场监管总局四部门启动了 App 违法违规收集使用个人信息治理工作，对用户规模大、问题突出的 App 采取公开曝光、约谈、下架等处罚措施，App 违法违规收集使用个人信息问题有所改善。然而，我国 App 数量庞大，更新频繁，且新应用层出不穷，仍存在 App 过度超范围收集个人信息、个人信息滥用等情况，公民合法权益受到侵犯。随着《个人信息保护法》的出台，以及国家监管部门监督和治理力度不断加大，相关运营企业将更加重视个人信息保护工作，规范收集使用个人信息行为。

（四）加强个人信息保护基础保障，鼓励隐私保护技术增强应用

强化企业个人信息保护制度和安全技术保障，有效的个人信息保护制度的建立有利于企业解决人员违规、管理缺失、技术漏洞等导致的个人信息保护问题。强化信息基础设施安全保障，为加强个人信息保护筑牢基础防线，企业应应用敏感数据识别、数据防泄漏、数据泄漏追踪等安全技术，提升信息基础设施的安全保障能力，防止数据泄露、毁损、丢失等安全事件发生。鼓励个人信息和隐私保护技术创新应用，匿名化、差分隐私、同态加密、区块链等技术的创新应用能够有效帮助企业在大数据开发应用与个人信息与隐私保护两者间达到有效平衡。

（五）远程协作安全风险问题更受重视

2020 年，全球出现多起涉及远程会议软件、VPN 设备等的网络安全事件，

远程协作中的网络安全问题得到高度重视，2020 年 3 月全国信息安全标准化技术委员会出台《网络安全标准实践指南——远程办公安全防护》。未来，攻击者或将针对远程协作环境下的薄弱环节，重点针对使用的工具、协议以及所依赖的信息基础设施开展攻击，远程协作安全风险问题将受到更多关注和重视，需要更体系化的安全解决方案。

（六）全社会数字化转型加快背景下将着力提升数据安全防护能力

随着云计算、大数据、物联网、工业互联网、人工智能等新技术新应用的大规模发展，互联网上承载的数据和信息越来越丰富，这些数据资源已经成为国家重要战略资源和新生产要素，对经济发展、国家治理、社会管理、人民生活都产生重大影响。随着全社会数字化进程的加快，数据的价值将更为凸显。近年来针对数据的网络攻击以及数据滥用问题日趋严重，数据安全风险将更加突出。随着《数据安全法》的出台，数据安全管理将会进一步加强，数据安全治理水平也将得到有效提升。

第三章　网络黑灰产业链违法犯罪问题

第一节　网络黑灰产业链问题解剖

随着网络技术的迅速发展，电信诈骗犯罪的花样在不断翻新。助电信诈骗犯罪行为方式花样翻新一臂之力的“罪魁祸首”就是近些年围绕着网络犯罪形成的网络黑灰违法犯罪产业链。电信诈骗犯罪与其他传统犯罪有所不同，往往不以“单打独斗”的形式出现，喜欢抱团、“协同作战”，进行细分的流水线作业，网络黑灰产业链在其中往往扮演不可或缺的“帮助者”角色，为电信诈骗犯罪提供犯罪前提条件、为电信诈骗犯罪“善后”。打击网络黑灰产业链配合下的电信诈骗犯罪的难度大大增加，难度不仅体现在刑事侦查方面，还体现在传统的刑事法律理论体系也受到极大的挑战上。

一、网络黑灰产业链界定

网络黑灰产业链并非刑法学术语，我国《刑法》中，不仅没有“网络黑灰产业链罪”，“网络黑灰产”等相关词汇都没有出现。

首先，网络黑灰产业链并非一个罪名。网络黑灰产业链是由多个相关行为组成的行为集合体。另外，称之为“黑灰产业链”，也是为此类行为做了定性，即此类行为是游离于违法、犯罪边缘的“灰色”“黑色”地带。行为是否构成犯罪、构成何种犯罪，存在着一定的不确定性。如果毫无争议构成犯罪，那么就可以“网络犯罪”或者其他罪名定罪处罚。正是因为网络黑灰产业链的这一特点，使得相关行为的定性与处罚存在一定的难度。

学界对于“网络黑灰产业链”有不同的认定，有的学者将“网络黑灰产”定义为：“以虚拟网络空间为场所，以中立性技术为依靠，以谋取不正当利益为动机，以非犯罪技术或行为为表象，以实施违法犯罪行为为实质的社会分工组织形式”。[1] 有的学者将网络黑灰产业链界定为：基于互联网开展各种黑灰产活动，内部具有明确的专业分工，存在上下游供需关系的产业链。主要特征有三点：第一，其活动属于黑灰产活动范畴，属于违反法律或处于法律尚未明确的部分。第二，涉及的经济活动都是基于互联网。第三，其经济活动有明确的专业分工和合作链条，呈现出网络关系的产业链。

本书认为，网络黑灰产业链，分为网络黑产业链和网络灰产业链，黑产通常指的是已经触犯法律，行为构成网络违法犯罪行为，比如为电信诈骗分子提供公民个人信息、为违法资金提供资金账号便于转账等；网络灰产指的是游离于违法边缘，行为是否构成违法犯罪，相关法律并没有明确的规定。比如通过人脸识别收集公民个人信息、恶意注册账户、要求用户提供额外的位置信息等，这些行为本身并非非法犯罪行为，行为是否构成违法犯罪存在一定的争议。比如，2021 年的“3·15”晚会上，央视曝光了科勒卫浴、宝马等多家公司安装人脸识别系统，在顾客不知情的情况下，采集顾客的面部信息，并进行身份识别；2021 年 4 月 9 日，“人脸识别第一案”：郭某诉杭州野生动物世界服务合同纠纷案二审宣判，被告被要求删除指纹信息及人脸识别信息，原告获赔 1038 元；2021 年 4 月 10 日，西安一住宅区被曝光在使用人脸识别系统之后，门禁卡被禁用。但看上述行为，并没有构成违法犯罪，上述行为的行为人并没有因为收集公民面部信息受到行政处罚或者刑罚。同样是面部识别，另外一种相关行为就可能涉嫌违法犯罪，如 2021 年 4 月 13 日《新京报》刊登了题为“人脸识别黑产：真人认证视频百元一套”的报道，指出：“在部分社交平台和网站上，不少卖家将人脸识别视频明码标价。仅 100 元一套的资料里，就包含了身份证正反面照片还有手持身份证照片和点头、摇头张嘴等诸多视频。”将收集的公民面部识别信息出卖，就涉及违法犯罪问题。因此，网络灰产与违法犯罪并没有明

[1] 刘宪权．网络黑灰产上游犯罪的刑法规制 [J]. 国家检察官学院学报，2021（3）.

确的界限，游离于违法犯罪的边缘，行为稍微出现一点偏差就可能构成犯罪。但是，构成何种犯罪？应当如何处罚？相关法律并没有明确的规定。

二、网络黑灰产业链的危害及打击难度

电信网络诈骗犯罪是一种远程非接触性犯罪，技术含量高，时空跨度大，波及人数多，且手段隐蔽，花样翻新，较传统诈骗犯罪，欺骗性更强，普通群众防不胜防。诈骗一旦得逞，往往给被骗群众造成巨大财产损失，甚至引发次生危害后果。近些年，一些诸如在校学生、孤寡老人等弱势群体被骗后而导致猝死或自杀的案件时有发生，造成了非常恶劣的社会影响。

（一）网络黑灰产业链危害大

1. 充当电信诈骗等犯罪的帮凶

电信网络诈骗犯罪发案仍居高位，在一些大中城市，此类案件发案量在刑事案件中的占比甚至达到 50%；电信网络诈骗大要案件频发，造成群众财产损失巨大。2020 年，全国电信网络诈骗案件涉及财产损失即达 353.7 亿元。另外，随着现代通信和移动支付技术的迅猛发展，特别是境内打击力度的空前加大，大批诈骗窝点向境外转移，非法交易手机卡、信用卡愈加猖獗，司法实践中亦出现了许多新的问题，我们打击此类犯罪面临更严峻的挑战和更高的要求。

电信诈骗犯罪涉案金额比较大、范围比较广、社会影响比较恶劣。比如 2016 年的山东省临沂市徐某玉案，犯罪嫌疑人的诈骗行为导致徐某玉被骗后猝死，造成极其恶劣的社会影响。2015 年 11 月至 2016 年 8 月，陈某辉、黄某春、陈某生等人交叉结伙，通过网络购买学生信息和公民购房信息，分别在江西省九江市、新余市，广西壮族自治区钦州市，海南省海口市等地租赁房屋作为诈骗场所，分别冒充教育局、财政局、房产局的工作人员，以发放贫困学生助学金、购房补贴为名，以高考学生为主要诈骗对象，拨打诈骗电话 2.3 万余次，

骗取他人钱款共计56万余元，并造成被害人徐某玉死亡。这一案件直接导致最高人民法院、最高人民检察院以及公安部于2016年12月发布《关于办理电信网络诈骗等刑事案件适用法律若干问题的意见》，明确对诈骗造成被害人自杀、死亡或者精神失常等严重后果的，冒充司法机关等国家机关工作人员实施诈骗的，组织、指挥电信网络诈骗犯罪团伙的，诈骗在校学生财物的，要酌情从重处罚。

在这一起案件中，“通过网络购买学生信息和公民购房信息”对案件的最终结果起到非常重要的作用。非法收集公民个人信息、倒卖公民个人信息就是非常典型的网络黑灰产业链，这些产业链围绕电信网络诈骗犯罪，形成大量上下游关联犯罪，成为电信网络诈骗犯罪不断发展蔓延的催化剂和助燃剂。在电信诈骗、网络赌博等犯罪活动中，网络黑灰产业链并不直接面对犯罪受害人，不抛头露面，而是躲在后面暗自发力，充当电信诈骗、网络赌博等犯罪行为的帮凶。围绕着电信诈骗、网络赌博等犯罪行为而生存与发展的网络黑灰产业严重侵害了人民群众的财产安全和其他合法权益，严重影响社会和谐稳定。

2. 网络黑灰产业链相关违法犯罪行为涉案金额巨大、影响恶劣

近年来，随着打击电信诈骗等犯罪行为力度的加强，很多网络黑灰产业逐渐剥离电信诈骗犯罪，另立门户，通过自身的技术、硬件优势，危害互联网技术的发展，扰乱社会秩序。网络黑灰产业链相关违法犯罪行为涉案金额巨大，对社会造成的影响比较恶劣。根据有关报道，网络黑灰产已不再局限于半公开化的纯攻击模式，而是悄然转化为敛财工具和商业竞争的不良手段，利润之高令人咋舌，据南都大数据研究院等机构发布的《2018网络黑灰产治理研究报告》估算，2017年我国网络安全产业规模为450多亿元，而黑灰产已达近千亿元规模。❶

❶ 网络黑灰产”年产值”逾千亿元 群防共治铲除毒瘤 [EB/OL]. [2021–09–10]. http：//media.people.com.cn/n1/2019/0903/c40606–31332662.html.

（二）网络黑灰产业链难以认定

“薅羊毛”、恶意注册账号、身份认证等灰产行为，本身并未明显违反法律法规，相关行为又并非只能用于违法犯罪，故对其定性难以一概而论。但是，黑产与灰产之间的界限并非泾渭分明，而是相互依附、交织，形成庞大的黑灰产业链。对于此类行为的定性，是传统法学的一大挑战。2021 年 5 月的徐某诈骗罪、传授犯罪方法罪案中，在校大学生徐某利用肯德基 App 客户端和微信客户端之间数据不同步的漏洞，骗取兑换券获取餐码，出售给他人牟利，并将犯罪方法传授给同学，造成肯德基品牌所有者百胜公司损失 20 余万元。这一案件在社会舆论中引发较大关注，很多网民并不认可对徐某以诈骗罪、传授犯罪方法罪定罪处罚。

网络技术突飞猛进，网络黑灰产业链也在不断发展，不断有新的行为类型出现。法律规定落后于现实社会，会出现法律漏洞与空白。网络黑灰产业链从业人员往往自认为没有直接参与违法犯罪，没有危害社会，这一点也容易迷惑公众，获得公众舆论同情，这使得网络黑灰产业链的认定很难顺利进行。

（三）网络黑灰产业链难以根除

网络黑灰产业链中，合法行为与非法行为交织在一起，正常经营行为中混杂着违法犯罪行为，铲除难度比较大。另外，网络黑灰产业链的形态非常复杂，涉及多个部门，更是增加了打击难度。以网络水军治理为例，2020 年 10 月 19 日发布的《关于印发 2020 网络市场监管专项行动（网剑行动）方案》，重点在于打击网络水军黑灰产业链，这一方案是由国家市场监管总局、中共中央宣传部、工业和信息化部、公安部、商务部、文化和旅游部、中国人民银行、海关总署、国家税务总局、中央网信办、国家林草局、国家邮政局、国家药监局、国家知识产权局等部门联合发布，也就是说网络水军这一黑灰产业链涉及上述 14 个国务院职能部门，需要 14 个职能部门相互配合，其中有一个部门“掉链子”，那么铲除网络水军黑灰产业链的行动就很难进行下去，这足以看出彻底铲除网络黑灰产业链的难度。

第二节　网络黑灰产业链态势分析

网络黑灰产业链类型复杂且在不断“升级”变化中，用列举方式很难穷尽所有的网络黑灰产业链形态。2015 年 11 月 4 日，公安部印发的《打击治理电信网络新型违法犯罪专项行动工作方案》，其中第二点打击治理重点中，第（一）部分提到以下类型的人员和行为要重点打击处理：“……4. 发送诈骗信息、拨打诈骗电话的人员；5. 为诈骗团伙转取款的人员；6. 为诈骗团伙招募员工的人员；7. 开发、制作、发布恶意手机木马程序、网络投资虚假交易软件的人员；8. 为诈骗团伙提供网络改号平台的人员；9. 非法获取、出售和提供公民个人信息的人员；10. 非法生产、销售和使用‘伪基站’、窃听窃照专用器材无线屏蔽器、‘黑广播’等器材的人员；11. 非法买卖银行卡的人员；12. 其他进行电信网络诈骗的人员。”第（二）部分是重点规范治理以下违规行为：“1. 违规出租电信线路的；2. 违规批量办理、非实名办理电话卡、上网卡的；3. 违规批量办理、非实名办理银行卡的；4. 违规办理、使用‘一号通’‘400’‘商务总机’等通讯业务的；5. 使用非实名电话卡（包括移动通信转售业务）、上网卡（包括移动通信转售业务）、宽带线路的；6. 使用非实名银行卡，以及人卡分离、境外使用的；7. 其他违规行为。”

上述规定，一定程度上反映了依附于电信诈骗犯罪的网络黑灰产业链从业人员类型及行为方式。近几年，网络黑灰产业链又有了新的发展，逐渐脱离电信诈骗犯罪而形成新的违法犯罪模式。因此，本节将网络黑灰产业链形态总结为：依附于电信诈骗、网络赌博等犯罪形成的网络黑灰产业链和网络黑灰产业链自身形成的产业链两种类型。从这两种类型入手，分析网络黑灰产业链发展态势。

一、依附于电信诈骗、网络赌博等犯罪形成的网络黑灰产业链发展态势

（一）手机黑卡、银行卡、网络账号产业链

手机“黑卡”、信用卡产业链通常被称为“两卡”产业链。不少犯罪分子将收购的“两卡”作为犯罪工具，用于骗取被害人资金或转移赃款，掩盖犯罪事实，逃避司法机关追查。

1. 手机黑卡

手机“黑卡”即非实名认证的手机号码，分为三个类别：一是非实名手机号，主要是在实行手机号码实名制之前办理的卡号，目前这类非实名手机号应该比较少了，现在存在较多的是虚拟运营商的手机号码；二是冒用他人身份信息取得的手机号码，因为他人遗失或者通过其他途径取得的他人身份证注册手机号码；三是物联网卡，此类卡仅能用于上网和发送短信等。2021年6月2日，工业和信息化部、公安部发布的《关于依法清理整治涉诈电话卡、物联网卡以及关联互联网账号的通告》规定：“凡是实施非法办理、出租、出售、购买和囤积电话卡、物联网卡以及关联互联网账号的相关人员，自本通告发布之日起，应停止相关行为，并于2021年6月底前主动注销相关电话卡、物联网卡以及关联互联网账号。”其中提到的三类手机黑卡正是：电话卡、物联网卡以及关联互联网账号。

手机黑卡产业链是电信诈骗犯罪、网络赌博等犯罪中必备的“助手”。黑卡的作用是隐藏违法犯罪分子的真实身份，规避刑事侦查，逃避打击。手机黑卡产业链不仅仅涉及手机卡的买卖，还涉及恶意注册账号、养号等其他网络黑灰产业，是一个比较完整的手机黑卡产业链。在国家实行手机卡号实名制之后，手机黑卡产业链又与公民个人信息倒卖交织在一起。

2019年周某奇倒卖手机卡案件中，周某奇伙同尤某杰在杭州某职业技术学院设立学生兼职微信群，发布招聘话务员的消息，要求应聘学生到附近营业厅办理电话卡并将卡上交。周某奇、尤某杰以上述方式购得刘某欣等20余名学

生办理的实名制电话卡 75 张，每张卡支付给学生人民币几十元至一百元不等的费用。2019 年 11 月中下旬，周某奇、尤某杰又通过类似方式招募了石某行等 130 余名社会人员，用大巴车将他们从河北省带至北京市办理 400 张左右实名制北京电话卡并收购，每张卡支付几十元人民币的费用。周某奇、尤某杰明知他人利用信息网络实施犯罪，仍将上述电话卡出售供他人使用，违法所得人民币 12 万余元。上述电话卡通过非法途径流出境外，犯罪分子使用其冒充国家机关工作人员实施诈骗，骗取被害人李某等 10 余人钱款共计人民币 200 余万元。

2. 银行卡

银行卡，主要指的是信用卡类，具体包括信用卡、银行账户、非银行支付账户以及其他具有支付结算功能的互联网账号密码、网络支付接口、网上银行数字证书。银行卡在诈骗犯罪中被用作资金转移。

3. 网络账号

网络账号是用户的“网络身份”。在以账号体系为基础的网络环境中，网络犯罪乃至黑灰产的实施，均以大量获取账号资源为前提。在网络犯罪黑灰产业链中，这些网络账号为行为人隐蔽真实身份、逃避溯源追究，极大地危害了网络秩序安全。

网络账号链条涉及上游、中游和下游三个环节：上游非法获取网络账号，即通过批量注册、入侵拖库、钓鱼盗号、撞库、收购租用等方式非法获取网络账号；中游养号，即通过系统模拟正常用户行为规避平台监管措施，或者通过人工添加好友等方式为下游犯罪物色目标人群，同时提升账号活跃度和价值；下游违法犯罪，即网络账号最终被用于网络诈骗、网络招嫖等违法犯罪活动。

（二）非法获取公民个人信息产业链

根据《最高人民法院、最高人民检察院关于办理侵犯公民个人信息刑事案件适用法律若干问题的解释》，公民个人信息是指以电子或者其他方式记录的能够单独或者与其他信息结合识别特定自然人身份或者反映特定自然人活动情况的各种信息，包括姓名、身份证件号码、通信联系方式、住址、账号密码、财产状况、行踪轨迹等。随着网络技术发展，逐步扩展到人脸、虹膜等生物识别信息，以及网络支付账户信息等，而且其范围仍在逐步扩展。

利用公民个人信息实施的网络犯罪日益高发，获取信息方式日趋隐蔽。当前，非法获取公民个人信息的现象屡见不鲜，手段花样翻新，往往成为网络犯罪的必备前置程序。违法犯罪分子有的通过手机 App、电脑软件，有的通过搭建钓鱼网站、发送木马链接，有的则在手机、智能手表、路由器等硬件设备的生产环节植入病毒程序，非法获取公民个人信息。这些行为侵害了公民个人隐私和人身、财产权利，滋生大量网络违法犯罪，社会危害巨大。

2017 年吴某等人非法控制计算机信息系统、侵犯公民个人信息案中，深圳云某科技有限公司（以下简称“云某公司”）实际控制人吴某等人在与多家手机主板生产商合作过程中，将木马程序植入手机主板内。装有上述主板的手机出售后，吴某等人通过之前植入的木马程序控制手机回传短信，获取手机号码、验证码等信息，并传至公司后台数据库，后由该公司商务组人员联系李某理（在逃）、管某辉等人非法出售手机号码和对应的验证码。其间，云某公司以此作为公司主要获利方式，通过非法控制 330 余万部手机并获取相关手机号码及验证码数据 500 余万条，出售这些数据后获利人民币 790 余万元。其中，李某理等人向云某公司购买非法获取的手机号码和验证码后，利用自行开发的“番薯”平台软件贩卖给陈某峰等人。陈某峰等人将从李某理处非法购买的个人信息用于平台用户注册、“拉新”“刷粉”、积分返现等，非法获利人民币 80 余万元。管某辉从云某公司购买手机号码和对应的验证码后，也用于上述用途，非法获利人民币 3 万余元。

（三）“暗网”产业链

暗网，“是指存储在网络数据库里、并不能通过普通链接进行访问，需要采用动态网页技术进行访问的一种资源集合”。[1]“暗网”交易大量使用虚拟货

[1] 明乐齐 . 暗网犯罪的趋势分析与治理对策 [J]. 犯罪研究，2019（4）：65–76.

币支付以避开监管，数据流转层层加密，匿名程度很高，容易成为违法犯罪的“避风港”。打击治理“暗网”违法犯罪活动，需要强化源头管控，尤其加强对VPN 软件和非法浏览器交易、使用的监管，防止被用于非法活动，切断网络犯罪的信息流和接触通道。

2019 年董某澜贩卖毒品案中，董某澜为了贩卖毒品牟利，于 2019 年 8 月在湖北省武汉市暂住地，通过 VPN 软件和境外专用浏览器登录“暗网”网站获取毒品交易信息，使用境外即时通信工具 Telegram 软件与卖家进一步联系交易。

（四）流量劫持产业链

在网络犯罪中，网络流量多被作为网络犯罪的目的和工具。就前者而言，主要是指修改网页数据，强制用户跳转至目标网页，以窃取、劫持流量；就后者而言，主要是指通过非法侵入计算机信息系统等方式，控制计算机信息系统，形成傀儡机（俗称“肉鸡”），进而实施犯罪活动。

流量劫持的目的多种多样，主要涉及如下几种：①劫取流量，即劫取目标网站的流量，进而将获取的流量出售套现。②非法获取身份信息，即通过仿制需要登录或者支付的官方网站，再通过流量劫持等方式使用户访问，获取用户登录或者支付所用的账号密码等信息资料。这些身份信息被进而用于注册各类网络账号服务或者其他违法犯罪。③骗取资金，即通过仿制官方网店、第三方线上交易网站，通过流量劫持等方式让用户点击登录假网站进而进行支付，从而骗取支付的资金。

（五）伪基站产业链

利用通信工具、互联网等技术手段实施的电信网络诈骗犯罪活动持续高发。一些不法分子结成团伙，设置窝点，精心设计骗局，通过拨打网络改号电话、“伪基站”设备群发手机短信、网上发布诈骗信息等方式，跨区域甚至跨境大肆实施诈骗活动。

“伪基站”设备是未取得电信设备进网许可和无线电发射设备型号核准的

非法无线电通信设备，具有搜取手机用户信息，强行向不特定用户手机发送短信息等功能，使用过程中会非法占用公众移动通信频率，局部阻断公众移动通信网络信号。非法生产、销售、使用“伪基站”设备，不仅破坏正常电信秩序，影响电信运营商正常经营活动，危害公共安全，扰乱市场秩序，而且严重影响用户手机使用，损害公民财产权益，侵犯公民隐私，社会危害性严重。

（六）资金通道产业链

电信诈骗、网络赌博等犯罪的目的通常在于非法获利，故资金通道是网络犯罪链条中最为关键的一环。资金通道链为网络犯罪提供支付、电子商务、游戏、取现等资金流转、掩饰、套现通道，涉及通道搭建、资金转移、取现、洗钱等环节。从实践来看，资金通道链条涉及购买虚拟产品、三方 / 四方支付、虚拟货币、租码跑分平台、地下钱庄等多种形式和环节。

其中，非法“第四方支付”平台日益成为网络犯罪资金流转通道，危害经济金融安全。非法“第四方支付”平台为获取非法利益，在未取得国家支付结算许可的情况下，违反国家金融管理制度，以正常商业交易为掩护，依托正规第三方支付平台，利用收集的大量支付账户，短时间内快速流转资金，导致支付结算活动“体外”循环。这些非法第四方支付平台的存在，不仅极大地便利了赌博、电信网络诈骗等犯罪资金流转，成为网络犯罪产业链上的重要一环，还严重破坏金融管理秩序，威胁金融安全，必须依法严厉打击。

犯罪分子搭建非法“第四方支付”平台时，为规避国家监管，往往会大量收购银行卡、收款二维码、对公账户等形成“资金池”，伪造正常商业交易层层转账，以掩盖犯罪事实。尤其是对公账户可信度高、交易额度大，更为犯罪分子所青睐。非法“第四方支付”平台的存在，催生了工商资料、对公账户、非银行支付账户买卖的黑灰产业链。对此，要坚持源头管控、综合治理。既要严厉打击非法支付结算的行为，又要深挖线索，一体化打击买卖工商资料、对公账户、非银行支付账户的关联违法犯罪。对于不构成犯罪但违反行政法规的，及时移送行政机关加大行政处罚力度，摧毁整个违法犯罪链条。

2018年林某甲等人非法经营案中，林某甲以杭州某智能科技有限公司名义，在未获得支付结算业务资质的情况下，伙同林某乙、张某等人，以支付宝、微信等第三方支付平台为接口，自建非法“第四方支付”系统。林某甲等人通过向他人收买、要求本公司员工注册等方式收集大量无实际经营业务的空壳公司资料（包括工商资料、对公银行账户、法人资料等），利用上述资料在支付宝、微信等第三方支付平台注册数百个公司支付宝、微信等账户，再将上述账户绑定在其自建的支付平台上，实现资金的非法支付结算。上述非法“第四方支付”系统与境外赌博网站联通，协助资金支付转移。赌客在赌博网站点击充值后，赌博网站即向该系统发送指令，系统随机调用已接通的空壳公司支付宝、微信等账户，与赌客间生成一笔虚假商业交易（如购买电子书等），并给赌客发送收款码。赌客扫描收款码支付赌博资金，资金直接进入空壳公司支付宝、微信等账户，再转移到空壳公司的对公银行账户，经过层层转账后，最终转入赌博平台实际控制的账户。林某甲等人以上述方法为境外赌博网站等非法提供资金支付结算服务，结算金额共计人民币46亿余元。

二、网络黑灰产业链自身形成的产业链发展态势

近些年，随着国家打击电信诈骗力度的加强，网络黑灰产业链不再仅仅依附于电信诈骗生存，而是逐渐发展出具有自身特色的“产业业态”，形成了独立于电信诈骗犯罪之外的新型网络黑灰产业链。

网络黑灰产业链自身形成的产业链违法犯罪行为更为隐蔽、涉案金额更大、影响范围更广泛，因此，应当给予网络黑灰产业链自身形成的产业链足够重视。

（一）网络电商刷单产业链

电商平台上，用户评价往往是消费者选择商品的重要参考因素之一。因此，一些不良卖家为吸引消费者的注意力、获取更多交易机会，以雇“刷手”刷单、

虚构交易、虚构关注度、虚构好评等手段，用不正当方式提高商品销量、用户好评度和店铺信誉，从而吸引消费提高销售额。

2021 年以来，市场监管总局加大对网络不正当竞争行为的监管力度，严厉打击利用网络软文、网络红人、知名博主、直播带货等方式进行“刷单炒信”、虚假宣传等不正当竞争行为。截至 2021 年上半年，全国各级市场监管部门共查办各类不正当竞争案件 3128 件，罚没金额 2.06 亿元。

数推（重庆）网络科技有限公司、谭某不正当竞争纠纷案[1]中，数推公司、谭某自 2017 年 12 月至 2019 年 7 月分别开设了“企鹅代商网”“金招代刷网”等 6 个网站接受客户订单，将订单转让或转托他人，利用网络技术手段，对深圳市腾讯计算机系统有限公司、腾讯科技（深圳）有限公司的网站和产品服务内容信息的点击量、浏览量、阅读量进行虚假提高，并予以宣传，获取订单与转托刷量之间的差价。法院审理认为，数推公司、谭某有偿提供虚假刷量服务的行为构成不正当竞争，判决数推公司与谭某连带赔偿两原告经济损失及合理开支共计 120 万元。这一案件就是有偿虚假刷单网络黑灰产业的典型案例，违反诚实信用原则和商业道德，损害合法经营者、用户和消费者的权益，扰乱正常竞争秩序。

（二）“羊毛党”套利产业链

提起“羊毛党”，很多喜欢网购的人都不陌生。随着电商平台的兴起，同一商品在各大电商平台存在着一定的价差，一些商家在设置商品价格时存在漏洞，有些人善于发现便宜甚至存在价格漏洞的商品，并分享给他人，这就是“羊毛党”的雏形。仅仅是在电商平台发现优惠或价格漏洞并分享给他人的行为，是普通消费行为，并不是违法行为。之所以将“羊毛党”列为网络黑灰产业链，是因为近些年，“羊毛党”不断发展壮大，通过利用商品价格漏洞、支付优惠套利，获取利益最大化，有一些“套利”已经对电商、对社会造成

[1] 具体内容参见：（2019）渝 05 民初 3618 号。

了一定的损失。国内的羊毛党已经形成了利润丰厚、组织严密、组织化程度极高的灰产组织。[1]

羊毛党多频率、有组织地在单次营销活动中多次获取优惠金额的行为，其实质是由于其薅羊毛的行为侵占了其他用户本应享受的优惠活动，这种行为即是打击的对象。根据 2018 年 6 月京东金融研究院和中国人民大学金融科技与互联网安全研究中心、中国刑事警察学院共同发布的《数字金融反欺诈白皮书》统计：羊毛党已形成 10 多个工种、160 余万从业人员、产业规模不低于 1000 亿元人民币的产业链，分工明确、合作流程成熟，并且逐渐向隐蔽、专业、精准方向发展。以某上市公司力推直播软件的营销活动为例，为获取客户量，只要注册软件就能获得奖励金并立即提现，该公司投入近 16 亿元后净亏损约 10 亿元，最终被 ST，而其中大部分奖励被羊毛党撸走，这说明羊毛党的行为已经严重影响了企业的正常经营。[2]

（三）网络水军产业链

移动互联时代，流量备受追捧。受利益驱动，一些人片面追求“数据为王”“流量至上”，为了谋取利益不惜铤而走险，甚至走上网络犯罪的道路。在追求关注度、追求流量的形势下，网络水军应运而生。网络水军通过有偿发帖、删帖影响互联网舆论、引导舆论走向，从而使得真实意见、普通个体的声音被淹没，给社会带来一定的危害。

2017 年 5 月叙永网络水军案中，以叙永籍人员袁某为核心、成员 30 余人的“网络水军”利用腾讯 QQ 作为通信工具，勾结中国日报网、中国网河南地方频道、新浪网、搜房网、华商网等网站内部工作人员，在互联网提供有偿发布虚假信息及有偿删帖服务，严重影响了互联网安全管理秩序和社会秩序，案件涉案金额达 2000 余万元；2021 年，广州越秀警方打掉一特大 App 刷量作案团伙，该团伙针对抖音、快手等短视频平台，开发并运营可实现刷量点赞、关注、

[1] 吴迪 . 清除网络黑灰产必须“打七寸”[N]. 工人日报，2020–12–09（005）.

[2] 金融诈骗白皮书 [EB/OL]. [2021–09–10]. https：//finance.qq.com/original/caijingzhiku/yzzk12.html.

评论的程序脚本和对应的后台系统，涉嫌非法控制计算机信息系统，该团伙利用刷量平台接受充值金额达 5000 余万元，非法获利超过 700 万元。[1]

（四）App 违法违规收集使用个人信息产业链

很多 App 存在违法违规收集使用个人信息情况，存在未经同意收集、超范围收集、强制授权、过度索权等违法违规问题。根据中国消费者协会发布的《100 款 App 个人信息收集与隐私政策测评报告》，被测评的 App 普遍存在涉嫌过度收集或使用个人信息的情况，且其中用户协议的隐私条款存在瑕疵。

App 违法违规收集使用个人信息会带来几个方面问题：一是侵犯公民个人隐私；二是违法违规收集的信息如果存储不当，存在泄露风险；三是信息可能被利用进行电信诈骗等违法犯罪活动；四是一些电商平台利用收集的信息，分析用户的个人情况，“精准”投放广告，并在用户不知情的情况下以更高的价格向其推销产品，进行“大数据杀熟”。

（五）恶意软件、App 网络黑灰产业链

在高速发展的信息时代，App 的使用已经成了我们现代人生活中不可缺少的生活工具，购物、出行、用餐、搬家、保洁、娱乐等等，各种各样的 App 影响着我们的生活、学习的各个方面。根据统计，截至 2020 年年底，国内主流应用商店可下载的在架活跃 App 达到 267 万款，安卓、苹果 App 分别为 105 万款、162 万款。这些 App 在给生活带来便利的同时，也暗藏风险。有一些无良企业和不法分子通过克隆正规 App 等方式，误导下载安装，不但非法收集公民个人信息，还可能会劫持手机短信、在支付等问题上做手脚。

（六）伪造身份黑灰产业链

随着网上业务申办渠道的不断丰富，身份证件网络认证已成为必要环节。

[1] 广州越秀警方打掉一特大 App 刷量作案团伙 21 人被刑拘 [N]. 法治日报，2021–08–12.

在此过程中，个别不法分子为规避实名制管理，多通过“深度伪造”技术，使用他人真实的姓名、身份证号等身份证件信息，替换他人身份证件相片，以此通过网络验证。伪造身份行为，虽然没有伪造实体的身份证件，但对身份证件作伪处理后能够通过网上认证，使之实际具备了实体身份证件的功能，严重妨害了国家对身份证件的管理秩序。

（七）人脸识别等生物识别技术黑灰产业链

面部识别技术逐渐成熟，在社会各领域被迅速推广应用。这一技术在给生活带来“便利”的同时，也暴露出诸多问题与隐患，甚至已经形成了相关黑灰产业链。

很多商家基于商业目的，偷偷收集公民面部识别信息。有些提供公共服务的有关部门为了推广识别系统的应用，强制或者变相强制采集公民面部识别信息，在公民不提供面部识别信息情况下，拒绝为其提供服务。通过各种渠道收集的面部识别信息资料并没有得到妥善的保存，有一部分经过各种途径流到黑市，在网络中倒卖。法制建设还没有跟上技术发展步伐，有些行为比如偷采个人面部识别信息等，并无法律依据将其定性为违法。泄露面部识别信息、倒卖面部识别信息的有关责任人并没有及时得到应有的惩罚。另外，公民发现个人权利被侵犯，举证难，维权难，维权成本非常高。

第三节　网络黑灰产业链治理现状

围绕电信网络诈骗犯罪，发展形成的黑灰色产业链，如非法使用“伪基站”“黑广播”设备、非法获取、出售、提供公民个人信息、帮助转移诈骗赃款等上下游关联违法犯罪，并不断蔓延。电信网络诈骗、黑灰色产业链等严重侵犯群众财产安全和其他合法权益，严重干扰正常的电信网络秩序，严重破坏社会诚信，严重影响社会和谐稳定，实属一大社会公害。应当遵从一定的原则从刑事、行政等方面对电信诈骗犯罪、网络黑灰产业链进行综合施策、集中重点打击。

一、网络黑灰产业链治理原则

打击网络黑灰产业链，要打防并举、行刑结合、虚拟与现实双线同时进行，既要治标还要治本，遏制网络黑灰产业链野蛮生长，铲除网络黑灰产业链滋生土壤，用法治的阳光照亮网络黑灰产的每个角落。

（一）重点打击电信诈骗、网络赌博犯罪

网络黑灰产业链依附电信诈骗、网络赌博等犯罪而生，打击网络黑灰产业链，首先应当从打击电信诈骗、网络赌博等犯罪行为入手。对电信诈骗、网络赌博等违法犯罪活动，要惩防并举，重拳出击，深入开展打击治理专项行动，坚决有效遏制此类犯罪活动。通过打击电信诈骗、网络赌博犯罪，斩断网络黑灰产业链最重要的资金来源，有效遏制网络黑灰产业链的迅速蔓延态势。

（二）压缩网络黑灰产业链生存、发展空间

对于网络黑灰产业链已经形成的“独立产业链”，应当压缩其生存、发展空间。当前，网络黑灰产业链从业人数很多，年产值还非常高，根据南都大数据研究院等机构发布的《2018 网络黑灰产治理研究报告》估算，黑灰产业链的产业规模已经超过千亿元。这么庞大的“就业群体”加上巨额利润的加持，裹挟着黑灰产业链不可能轻易放弃其已经取得的既得利益，在一些网络犯罪被打掉之后，相关黑灰产业链会转战其他战场，或者另辟新的战场，从一定程度上推着网络犯罪往前演进。黑灰产业链为网络犯罪提供必要的帮助，并在一定情况下，催生新的网络犯罪行为方式或其他犯罪形式，网络黑灰产业链本身也具有一定的社会危害性。因此，要重点打击网络黑灰产业链，从根本上铲除网络犯罪滋生与发展的土壤。

（三）治理网络黑灰产业链要刑事惩罚与行政管理相结合

在电信诈骗、网络赌博等犯罪相当长时期内仍将处于高发、频发态势的

背景下，运用刑法对网络犯罪黑灰产业链进行有效规制，无疑是必要的。但也应当看到，刑法的积极作为不意味着刑法的万能，尽管刑法在黑灰产治理中作用明显、效果突出，然而单一维度依赖刑事法规制则只能治标，尚难治本。因此，在治理网络黑灰产业链过程中，应刑事惩处与行政管理相结合，刑事惩治开路，同时要靠健全的行政法律法规建立长效管理机制。

（四）对网络黑灰产业链相关行为刑事处罚坚持区别对待、宽严并用、宽严相济的策略

网络黑灰产业链从业人员众多，在电信诈骗、网络赌博等犯罪中，往往充当配角。因此，打击此类犯罪，不宜一概而论，应当坚持区别对待、宽严并用、宽严相济的策略。在案件处置过程中，要全面收集证据、准确甄别违法犯罪嫌疑人、被告人在共同犯罪中的层级地位及作用大小，结合其认罪态度和悔罪表现，区别对待，宽严并用，科学量刑，确保罚当其罪。对于电信诈骗、网络赌博等犯罪的从犯，特别是其中参与时间相对较短、从事辅助性工作并领取少量报酬的人，以及初犯、偶犯、未成年人、在校学生等，可以综合考虑其在共同犯罪中的地位作用、社会危害程度、主观恶性、人身危险性、认罪悔罪表现等情节，依法从轻、减轻处罚。犯罪情节轻微的，可以依法不起诉或者免予刑事处罚；情节显著轻微危害不大的，不以犯罪论处。

二、通过刑罚惩处网络黑灰产业链

刑罚因其严厉程度，是打击网络黑灰产业链最直接、最有威慑力、效果最显著的法律武器。实际上，近些年，我国《刑法》和相关司法解释都在根据电信诈骗犯罪、网络黑灰产业链发展做及时的补充与调整。2015 年《刑法修正案（九）》在公民个人信息保护，伪造、变造或盗用他人身份证件，增设帮助信息网络犯罪活动罪等三个方面提供了打击链条式黑灰产犯罪行为的依据。[1] 近些

[1] 贾元．网络虚假认证灰色产业链相关行为的刑法规制 [J]. 法律适用，2020（22）：33–44.

年，最高人民法院、最高人民检察院、公安部等职能部门相继发布多个司法解释，对涉及网络黑灰产业链行为明确其认定的标准，确定其打击的策略，取得了不错的成效，有效遏制了网络黑灰产业链蔓延之势。

（一）《刑法》的规定

日益壮大的黑灰产业链是网络犯罪迅速蔓延的关键，故一段时期以来对网络犯罪的应对主要就是黑灰产业链的规制。针对网络犯罪黑灰产业链不断滋生蔓延的现状，我国及时调整刑事对策，涉及适度扩张犯罪圈、前移刑事防线和惩治产业链等多个方面。特别是，新近刑法修正案中不少关于网络犯罪的修正，实际直指黑灰产。[1]

1. 针对突出的黑灰产形态增设专门罪名

通过总结常见的网络犯罪黑灰产运行实际状况，刑法修正案将一些常见的黑灰产样态直接纳入刑事规制范围，设置专门罪名。例如，非法获取、提供公民个人信息是信息类黑灰产的主要样态，《刑法修正案（七）》《刑法修正案（九）》先后通过增设和完善《刑法》第 253 条之一，以侵犯公民个人信息犯罪专门法条的方式将其直接纳入刑事规制范围。又如，针对为黑客攻击破坏活动提供程序、工具的技术支持类黑灰产日益蔓延，且按照共犯处理证明困难的现实情况，《刑法修正案（七）》增设《刑法》第 285 条第 3 款，规定了专门的提供侵入、非法控制计算机信息系统程序、工具罪，将本属共同犯罪帮助犯的行为独立入罪评价。

2. 增设非法利用信息网络罪

从实践来看，不少黑灰产涉及设立网站、通信群组、发布信息等形式。例如，宣传推广环节的黑灰产，常见形式就是发布违法犯罪信息。又如，技术支撑环节的黑灰产，不少表现为设立用于实施违法犯罪活动的网站、通信群组。根据“打早打小”的策略要求，《刑法修正案（九）》增设《刑法》第 287 条

[1] 喻海松，网络犯罪黑灰产业链的样态与规制 [J]. 国家检察官学院学报，2021（1）：41–54.

之一，适度前移刑法防线，将为实施违法犯罪活动而设立网站、通信群组、发布信息的行为独立入罪。

3. 增设帮助信息网络犯罪活动罪

《刑法修正案（九）》增设《刑法》第 287 条之二，针对无法构成共同犯罪，或者按照共同犯罪处罚较轻的情况，将明知他人利用信息网络实施犯罪，为其犯罪提供互联网接入、服务器托管、网络存储、通信传输等技术支持，或者提供广告推广、支付结算等帮助，情节严重的行为规定为帮助信息网络犯罪活动罪，实现了网络犯罪利益链条中的帮助行为独立入罪。显而易见，该法条在罪状描述上就直接涉及技术支持、宣传推广、资金结算等多类黑灰产。

4.《刑法》中与网络黑灰产业链相关罪名及规定

（1）妨害信用卡管理罪。《刑法》第 177 条之一："有下列情形之一，妨害信用卡管理的，处三年以下有期徒刑或者拘役，并处或者单处一万元以上十万元以下罚金；数量巨大或者有其他严重情节的，处三年以上十年以下有期徒刑，并处二万元以上二十万元以下罚金：（一）明知是伪造的信用卡而持有、运输的，或者明知是伪造的空白信用卡而持有、运输，数量较大的；（二）非法持有他人信用卡，数量较大的；（三）使用虚假的身份证明骗领信用卡的；（四）出售、购买、为他人提供伪造的信用卡或者以虚假的身份证明骗领的信用卡的。"

（2）侵犯公民个人信息罪。《刑法》第 253 条之一："违反国家有关规定，向他人出售或者提供公民个人信息，情节严重的，处三年以下有期徒刑或者拘役，并处或者单处罚金；情节特别严重的，处三年以上七年以下有期徒刑，并处罚金。违反国家有关规定，将在履行职责或者提供服务过程中获得的公民个人信息，出售或者提供给他人的，依照前款的规定从重处罚。窃取或者以其他方法非法获取公民个人信息的，依照第一款的规定处罚。单位犯前三款罪的，对单位判处罚金，并对其直接负责的主管人员和其他直接责任人员，依照各该款的规定处罚。"

（3）诈骗罪。《刑法》第 266 条："诈骗公私财物，数额较大的，处三年以下有期徒刑、拘役或者管制，并处或者单处罚金；数额巨大或者有其他严重情节的，处三年以上十年以下有期徒刑，并处罚金；数额特别巨大或者有其他特别严重情节的，处十年以上有期徒刑或者无期徒刑，并处罚金或者没收财产。本法另有规定的，依照规定。"

（4）伪造、变造、买卖身份证件罪。《刑法》第 280 条第 3 款："伪造、变造、买卖居民身份证、护照、社会保障卡、驾驶证等依法可以用于证明身份的证件的，处三年以下有期徒刑、拘役、管制或者剥夺政治权利，并处罚金；情节严重的，处三年以上七年以下有期徒刑，并处罚金。"

（5）使用虚假身份证件、盗用身份证件罪。《刑法》第 281 条之一第 1 款："在依照国家规定应当提供身份证明的活动中，使用伪造、变造的或者盗用他人的居民身份证、护照、社会保障卡、驾驶证等依法可以用于证明身份的证件，情节严重的，处拘役或者管制，并处或者单处罚金。"

（6）帮助信息网络犯罪活动罪。《刑法》第 287 条之二："明知他人利用信息网络实施犯罪，为其犯罪提供互联网接入、服务器托管、网络存储、通讯传输等技术支持，或者提供广告推广、支付结算等帮助，情节严重的，处三年以下有期徒刑或者拘役，并处或者单处罚金。单位犯前款罪的，对单位判处罚金，并对其直接负责的主管人员和其他直接责任人员，依照第一款的规定处罚。有前两款行为，同时构成其他犯罪的，依照处罚较重的规定定罪处罚。"

（7）掩饰、隐瞒犯罪所得、犯罪所得收益罪。《刑法》第 312 条："明知是犯罪所得及其产生的收益而予以窝藏、转移、收购、代为销售或者以其他方法掩饰、隐瞒的，处三年以下有期徒刑、拘役或者管制，并处或者单处罚金；情节严重的，处三年以上七年以下有期徒刑，并处罚金。单位犯前款罪的，对单位判处罚金，并对其直接负责的主管人员和其他直接责任人员，依照前款的规定处罚。"

（二）相关刑事司法解释

1. 2011 年《最高人民法院、最高人民检察院关于办理诈骗刑事案件具体应用法律若干问题的解释》

针对电信诈骗犯罪高发态势，2011 年，最高人民法院、最高人民检察院联合发布了《关于办理诈骗刑事案件具体应用法律若干问题的解释》（以下简称“2011 年《解释》”）。2011 年《解释》重点在于打击电信诈骗犯罪，并未涉及网络黑灰产业链问题。2011 年前后，我国电信诈骗虽然进入到高发期，但是相关的网络黑灰产业链还未形成，从 2011 年《解释》的内容就可以看出来，打击的重点还是在电信诈骗，对电信诈骗犯罪的行为类型、刑事责任都作为比较明确的规定。

2011 年《解释》第 2 条规定：“诈骗公私财物达到本解释第一条规定的数额标准，具有下列情形之一的，可以依照刑法第二百六十六条的规定酌情从严惩处：（一）通过发送短信、拨打电话或者利用互联网、广播电视、报刊杂志等发布虚假信息，对不特定多数人实施诈骗的；（二）诈骗救灾、抢险、防汛、优抚、扶贫、移民、救济、医疗款物的；（三）以赈灾募捐名义实施诈骗的；（四）诈骗残疾人、老年人或者丧失劳动能力人的财物的；（五）造成被害人自杀、精神失常或者其他严重后果的。诈骗数额接近本解释第一条规定的‘数额巨大’‘数额特别巨大’的标准，并具有前款规定的情形之一或者属于诈骗集团首要分子的，应当分别认定为刑法第二百六十六条规定的‘其他严重情节’‘其他特别严重情节’。”

第 5 条规定：“诈骗未遂，以数额巨大的财物为诈骗目标的，或者具有其他严重情节的，应当定罪处罚。利用发送短信、拨打电话、互联网等电信技术手段对不特定多数人实施诈骗，诈骗数额难以查证，但具有下列情形之一的，应当认定为刑法第二百六十六条规定的‘其他严重情节’，以诈骗罪（未遂）定罪处罚：（一）发送诈骗信息五千条以上的；（二）拨打诈骗电话五百人次以上的；（三）诈骗手段恶劣、危害严重的。实施前款规定行为，数量达到前款第（一）、（二）项规定标准十倍以上的，或者诈骗手段特别恶劣、危害特别严重的，应当认定为刑法第二百六十六条规定的‘其他特别严重情节’，以诈骗罪（未遂）定罪处罚。”

从 2011 年《解释》的这两条规定，可以看出，2011 年《解释》打击重点在于电信诈骗犯罪，对于网络黑灰产业的打击并没有给予足够的重视。

2. 2016 年《最高人民法院、最高人民检察院、公安部关于办理电信网络诈骗等刑事案件适用法律若干问题的意见》的规定

2016 年，最高人民法院、最高人民检察院、公安部联合发布《关于办理电信网络诈骗等刑事案件适用法律若干问题的意见》（以下简称“2016 年《意见》”）。2016 年《意见》共 7 个部分、36 条。分别规定了总体要求、依法严惩电信网络诈骗犯罪、全面惩处关联犯罪、准确认定共同犯罪与主观故意、依法确定案件管辖、证据的收集和审查判断、涉案财物的处理等内容。

2016 年《意见》将电信网络诈骗犯罪作为一个完整的犯罪链条看待，将网络黑灰产业链条也看作一个产业，对侵犯公民个人信息、扰乱无线电通信管理秩序、掩饰、隐瞒犯罪所得、犯罪所得收益等上下游关联犯罪予以了明确规定，重点予以打击。明确指出，对电信网络诈骗犯罪进行有效打击，必须斩断其犯罪链条，综合惩治，确保全方位打击，不留死角。

截至 2021 年，2016 年《意见》实施已经将近 5 年时间，在这 5 年时间里，全国公安机关、检察院、法院适用刑法以及 2016 年《意见》等相关司法解释侦查、起诉、审判了一大批电信网络诈骗犯罪案件及其关联犯罪案件，95% 以上的被告人被判处有期徒刑以上刑罚，对于有效打击遏制电信网络诈骗犯罪活动发挥了重要作用。

（1）对于网络黑灰产业链犯罪行为的认定。

2016 年《意见》规定了扰乱无线电通信管理秩序罪、侵犯公民个人信息罪、妨害信用卡管理罪、掩饰、隐瞒犯罪所得、犯罪所得收益罪、拒不履行信息网络安全管理义务罪、非法利用信息网络罪、帮助信息网络犯罪活动罪等各种电信网络诈骗上下游关联犯罪的处理原则，如使用非法获取的公民个人信息实施电信网络诈骗，构成犯罪的，依法进行数罪并罚。从这方面继续加强国家对公民个人信息安全的保护，严惩公然利用公民个人信息实施的犯罪活动。

电信网络诈骗犯罪分子为实现非法占有他人财物的目的，常常依靠下家为其转账、套现、取现，对此也必须坚决予以惩处。2016 年《意见》规定，为电信网络诈骗犯罪分子骗得的赃款进行转账、套现、取现的行为，应当以掩饰、隐瞒犯罪所得、犯罪所得收益罪追究刑事责任。如果有事先通谋，则以诈骗共同犯罪论处。另外，针对司法实践中存在实施转账、套现、取现行为的下家往往先于诈骗上家到案的情况，2016 年《意见》规定，即便电信网络诈骗犯罪嫌疑人尚未到案或案件尚未裁判，但现有证据足以证明行为人有转账、套现、取现犯罪事实的，不影响掩饰、隐瞒犯罪所得、犯罪所得收益罪的认定。

实践中，还存在一些为电信网络诈骗犯罪提供犯罪工具、设备和技术支持等情况，均应依法惩处。2016 年《意见》明确规定，明知他人实施电信网络诈骗犯罪，而为他人提供公民个人信息、提供银行卡或手机卡、提供“伪基站”设备、提供互联网接入或者支付结算、提供场所或者交通等帮助行为的，以诈骗共同犯罪论处。

在实施电信网络诈骗活动中，非法使用“伪基站”“黑广播”，干扰无线电通信秩序，符合《刑法》第 288 条规定的，以扰乱无线电通信管理秩序罪追究刑事责任。同时构成诈骗罪的，依照处罚较重的规定定罪处罚。

违反国家有关规定，向他人出售或者提供公民个人信息，窃取或者以其他方法非法获取公民个人信息，符合《刑法》第 253 条之一规定的，以侵犯公民个人信息罪追究刑事责任。

使用非法获取的公民个人信息，实施电信网络诈骗犯罪行为，构成数罪的，应当依法予以并罚。

非法持有他人信用卡，没有证据证明从事电信网络诈骗犯罪活动，符合《刑法》第 177 条之一第 1 款第（二）项规定的，以妨害信用卡管理罪追究刑事责任。

（2）对于网络黑灰产业链主观方面的认定。

网络黑灰产业链的很多从业者明明知道自己所从事的行为可能带来的社会危害，但在侦查和审判过程中，都谎称自己不知情。

实践中有一些不法分子，虽然本人没有到诈骗窝点参与实施具体的诈骗行为，但其为诈骗分子撰写并提供诈骗“剧本”等，或者负责在社会上引诱、招募人员并向诈骗集团或团伙输送，本人从中牟取非法利益。这些行为，都是电信诈骗犯罪活动不可或缺的内容，危害甚大。2016年《意见》对此明确规定，以诈骗共同犯罪论处。

（一）三人以上为实施电信网络诈骗犯罪而组成的较为固定的犯罪组织，应依法认定为诈骗犯罪集团。对组织、领导犯罪集团的首要分子，按照集团所犯的全部罪行处罚。对犯罪集团中组织、指挥、策划者和骨干分子依法从严惩处。

对犯罪集团中起次要、辅助作用的从犯，特别是在规定期限内投案自首、积极协助抓获主犯、积极协助追赃的，依法从轻或减轻处罚。

对犯罪集团首要分子以外的主犯，应当按照其所参与的或者组织、指挥的全部犯罪处罚。全部犯罪包括能够查明具体诈骗数额的事实和能够查明发送诈骗信息条数、拨打诈骗电话人次数、诈骗信息网页浏览次数的事实。

（二）多人共同实施电信网络诈骗，犯罪嫌疑人、被告人应对其参与期间该诈骗团伙实施的全部诈骗行为承担责任。在其所参与的犯罪环节中起主要作用的，可以认定为主犯；起次要作用的，可以认定为从犯。

上述规定的“参与期间”，从犯罪嫌疑人、被告人着手实施诈骗行为开始起算。

（三）明知他人实施电信网络诈骗犯罪，具有下列情形之一的，以共同犯罪论处，但法律和司法解释另有规定的除外：

1. 提供信用卡、资金支付结算账户、手机卡、通信工具的；

2. 非法获取、出售、提供公民个人信息的；

3. 制作、销售、提供“木马”程序和“钓鱼软件”等恶意程序的；

4. 提供“伪基站”设备或相关服务的；

5. 提供互联网接入、服务器托管、网络存储、通讯传输等技术支持，或者提供支付结算等帮助的；

6. 在提供改号软件、通话线路等技术服务时，发现主叫号码被修改为国内党政机关、司法机关、公共服务部门号码，或者境外用户改为境内号码，仍提供服务的；

7. 提供资金、场所、交通、生活保障等帮助的；

8. 帮助转移诈骗犯罪所得及其产生的收益，套现、取现的。

上述规定的“明知他人实施电信网络诈骗犯罪”，应当结合被告人的认知能力，既往经历，行为次数和手段，与他人关系，获利情况，是否曾因电信网络诈骗受过处罚，是否故意规避调查等主客观因素进行综合分析认定。负责招募他人实施电信网络诈骗犯罪活动，或者制作、提供诈骗方案、术语清单、语音包、信息等的，以诈骗共同犯罪论处。部分犯罪嫌疑人在逃，但不影响对已到案共同犯罪嫌疑人、被告人的犯罪事实认定的，可以依法先行追究已到案共同犯罪嫌疑人、被告人的刑事责任。

3. 2017年《最高人民法院、最高人民检察院关于办理侵犯公民个人信息刑事案件适用法律若干问题的解释》

2017年5月8日，最高人民法院、最高人民检察院发布《关于办理侵犯公民个人信息刑事案件适用法律若干问题的解释》(以下简称“2017年《解释》”)，对侵犯公民个人信息行为做了进一步明晰。

2017年《解释》对非法获取、出售或者提供公民个人信息应当认定为“情节严重”的情形作了明确。

（一）出售或者提供行踪轨迹信息，被他人用于犯罪的；

（二）知道或者应当知道他人利用公民个人信息实施犯罪，向其出售或者提供的；

（三）非法获取、出售或者提供行踪轨迹信息、通信内容、征信信息、财产信息五十条以上的；

（四）非法获取、出售或者提供住宿信息、通信记录、健康生理信息、交易信息等其他可能影响人身、财产安全的公民个人信息五百条以上的；

（五）非法获取、出售或者提供第三项、第四项规定以外的公民个人信息五千条以上的；

（六）数量未达到第三项至第五项规定标准，但是按相应比例合计达到有关数量标准的；

（七）违法所得五千元以上的；

（八）将在履行职责或者提供服务过程中获得的公民个人信息出售或者提供给他人，数量或者数额达到第三项至第七项规定标准一半以上的；

（九）曾因侵犯公民个人信息受过刑事处罚或者二年内受过行政处罚，又非法获取、出售或者提供公民个人信息的；

（十）其他情节严重的情形。

2017年《解释》规定了非法获取、出售或者提供公民个人信息违法犯罪活动的网站、通讯群组行为涉及的罪名。

第八条　设立用于实施非法获取、出售或者提供公民个人信息违法犯罪活动的网站、通讯群组，情节严重的，应当依照《刑法》第二百八十七条之一的规定，以非法利用信息网络罪定罪处罚；同时构成侵犯公民个人信息罪的，依照侵犯公民个人信息罪定罪处罚。

4. 2018年《最高人民检察院关于印发〈检察机关办理侵犯公民个人信息案件指引〉的通知》

2018年11月9日，最高人民检察院印发《检察机关办理侵犯公民个人信息案件指引》（以下简称《指引》），这一《指引》是对2017年最高人民法院、最高人民检察院发布的《关于办理侵犯公民个人信息刑事案件适用法律若干问题的解释》的进一步规定。对窃取或者以其他方法非法获取公民个人信息的行为中的“其他方法”作了明确规定。

“其他方法”，是指“窃取”以外，与窃取行为具有同等危害性的方法，其中，购买是最常见的非法获取手段。侵犯公民个人信息犯罪作为电信网络诈骗的上游犯罪，诈骗分子往往先通过网络向他人购买公民个人信息，然后自己直接用于诈骗或转发给其他同伙用于诈骗，诈骗分子购买公民个人信息的行为属于非法获取行为，其同伙接收公民个人信息的行为明显也属于非法获取行为。同时，一些房产中介、物业管理公司、保险公司、担保公司的业务员往往与同行通过QQ、微信群互相交换各自掌握的客户信息，这种交换行为也属于非法获取行为。此外，行为人在履行职责、提供服务过程中，违反国家有关规定，未经他人同意收集公民个人信息，或者收集与提供的服务无关的公民个人信息的，也属于非法获取公民个人信息的行为。

另外，《指引》还对公民个人信息类型和数量、违法所得数额、信息用途等五个方面作了进一步明确。

（1）信息类型和数量。①行踪轨迹信息、通信内容、征信信息、财产信息，此类信息与公民人身、财产安全直接相关，数量标准为五十条以上，且仅限于上述四类信息，不允许扩大范围。对于财产信息，既包括银行、第三方支付平台、证券期货等金融服务账户的身份认证信息（一组确认用户操作权限的数据，包括账号、口令、密码、数字证书等），也包括存款、房产、车辆等财产状况信息。②住宿信息、通信记录、健康生理信息、交易信息等可能影响公民人身、财产安全的信息，数量标准为五百条以上，此类信息也与人身、财产安全直接相关，但重要程度要弱于行踪轨迹信息、通信内容、征信信息、财产信息。对"其他可能影响人身、财产安全的公民个人信息"的把握，应当确保所适用的公民个人信息涉及人身、财产安全，且与"住宿信息、通信记录、健康生理信息、交易信息"在重要程度上具有相当性。③除上述两类信息以外的其他公民个人信息，数量标准为五千条以上。

（2）违法所得数额。对于违法所得，可直接以犯罪嫌疑人出售公民个人信息的收入予以认定，不必扣减其购买信息的犯罪成本。同时，在审查认定违法所得数额过程中，应当以查获的银行交易记录、第三方支付平台交易记录、聊天记录、犯罪嫌疑人供述、证人证言综合予以认定，对于犯罪嫌疑人无法说明合法来源的用于专门实施侵犯公民个人信息犯罪的银行账户或第三方支付平台账户内资金收入，可综合全案证据认定为违法所得。

（3）信息用途。公民个人信息被他人用于违法犯罪活动的，不要求他人的行为必须构成犯罪，只要行为人明知他人非法获取公民个人信息用于违法犯罪活动即可。

5. 2019 年《最高人民法院、最高人民检察院关于办理非法利用信息网络、帮助信息网络犯罪活动等刑事案件适用法律若干问题的解释》

2019 年 11 月 1 日，最高人民法院、最高人民检察院颁布实施了《关于办理非法利用信息网络、帮助信息网络犯罪活动等刑事案件适用法律若干问题的解释》（以下简称“2019 年《解释》”）。2019 年《解释》对非法利用信息网络、帮助信息网络犯罪活动等刑事案件相关问题进行了明确，网络服务提供者、监管部门责令采取改正措施、致使违法信息大量传播、造成严重后果等相关问题进行了明晰。

第八条　以实施违法犯罪活动为目的而设立或者设立后主要用于实施违法犯罪活动的网站、通讯群组，应当认定为刑法第二百八十七条之一第一款第一项规定的“用于实施诈骗、传授犯罪方法、制作或者销售违禁物品、管制物品等违法犯罪活动的网站、通讯群组”。

第九条　利用信息网络提供信息的链接、截屏、二维码、访问账号密码及其他指引访问服务的，应当认定为刑法第二百八十七条之一第一款第二项、第三项规定的“发布信息”。

这两项规定，是根据技术发展新形势作出的，填补了《刑法》规定的空白和漏洞。

6. 2021 年《最高人民法院、最高人民检察院、公安部关于办理电信网络诈骗等刑事案件适用法律若干问题的意见（二）》

2021 年 6 月 22 日，最高人民法院、最高人民检察院、公安部联合发布《关于办理电信网络诈骗等刑事案件适用法律若干问题的意见（二）》（以下简称“2021 年《意见（二）》”），2021 年《意见（二）》在 2016 年《意见》的基础上，对于电信网络诈骗犯罪以及涉手机卡、信用卡犯罪等关联犯罪，提出更加明确具体的适用法律依据。与2016年《意见》有所不同的是，2021年《意见（二）》更直接、更明确地将打击的重点放在网络黑灰产业链的治理上，在2016年《意见》基础上，对网络黑灰产业链相关业态做了明确的规定，在行为定性与刑罚量刑等方面都进行了进一步规范。

2021年《意见（二）》共17条。针对司法实践中存在的新的突出问题，如电信网络诈骗犯罪案件及关联犯罪案件的管辖、跨境电信网络诈骗犯罪案件的取证、涉手机卡、信用卡即所谓“两卡”犯罪案件的处理、办理电信网络诈骗犯罪案件的政策适用等问题进行了规定。

（1）进一步明确黑灰产业链相关行为的法律适用。

①拓展了“非法持有他人信用卡”的类型。2021年《意见（二）》第4条规定，无正当理由持有他人的单位结算卡的，属于“非法持有他人信用卡”，可以按照妨害信用卡管理罪定罪处罚。对单位结算卡进行专门规定，是考虑到司法实践中，已经出现了利用对公账户和单位结算卡对赃款进行转账、套现、取现的情况。而且由于单位结算卡本身可信度高、交易金额大，在黑市上交易价格更高，极易成为“洗钱”工具，社会危害更大。从功能来看，单位结算卡具备账户查询、转账汇款、现金存取、消费等功能，符合全国人大常委会《关于〈中华人民共和国刑法〉有关信用卡规定的解释》中对于“信用卡”的界定。

②对使用非法获取的公民个人信息实施电信网络诈骗犯罪的情况作了补充规定。

五、非法获取、出售、提供具有信息发布、即时通信、支付结算等功能的互联网账号密码、个人生物识别信息，符合《刑法》第二百五十三条之一规定的，以侵犯公民个人信息罪追究刑事责任。

对批量前述互联网账号密码、个人生物识别信息的条数，根据查获的数量直接认定，但有证据证明信息不真实或者重复的除外。

这一规定，对公民个人信息类型做了扩充。在最高人民法院、最高人民检察院《关于办理侵犯公民个人信息刑事案件适用法律若干问题的解释》中，将“账号密码”列入公民个人信息范畴。司法实践中，越来越多的电信网络诈骗犯罪分子对于微信、QQ、支付宝等互联网账号密码进行批量注册、贩卖，成为支撑电信网络诈骗的巨大黑灰产。对此，2021年《意见（二）》将非法获取、出售、提供具有上述功能的互联网账号密码的行为，列入侵犯公民个人信息的惩治范围。除此之外，人脸、虹膜、声纹等生物识别信息被广泛用于网络软件的注册、登录、支付，发挥着与传统账号密码相同的作用，社会公众对于加强生物识别信息司法保护的呼声很高。因此，2021年《意见（二）》规定，非法获取、出售、提供具有上述功能的个人生物识别信息，以侵犯公民个人信息罪追究刑事责任。

③规定了伪造身份证件罪追究刑事责任的情形。

六、在网上注册办理手机卡、信用卡、银行账户、非银行支付账户时，为通过网上认证，使用他人身份证件信息并替换他人身份证件相片，属于伪造身份证件行为，符合刑法第二百八十条第三款规定的，以伪造身份证件罪追究刑事责任。

使用伪造、变造的身份证件或者盗用他人身份证件办理手机卡、信用卡、银行账户、非银行支付账户，符合刑法第二百八十条之一第一款规定的，以使用虚假身份证件、盗用身份证件罪追究刑事责任。

实施上述两款行为，同时构成其他犯罪的，依照处罚较重的规定定罪处罚。法律和司法解释另有规定的除外。

④增加电信网络诈骗犯罪掩饰、隐瞒犯罪所得行为方式。

十一、明知是电信网络诈骗犯罪所得及其产生的收益，以下列方式之一予以转账、套现、取现，符合刑法第三百一十二条第一款规定的，以掩饰、隐瞒犯罪所得、犯罪所得收益罪追究刑事责任。但有证据证明确实不知道的除外。

（一）多次使用或者使用多个非本人身份证明开设的收款码、网络支付接口等，帮助他人转账、套现、取现的；

（二）以明显异于市场的价格，通过电商平台预付卡、虚拟货币、手机充值卡、游戏点卡、游戏装备等转换财物、套现的；

（三）协助转换或者转移财物，收取明显高于市场的“手续费”的。

实施上述行为，事前通谋的，以共同犯罪论处；同时构成其他犯罪的，依照处罚较重的规定定罪处罚。法律和司法解释另有规定的除外。

上述规定增加了电信网络诈骗犯罪掩饰、隐瞒犯罪所得的常见行为方式，包括多次使用或者使用多个非本人身份证明开设的收款码、网络支付接口等，帮助他人转账、套现、取现的；包括以明显异于市场的价格，通过电商平台预付卡、虚拟货币、手机充值卡、游戏点卡、游戏装备等转换财物、套现的；包括协助转换或者转移财物，收取明显高于市场的“手续费”的。同时并规定，实施上述行为，事前通谋的，以共同犯罪论处；同时构成其他犯罪的，依照处罚较重的规定定罪处罚；法律和司法解释另有规定的除外。

（2）明确了非法交易“两卡”犯罪行为适用帮助信息网络犯罪活动罪处理的具体法律标准。

①帮助信息网络犯罪活动罪中的“帮助”行为认定。

七、为他人利用信息网络实施犯罪而实施下列行为，可以认定为刑法第二百八十七条之二规定的“帮助”行为。

（一）收购、出售、出租信用卡、银行账户、非银行支付账户、具有支付结算功能的互联网账号密码、网络支付接口、网上银行数字证书的；

（二）收购、出售、出租他人手机卡、流量卡、物联网卡的。

实践中“两卡”分为两大类：一是信用卡类，具体包括信用卡、银行账户、非银行支付账户以及其他具有支付结算功能的互联网账号密码、网络支付接口、网上银行数字证书；二是手机卡类，具体包括手机卡、流量卡和物联网卡。两类工具的危害性有别，打击重点有别，具体规定也有别。对于收购、出售、出租信用卡类的，包括他人的信用卡，也包括本人的信用卡。对于收购、出售、出租手机卡类的，仅包括他人的手机卡，不包括本人的手机卡。

②帮助信息网络犯罪活动罪中主观明知的明确。

八、认定刑法第二百八十七条之二规定的行为人明知他人利用信息网络实施犯罪，应当根据行为人收购、出售、出租前述第七条规定的信用卡、银行账户、非银行支付账户、具有支付结算功能的互联网账号密码、网络支付接口、网上银行数字证书，或者他人手机卡、流量卡、物联网卡等的次数、张数、个数，并结合行为人的认知能力、既往经历、交易对象、与实施信息网络犯罪的行为人的关系、提供技术支持或者帮助的时间和方式、获利情况以及行为人的供述等主客观因素，予以综合认定。

收购、出售、出租单位银行结算账户、非银行支付机构单位支付账户，或者电信、银行、网络支付等行业从业人员利用履行职责或提供服务便利，非法开办并出售、出租他人手机卡、信用卡、银行账户、非银行支付账户等的，可以认定为《最高人民法院、最高人民检察院关于办理非法利用信息网络、帮助信息网络犯罪活动等刑事案件适用法律若干问题的解释》第十一条第（七）项规定的“其他足以认定行为人明知的情形”。但有相反证据的除外。

这一规定进一步补充完善帮助信息网络犯罪活动罪的主观明知认定，确定了综合判断标准，即根据行为人收购、出售、出租信用卡、手机卡的次数、张数、个数，结合其认知能力、既往经历、交易对象、与实施网络犯罪行为人的关系、提供支持或帮助的时间和方式、获利情况等因素，予以综合认定。没作列举式的规定，主要是可以有效应对纷繁复杂的个案情况，防止挂一漏万，也留下司法裁量的空间和余地。

（3）进一步完善对电信网络诈骗犯罪及其关联犯罪案件的管辖规定。

一、电信网络诈骗犯罪地，除《最高人民法院、最高人民检察院、公安部关于办理电信网络诈骗等刑事案件适用法律若干问题的意见》规定的犯罪行为发生地和结果发生地外，还包括：

（一）用于犯罪活动的手机卡、流量卡、物联网卡的开立地、销售地、转移地、藏匿地；

（二）用于犯罪活动的信用卡的开立地、销售地、转移地、藏匿地、使用地以及资金交易对手资金交付和汇出地；

（三）用于犯罪活动的银行账户、非银行支付账户的开立地、销售地、使用地以及资金交易对手资金交付和汇出地；

（四）用于犯罪活动的即时通信信息、广告推广信息的发送地、接受地、到达地；

（五）用于犯罪活动的“猫池”（Modem Pool）、GOIP设备、多卡宝等硬件设备的销售地、入网地、藏匿地；

（六）用于犯罪活动的互联网账号的销售地、登录地。

这一规定将电信网络诈骗犯罪的上下游关联犯罪一并纳入其中，实行一体管辖，具体说，就是将用于电信网络诈骗犯罪的手机卡（包括同类性质的流量卡、物联网卡）、信用卡（包括同类性质的银行账户、非银行支付账户）的开立地、销售地、转移地、藏匿地、使用地、资金交付和汇出地等，微信、QQ等即时通信信息的发送地、接受地、到达地等，“猫池”、多卡宝等硬件设备的销售地、入网地、藏匿地，互联网账号的销售地、登录地等均纳入电信网络诈骗犯罪的范围之内。

二、为电信网络诈骗犯罪提供作案工具、技术支持等帮助以及掩饰、隐瞒犯罪所得及其产生的收益，由此形成多层级犯罪链条的，或者利用同一网站、通讯群组、资金账户、作案窝点实施电信网络诈骗犯罪的，应当认定为多个犯罪嫌疑人、被告人实施的犯罪存在关联，人民法院、人民检察院、公安机关可以在其职责范围内并案处理。

上述规定补充规定了为电信网络诈骗犯罪提供作案工具、技术支持等帮助以及掩饰、隐瞒犯罪所得及其产生的收益，由此形成多层级犯罪链条的，或者利用同一网站、通信群组、资金账户、作案窝点实施电诈犯罪的，应当认定为多个犯罪嫌疑人、被告人实施的犯罪存在关联，人民法院、人民检察院、公安机关可以在其职责范围内并案处理。

（4）取证问题。

公安机关在境外通过警务合作或者司法协作等方式取证，执法难度极大。为了解决取证难问题，针对跨境电信网络诈骗犯罪的新特点，2021年《意见（二）》进行了明确。

三、有证据证实行为人参加境外诈骗犯罪集团或犯罪团伙，在境外针对境内居民实施电信网络诈骗犯罪行为，诈骗数额难以查证，但一年内出境赴境外诈骗犯罪窝点累计时间30日以上或多次出境赴境外诈骗犯罪窝点的，应当认定为刑法第二百六十六条规定的“其他严重情节”，以诈骗罪依法追究刑事责任。有证据证明其出境从事正当活动的除外。

十三、办案地公安机关可以通过公安机关信息化系统调取异地公安机关依法制作、收集的刑事案件受案登记表、立案决定书、被害人陈述等证据材料。调取时不得少于两名侦查人员，并应记载调取的时间、使用的信息化系统名称等相关信息，调取人签名并加盖办案地公安机关印章。经审核证明真实的，可以作为证据使用。

2021年《意见（二）》第十四条对跨国警务合作证据材料收集问题做了明确。

十四、通过国（区）际警务合作收集或者境外警方移交的境外证据材料，确因客观条件限制，境外警方未提供相关证据的发现、收集、保管、移交情况等材料的，公安机关应当对上述证据材料的来源、移交过程以及种类、数量、特征等作出书面说明，由两名以上侦查人员签名并加盖公安机关印章。经审核能够证明案件事实的，可以作为证据使用。

三、通过行政管理治理网络黑灰产业链

应对网络犯罪黑灰产业链，要靠刑事惩治开路，更要靠健全相应的前置行政法律法规建立长效管理机制。以前述黑卡产业链为例，网络实名制尚未完全落实到位是主因，对物联网卡和海外卡未采取有效监管措施，导致了此类黑卡在网络犯罪黑灰产业中的泛滥。有效应对网络犯罪黑灰产业链，既要发挥刑法惩治的功能，更要依靠行政管理、行业自治等多元手段，通过有针对性地探究网络犯罪黑灰产业滋生的具体原因，注重健全完善相关前置法律规定，强化行政法的事前规制，最终实现网络犯罪黑灰产业行业防范、事前规制、事后惩治的一体化治理。

（一）相关行政法律规范与国家战略

1. 2016 年《中华人民共和国网络安全法》

2016 年《中华人民共和国网络安全法》通过，对网络信息内容管理、网络安全等级保护、关键信息基础设施安全保护、网络安全审查、个人信息和重要数据保护等进行了完整而详尽的制度设计，为中国的网络安全保护提供了完整而详细的制度保障。

2. 2021 年《中华人民共和国数据安全法》

2021 年 6 月 10 日，第十三届全国人民代表大会常务委员会第二十九次会议通过《中华人民共和国数据安全法》。

《数据安全法》第二条第二款明确规定：“在中华人民共和国境外开展数据处理活动，损害中华人民共和国国家安全、公共利益或者公民、组织合法权益的，依法追究法律责任。”第八条规定：“开展数据处理活动，应当遵守法律、法规，尊重社会公德和伦理，遵守商业道德和职业道德，诚实守信，履行数据安全保护义务，承担社会责任，不得危害国家安全、公共利益，不得损害个人、组织的合法权益。”第三十二条规定：“任何组织、个人收集数据，应当采取合法、正当的方式，不得窃取或者以其他非法方式获取数据。”

3. 2021 年《中华人民共和国个人信息保护法》

2021 年 8 月 20 日，十三届全国人大常委会第三十次会议表决通过《中华人民共和国个人信息保护法》。自 2021 年 11 月 1 日起施行。《个人信息保护法》的颁布，对信息安全领域而言具有划时代的重要意义，为数字时代的个人信息保护提供了法律保障。

网络黑灰产业链中，随意收集、违法获取、过度使用、非法买卖个人信息，利用个人信息侵扰人民群众生活安宁、危害人民群众生命健康和财产安全等问题仍十分突出。《个人信息保护法》明确了侵害公民个人信息行为的法律责任。

第六十六条　违反本法规定处理个人信息，或者处理个人信息未履行本法规定的个人信息保护义务的，由履行个人信息保护职责的部门责令改正，给予警告，没收违法所得，对违法处理个人信息的应用程序，责令暂停或者终止提供服务；拒不改正的，并处一百万元以下罚款；对直接负责的主管人员和其他直接责任人员处一万元以上十万元以下罚款。有前款规定的违法行为，情节严重的，由省级以上履行个人信息保护职责的部门责令改正，没收违法所得，并处五千万元以下或者上一年度营业额百分之五以下罚款，并可以责令暂停相关业务或者停业整顿、通报有关主管部门吊销相关业务许可或者吊销营业执照；对直接负责的主管人员和其他直接责任人员处十万元以上一百万元以下罚款，并可以决定禁止其在一定期限内担任相关企业的董事、监事、高级管理人员和个人信息保护负责人。

4. 2017 年《关于促进移动互联网健康有序发展的意见》

2017 年 1 月，中共中央办公厅、国务院办公厅印发《关于促进移动互联网健康有序发展的意见》，意见明确要求移动互联网发展过程中，要维护用户合法权益。完善移动互联网用户信息保护制度，严格规范收集使用用户身份、地理位置、联系方式、通信内容、消费记录等个人信息行为，保障用户知情权、选择权和隐私权。督促移动互联网企业切实履行用户服务协议和相关承诺，完善服务质量管理体系，健全投诉处理机制，提供更加安全、优质、便捷、实用的产品和服务。加大对利用“伪基站”、非法网站、恶意软件等侵害用户权益行为的打击力度，切实维护消费者权益和行业秩序。

5. 2021 年《关于加强网络文明建设的意见》

2021 年 9 月 14 日，中共中央办公厅、国务院办公厅印发《关于加强网络文明建设的意见》。意见指出：“要加强网络空间生态治理。深入开展网络文明引导，大力强化网络文明意识，充分利用重要传统节日、重大节庆和纪念日组织开展网络文明主题实践活动，教育广大网民自觉抵制歪风邪气，弘扬文明风尚。进一步规范网上内容生产、信息发布和传播流程，深入推进公众账号分级分类管理，构建以中国互联网联合辟谣平台为依托的全国网络辟谣联动机制。深入推进‘清朗’‘净网’系列专项行动，深化打击网络违法犯罪，深化公众账号、直播带货、知识问答等领域不文明问题治理，开展互联网领域虚假信息治理。健全网络不文明现象投诉举报机制，动员广大网民积极参与监督，推动网络空间共治共享。坚持依法治理网络空间，把弘扬社会主义核心价值观贯穿网络立法执法司法普法各环节，发挥法律法规对维护良好网络秩序、树立文明网络风尚的保障作用。加强个人信息保护法、数据安全法贯彻实施，加快制定修订并实施文化产业促进法、广播电视法、网络犯罪防治法、未成年人网络保护条例、互联网信息服务管理办法等法律法规。创新开展网络普法系列活动，增强公民法律意识和法治素养。”

（二）相关部门规章、行业规范

1. 打击电信卡、银行卡（两卡）网络黑灰产相关规定

（1）2015《关于银行业打击治理电信网络新型违法犯罪有关工作事项的通知》。

2015 年 11 月 13 日，中国银监会发布《关于银行业打击治理电信网络新型违法犯罪有关工作事项的通知》，明确规定要认真核实，限制开卡数量，严格执行实名制管理规定。

各银行业金融机构要严格执行《个人存款账户实名制规定》（国务院令第 285 号），充分利用身份证联网核查等技术手段，认真审核办理人身份证件，坚决杜绝违规代开卡、乱开卡、批量开卡等问题。同一客户在同一商业银行开立借记卡原则上不得超过 4 张；如该客户之前已持有同一商业银行全国范围内 4 张（含）以上借记卡的，商业银行不得为其开立或激活新的借记卡，社会保障卡、医疗保险卡、军人保障卡、已销户的借记卡除外。同一代理人在同一商业银行代理开卡原则上不得超过 3 张。确有正当理由，需要超出上述开卡数量限制的，由商业银行核实后酌情办理。对已办理 4 张以上借记卡的客户，银行业金融机构要主动与开卡客户进行联系，开展核查工作，发现非本人意愿办理的，应当中止服务。

（2）2016 年《关于防范和打击电信网络诈骗犯罪的通告》。

2016 年 9 月 23 日，最高人民法院、最高人民检察院、公安部、工业和信

息化部、中国人民银行、中国银行业监督管理委员会共同发布《关于防范和打击电信网络诈骗犯罪的通告》（以下简称“2016 年《通告》”）。

2016 年《通告》要求对现存“黑卡”进行清理。第四条规定：“电信企业立即开展一证多卡用户的清理，对同一用户在同一家基础电信企业或同一移动转售企业办理有效使用的电话卡达到 5 张的，该企业不得为其开办新的电话卡。电信企业和互联网企业要采取措施阻断改号软件网上发布、搜索、传播、销售渠道，严禁违法网络改号电话的运行、经营。电信企业要严格规范国际通信业务出入口局主叫号码传送，全面实施语音专线规范清理和主叫鉴权，加大网内和网间虚假主叫发现与拦截力度，立即清理规范一号通、商务总机、400 等电话业务，对违规经营的网络电话业务一律依法予以取缔，对违规经营的各级代理商责令限期整改，逾期不改的一律由相关部门吊销执照，并严肃追究民事、行政责任。移动转售企业要依法开展业务，对整治不力、屡次违规的移动转售企业，将依法坚决查处，直至取消相应资质。”

2016 年《通告》第 5 条规定了工作的时限：“各商业银行要抓紧完成借记卡存量清理工作，严格落实‘同一客户在同一商业银行开立借记卡原则上不得超过 4 张’等规定。任何单位和个人不得出租、出借、出售银行账户（卡）和支付账户，构成犯罪的依法追究刑事责任。自 2016 年 12 月 1 日起，同一个人在同一家银行业金融机构只能开立一个Ⅰ类银行账户，在同一家非银行支付机构只能开立一个Ⅲ类支付账户。自 2017 年起，银行业金融机构和非银行支付机构对经设区市级及以上公安机关认定的出租、出借、出售、购买银行账户（卡）或支付账户的单位和个人及相关组织者，假冒他人身份或虚构代理关系开立银行账户（卡）或支付账户的单位和个人，5 年内停止其银行账户（卡）非柜面业务、支付账户所有业务，3 年内不得为其新开立账户。对经设区市级及以上公安机关认定为被不法分子用于电信网络诈骗作案的涉案账户，将对涉案账户开户人名下其他银行账户暂停非柜面业务，支付账户暂停全部业务。自 2016 年 12 月 1 日起，个人通过银行自动柜员机向非同名账户转账的，资金 24 小时后到账。”

2016 年《通告》第 6 条规定了法律责任：“严禁任何单位和个人非法获取、

非法出售、非法向他人提供公民个人信息。对泄露、买卖个人信息的违法犯罪行为，坚决依法打击。对互联网上发布的贩卖信息、软件、木马病毒等要及时监控、封堵、删除，对相关网站和网络账号要依法关停，构成犯罪的依法追究刑事责任。”

（3）2018 年《关于纵深推进防范打击通讯信息诈骗工作的通知》。

2018 年 5 月 18 日，工业和信息化部印发《关于纵深推进防范打击通讯信息诈骗工作的通知》，对物联网卡的审批进行明确规定。

六是密切关注新动态新趋势，严控新兴领域通信信息诈骗风险。积极防范物联网行业卡诈骗风险，指导和督促电信企业建立物联网卡分级审批制度；强化移动通信转售业务通信信息诈骗风险防范处置责任落实；紧密跟踪“互联网 +”等融合类业务涉通信信息诈骗风险，督促指导相关企业建立完善安全评估制度要求，落实安全保障措施。

2. 打击违法支付类网络黑灰产业链相关规定

（1）2019 年《关于进一步加强支付结算管理防范电信网络新型违法犯罪有关事项的通知》。

2019 年 3 月 22 日，中国人民银行发布《关于进一步加强支付结算管理防范电信网络新型违法犯罪有关事项的通知》，要求进一步加强支付结算管理。从健全紧急止付和快速冻结机制、加强账户实名制管理、加强转账管理三个方面加强支付结算管理，防止支付类网络黑灰产业的进一步蔓延。

其中，规定了合法开立和使用账户承诺机制，即“自 2019 年 6 月 1 日起，银行和支付机构为客户开立账户时，应当在开户申请书、服务协议或开户申请信息填写界面醒目告知客户出租、出借、出售、购买账户的相关法律责任和惩戒措施，并载明以下语句：‘本人（单位）充分了解并清楚知晓出租、出借、出售、购买账户的相关法律责任和惩戒措施，承诺依法依规开立和使用本人（单位）账户’，由客户确认。”

另外，加大买卖银行账户和支付账户、冒名开户惩戒力度。“自 2019 年 4 月 1 日起，银行和支付机构对经设区的市级及以上公安机关认定的出租、出借、出售、购买银行账户（含银行卡）或者支付账户的单位和个人及相关组织者，假冒他人身份或者虚构代理关系开立银行账户或者支付账户的单位和个人，5 年内暂停其银行账户非柜面业务、支付账户所有业务，并不得为其新开立账户。惩戒期满后，受惩戒的单位和个人办理新开立账户业务的，银行和支付机构应加大审核力度。人民银行将上述单位和个人信息移送金融信用信息基础数据库并向社会公布。”

（2）2021 年《关于加强行业信息共享有效防范支付风险的提示》。

2021 年 6 月 9 日，中国支付清算协会发布《关于加强行业信息共享有效防范支付风险的提示》，对当前支付领域存在风险进行归纳，涉及出租、出借、出售他人账户归集资金，参与涉赌涉诈交易形势依然严峻；利用电信运营商、电商平台等虚构交易背景进行收款，躲避打击；利用虚拟货币、区块链技术逃避资金溯源，使用虚拟货币作为赌博跑分媒介或以虚拟货币进行充值交易；涉赌涉诈资金流转通过个人银行结算账户Ⅱ Ⅲ类账户、信用卡、小贷账户的态势明显；通过支付终端转移非法资金的风险呈现上升趋势，“一人多机”情况普遍存在；电信网络诈骗等欺诈手法不断翻新，层出不穷；非法交易活动开始向农村地区蔓延七个方面的新特征。

3. 清理网上“呼死你”等骚扰软件网络黑灰产业链相关规定

2018 年 7 月 18 日，工业和信息化部、最高人民法院、最高人民检察院、教育部、公安部、司法部、人力资源和社会保障部、住房和城乡建设部、文化和旅游部、国家卫生健康委员会、国家市场监督管理总局、中国银行保险监督管理委员会、中国证券监督管理委员会关于印发《综合整治骚扰电话专项行动方案》的通知。

《综合整治骚扰电话专项行动方案》第二部分重点任务中规定：严控骚扰电话传播渠道，全面清理各类骚扰软件。各互联网企业要全面清理网上“呼死你”等骚扰软件和设备信息，切断相关软硬件推广、销售和使用渠道。

4. 打击“伪基站”黑灰产业链相关规定

（1）2014 年《关于依法办理非法生产销售使用“伪基站”设备案件的意见》。

2014年3月14日，最高人民法院、最高人民检察院、公安部、国家安全部发布《关于依法办理非法生产销售使用"伪基站"设备案件的意见》，对非法生产销售使用"伪基站"设备的行为定性进行了明确，对打击此类违法犯罪具有非常重要的意义。

（一）非法生产、销售"伪基站"设备，具有以下情形之一的，依照《刑法》第二百二十五条的规定，以非法经营罪追究刑事责任：

1. 个人非法生产、销售"伪基站"设备三套以上，或者非法经营数额五万元以上，或者违法所得数额二万元以上的；

2. 单位非法生产、销售"伪基站"设备十套以上，或者非法经营数额十五万元以上，或者违法所得数额五万元以上的；

3. 虽未达到上述数额标准，但两年内曾因非法生产、销售"伪基站"设备受过两次以上行政处罚，又非法生产、销售"伪基站"设备的。

实施前款规定的行为，数量、数额达到前款规定的数量、数额五倍以上的，应当认定为《刑法》第二百二十五条规定的"情节特别严重"。

非法生产、销售"伪基站"设备，经鉴定为专用间谍器材的，依照《刑法》第二百八十三条的规定，以非法生产、销售间谍专用器材罪追究刑事责任；同时构成非法经营罪的，以非法经营罪追究刑事责任。

（二）非法使用"伪基站"设备干扰公用电信网络信号，危害公共安全的，依照《刑法》第一百二十四条第一款的规定，以破坏公用电信设施罪追究刑事责任；同时构成虚假广告罪、非法获取公民个人信息罪、破坏计算机信息系统罪、扰乱无线电通讯管理秩序罪的，依照处罚较重的规定追究刑事责任。

除法律、司法解释另有规定外，利用"伪基站"设备实施诈骗等其他犯罪行为，同时构成破坏公用电信设施罪的，依照处罚较重的规定追究刑事责任。

（三）明知他人实施非法生产、销售"伪基站"设备，或者非法使用"伪基站"设备干扰公用电信网络信号等犯罪，为其提供资金、场所、技术、设备等帮助的，以共同犯罪论处。

（四）对于非法使用“伪基站”设备扰乱公共秩序，侵犯他人人身权利、财产权利，情节较轻，尚不构成犯罪，但构成违反治安管理行为的，依法予以治安管理处罚。

（2）2016 年《关于进一步防范和打击通讯信息诈骗工作的实施意见》。

2016 年 11 月 4 日，工业和信息化部发布《关于进一步防范和打击通讯信息诈骗工作的实施意见》，明确指出要进一步打击“伪基站”“黑广播”。“各地无线电管理机构要充分发挥技术优势，进一步提升对‘伪基站’‘黑广播’的监测定位、逼近查找等技术支持能力，完善与公安、广电、民航、工商等相关部门的重大案件情况通报机制，积极配合做好‘伪基站’‘黑广播’查处打击工作。”

5. 打击改号软件等网络黑灰产业链相关规定

（1）2016 年《关于进一步防范和打击通讯信息诈骗工作的实施意见》。

《关于进一步防范和打击通讯信息诈骗工作的实施意见》强调：坚决整治网络改号问题。

根据 2016 年《关于进一步防范和打击通讯信息诈骗工作的实施意见》，整顿网络改号问题的方式主要有两个：①严格规范号码传送和使用管理。“一是严格防范国际改号呼叫。各基础电信企业要对从境外诈骗电话来话高发区输入的国际来话进行重点管理甄别，对‘+86’等不规范国际来话，以及公安机关核实通报的伪造国内公检法和党政部门便民电话的虚假主叫号码，在国际通信业务出入口局一律进行拦截。对携带‘通用号码’的来话，在国际通信业务出入口局和国内网间互联互通关口局将其‘通用号码’信息一律予以删除。二是严格规范主叫号码传送。落实号码传送行业规定和有关行业标准。禁止违规传送主叫号码为空号或设置主叫号码禁显的呼叫。各基础电信企业在网间关口局对不符合号码管理、网间互联规定和标准的违规呼叫、违规号码一律进行拦截。从严管理语音专线呼叫转移业务功能，确需开通的，应当由基础电信企业集团公司统一审核并建立台账；各基础电信企业要在 2016 年 11 月底前全面完成已经开通的语音专线呼叫转移功能排查清理。三是严格号码使用管理。号码使用者应当严格遵循号码管理的各项规定，按照通信管理部门批准的地域、用途、位长格式规范使用号码，禁止转让。四是提升网络改号电话发现处置能力。各基础电信企业要会同国家计算机网络与信息安全管理中心等单位，开展网络改号电话检测技术研究，进一步提升对网络改号电话的监测、发现、拦截、处置能力。”②坚决清理网上改号软件。“2016 年 11 月底前，相关互联网企业要通过关键词屏蔽、软件下架、信息删除和账户封停等方式，对网站页面、搜索引擎、手机应用软件商城、电商平台、社交平台上的改号软件信息进行深入清理，切断下载、搜索、传播、兜售改号软件的渠道。”

（2）2016 年《关于进一步清理整治网上改号软件的通知》。

2016 年 11 月 22 日，工业和信息化部办公厅在 2016 年 11 月 4 日工业和信息化部发布的《关于进一步防范和打击通讯信息诈骗工作的实施意见》基础上，又发布了《关于进一步清理整治网上改号软件的通知》。

《关于进一步清理整治网上改号软件的通知》要求：①各基础电信企业和互联网企业要切实采取有效措施，在网站页面、搜索引擎、手机应用软件商店、电商平台、社交平台等空间，通过关键词屏蔽、软件下架、信息删除、账号封停等手段，对网上改号软件及其衍生和变形工具进行全面、彻底、深入地清理，坚决阻断改号软件网上发布、搜索、传播、销售渠道，让非法改号软件“发不出、看不见、搜不到、下载不了”，在各类网络空间无迹可寻。②搜索引擎服务企业要加强对网上改号软件的搜索屏蔽，建立完善改号软件关键词屏蔽库并对其各种变形衍生词汇及时进行更新补充；对提供改号软件下载、售卖和使用信息的搜索结果予以删除，禁止改号软件通过搜索引擎在网上传播。③手机应用软件商店服务企业要建立健全软件上架审核机制，严禁改号软件上架。同时，加强对既有应用软件的排查，对发现的改号软件应立即下架，并将该款软件应用及其开发者列入黑名单。对列入黑名单的改号软件开发者，应向公安机关报告，并将其所有应用软件下架三个月进行整改。

6. 打击恶意程序与 App 网络黑灰产业链相关规定

（1）2016 年《关于进一步防范和打击通讯信息诈骗工作的实施意见》。

《关于进一步防范和打击通讯信息诈骗工作的实施意见》第 18 条规定：

“强化手机应用软件监督管理。加大技术检测力度，按照‘发现、取证、处置、曝光’工作机制，对手机应用软件收集、使用用户个人信息情况进行技术检测，对发现的违规应用软件统一下架和公开曝光，并依法查处违规企业。”

（2）2018 年《关于纵深推进防范打击通讯信息诈骗工作的通知》。

《关于纵深推进防范打击通讯信息诈骗工作的通知》第 3 条规定：“加强钓鱼网站和恶意程序整治，有效降低网络诈骗威胁风险。加强对仿冒政府、教育、金融机构等钓鱼网站和涉嫌诈骗类恶意程序的监测分析和信息共享；及时依法处置钓鱼网站和诈骗类恶意程序；及时提醒诈骗类钓鱼网站和恶意程序风险情况。”

（3）2019 年《关于开展 App 违法违规收集使用个人信息专项治理的公告》。

2019 年 1 月 23 日，中央网信办、工业和信息化部、公安部、市场监管总局发布了《关于开展 App 违法违规收集使用个人信息专项治理的公告》，对 App 运营者收集使用个人信息时要严格履行的责任义务做了明确的规定。

App 运营者收集使用个人信息时要严格履行《网络安全法》规定的责任义务，对获取的个人信息安全负责，应当采取有效措施加强个人信息保护。遵循合法、正当、必要的原则，不收集与所提供服务无关的个人信息；收集个人信息时要以通俗易懂、简单明了的方式展示个人信息收集使用规则，并经个人信息主体自主选择同意；不以默认、捆绑、停止安装使用等手段变相强迫用户授权，不得违反法律法规和与用户的约定收集使用个人信息。倡导 App 运营者在定向推送新闻、时政、广告时，为用户提供拒绝接受定向推送的选项。

公安机关开展打击整治网络侵犯公民个人信息违法犯罪专项工作，依法严厉打击针对和利用个人信息的违法犯罪行为。

（4）2019 年《关于开展 App 侵害用户权益专项整治工作的通知》。

2019 年 10 月 31 日，工业和信息化部发布《关于开展 App 侵害用户权益专项整治工作的通知》，对什么是“违规收集用户个人信息”“违规使用用户个人信息”“不合理索取用户权限”做了明确。

根据通知规定，违规收集用户个人信息包括两种类型：一是“私自收集个人信息”。即 App 未明确告知收集使用个人信息的目的、方式和范围并获得用户同意前，收集用户个人信息。二是“超范围收集个人信息”，即 App 收集个人信息，非服务所必需或无合理应用场景，超范围或超频次收集个人信息，如通讯录、位置、身份证、人脸等。

违规使用用户个人信息包括两种类型：一是“私自共享给第三方”。即 App 未经用户同意与其他应用共享、使用用户个人信息，如设备识别信息、商品浏览记录、搜索使用习惯、常用软件应用列表等。二是“强制用户使用定向推送功能”。即 App 未向用户告知，或未以显著方式标示，将收集到的用户搜索、浏览记录、使用习惯等个人信息，用于定向推送或精准营销，且未提供关闭该功能的选项。

不合理索取用户权限有三种类型：一是“不给权限不让用”。即 App 安装和运行时，向用户索取与当前服务场景无关的权限，用户拒绝授权后，应用退出或关闭。二是“频繁申请权限”。即 App 在用户明确拒绝权限申请后，频繁申请开启通讯录、定位、短信、录音、相机等与当前服务场景无关的权限，骚扰用户。三是“过度索取权限”。即 App 在用户未使用相关功能或服务时，提前申请开启通讯录、定位、短信、录音、相机等权限，或超出其业务功能或服务外，申请通讯录、定位、短信、录音、相机等权限。

（5）2020 年《关于开展纵深推进 App 侵害用户权益专项整治行动的通知》。

2020 年 7 月 22 日，工业和信息化部发布《关于开展纵深推进 App 侵害用户权益专项整治行动的通知》，重点整治 App 侵害用户权益网络黑灰产业链违法行为。

（一）App、SDK 违规处理用户个人信息方面。

1. 违规收集个人信息。重点整治 App、SDK 未告知用户收集个人信息的目的、方式、范围且未经用户同意，私自收集用户个人信息的行为。

2. 超范围收集个人信息。重点整治 App、SDK 非服务所必需或无合理应用场景，特别是在静默状态下或在后台运行时，超范围收集个人信息的行为。

3. 违规使用个人信息。重点整治 App、SDK 未向用户告知且未经用户同意，私自使用个人信息，将用户个人信息用于其提供服务之外的目的，特别是私自向其他应用或服务器发送、共享用户个人信息的行为。

4. 强制用户使用定向推送功能。重点整治 App、SDK 未以显著方式标示且未经用户同意，将收集到的用户搜索、浏览记录、使用习惯等个人信息，用于定向推送或广告精准营销，且未提供关闭该功能选项的行为。

7. 面部识别等生物信息识别技术网络黑灰产业链相关规定

2021 年 6 月 11 日，中央网信办、工业和信息化部、公安部、市场监管总局发布《关于开展摄像头偷窥等黑产集中治理的公告》，指出：近年来，不法分子利用黑客技术破解并控制家用及公共场所摄像头，将智能手机、运动手环等改装成偷拍设备，出售破解软件，传授偷拍技术，供客户“偷窥”隐私画面并借此牟利，已形成黑产链条，严重侵害公民个人隐私，人民群众对此反应强烈。为切实保护公民个人隐私安全，中央网信办、工业和信息化部、公安部、市场监管总局决定，自 2021 年 5 月至 8 月，在全国范围组织开展摄像头偷窥黑产集中治理。

《关于开展摄像头偷窥等黑产集中治理的公告》要求从 4 个方面打击面部识别等生物信息识别技术网络黑灰产业链：一是社交软件、网站、论坛等互联网平台要严格履行信息发布审核的主体责任，全面清理平台上发布的涉摄像头破解教学、漏洞风险利用、破解工具售卖，偷拍设备改装，偷窥偷拍视频交易等摄像头偷窥黑产相关违法有害信息；二是摄像头生产企业要按照数据安全、信息安全有关规定和标准提升产品安全能力，提供公共服务的视频监控云平台及有关企业要严格履行网络安全主体责任，强化云平台网络安全防护，落实对远程视频监控 App 的数据安全防护责任；三是电商平台要严格履行主体责任，全面开展排查，对平台上的假冒伪劣摄像头做清理、下架处理；四是公安机关依法打击提供摄像头破解软件工具、对摄像头设备实施攻击控制、获取买卖公民隐私视频等违法犯罪活动，严惩违法犯罪分子。

8. 整治网络水军黑灰产业链相关规定

针对网络水军黑灰产业链，网信办等部门出台《网络信息内容生态治理规定》《互联网用户公众账号信息服务管理规定》《互联网跟帖评论服务管理规定》等多项规定予以规范。

（1）2019 年《网络信息内容生态治理规定》。

2019 年 12 月 15 日，国家互联网信息办公室发布《网络信息内容生态治理规定》。

第九条　网络信息内容服务平台应当建立网络信息内容生态治理机制，制定本平台网络信息内容生态治理细则，健全用户注册、账号管理、信息发布审核、跟帖评论审核、版面页面生态管理、实时巡查、应急处置和网络谣言、黑色产业链信息处置等制度。

第二十二条　网络信息内容服务使用者和网络信息内容生产者、网络信息内容服务平台不得通过发布、删除信息以及其他干预信息呈现的手段侵害他人合法权益或者谋取非法利益。

第二十四条　网络信息内容服务使用者和网络信息内容生产者、网络信息内容服务平台不得通过人工方式或者技术手段实施流量造假、流量劫持以及虚假注册账号、非法交易账号、操纵用户账号等行为，破坏网络生态秩序。

（2）2020 年《2020 网络市场监管专项行动（网剑行动）方案》。

2020 年 10 月 19 日，国家市场监管总局、中共中央宣传部、工业和信息化部等部门联合发布《关于印发 2020 网络市场监管专项行动（网剑行动）方案》，对雇佣网络水军进行不正当竞争行为进行规范。其中第二部分第二点规定："重拳打击不正当竞争行为，规范网络市场竞争秩序。按照《反垄断法》《反不正当竞争法》《电子商务法》等法律规定，严厉打击排除、限制竞争及妨碍、破坏其他经营者合法提供的网络产品或者服务正常运行行为。依法查处电子商务平台经营者对平台内经营者进行不合理限制或者附加不合理条件等行为。严厉打击网络虚假宣传，尤其是疫情期间夸大、虚构产品功效以及普通食品宣称具有疾病预防、治疗、保健功能误导消费者等行为。严厉打击刷单炒信、非法寄递包裹、买卖快递单号等行为。严肃查处编造、传播虚假信息或者误导性信息，损害竞争对手的商业信誉、商品声誉行为。"

第二部分第六点规定："依法整治社会热点问题，营造良好网络市场环境。协同推进对网络市场发展新模式新业态的分析研判和线上监管执法工作探索，规范‘直播带货’等网络经营活动秩序，依法惩处‘直播带货’等领域违法犯罪行为，形成有力震慑，不断营造安全放心消费环境。加强二手物品网络交易平台监管，依法打击借众筹名义实施非法集资、诈骗等违法犯罪行为。严厉打击互联网销售盗版网课、盗版出版物等违法行为。”

（3）2021 年《网络直播营销管理办法（试行）》。

2021 年 4 月 16 日，中央网信办、公安部、商务部、文化和旅游部、国家税务总局、国家市场监管总局、国家广电总局共同发布《网络直播营销管理办法（试行）》，对网络直播营销进行规范。

第十八条规定：“直播间运营者、直播营销人员从事网络直播营销活动，应当遵守法律法规和国家有关规定，遵循社会公序良俗，真实、准确、全面地发布商品或服务信息，不得有下列行为：……（四）虚构或者篡改交易、关注度、浏览量、点赞量等数据流量造假；（五）知道或应当知道他人存在违法违规或高风险行为，仍为其推广、引流”。这一规定进一步明确了直播间运营者、直播营销人员的责任，明确对网络水军等网络黑灰产业链行为的治理与打击。

（4）2021 年《关于进一步压实网站平台信息内容管理主体责任的意见》。

2021 年 9 月 15 日，国家互联网信息办公室发布《关于进一步压实网站平台信息内容管理主体责任的意见》。其中第三条“重点任务”中第（六）点规定：“规范信息内容传播。强化新闻信息稿源管理，严格落实互联网新闻信息服务相关法律法规，禁止未经许可的主体提供相关服务，转载新闻信息时，不得歪曲、篡改标题原意和新闻信息内容，保证新闻来源可追溯。优化信息推荐机制，优先推送优质信息内容，坚决防范和抵制不良信息，严禁传播违法信息，切实维护版面页面良好生态。规范话题设置，严防蹭热点、伪原创、低俗媚俗、造谣传谣、负面信息集纳等恶意传播行为。健全舆情预警机制，重点关注敏感热点舆情，及时发现不良倾向，进行科学有效引导，防止误导社会公众。建立信息传播人工干预制度规范，严格操作标准，规范操作流程，全过程留痕备查，及时主动向监管部门报告重大事项。”

第四章　危害国家安全信息犯罪问题

在大数据和算法不断发展与演进的互联网时代背景下，危害国家安全信息成为影响国家安全特别是政治安全的重要因素，犯罪人通过煽动颠覆、宣传恐怖、编造传播或获取秘密等网络信息行为对国家安全和公共安全造成严重后果。本章通过危害国家安全信息犯罪的问题解剖对危害国家安全信息犯罪进行整体把握，通过分析其发展态势掌握该类型犯罪的发展动向，并对当前各国在法律、技术和社会层面的治理进行了梳理。

第一节　危害国家安全信息犯罪问题解剖

一、危害国家安全信息犯罪概述

危害国家安全信息犯罪可以被看作一种独立的网络犯罪类型，兼具危害国家安全犯罪、网络信息犯罪和一般网络犯罪的特征，具体可分为煽动颠覆型、宣传恐怖型、编造传播型和获取秘密型四类。

（一）危害国家安全信息犯罪的产生和发展

危害国家安全信息犯罪产生于互联网诞生之后，经历了“前危害国家安全信息犯罪”，即 2014 年以前的涵盖于危害国家安全的计算机网络犯罪之中的非独立犯罪类型阶段，和 2015 年以后的“危害国家安全信息犯罪”这一独立利用危害国家安全相关信息危害国家安全的网络犯罪阶段。

网络的出现在为人类社会带来便利的同时，也滋生了网络犯罪。WEB1.0 至 WEB3.0 时期（1994—2014 年），互联网虽然经历了从媒体属性、社交属性到即时属性的转变，[1]但危害国家安全的网络犯罪尚集中于以计算机和互联网为犯罪工具的阶段，即“前危害国家安全信息犯罪”阶段。该阶段中危害国家安全的计算机网络犯罪行为主要可分为三类：一是以计算机和互联网为工具，实施的侵害我国国家秘密的行为，如在网上窃取、刺探、泄露国家秘密的行为；二是以计算机和互联网为工具实施的煽动颠覆国家政权、煽动分裂国家的行为；三是以计算机和互联网为工具实施的情报交联、组织发展等间谍行为。

2015年以后，互联网进入“网络空间”时代，危害国家安全的计算机网络犯罪行为也从将网络作为犯罪工具演化为将网络作为“犯罪空间”，一种新的危害国家安全犯罪类型——“危害国家安全信息犯罪”由此产生。危害国家安全信息犯罪是指通过煽动颠覆、宣传恐怖、编造传播或获取秘密等方式，以网络信息为载体实施的危害国家安全行为。危害国家安全信息犯罪按其行为方式可划分为煽动颠覆型、宣传恐怖型、编造传播型和获取秘密型四种主要类型。该犯罪作为网络时代出现的一种不同于传统危害国家安全罪的犯罪类型，其所侵害的法益不仅包括传统意义上的国家安全，即《国家安全法》第2条中规定的“国家政权、主权、统一和领土完整、人民福祉、经济社会可持续发展和国家其他重大利益相对处于没有危险和不受内外威胁的状态，以及保障持续安全状态的能力”，还包括网络恐怖主义信息犯罪和重大网络谣言犯罪所侵害的公共安全法益。因其在网络空间中的影响与国家安全产生了极为紧密的关联，故将其纳入危害国家安全信息犯罪的研究内容之中。

（二）危害国家安全信息犯罪的特征

1. 传播主体的政治性

政治安全是国家安全的根本，危害国家安全信息犯罪的主体多为具有特定政治背景或有特殊政治诉求的行为人或组织，犯罪方式多为通过计算政治宣传操纵社交媒体、传播危害国家安全信息。具有政治属性的危害国家安全信息犯

[1] 方兴东，潘可武，李志敏，等. 中国互联网20年：三次浪潮和三大创新[J]. 新闻记者，2014（4）：3–14.

罪主体主要包括与一国有战略利益冲突或地缘政治冲突的国家、争议地区、恐怖极端势力以及对政权不满的内外部政治势力或邪教组织等，上述国家、地区或组织由于本身具有特定政治背景或特殊政治诉求，具备危害国家安全信息犯罪的犯罪动机与犯罪能力，是主要的危害国家安全信息传播主体。

2. 传播手段的隐蔽性

危害国家安全信息一般通过推特（Twitter）、脸书（Facebook，后更名为Meta，中译名为元宇宙 ）等社交媒体，Just Paste 等在线文本编辑平台，Sound Cloud 等在线音频分享平台，Telegram、Instagram 和 WhatsApp 等社交应用，“黎明”等手机第三方应用程序以及暗网进行传播。[1] 以上各传播途径具有圈层化、实时化和隐蔽化的明显特征，被广泛用于危害国家安全信息的定向投放和迅速扩散。同时，借助本国语言、标签宣传和社区互动，危害国家安全信息的投放对象可以在圈群网络中通过精密议题的设置和小世界网络达到“转化”效果，从而成为新的危害国家安全信息传播节点，实现犯罪迭代。

3. 传播内容的极端性

在拥有海量信息的互联网中，某一类信息若希望获得较高的关注度和影响力，其必然与煽动受众情绪相关，危害国家安全信息犯罪同样如此。该类信息的内容具有极端性，即直接通过某种议题，如分裂国家、宣传恐怖等网络言论对受众进行政治动员和情感引爆。正如戴维斯所言，当人们体验到某种深深地吸引着他们的情绪以至于引发有力回应时，他们便在寻找政治参与的场所。[2] 危害国家安全信息的传播是一种与政治直接相关的行为，犯罪主体通过设置精密议题放大价值观和意识形态上的分歧，影响受众情绪，推进政治动员。

4. 传播影响的广泛性

危害国家安全信息通过三个主要通道进行扩散传播，从而实现广泛的传

---

[1] 夏一雪，兰月新，王沙骋 . 大数据环境下网络恐怖主义风险分析与防范对策研究 [J]. 情报杂志，2017（11）：16–22.

[2] DAVIES，SKILLS. Outlooks and Passions：A Psychoanalytic Contribution to the Study of Politics [M]. Cambridge：Cambridge University Press，1980：293.

播影响。一是将自建平台所生成的自源性信息或虚假的危害国家安全信息作为“病原体”，通过言论的复制“植入”各社交媒体，再不断经由二次传播形成“病毒式”的滚动扩散；二是相关危害国家安全信息犯罪主体将某一典型事件输送至大众传媒，扩大讨论以及公众价值分歧，在其中“浑水摸鱼”，扩大危害国家安全信息影响；三是针对具有情报价值或反政府、恐怖主义倾向的特定个人，通过通信群组、“个人主页”等功能实现“一对多”的信息扩散，达到影响目的。

二、危害国家安全信息犯罪的主要类型

（一）煽动颠覆型危害国家安全信息犯罪

煽动颠覆型危害国家安全信息犯罪，是指以煽动方式利用互联网信息实施危害国家主权、领土完整和安全、颠覆国家政权、推翻社会制度的犯罪行为。煽动颠覆型危害国家安全信息犯罪常见于“颜色革命”和政治事件中，主要通过互联网进行交易联络和信息传播，主要发展对象为青年群体，相关犯罪行为引起各国政府的高度警惕。

煽动颠覆型危害国家安全信息犯罪中的煽动行为包括直接煽动和间接煽动两种类型。所谓直接煽动，是指为了实现危害国家安全信息犯罪，对不特定人或者多数人实施的，使其产生分裂国家的犯罪决意，或者刺激、助长其已产生的分裂国家的犯罪行为。组织和利用邪教组织、利用突发传染病疫情等灾害，制造、传播谣言，煽动分裂国家、颠覆国家政权的，构成本罪。[1]直接煽动是煽动颠覆型危害国家安全信息犯罪的主要行为方式，是各国危害国家安全信息犯罪的重要类型。间接煽动（indirect incitement）则是指发布赞美、颂扬、为危害国家安全信息辩护的网络信息的行为，其是否构成犯罪各国立法认定不一。

---

[1] 张明楷 . 刑法学（第六版）[M]. 北京：法律出版社，2021：871.

（二）编造传播型危害国家安全信息犯罪

编造传播型危害国家安全信息犯罪是指通过造谣、诽谤等方式利用互联网信息实施危害国家主权、领土完整和安全、颠覆国家政权、推翻社会制度的犯罪行为。此类信息多为操纵选举、污蔑国家领导人等危害国家安全的网络虚假信息。

编造传播型危害国家安全信息犯罪的行为方式主要包括造谣和诽谤。所谓造谣，是指编造真假难辨的信息并在互联网上传播，此类信息以涉政类信息为主导，通过有关政治宣传的包装获得广泛传播和政治影响力。诽谤则是指通过互联网散布捏造的事实，败坏国家领导人、选举候选人或与国家安全有关的重要人物的名誉的行为。

（三）宣传恐怖型危害国家安全信息犯罪

宣传恐怖型危害国家安全信息犯罪是指通过煽动或宣扬（美化、赞美）恐怖主义、鼓励助长恐怖主义罪行、鼓励参与或指示支持恐怖组织、为实施恐怖主义犯罪提供指导方法或技术等犯罪行为。互联网信息的使用是网络恐怖主义在全球造成广泛影响的主要因素，也是世界各国打击网络恐怖主义效率不高的症结。受互联网普及和发展的影响，恐怖主义行为不再局限于线下的破坏活动，而是形成了较为成熟的利用社交媒体和数字传输等新媒体技术宣传其政治主张和极端思想、招募行动人员、筹措活动资金、制造恐怖气氛、扩大行动影响、谋取政治利益的活动链条。

宣传恐怖型危害国家安全信息犯罪的行为方式包括宣传、煽动、转化和恐吓。具体而言，“宣传”是指通过互联网美化组织生活扩大影响并招募成员，“煽动”是指通过在互联网上发表极端言论以煽动暴恐袭击，“转化”是指利用恐怖主义和极端思想蛊惑受众“自我转化”从而制造“恐怖独狼”，“恐吓”则是通过在互联网媒体中发布恐怖活动言论以制造群体恐慌。[1]

---

[1] 李梦琦．网络恐怖主义言论治理的现状、阻碍与完善 [J]. 公安学研究，2021，4（1）：83–100，124.

（四）获取秘密型危害国家安全信息犯罪

获取秘密型危害国家安全信息犯罪是指间谍行为，为境外刺探、收买、非法提供国家秘密或情报的行为，以及故意、过失泄露国家秘密的行为。该类危害国家安全信息犯罪一般由某国间谍情报机关策划，在网络上以求职招聘、学术研究、商务合作、交友婚恋等各种名义作为掩护，欺骗、勾连目标国家的国家机关、涉军单位、社会人员或在校学生窃取、出卖国家秘密和军事机密，或者利用金钱、情感等贿赂方式进行策反，达到收集情报的目的。互联网的发展使得获取秘密的手段更为隐蔽，情报交换双方身份具有匿名性，一般通过难以溯源的实时即时通讯软件、自制 App 等进行交流，对一国的国家安全具有重大影响，但此类案件的线索追查、调查取证和刑事起诉难度较大，是各国的危害国家安全信息犯罪治理难点。

获取秘密型危害国家安全信息犯罪的行为方式主要包括间谍行为、获取情报、泄露秘密三种。所谓间谍行为，是参加间谍组织，接受间谍组织及其代理人的任务的行为的统称。获取情报行为是指主动窃取、刺探、收买、非法提供国家秘密或情报的行为。泄露秘密行为是指国家机关工作人员或其他有关人员违反保守国家保密法的规定，故意或过失泄露国家秘密的行为。

三、各国危害国家安全信息犯罪的打击重点

当前，世界多数国家已将打击危害国家安全信息犯罪作为保护国家安全的战略重点，并出台一系列法律和国家政策作为支撑，但由于危害国家安全信息犯罪包括煽动颠覆型、编造传播型、宣传恐怖型和获取秘密型四个子类型，世界各国在规制相关犯罪时一般根据本国国情制定具有针对性的国家安全保护方案，因而在打击危害国家安全信息犯罪的政策导向和法律规制上各有侧重。

（一）美国：网络恐怖主义和虚假政治宣传

美国对于危害国家安全信息的治理可追溯到冷战时期，危害国家安全信息的内容也随着互联网的发展而不断变化。2002 年，小布什政府的国家安全战略中将恐怖主义擢升到“思想战争和意识形态战争”的高度。[1] 奥巴马政府特别关注恐怖主义与网络结合的新发展形式，于 2011 年 9 月成立的战略反恐通信中心专门负责利用“负面广告”在全球网络上进行战略传播，以打击网络恐怖主义。[2] 拜登政府于 2021 年 3 月公布的《国家安全战略临时指南》强调“国防部为应对中俄等威胁，应调整资源，将支出转移到发展影响未来军事和国家安全优势的尖端技术和能力上”，而这种“尖端技术和能力”，就包括利用人工智能对政治领域的渗透和操纵。

美国对危害国家安全信息犯罪的打击重点在于网络恐怖主义和虚假政治宣传行为。“9 · 11”事件后，美国颁布《爱国者法案》，明确将制作、传播、买卖或教唆有关恐怖主义内容的短信、文字、音视频等纳入危害国家安全信息范畴，着力打击网络恐怖主义宣传行为。2016 年大选后，又指责外国政府及其代理人利用网络空间及新媒体传播危害国家安全信息破坏美国国家安全，出台《波特曼—墨菲反宣传法》(*Portman–Murphy Counter Propaganda Bill*，也称《2016 反信息战争法案》)，意图对破坏美国国家安全的虚假政治宣传行为进行反制。[3]

（二）俄罗斯：国家传统价值观与领土完整

2021 年 7 月，俄罗斯颁布的新《国家安全战略》，将意识形态和文化安全作为战略重点。该战略认为，一些国家“正有针对性地试图淡化传统价值观，歪曲世界历史，篡改俄在其中的作用与地位”，“俄罗斯传统的思想道德和历史

---

[1] George W. Bush. The National Security Strategy of the United States [EB/OL].(2006-03-16)[2021-09-03]. http：//nssarchive.us/national–security–strategy–2006/.

[2] 王维佳，翟秀凤 . 美国政府是怎样输出价值观的：新形势、新思路 [J]. 红旗文稿，2016（2）：33–36.

[3] 虞文粱，韩娜 . 美国危害国家安全信息治理评析与借鉴 [J]. 公安学研究，2019，2（6）：81–102，122.

文化价值观正遭到美国及其盟友的攻击”，并“图谋孤立俄罗斯，煽动独联体的解体，破坏俄与传统盟友的关系”，其中“攻击、淡化传统价值观”“歪曲历史”“煽动解体”等都与危害国家安全信息犯罪有关。

俄罗斯认为，危害国家安全信息犯罪属于“信息战”的一部分，可被归为侵略国发动“混合战争”的中间环节。“混合战争”和“颜色革命”具有密切联系，在信息层面，侵略国致力于通过长期的影响“改变或摧毁‘牺牲国’人民的传统价值观，将其替换为侵略方的心理定位和思想”❶，在意识形态方面改变平民、护法机关人员和军队的心理状态，从而推翻“牺牲国”政权。因此，俄罗斯将破坏国家传统价值观和领土完整的危害国家安全信息犯罪作为打击重点。《俄罗斯刑法典》规定，严禁在互联网上发布或共享具有极端主义性质（暴动、对执法机构袭击等）；鼓动宣传发动战争、推翻现有政权；煽动种族、民族、宗教和其他仇恨；泄露国家秘密等信息。

（三）欧盟：恐怖极端主义与网络虚假信息

2016年，欧盟发布的《欧洲联盟外交与安全政策全球战略》报告（*A Global Strategy for European Union's Foreign and Security Policy*）指出，“我们生活在欧盟内部和外部都存在着危机的时代。我们的联盟正面临威胁。”❷欧盟在经历了一系列恐怖袭击和难民危机后，将联盟的自身安全视为首要目标，并突出强调将通过与自己核心伙伴美国及北约的合作加强网络空间安全。❸2018年，欧盟发布“网络安全国家战略评估工具”，明确将制订国家网络安全应急计划、加强培训和宣传教育、应对网络犯罪等纳入评估体系，并依据此评估工具，在2020年12月发布《国家网络安全能力评估框架》，进一步

❶ 马建光，李元斌．“混合战争”及其特点：俄罗斯学者视角的解析[J]. 俄罗斯东欧中亚研究，2020（5）：21–36，154–155.

❷ Shared Vision，Common Action：A Stronger Europe — A Global Strategy for Europe–an Union's Foreign and Security Policy [EB/OL]. https：//eeas.europa.eu/top_stories/pdf/eugs_review_web.pdf，pp.7.

❸ Shared Vision，Common Action：A Stronger Europe — A Global Strategy for Europe–an Union's Foreign and Security Policy [EB/OL]. https：//eeas.europa.eu/top_stories/pdf/eugs_review_web.pdf，pp.22.

完善网络安全能力评估内容，从侧面反映出欧盟对危害国家安全信息的关注程度。

从立法角度而言，欧盟对危害国家安全信息犯罪的规制重点集中于本土恐怖主义、与难民有关的极端主义信息和危害国家安全的网络虚假信息。一方面，欧洲各国利用本国刑法对煽动、宣扬等类型的网络恐怖主义信息犯罪和与难民有关的极端主义宣传犯罪行为进行打击，如《意大利刑法典》第414条将公开颂扬一种或多种罪行的行为规定为犯罪，并规定颂扬涉及恐怖主义或危害人类罪的罪行应加重刑罚，[1]《德国刑法典》在2009年修订时增设具有预备性质的反恐规定，[2]荷兰的司法判例中也把发布对恐怖活动相关罪行表示高度道德欣赏的言论认定为煽动行为等。另一方面，欧盟将网络虚假信息，尤其是可能影响国家安全的网络虚假信息作为规制重点。2018年，欧盟境内主要网络社交媒体平台签署了反虚假信息的业务守则（code de bonnes pratiques），但执行效果欠佳。欧洲委员会希望在2022年的《数字服务法案》（*Digital Services Act*）中加入打击网络虚假信息的相关内容，使打击更具成效。

（四）日本：与国家安全有关的特定秘密

日本对网络信息安全治理的顶层战略设计从21世纪初开始，经历了一系列变迁。主要成果包括2000年“在五年内成为世界上最先进的网络国家”的《IT国家基本战略》；2001年突出网络信息技术战略地位的“e–japan”国家网络发展战略；2006年强调“利用信息技术应对信息安全威胁”的第一份《国家信息安全战略》；2009年进一步加强网络安全治理能力建设的第二份《国家网络信息安全战略》；2010年“旨在通过加强对关键基础设施的保护，降低国民在使用

[1] 弗朗西斯科·维加诺，吴沈括．意大利反恐斗争与预备行为犯罪化——一个批判性反思[J]．法学评论，2015（5）：87–97.

[2] 刘雪丹．反恐抽象危险犯的立法正当性思考及司法适用纠偏——以宣扬恐怖主义罪为视角[J]．刑法论丛，2019（2）：272–296.

信息技术时所面临的风险”的《日本保护国民信息安全战略》；❶ 2013年强调“网络安全在日本国家安全保障中的重要地位”的初版“网络安全战略”以及2015年的扩大网络攻击的防范监管范围并规定“日本政府机关处理重要信息的系统要与网络分离开来”的新版“网络安全战略”。❷

随着网络安全与国家安全的联系愈加紧密，日本开始从国家安全角度治理网络信息。2013年12月，日本出台《特定秘密保护法》，将“关系国家安全的重要信息”指定为“特定秘密”，旨在防止可能对日本国家安全造成危害的信息泄露，保障国家安全。2014年11月，日本颁布《网络安全基本法》，要求加强政府的组织协调、与民间力量进行网络安全领域合作等，并于2015年成立“网络安全战略本部”，加强国家层面的统筹领导。由此可见，日本在危害国家安全信息犯罪打击是以“保护特定秘密”为主导进行的，但由于该法在特定秘密的定义上不够明确，导致侵犯公民基本权利等负面影响，在实施过程中饱受争议。

综上所述，由于危害国家安全信息存在多种内容和形式，故而各国在不同发展阶段、不同的内外部条件影响下，对于危害国家安全信息犯罪的打击侧重呈现出不同面向。

第二节　危害国家安全信息犯罪态势分析

随着大数据和算法技术的深入发展，危害国家安全信息犯罪也呈现出与技术进步相关的行为面向，加之2020年以来的新冠肺炎疫情加速了各国之间的矛盾和社会的分裂，危害国家安全信息犯罪整体呈现上升态势，且具有从“普遍撒网”到“精准策动”、从“宣扬恐怖”到“反复敦促”、从“发酵热点”到“信息策划”的明显特征。

---

❶ 王舒毅．日本网络安全战略：发展、特点及借鉴 [J]. 中国行政管理，2015（1）：152–156.

❷ 栗硕．日本网络安全建设析论 [J]. 国际研究参考，2015（12）：28–34.

一、总体趋势上升

如前所述，危害国家安全信息犯罪的主要特点是传播主体的政治性，政治利益冲突是导致此类犯罪的根本原因，危害国家安全信息犯罪不仅是一个法律层面的问题，而且与国际政治和国际关系密切相关。在新冠肺炎疫情全球肆虐的大背景下，各国家之间、联盟与国家内部矛盾冲突加剧，当前世界大部分国家以及欧盟等世界主要联盟的国家政策都倾向于保护自身安全和利益，利用危害国家安全信息破坏他国内部团结、煽动民众反政府情绪等犯罪行为总体呈上升态势。同时,国际反恐难以形成合力激增,恐怖主义宣传信息为祸全球互联网。在此背景下，前述煽动颠覆型、宣传恐怖型、编造传播型和获取秘密型四种危害国家安全信息犯罪均呈现上升态势，但上升原因有所不同。

（一）煽动颠覆型：国家间冲突和国内矛盾

煽动颠覆型危害国家安全信息犯罪的政治影响大、传播范围广，常见于“颜色革命”和政治事件中，其犯罪原因不仅与国家之间的地缘政治冲突和战略利益冲突有关，也与国家内部矛盾相关。随着近年来全球经济下行、国际局势动荡，煽动颠覆型危害国家安全信息犯罪呈现上升态势，且犯罪方式更加隐蔽、行动手段不断升级、责任规避愈加熟练。

实施煽动颠覆型危害国家安全信息犯罪的主体多与境外反对组织和国外情报组织等有所勾连，利用国家内部矛盾，挑起民众对立，试图颠覆政权。相关事件策划者不仅包括潜在敌对国家的情报部门，还包括本地区媒体、民间团体等具有一定影响力的组织，通过互联网传播煽动分裂、颠覆国家政权等危害国家安全信息，攫取政治利益。由此可见，煽动颠覆型危害国家安全犯罪的主要原因是国家间冲突和国内矛盾，相关国家近年来着力通过网络传播敌对价值观，发展青年群体，操纵煽动仇恨和民族冲突、颠覆国家政权，实现自身利益。

（二）编造传播型：政府选举与价值观差异

编造传播型危害国家安全信息犯罪在欧美等国被归为网络虚假信息或“假新闻”的一种，在俄罗斯则被作为“混合战争”的重要方面，我国将其纳入煽动型危害国家安全犯罪行为之中。在社交媒体时代，编造传播型危害国家安全信息犯罪呈现急剧上升态势，其原因在于网络谣言真伪难辨且传播迅速的特性对政府选举和瓦解价值观差异具有极为重要的影响和作用，此类犯罪手段成为了在热点事件中“浑水摸鱼”的典型代表。

美国作为全球主要社交媒体公司所在国，掌握着网络空间中的主要信息权力。2021 年 1 月，推特永久封禁了美国前总统特朗普的账号，理由是其“存在进一步煽动暴力行为的风险”。2021 年 7 月，古巴爆发大规模反政府游行，而就在游行爆发的当天晚上，一大批注册不超过几周或仅数日的推特新账号就开始发表各种未经证实的消息，或直接编造张冠李戴的假消息。不仅网络虚假信息在关键时间点集中出现，而且推特封禁了部分可能的辟谣渠道，如古巴官方媒体《格拉玛报》以及大批支持古巴政府的媒体人账号。网络虚假信息已成为某些国家干预选举、策动反政府游行的重要手段，编造传播型危害国家安全信息犯罪将继续呈现上升态势。

（三）宣传恐怖型：反恐重点偏移与国际治理难度增加

自新冠肺炎疫情于全球各地暴发以来，各国反恐政策受本国防疫、经济和社会等因素影响进行了由外转内的调整，从以往的合力打击恐怖主义到如今的打击本土恐怖主义进行转变，网络空间地缘政治对抗加剧了宣传恐怖型危害国家信息犯罪治理难度，网络反恐真空地带和安全漏洞增加，组织部分恐怖组织和极右恐怖势力更为积极地借由疫情引发的混乱和恐惧散播仇恨，在网络上进行广泛的恐怖主义宣传和招募活动。[1]

---

[1] BASITA. The COVID–19 pandemic：An opportunity for terrorist groups? [J]. Counter Terrorist Trends and Analyses，2020，12（3）：7–12.

近年来，美国政府将反恐工作重点逐步向国内恐怖主义转移，并在 2018 年的《国家网络战略》（*National Cyber Strategy of the United States of America*）中将网络恐怖主义治理合作视为“专制国家”控制网络的幌子；英国在《2016 年至 2021 年国家网络安全战略》（*National Cyber Security Strategy 2016 to 2021*）中提出“国家进攻性网络计划”（National Offensive Cyber Programme，NOCP），将网络恐怖主义的打击重点聚焦于“对可能威胁英国国家安全的恐怖主义网络行为者进行识别和破坏”[1]，各国打击宣传恐怖型危害国家安全信息犯罪的“本土性”倾向明显。

（四）获取秘密型：网络间谍技术升级

随着信息技术的发展，网络间谍活动逐渐代替了传统间谍活动，利用软件或算法漏洞窃取并传输信息成为各国情报部门最常使用的监控方式，由于操作的隐蔽性和通常不造成物理伤害而降低了被发现的风险，直至 2013 年斯诺登曝光美国政府的“棱镜计划”后，更多网络间谍行为逐渐浮出水面。

2020 年，美国情报机构被指利用瑞士加密公司 Crypto AG 和 Omnisec AG 出售可被操纵的（存在后门）的加密设备，无差别监控窃取多个国家的政府的机密信息；2020 年 5 月，德国外交部正式提请欧盟对 2015 年攻击德国联邦议院窃取 160 亿字节的数据、文件与电子邮件的俄罗斯黑客实施制裁；2021 年 7 月，以色列“飞马”（Pegasus）间谍软件被曝光出售给包括一些政府部门在内的全球 40 个国家约 60 个客户，包括法国在内的多国政府工作人员手机被入侵。软件技术的升级以及各国政府部门对于网络技术的依赖导致泄露秘密型危害国家安全信息犯罪呈现显著的上升态势，国家或政府信息系统被入侵、关键信息泄露事件屡见不鲜。

---

[1] United Kingdom Prime Minister Office. National Cyber Security Strategy 2016 to 2021 [EB/OL].（2016–11–01）[2022–05–20]. https：//www.gov.uk/government/publications/national–cyber–security–strategy–2016–to–2021.

二、从“普遍撒网”到“精准策动”

在大数据和算法被广泛用于以社交媒体为代表的网络信息传播渠道之前，危害国家安全信息的传播遵循语言的一般规律，即存在“接收信息（或产生思想）——形成言论——发表言论——他人接收”四个阶段，煽动颠覆、编造传播、宣传恐怖和接收秘密型危害国家安全信息均经由以上四阶段对他人产生影响，传播者并无特定的信息宣传对象，而是采取类似于“普遍撒网”的信息传递模式来进行危害国家安全信息犯罪的操作。这一阶段的危害国家安全信息犯罪影响范围大但影响力不足，受此种危害国家安全信息煽动、蛊惑、恐吓的对象人数较少，多数信息仅有某种“危险性”，难以对国家安全产生实质性的影响和动摇效果。

大数据和算法的发展使得危害国家安全信息犯罪的影响力呈几何级扩大。如果说算法普及之前的危害国家安全信息犯罪行为方式可被称作“普遍撒网、重点捕捞”，那么算法成熟后的危害国家安全信息犯罪行为方式则是“算法预谋、精准策动”。所谓“算法预谋”，是指危害国家安全信息犯罪的策动者利用算法筛选对信息内容感兴趣、有情报价值、易受诱导等特质的受众，通过操纵社交机器人、传播诱导性信息以及虚拟账户等自动化方式进行信息推送，使此类受众不断接收危害国家安全信息，并利用互联网的圈层化特性，将其置入“信息茧房”之中，对其进行有预谋的、有针对性的“转化”活动，对其意识形态进行引导和操纵，使其产生颠覆国家政权、恐怖极端主义等思想，产生危害国家安全的危险或者相应的危害结果。

随着大数据和算法的不断演进，未来危害国家安全信息犯罪将会继续朝着隐蔽化、精准化和极端化方向发展，犯罪打击也将更为困难。随着“5G”和物联网的到来，可以预见今后的危害国家安全信息犯罪也会依托技术迭代进行自我更新，可能变得更为隐蔽难以追查、投放信息更为精准以及操作手段愈加极端，并且由于其犯罪主体特殊的政治属性以及疫情对全球化的撕裂，国家之间冲突进一步显化，部分国家无暇他顾，犯罪的取证、起诉、审判等环节将受到更多阻碍，相关犯罪打击越发困难。

三、从“宣扬恐怖”到“反复敦促”

在 2020 年新冠肺炎疫情之前，网络恐怖主义宣传主要通过社交媒体发帖和暴恐音视频等方式，在网络上公开或隐蔽地传播散布美化恐怖组织、宣扬宗教极端思想、煽动分裂国家、挑起民族矛盾、传播恐怖信息等内容的网络言论，并通过“本国语言”促进群体交流、“标签宣传”助力组织扩张、“社区互动”深化群体认同、“圈群网络”导致群体极化、“精密议题”影响公众观念、“情感引爆”推进政治动员等环节的设计，使网络恐怖主义言论受众进入恐怖主义宣传的“精密圈套”，以此完成煽动、威胁、恐吓、转化的特定目的。[1]

新冠肺炎疫情的出现使得恐怖主义组织的犯罪活动更加活跃。如前所述，当前各国反恐积极性减弱导致了部分反恐真空地带和较多安全漏洞，恐怖势力趁机宣扬疫情是“真主对西方的惩罚”，不断在网络上散播仇恨，且借“敌人”被疫情削弱之名，反复敦促追随者策动恐怖袭击，并将病毒作为生物武器进行传播。[2] 恐怖主义组织一改往日以“社交媒体互动传播”为主的恐怖主义宣传模式，开始了“反复敦促行动”这一不同以往的恐怖主义宣传新模式，其社会危害性和社会影响力均被扩大。2020 年下半年，欧洲相继爆发多个“独狼”式恐怖袭击事件，包括“10・16”法国巴黎历史教师被杀案、“11・2”奥地利维也纳恐怖袭击案等。[3]

此外，为防控疫情而实施的隔离防控措施正在被恐怖主义与极端主义组织加以利用，加剧极端化思想的传播。隔离行为增加了民众的上网时间，被隔离在家的民众在网络上寻找关于疫情的真相和所谓的内幕时，虚假新闻、阴谋论与极端主义的误导性宣传却充斥屏幕，加之疫情带来的贫困、失业人口增加，人们在前途未卜之时更易产生极端主义思想，并且 Facebook、Twitter、YouTube、Gab、

---

[1] 李梦琦 . 网络恐怖主义言论治理的现状、阻碍与完善 [J]. 公安学研究，2021，4（1）：83–100，124.

[2] 范娟荣，李伟 . 当前国际恐怖主义与反恐态势分析 [J]. 中国人民公安大学学报（社会科学版），2021，37（2）：1–11.

[3] 中国现代国际关系研究院 . 国际战略与安全形势评估 2020—2021 [M]. 北京：时事出版社，2020：331–346.

Reddit、4Chan、8kun（曾用名 8Chan）、Endchan、Telegram、VKontakte、MeWe、Discord、BitChute 和 Twitch 等社交媒体和 App 相互组合，重点向青年群体实施宣扬恐怖主义、煽动暴恐袭击等宣传，并利用青年群体的探索精神和反抗能力，进行拉拢和招募活动，并反复敦促其实施恐怖袭击。

四、从“发酵热点”到“信息策划”

在互联网发展的中早期阶段，危害国家安全信息犯罪的主要以煽动宣扬和提供秘密等类型为主，编造传播型危害国家安全信息犯罪并不多见。然而，近年来网络虚假信息成为危害国家安全信息犯罪的主要方式，通过算法和人工智能传播网络虚假信息进行计算政治宣传活动以达到影响一国国家安全的行为极为多发。根据 Freedom House 在 2017 年统计数据显示，受到线上操纵和虚假信息影响的国家有 17 个，自动算法生成的政治机器人“通过定向传播，向特定受众传递了大量误导性或政治倾向性信息”。2019 年牛津大学网络研究院发布的《虚假信息的全球秩序》研究报告表明，“已有 70 个国家采用计算式宣传制造虚假信息或操纵社交媒体”。

在算法技术的影响下，编造传播型危害国家安全信息犯罪从“发酵热点”向依靠网络虚假信息的“信息策划”转变。所谓“发酵热点”，即借助已经发生的重热点事件或者某些真实的信息来源进行放大和炒作，其依托的内容具有现实性特征。如今的“信息策划”行为方式则不然，其依托内容的虚假性远大于现实性，通过网络虚假信息策划某一并未真实发生的事件或传播并不属实的信息内容，造成社会公众的认知偏差和政治扭曲，导致群体极化的情绪反应，达到煽动颠覆、编造传播、宣传恐怖、获取秘密等目的，危害国家安全。“网络部队”通过制造虚假信息或操纵媒体、使用大量账户进行内容传播、数据驱动以及嘲弄、挖苦或骚扰的方式，传播亲政府或亲政党的宣传、攻击反对派或发动抹黑运动、分散或转移谈话或批评的注意力使之远离重要问题、推动分裂和两极化以及通过人身攻击或骚扰压制参与。[1]

在如今的危害国家安全犯罪中，网络虚假信息已经成为具有政治背景的行为主体危害他国国家安全的重要武器。在非传统安全领域，计算政治宣传将改变世界舆论格局。操纵国将通过数据分析、情感锁定、定向轰炸的方式向对象国开展自动化的舆论攻势，使相关网络媒体中充斥政治谣言、虚假信息、政治焦虑和恐慌，以情感传递取代事实传播，以自动化的信息操纵开展的计算政治宣传成为撕裂对象国国家舆论、破坏执政合法性的重要武器[2]，并将继续活跃在当今意识形态斗争加剧的国际社会。

第三节　危害国家安全信息犯罪治理现状

从表面上来看，危害国家安全信息犯罪是通过刑法手段就能加以解决的法律层面的问题，然而，经过上文的分析可知，危害国家安全信息犯罪虽然被认为是一种犯罪行为，但其政治性大于犯罪性，仅通过一国的国内刑法或者国际司法协作等手段难以对其进行有效的打击和预防，更需要技术手段和社会力量作为支撑，与刑法打击一同作为多元治理模式，从而降低技术与政治的勾连，警惕霸权主义在网络空间的延续，维护各国国家安全。

一、危害国家安全信息犯罪的法律治理

当前的危害国家安全信息犯罪的法律治理正在经历以内容为主的传统治理模式向以平台治理为主的新型治理模式的转变，各国正在加强对网络服务提供者的义务设置和责任规制。

---

[1] Samantha Bradshaw，Philip N. Howard，The Global Disinformation Order：A Global Inventory of Organized Social Media Manipulation，Computational Propaganda Research Project，February 23，2019，https：//comprop.oii.ox.ac.uk/wp–content/uploads/ sites/93/2019/09/CyberTroop–Report19.pdf.

[2] 韩娜，虞文梁．国家安全视域下的计算政治宣传：运行特征、风险识别与治理路径 [J]. 公安学研究，2020，3（6）：1–23，122.

（一）以规制网络言论内容为主的传统治理模式

在互联网发展的很长一段时间内，各国对危害国家安全信息犯罪的法律治理都集中于对信息内容本身的规制，普遍将危害国家安全信息犯罪纳入传统的危害国家安全犯罪内容之中，对危害国家安全信息犯罪的网络特性把握不足。各国刑法均倾向于将编造传播型和宣传恐怖型网络信息犯罪作为煽动型犯罪的一个子类进行规定，并把提供秘密型危害国家安全信息犯罪放在间谍犯罪行为之中，对煽动型犯罪的认定只在煽动行为的判断标准、宣扬恐怖主义的细节特征以及相关行为的后果等问题上存在差别。

具体而言，英国于2006年的“种族与宗教仇恨法案”中将煽动种族仇恨罪扩大到宗教领域，形成煽动宗教仇恨罪；在“2007年重罪法”中用“鼓励（encouragement）”一词代替了“煽动（incitement）”，并设立鼓励他人犯罪罪和帮助他人犯罪罪，且在“2006年恐怖主义法”中规定了鼓励恐怖主义罪。美国法律将煽动性网络言论排除在言论自由的保护范围之外，法律将煽动性网络言论排除在言论自由的保护范围之外，在普通法中规定了诱惑他人犯罪罪（solicitation to commit a crime），并于“美国法典”中规定了劝告、命令或者引诱他人实施反对美国罪（counsel，commands or induces to commit a crime against the Unite States）、请求他人实施暴力犯罪罪（solicitation to commit a crime of violence）和煽动灭绝种族罪，在《外国侨民登记法》（*Alien Registration Act*）中规定了煽动颠覆政府罪，在《间谍法》中规定了的泄密类犯罪等。《德国刑法典》规定了一系列的煽动他人犯罪罪和煽动公共仇恨罪等煽动型犯罪作出规定，与《民法典》《信息自由法》《公共秩序法》《信息自由和传播服务法》等法律形成了较为完善的危害国家安全信息内容法律治理体系，并在2017年4月通过的《社交媒体管理法》中特别强调了对“仇恨、煽动性言论和虚假新闻内容”的规制。《日本刑法典》虽未在总则中使用“煽动”一词，而只规定了引诱他人犯罪罪和间接引诱他人犯罪罪，但在《日本破坏活动防止法》和《国家公职人员法》中对煽动内乱或者叛国罪、煽动实施特定暴力行为罪、煽动国家公职人员对抗政府罪等煽动危害国家安全罪作出了规定，并在2013年12月出台的《特定秘密保护法》中设置了违反保密义务的特别刑事责任。《澳大利亚联邦共和国刑法典1995》（*criminal code 1995 of Australia*）对煽动他人实施犯罪罪、叛国罪、煽动叛乱罪以及煽动种族、宗教仇恨罪等煽动型犯罪作出规定，并将上述规定用于危害国家安全信息犯罪的规制中。

我国对危害国家安全信息犯罪的法律治理主要分为大陆地区的刑法规制和港澳台地区的特别规定。当前我国已基本建成以《国家安全法》《反恐怖主义法》《网络安全法》《反间谍法》和《刑法》为主要法律支撑的危害国家安全犯罪治理体系，对煽动颠覆型、编造传播型、宣传恐怖型和获取秘密型危害国家安全信息犯罪均有相应罪名对应，如煽动分裂国家罪，煽动颠覆国家政权罪，宣扬恐怖主义、极端主义、煽动实施恐怖活动罪，为境外窃取、刺探、收买、非法提供国家秘密和军事秘密罪、间谍罪等。我国于2020年7月出台《中华人民共和国香港特别行政区维护国家安全法》，对分裂国家罪、颠覆国家政权罪、恐怖活动罪和勾结外国或者境外势力危害国家安全罪作出特别规定，对于香港地区的国家安全保护具有重要意义。

（二）法律治理从内容规制转向平台规制

由于危害国家安全信息犯罪与网络传播紧密相关，而网络传播具有的虚拟性、弥散性、海量性等特点常使刑法在规制危害国家安全信息犯罪时较为被动和滞后。这是由于互联网信息的传播模式已从大众传播模式向互联网群体传播模式所转变，信息传播与“网络服务提供者”（Internet Service Provider），即网络接入服务提供商（Net Service Provider，NSP）、网络内容服务提供商（Internet Content Provider，ICP）和网络应用服务提供商（Application Service Provider，ASP）息息相关。可以说，在当今的互联网中，并非言论内容决定影响力，而是背后的算法决定了该信息能被多少人所接收。

由于网络服务提供者的营利性，该主体并不具有保护国家安全的天然动机，因此需要法律对其设置义务以达到对国家安全的保护。一般而言，网络服务提供者的国家安全保障义务分为以下两个层面：一是网络接入服务提供者（如电信运营商）对危害国家安全信息内容承担过滤、阻断、拦截、保存、追踪义务，旨在帮助政府及执法机构掌控违法内容发布者之间的秘密联结，增强打击的有效性；二是网络平台服务提供者应当承担与传统媒体类似的“把关人”角色，根据公权力主体的委托或法律（法规）的直接授权，对危害国家安全信息内容进行人工审核以及图片视频识别等人工智能方式的审核。

我国《网络安全法》第 47 条规定了网络服务提供者对用户所发布信息的管理义务[1]，并通过《刑法修正案（九）》增设“拒不履行信息网络安全管理义务罪”和“帮助信息网络犯罪活动罪”等罪名完善了网络服务提供者的国家安全保护义务规则。除我国外，世界其他国家也都开始注意网络服务提供者的规制问题，并出台相关法案进行限制。美国注重网络的“整体安全”，2013 年时任美国总统奥巴马签署《改善关键基础设施网络安全》行政命令；2015 年国会通过《网络安全信息共享法》等软性法律；联邦及州层面的法律法规对一般企业设置网络安全义务，要求企业履行“合理安全”抑或适当安全的网络安全义务。[2] 2018 年 9 月，美众议院引入《信息透明度与个人数据控制法案》，要求规制运营商收集、使用个人敏感信息或行为数据的行为。德国的《社交媒体管理法》除了对网络中的“仇恨、煽动性言论、虚假新闻内容”进行规制外，还特别整合并修订了 2015 年以来德国司法部颁布的一系列相关法令，对脸书、推特、WhatsApp 等在德国境内提供内容服务的社交网络平台提出了更为严格的监管要求。俄罗斯“春季法案”规定，自 2018 年 7 月 1 日起，电信运营商和组织者有义务将互联网上传播的信息进行存储，在俄罗斯境内存储所有通信服务用户传输的数据，包括文本消息、语音信息、视频和图像等，基本时限为 6 个月。

---

[1] 《网络安全法》第 47 条：“网络运营者应当加强对其用户发布的信息的管理，发现法律、行政法规禁止发布或者传输的信息的，应当立即停止传输该信息，采取消除等处置措施，防止信息扩散，保存有关记录，并向有关主管部门报告。”

[2] Thomas J. Smedinghoff. Information security law –The emerging standard for corporate compliance [M]. IT Governance Publishing Ltd，2008：40–41.

2018年2月，新加坡《2018年网络安全法》(*Cyber-security Act 2018*)正式生效，和《国内安全法》《网络操作规则》《网络行为法》等共同设置网络服务提供者义务。英国政府于2019年4月发布《在线危害白皮书》(*online harm white paper*)，提议立法强化社交媒体等网络平台自我监管，以保护用户免受包括虐童影像、网络欺凌、极端思想和恐袭言论等有害内容的影响。欧盟委员会于2020年12月公布《数字服务法案》和《数字市场法案》提案，旨在针对所有数字服务（包括社交媒体、在线市场和其他在欧盟运营的在线平台）进行监管，遏制超大平台在网络传播中的主导地位，迫使它们在托管内容、广告传播和信息删除等方面更加透明有序。

二、技术手段与社会参与的多元治理

网络空间中网络服务提供者的“私权力”崛起导致危害国家安全信息犯罪中的法律关系实质上形成“犯罪行为人——国家——网络服务提供者”的三角结构，网络服务提供者已成为危害国家安全信息犯罪治理的重要一环。随着人工智能和算法技术的进一步发展，网络服务提供者在危害国家安全信息犯罪中的地位将继续提升，只有结合技术手段控制和社会力量参与，才能共同完成对危害国家安全信息犯罪的治理。

（一）技术手段：信息过滤与算法推荐控制

如前所述，当前危害国家安全信息主要通过算法技术的“精准推送”、恐怖主义的“反复敦促”以及依靠网络虚假信息的“信息策划”进行传播，这其中离不开网络技术的运用，尤其是算法技术在信息推送中的支配能力和深度伪造（deepfake）技术在传播网络虚假信息中的运用。因此，在危害国家安全信息的多元治理模式中，通过技术手段进行信息治理可以说是比法律治理更为有效的预防犯罪和减少犯罪影响的手段，被各国政府和各大社交媒体平台广泛使用。

治理危害国家安全信息犯罪的主要手段可概括为“信息过滤”和“算法推荐控制”两方面内容。信息过滤是指通过过滤网络上的危害国家安全信息，阻断其传播路径而达到预防犯罪的目的，主要包括政府过滤和人工智能过滤两种方式。政府过滤是指各国通过控制互联网基础设施来限制用户和受众对危害国家安全信息源头的访问，人工智能过滤则是指通过利用人工智能技术对传播的符号信息进行侦测，于应用层面消解危害国家安全信息的影响。具体而言，针对当前网络信息内容以及深度伪造技术在传播网络虚假信息中的运用，主要通过“生成对抗网络”（Generative Adversarial Networks，GANs）等人工智能技术，促进机器学习和识别与危害国家安全信息有关的关键词、短语和符号，进行信息过滤，拦截、清理相关内容。英国 ASI Data Science 公司通过人工智能技术，利用机器学习软件专门分析与极端主义相关的影片，可筛查出 94% 的恐怖”宣传，标识准确率可达 99.99%。❶

通过控制算法推荐治理危害国家安全信息是各国政府正在着手解决的问题。2021 年 4 月，欧盟委员会发布“人工智能提案”，对 AI 算法采用基于风险等级区分规制方法的监管路径，规定 AI 算法系统在投入使用或投放市场之前应当确定其所属“不可接受的风险”“高风险”“有限的风险”“极小的风险”四个风险等级中的一级。“人工智能提案”将可能危害安全的 AI 算法系统归为“高风险”，并规定“在将高风险 AI 系统投入市场或投入使用之前，其供应商或授权代理人（如适用）应将该系统注册到欧盟针对独立高风险 AI 系统建立的欧盟数据库中”。2021 年 8 月，我国国家互联网信息办公室发布《互联网信息服务算法推荐管理规定（征求意见稿）》，拟对算法推荐服务提供者的信息内容管理义务作出更为详细的规定，要求“发现违法信息的，应当立即停止传输，采取消除等处置措施，防止信息扩散，保存有关记录，并向网信

❶ The Guardian. Home Office Unveils AI Program to Tackle Isis Online Propaganda Tool Can Detect 94% of Isis Propaganda with a 99. 99% Success Rate in Tests [EB/OL].（2018–02–13）[2021–09–19]. https：// www. theguardian. com/uk–news/2018/feb/13/home–office–unveils–ai–program–to–tacklet–isis–online–prop–aganda.

部门报告。”同时提出了对算法推荐服务提供者“不得利用算法屏蔽信息、过度推荐等干预信息呈现，影响网络舆论”的要求，在算法监管上对危害国家安全信息犯罪的治理上进行了衔接。

然而，仅依靠技术手段仍不足以降低危害国家安全信息犯罪的不良影响，技术手段的治理集中于危害国家安全信息的传播过程，对其犯罪预防和危害后果则显得束手无策。因此除法律和技术治理模式外，还应当对危害国家安全信息犯罪的“土壤”，即网络环境本身和信息受众进行社会层面的治理，共同抵御危害国家安全信息犯罪的侵蚀。

（二）社会力量：多群体合作治理模式

2021 年 6 月，法国国家数字理事会（CNNum）发布题为“叙事与反叙事：网络虚假信息路径”（Récits et contre–récits：Itinéraire des fausses informations en ligne）的文件，呼吁在国家层面、数字平台、研究人员和普通用户之间建立一种新的合作形式，保护 2022 年法国总统大选免遭虚假信息的袭扰。法国的做法在危害国家安全信息犯罪的多元治理层面具有代表性，法国通过国家、网络平台、研究人员和普通用户之间的多群体合作，共同开展社会治理。

首先，对于网络服务提供者而言，应当开展行业自律，减少在网络空间中的危害国家安全信息内容。英国在互联网行业自律层面有着较为丰富的经验，其中最具代表性的互联网行业自律组织包括网络观察基金会、互联网服务提供商协会和移动宽带集团。网络观察基金会（Internet Watch Foundation，IWF）是 1996 年成立的英国首个互联网行业自律组织，且在成立后与英国政府机构、互联网服务提供商（ISP）及自律协会共同制定了英国互联网行业自律的纲领性文件——《R3 安全网络协议》，规定对网络谣言、不良违法信息等由互联网服务提供商（ISP）用标签进行分类和注明，网络用户可选择性浏览。[1]互联网服务提供商协会（Internet Services Providers’ Association，ISPA）是英国互联网行业中具有较大影响力的行业自律组织之一，拥有包括谷歌、英国电信公司等超

[1] 邓小兵，刘晓思．中英网络治理的行业自律比较研究 [J]. 甘肃行政学院学报，2017（5）：114–125，128.

过 200 个会员单位，入会会员必须遵守其制定的互联网自律业务守则（codes of practice），要求所传播内容不得宣扬种族仇恨。❶英国移动宽带集团（Mobile Broadband Group，MBG）则对英国 O2、EE、Three、Vodafone 四家最大的通信运营商提出管理要求。英国的互联网行业自律体系对危害国家安全信息的传播和治理发挥了重要作用，从较大程度上减少了网络政治谣言、网络恐怖主义信息等危害国家安全信息的传播和扩散。

其次，危害国家安全信息犯罪的治理离不开社会力量的参与。危害国家安全信息犯罪的“生存环境”对网络空间和相关受众都有要求，例如在煽动颠覆型、宣传恐怖型和获取秘密型危害国家安全信息犯罪中，虽然相关煽动、宣扬、蛊惑性质的言论具有造成危害后果的可能性，但是能否产生严重的危害后果，还是取决于受众的选择。所以对于危害国家安全信息犯罪的环境治理，不仅取决于互联网行业，尤其是数字平台对此类信息的自律控制从而减少一国对他国相关危害信息的传播，更取决于对可能受到影响的人的治理。新加坡大力营造网络安全优先意识，开展“Total Defence”和“Let's Stand Together”等活动，致力提高国民网络安全意识及风险辨别能力，就是各国采取以群体动员、警示教育、文化认同为主导的社会群体动员行动的一个典型代表。通过促进网民提供情报线索、排除安全隐患，使之成为信息筛选的补充力量，同时还可以建立线索举报奖励机制，充分调动社会力量参与的积极性。

最后，危害国家安全信息犯罪治理还需政府采取行动。英国的社区模式治理较为成熟，通过设立公民咨询局“帮助人们找到前进的方向”，为民众的困难提供帮助，从一定程度上减少和降低了危害国家安全信息的传播。法国国防和国家安全部（SGDSN）于 2021 年 6 月宣布其正在筹备于 9 月成立一个旨在打击外国势力通过操纵虚假信息来“破坏国家稳定”的国家机构，通过该专门机构打击危害国家安全信息犯罪以及相关犯罪。欧盟也不断向元宇宙（Meta）、

---

❶ 英国互联网提供商协会官网 [EB/OL]. [2021–09–25]. https：/ /www.ispa.org.uk/about–us/ispa–code–of–practice/.

谷歌（Google）、推特（Twitter）等科技公司施压，敦促其对散播虚假信息的打击。美国国务院于 2021 年 7 月宣布，如果有任何信息导致查明任何与外国政府合作或为外国政府工作的人，通过“非法网络活动”干扰美国选举，将给予提供信息者最高 1000 万美元的奖励。

第五章　网络数据犯罪问题

第一节　数据犯罪概述

一、数据犯罪的概念

（一）认识数据

研究数据犯罪，应当厘清数据犯罪的概念。数据犯罪包含两个关键词——数据与犯罪，下文将分别对这两个概念进行界定。

关于数据的概念，很多国内国外的法律法规、国际条约、行业规范等都有规定，很多学者也有所论述，但是这些数据概念之间存在较大差别，需要仔细辨析。经过总结，我们认为可以分为以下几类。

第一类，将数据视为承载信息的载体和记录。有学者指出传统意义上的数据是指对客观事件进行记录并可以识别的符号。[1]我国《数据安全法》第 3 条规定："本法所称数据，是指任何以电子或者其他方式对信息的记录……"。此类概念认为，数据是信息存在的客观形式，信息是内容，数据是载体。这种载体可以是一切形式，比如纸质记录、电磁记录。

第二类，将数据视为个人信息。欧盟《通用数据保护条例》（GDPR）规定："个人数据是指与已识别或可识别的自然人（数据主体）相关的任何信息；可识别的自然人是可以直接或间接识别的自然人，特别是通过参考诸如姓名、身份号码、位置数据、在线标识符或特定于身体、生理、该自然人的基因、精神、经济、文化或社会身份。"[2]巴西《通用数据保护法》规定个人数据是"已识别

---

[1] 张莉．数据治理与数据安全 [M]. 北京：人民邮电出版社，2019：4.

[2] GDPR [EB/OL]. [2022–07–05]. https：//eur–lex.europa.eu/legal–content/EN/TXT/PDF/?uri=CELEX：32016R0679.

或可识别的自然人有关的信息……”❶美国统一法律委员会制定的示范性法典《统一数据保护法》（UPDPA）规定：“个人数据是指可以通过直接标识符或假名化数据用以识别或描述数据主体的记录。”❷可以看出，各国的（个人）数据保护法大多倾向于将数据视为可识别的个人信息，将数据与信息混用，名为数据保护法，其实与我国的《个人信息保护法》一样，保护的是个人信息利益（权利）。

第三类，将数据视为承载信息的电磁记录。《德国刑法典》第202a条第2款规定，数据仅指电子地、磁性地或以不能立即察觉的方式储存或传送的数据。❸《布达佩斯网络犯罪公约》中计算机数据的定义是以ISO中数据定义为基础，要求数据必须以可以被计算机系统直接处理的形式存在。公约规定：“计算机数据”是指以适合在计算机系统中处理的形式表示的事实、信息或概念，包括适合使计算机系统执行某项功能的程序。“通信数据”是指与通过计算机系统进行的通信有关的任何计算机数据，由构成通信链一部分的计算机系统生成，表明通信的起点、目的地、路线、时间、日期、大小、持续时间或基础服务的类型。❹在此类概念中，数据特指以电磁形式存在，可以被计算机处理的数据形式。

本章中的数据是指第三类数据，即以电磁记录的形式存在的数据。该类数据是网络时代、信息时代、大数据时代、人工智能时代叠加下通用的宝贵资源、生产要素和生产资料，也是本章研究的数据犯罪的对象。

（二）数据的价值

在信息化时代，数据已经成为电子数据的代名词。至今为止，信息化发展

❶ The General Data Protection Law（LGPD）[EB/OL]. [2022-07-10]. https：//lgpd-brazil.info/.

❷ Uniform personal data Protection Act [EB/OL]. [2022-07-18]. https：//www.uniformlaws.org/HigherLogic/System/DownloadDocumentFile.ashx?DocumentFileKey=009e3927-eafa-3851-1c02-3a05f5891947.

❸ German Criminal Code（Strafgesetzbuch – StGB）[EB/OL]. [2022-06-30]. https：//www.gesetze-im-internet.de/englisch_stgb/englisch_stgb.pdf.

❹ Convention on Cybercrime [EB/OL]. [2022-06-28]. https：//rm.coe.int/1680081561.

经历了三个阶段：第一个阶段开始于20世纪80年代，主要体现是个人计算机大规模应用，第二阶段开始于20世纪90年代中期，主要体现是互联网大规模普及，目前我们正在经历第三个阶段，数据的深度挖掘与融合应用是其主题。❶随着信息化发展，数据的内涵发生着变化，数据由最初的静态计算机信息系统数据，转变为动态的网络化数据，又转变为大数据。大数据是信息化发展的新阶段。通信网络的发展、移动终端与数据收集设备的普及、网民数量的激增，导致了海量数据的产生。2016年全球数据产生为18ZB❷，2020年这一数字为47ZB，而2035年这一数字预计达到2142ZB，更大规模的数据量爆发正在发生。❸创新的数据处理技术，使传统技术无法处理的低密度海量大数据拥有了极大的价值。❹政府治理、互联网产业、金融、电信、医疗等传统产业刺激了更多大数据需求。大数据是资源、技术和应用的综合体，可以指导决策，可以产生知识，可以创造财富。随着5G、人工智能、物联网、云计算等技术的发展，数据更成为影响全球竞争的关键战略性资源。

高德纳公司认为，大数据具有规模海量（Volume）、流转快速（Velocity）、类型多样（Variety）三大特征，国际数据公司（IDC）认为大数据还存在第四个特征——价值巨大（Value）。流转快速体现在数据被快速地收集、流转、汇集和处理；多样性体现在数据的来源、类型不同，也体现在数据的多维度和多层次上。同样的数据，通过不同的算法分析，进行不同的组合，在不同的领域场合下分析，会挖掘出不同的信息与知识。

因此，我们认为，在当今时代背景下，数据的价值如下。

第一，生产未来的知识。21世纪迎来了大数据时代，智能设备产生了大量原始非结构化数据，云存储和大数据技术能够挖掘原始大数据中的信息。海量

❶ 梅宏．数据治理之论[M]．北京：中国人民大学出版社，2020：4–5.

❷ ZB为字节计量单位，1ZB=1012GB。

❸ 中国信息通信研究院．大数据白皮书（2020）[R/OL].（2020–12–28）[2022–07–10]. http://www.caict.ac.cn/kxyj/qwfb/bps/202012/t20201228_367162.htm.

❹ 中国信息通信研究院．大数据白皮书（2014）[R/OL].（2014–05）[2022–07–10]. http://www.caict.ac.cn/kxyj/qwfb/bps/201804/t20180426_158186.htm.

数据可以被直接挖掘出信息或知识，为人提供决策依据。信息和知识可以被转化为数据存储。在大数据时代的最终阶段，一切信息和知识都可以转化为数据存在，管理信息和知识最终都是管理数据，数据是大数据时代的关键资源。在大数据时代，数据等于信息等于知识。[1]数据的价值并不限于自身，而在于其中蕴含的预测可能性，即未来的知识。

第二，提升人工智能的“智慧”。大数据与人工智能发展也是相辅相成。人工智能深度学习也称无监督特征学习，算法无须人为提取数据特征，而是自动从数据中学习特征，深度学习从原始数据开始将每层表示（或特征）逐层转换为更高层更抽象的表示，从而发现高维数据中错综复杂的结构。[2]“喂”给算法的数据的量越大、质越高，深度学习提取的特征就越精准。比如自动驾驶技术就是人工智能算法深度学习的产物，数据科学家通过向算法输入大量的真实驾驶数据，让算法自我学习、自我训练，发现面对不同情况的正确应对方案。

第三，促进数字经济发展，增进人民福祉。无论是对未来进行预测，还是提升人工智能智慧，最终还是为了促进数字经济的发展，提升生产力，提高人民的物质生活、文化生活水平。数据资源是这一切的燃料。

（三）数据犯罪

关于犯罪的概念有许多观点。从犯罪学的角度出发，意大利的贝卡利亚、英国的霍布斯、荷兰的斯宾诺莎将犯罪看作违反法律或社会规范的行为；德国的李斯特把犯罪视为应受国家处罚的行为；英国的边沁、意大利的加罗法洛将犯罪视为对公共秩序侵害的行为。从法学的角度出发，确定犯罪以刑事实体法规为出发点，是违反刑事法律规范的行为。例如宾丁认为，犯罪是违反刑法制

---

[1] 相丽玲，张云芝．基于集合论的不同社会形态下信息、知识与数据关系新解 [J]. 情报科学，2018（9）：39–45.

[2] 马世龙，乌尼日其其格，李小平．大数据与深度学习综述 [J]. 智能系统学报，2016（6）：728–742.

裁法律的行为。[1]因此，犯罪学将犯罪视为一种社会现象，从实然的角度研究社会越轨行为。刑法学则从应然规范的视角去定义犯罪，犯罪形式上是违反刑法规范的行为，实质上是刑法规定的具有社会危害性的行为。我国刑法中的犯罪定义兼顾形式与实质、定性与定量："一切危害国家主权、领土完整和安全，分裂国家、颠覆人民民主专政的政权和推翻社会主义制度，破坏社会秩序和经济秩序，侵犯国有财产或者劳动群众集体所有的财产，侵犯公民私人所有的财产，侵犯公民的人身权利、民主权利和其他权利，以及其他危害社会的行为，依照法律应当受刑罚处罚的，都是犯罪，但是情节显著轻微危害不大的，不认为是犯罪。"

本章采用以社会现实为基础的犯罪学兼顾国内外刑法规范的犯罪概念，是一种兼顾实然与应然，跨越国界的犯罪概念。刑事法律规定的犯罪是受国家公权力认定的最典型意义的犯罪，是犯罪学研究必须涵盖的对象。但是法律常常落后于现实，刑法不能及时回应现实中新出现的越轨行为，对于数据犯罪、网络犯罪等新型的全球性犯罪，仅研究刑法规定的几种罪名的态势，无疑会将许多在刑法上尚难认定但社会危害性极大的行为排除在外。这是不合理的，也无法反应数据犯罪态势面貌。因此本章也会将尚未纳入刑法规制范围，或者在刑法上如何定性存在争议的越轨行为也视为犯罪。

数据犯罪，就是以数据为对象、工具的具有社会危害性的越轨行为，或者为这些行为提供帮助的行为。数据犯罪，既包括各国刑事法律明文规定的涉数据类犯罪，比如我国《刑法》规定的非法获取计算机信息系统数据罪、为境外窃取、刺探、收买、非法提供国家秘密、情报罪、侵犯商业秘密罪、非法获取国家秘密罪、非法泄露国家秘密罪，比如《德国刑法典》规定的非法访问数据罪、损害数据罪、数据窝藏罪等，比如《布达佩斯网络犯罪公约》规定的非法访问罪、非法拦截罪、干扰数据罪、干扰系统罪等，也包括尚未被各国刑事法律所规定的事实上的涉数据类犯罪。

按照不同分类依据，可以对数据犯罪作不同分类。按照数据犯罪的环节

[1] 张旭，单勇．犯罪学基本理论研究 [M]. 北京：高等教育出版社，2020：29–30.

分类，可以将数据犯罪分为数据破坏犯罪、数据收集犯罪、数据流通犯罪、数据滥用犯罪。按照数据在犯罪中的作用分类，可以将数据犯罪分为以数据为工具的犯罪和以数据为对象的犯罪。按照数据分层的不同层次，可以分为以数据层为对象的犯罪和以信息层为对象的犯罪。

二、数据犯罪的客体

数据含有法律意义上的价值——法益。数据犯罪具有社会危害性，而其社会危害性是通过侵犯数据的法益来实现的。数据法益是数据犯罪的客体，因此有必要讨论数据法益的内涵。

（一）数据法益的讨论

在法律规范统一原则下，需要法律保护的法益由宪法规定，然后部门法再对宪法规定的法益进行细化的保护。确定数据的法益价值具有重要意义，可以将数据保护纳入到法治框架之内。数据的法益价值十分复杂，众说纷纭，数据权与数据自身法益是讨论的核心。

关于数据权利化，主要分为肯定说和否定说。学界多数持肯定说，倾向于将数据权区分为数据权力和数据权利两大类，前者是公权力，后者是私权利。数据权利益分为个人数据权利和企业数据权利，以维护个人尊严、自由、企业利益、数字经济发展等多元价值为目标，具体观点对两种权利的内涵阐述不同。数据权力围绕数据主权，以国家安全为目标，关注数据跨境流动活动。

有学者认为个人数据权具有人身和财产双重属性，可以分为人身性质的数据权和财产性质的数据权。[1]有学者认为数据权利是具有财产权属性、人格权属性、国家主权属性的新型的民事权利。[2]有学者认为数据人格权包括自决权、

[1] 齐爱民，盘佳．数据权、数据主权的确立与大数据保护的基本原则 [J]. 苏州大学学报（哲学社会科学版），2015（1）：20–22.

[2] 李爱君．数据权利属性与法律特征 [J]. 东方法学，2018（3）：64–74.

同意权、修改权和被遗忘权，数据财产权包括使用权、受益权和可携权。❶有学者认为个人数据权是人格权，是个人对其数据的控制权。❷有学者认为数据权是一种所有权。❸大数据产业的发展，也引发了企业数据权的讨论。有学者主张以著作权保护企业数据权。❹有学者认为应当创设知识产权下的一类专有数据产权来保护企业的公开衍生性数据。❺从国家安全的角度出发，学者们对国家的数据主权也进行了深入的研究。❻也有学者认为数据设置权利值得商榷。数据不是特定独立的有形物，也非无形物，无法成为承载民事权利的客体。数据的价值实现依靠数据安全和控制保护，缺少独立经济价值，不属于财产。因此，为数据设权不可行。❼

在域外法律中，欧盟《通用数据保护条例》是设置数据权利的最典型、最有名的法律之一，该法律规定了 8 类数据权利：①知情权，这项权利使数据主体能够向公司询问正在处理哪些个人数据（关于他或她）以及处理的理由。②访问权，该权利使数据主体能够访问正在处理的个人数据。此请求为数据主体提供查看或查看自己的个人数据以及请求个人数据副本的权利。③修改权，如果数据主体认为该个人数据不是最新的或不准确的，则此权利使数据主体能够要求修改其个人数据。④撤销权，该权利为数据主体提供了撤回先前同意处理其个人数据以达到某种目的的能力。该请求将要求公司停止处理基于之前提供的同意的个人数据。⑤反对权，该权利使数据主体能够反对处理其个人数据。

---

❶ 温昱．个人数据权利体系论纲——兼论《芝麻服务协议》的权利空白 [J]. 甘肃政法学院学报，2019（2）：84–96.

❷ 宋志红．大数据对传统法治的挑战与立法回应 [J]. 经济研究参考，2016（10）：26–34.

❸ 相丽玲，高倩云．大数据时代个人数据权的特征、基本属性与内容探析 [J]. 情报理论与实践，2018（9）：45–50.

❹ 王渊，黄道丽，杨松儒．数据权的权利性质及其归属研究 [J]. 科技管理研究，2017（5）：37–40，55.

❺ 刘双阳．衍生数据刑法保护进路的多重考察——兼论财产权客体的时代变迁 [J]. 科技与法律，2020（3）：：86–94.

❻ 齐爱民，祝高峰．论国家数据主权制度的确立与完善 [J]. 苏州大学学报（哲学社会科学版），2016（1）：：83–88.

❼ 梅夏英．数据的法律属性及其民法定位 [J]. 中国社会科学，2016（9）：164–183，209.

一般情况下，这与撤回同意的权利相同。特定的情况是，当在法庭上解决法律纠纷时，客户要求不应出于某些目的处理他或她的个人数据。⑥反对自动处理的权利，该权利使数据主体能够反对自动处理决定。使用此权利，客户可能会要求人工审核其请求（例如，贷款请求），因为他或她认为自动处理其贷款可能不会考虑客户的独特情况。⑦遗忘权，也称为删除权，此权利为数据主体提供了要求删除其数据的能力。这通常适用于客户关系已经结束的情况。⑧数据可携带权，该权利为数据主体提供了要求转移其个人数据的能力。作为此类请求的一部分，数据主体可能会要求将其个人数据返回（给他或她）或转移给另一个控制者。这样做时，公司必须以机器可读的电子格式提供或传输个人数据。[8]

德国联邦数据保护法是德国保护个人信息的法律，其理论根基是信息自决权。德国学者施泰姆勒在联邦数据保护法（草案）说明中首次提出“信息自决权”，意为“人们有权自由决定外在世界可多大程度获知自己的思想及行动”。德国联邦宪法法院的“人口普查案”判决书中将其表述为：“在现代数据处理环境中，根据“基本法”第 2 条第 1 款（每个公民都享有自由发展人格的权利）与第 1 条第 1 款（人的尊严神圣不可侵犯），公民个人数据不被无限制地搜集、存储、使用与转让。”一般人格权是基于德国基本法中的人格尊严权和人格自由发展权发展而来，而信息自决权是基于一般人格权发展出的具体人格权，属于宪法法益。信息自决权的基本内涵是，公民在面对国家公权力时，享有的对搜集、使用和处理其个人信息的行为的决定权。德国联邦法院又通过一系列判决，超出防止国家滥用个人数据的初始功能，将信息自决权构建为普遍意义上公民个体对于其个人信息进行收集、使用和处理的决定权。同时明确了符合显著公共利益、基于法律保留的合目的、透明必要与合比例这四项基本原则。进入大数据环境下，数据流动和利用成为常态，也是发展的需要。公民对个人信息数据的绝对自决权已经不适应时代的需要。德国联邦宪法法院在 2008 年网

[8] Data subject rights according to GDPR[EB/OL]. [2022–06–20]. https：//advisera.com/eugdpracademy/knowledgebase/8–data–subject–rights–according–to–gdpr/.

络搜索案判决中，认定 IT 系统的私密性和完整性是公民的基本权利，间接地保护了公民对 IT 系统中信息的自决权，寻求大数据时代信息自决权保护与信息自由流动之间的平衡点。有学者认为，将“IT 系统的私密性和完整性”视为信息专有权。信息专有权的内涵有两个层面，第一个层面是个人对个人信息有处分的权限，在大数据时代主要表现在个人对个人信息流动链条开端的把控——能够决定自己的个人信息被谁收集、被谁占有。第二个层面是有权占有个人信息的主体的 IT 系统的权限，即保证在个人信息在流动和利用的后续链条中不被随意侵犯。[1]

巴基斯坦信息技术和电信部（MoITT）2018 年起草了个人数据保护法案草案，并于 2020 年修订了新的草案，并进行了一些修改。后来，该草案改为 2021 年个人数据保护法案（*Personal Data Protection Bill 2021*）。[2] 该法案草案已通过咨询阶段，现在将提交给联邦内阁批准，然后提交给立法机构、国民议会和参议院，以颁布法律。在数据权利方面，主要包括以下六项内容：①知情权。数据主体有权知道其个人数据是否已被处理以及披露程度。②访问权。数据主体有权访问其数据，并合理要求数据控制者提供其个人数据的副本。③更正权。当个人数据不准确、不完整、具有误导性或未及时更新时，数据主体有权要求更正其个人数据。④撤回权。数据主体可以撤回对其个人数据的处理。⑤申诉权。如果数据控制者和数据用户处理个人数据可能对数据主体或其他人造成不必要的物质损害，数据主体应有权要求停止处理其个人数据。如果数据控制员没有停止处理数据，数据主体可以向个人数据保护机构提起上诉。⑥删除权。当达到收集个人数据的目的,个人数据被非法处理，并且他 / 她反对处理个人数据时，数据主体有权要求数据控制者依法删除他 / 她的个人数据。[3]

关于数据的自身法益，随着云计算、大数据技术发展，数据价值突显，获

---

[1] 敬力嘉 . 大数据环境下侵犯公民个人信息罪法益的应然转向 [J]. 法学评论，2018（2）：116–127.

[2] https：//propakistani.pk/2022/06/17/personal–data–protection–bill–sent–again–to–cabinet–for–approval/.

[3] 嵇绍国 . 巴基斯坦《2020 年个人数据保护法案》浅析 [J]. 保密科学技术，2021（5）：55–60.

得了自身的独立性，也有观点认为，过去的研究大多围绕数据外壳下与信息内容相关联的传统法益，忽视了数据独立的法益价值，数据独立的法益价值是安全，具体包括保密性、完整性和可用性。没有侵犯数据安全的这三方面内容的行为不应入罪。数据自身法益应当成为法律保护的核心法益。[1]《布达佩斯网络犯罪公约》（又称《网络犯罪公约》《布达佩斯公约》），是第一个规制通过互联网和其他计算机网络实施犯罪的国际条约，特别涉及侵犯版权、与计算机有关的欺诈、儿童色情和侵犯网络安全的行为。[2]该公约于2001年11月8日由欧洲委员会第109届会议通过。它于2001年11月23日在布达佩斯开放签署，并于2004年7月1日生效，截至2020年12月，已有65个国家批准了该公约，另有四个国家签署了该公约但尚未批准。[3]公约序言中写道“深信本公约对于遏制针对计算机系统、网络和计算机数据的保密性（confidentiality）、完整性（integrity）和可用性（availability）的罪行以及滥用（misuse）此类系统、网络和数据是必要的”，[4]总结了数据自身需要被保护的法益。

（二）数据法益的范畴

我们认为，数据法益分析应当考虑两个层面和一种平衡。

第一个层面，数据本身具有独立的价值。数据被视为推动生产力发展的生产要素，自身被视为一种独立的资源，有需要被独立保护的法益。即使数据尚未被挖掘分析出信息时，依然值得保护。数据可通过处理获得的内容以及内容指向的具体法益不确定，是一种抽象的法益可能性。[5]这种可能性本身需要得

---

[1] 杨志琼．我国数据犯罪的司法困境与出路：以数据安全法益为中心[J]．环球法律评论，2019（6）：151–171.

[2] Convention on Cybercrime[EB/OL].[2022–07–19].https：//www.coe.int/en/web/conventions/full–list?module=treaty–detail&treatynum=185.

[3] Convention on Cybercrime[EB/OL].[2022–07–13]. https：//en.wikipedia.org/wiki/Convention_on_Cybercrime.

[4] Convention on Cybercrime[EB/OL].[2022–07–13].https：//www.coe.int/en/web/conventions/full–list?module=treaty–detail&treatynum=185.

[5] 田刚．数据安全刑法保护扩张的合理边界[J]．法学论坛，2021（3）：66–75.

到保护。从目前法律法规来看，国家对信息与数据的法律规制开始出现分化，作为两个不同的概念和路径进行，数据与安全是绑定的，例如《网络安全法》《数据安全法》《汽车数据安全管理若干规定》。数据安全作为一种独立的法益价值被立法关注。《数据安全法》从立法层面将数据安全确立为独立的法益，数据安全是数据专属法益。根据《数据安全法》对数据安全的规定可以看出，一数据安全是一种持续性的状态，不是一时一刻的应对，而是通过制度性、技术性途径维持稳定的安全状态。二维持数据安全要通过必要措施，这为安全保护的边界克制提供了原则性标准。三数据利用与数据安全是统一的，安全是为了发展。保护数据安全是以国家与人民的生存与发展为目的，维护数据的合法价值实现可能性。数据安全法益与数据物理层是相对应的，对数据安全的保护主要表现为对数据的物理存在进行保护。对这一层价值的保护应当覆盖数据的全生命周期——数据的采集、传输、存储、使用、删除等环节。

第二个层面，数据蕴含的信息具有法益价值，这与数据的信息内容层是对应的。前述对数据权的讨论属于这一范畴，数据权基本对应数据展示的不同维度信息以及其被应用的不同场景。考察数据的信息层面法益，应当同时分析信息内容与应用场景，根据不同情况去判断数据法益。这方面法益实际上是以数据为媒介的传统法益，例如财产利益、知识产权、商业秘密。

一个平衡是，平衡数据流通利用与数据安全。数据资源取之不尽用之不竭。在源头上，人、单位、自然源源不断地产生数据；在流通利用中，数据可以不断复制，不会因为传输或利用而减少；在价值上，更多的主体对数据进行多样化的挖掘和运用，方能使数据产生更大的价值。因此，流通共享和分析运用方能释放数据价值。数据自由流动是数字社会的重要价值，互通互动是网络数据的底层逻辑。[1]但同时，数据在流动与利用中面临着数据安全问题。从国内状况出发，公民的个人数据被大企业大量采集，公民的隐私以及对个人数据的自决权岌岌可危；从域外状况出发，欧美都在制定自己的数据保护与流动框架，企图占据数据话语权，实现个人信息向自己国家汇聚，并且输出自己的基本价

[1] 许可．数据爬取的正当性及其边界 [J]. 中国法学，2021（2）：166–188.

值观与总体政治关系。[1]如何在保障数据安全的前提之下，让数据依法合理有效利用、有序自由流动，是分析数据法益的关键。规制数据犯罪时，应当充分考虑上述问题。

（三）数据法益的新建构

基于上文的论述，我们认为，数据法益的内涵如下。

数据法益分为数据层面的数据法益和信息层面的数据法益。数据层面的数据法益可以分为数据权法益和数据自身法益。数据权法益主要包括：个人的数据访问权、知情同意权、数据删除权、撤销同意权、数据更改权、数据携带权；企业的数据使用权和数据受益权；国家的数据主权。数据自身法益包括数据的完整性、真实性、可用性和机密性。

在信息层面的数据法益，其实不属于数据的独立法益，而是数据信息内容的传统法益诠释，覆盖面十分广泛，只要视信息内容而定，比如知识产权、国家秘密、个人信息自决权或专有权，等等。

对上述数据法益，我们可以统称为广义的数据安全，是数据犯罪的对象，也是刑事法律设立保护数据时应当考虑的客体。

如此建构数据法益的优点如下。

首先，最大程度促进数据流动利用。在数据权法益方面，不设置绝对的数据所有权，将数据的使用和获益的权利赋予数据处理者，让拥有技术能力的主体更有动力发掘数据价值。这种安排的背后是洛克的劳动财产权理论和科斯定理。

其次，保障了数据安全的底线。在将数据使用权和数据受益权赋予数据处理者的同时，保障了作为数据主体的个人对数据最基本的控制权：数据访问权、知情同意权、数据删除权、撤销同意权、数据更改权、数据携带权，如果这些权利都得不到保障，会使数据处理者没有了约束，反过来侵犯个人的自由。在

---

[1] 洪延青．“推进”一带一路”数据跨境流动的中国方案——以美欧范式为背景的展开 [J]. 中国法律评论，2021（2）：30–42.

个人、企业的数据权之外，对关于国家安全的重要数据，国家对其拥有主权利益。个人和企业都无权未经允许进行利用和流通。

再次，重视了数据的独立价值。实践案例表明，侵犯数据的行为、侵犯信息的行为和侵犯计算机系统的行为并不总是重合，存在仅侵犯数据本身利益的行为，因此将影响数据自身价值的完整性、真实性、有用性和机密性单独视为数据自身法益，有助于突显数据要素的独立价值。

最后，有利于围绕这些法益形成周延的规范保护网。我们构建的数据法益规范结构内容全面，平衡了各方主体利益，保障了安全底线，内容较为明确，以此为框架细化，可以作为法律设立和修改的参照系。

三、数据犯罪的背景

（一）政策

《关于构建更加完善的要素市场化配置体制机制的意见》提出促进数据共享开放、提升数据价值、加强数据安全等要求。2021 年 3 月，十三届全国人大四次会议通过的《国民经济和社会发展第十四个五年规划和 2035 年远景目标纲要》明确要求“以数字化转型整体驱动生产方式、生活方式和治理方式变革”。《中共中央关于坚持和完善中国特色社会主义制度 推进国家治理体系和治理能力现代化若干重大问题的决定》将数据与劳动、资本、土地、知识、技术、管理等并列作为生产要素。习近平总书记指出，“在互联网经济时代，数据是新的生产要素，是基础性资源和战略性资源，也是重要生产力”，“要构建以数据为关键要素的数字经济”。中央全面深化改革委员会第二十六次会议审议通过了《关于构建数据基础制度更好发挥数据要素作用的意见》，会议指出，“数据基础制度建设事关国家发展和安全大局，要维护国家数据安全，保护个人信息和商业秘密，促进数据高效流通使用、赋能实体经济，统筹推进数据产权、流通交易、收益分配、安全治理，加快构建数据基础制度体系……数据作为新型生产要素，是数字化、网络化、智能化的基础，已快速融入生产、分配、流通、消费和社会服务管理等各个环节，深刻改变着生产方式、生活方式和社会治理方式。我国具有数据规模和数据应用优势，我们推动出台数据安全法、个人信息保护法等法律法规，积极探索推进数据要素市场化，加快构建以数据为关键要素的数字经济，取得了积极进展。要建立数据产权制度，推进公共数据、企业数据、个人数据分类分级确权授权使用，建立数据资源持有权、数据加工使用权、数据产品经营权等分置的产权运行机制，健全数据要素权益保护制度。要建立合规高效的数据要素流通和交易制度，完善数据全流程合规和监管规则体系，建设规范的数据交易市场。要完善数据要素市场化配置机制，更好发挥政府在数据要素收益分配中的引导调节作用，建立体现效率、促进公平的数据要素收益分配制度。要把安全贯穿数据治理全过程，守住安全底线，明确监管红线加强重点领域执法司法，把必须管住的坚决管到位。要构建政府、企业、社会多方协同治理模式，强化分行业监管和跨行业协同监管，压实企业数据安全责任。”

数据已经成为一种重要的生产资料，一种关键资源，是数字经济重要的“能源”。

（二）数字经济

数据是一种能够驱动现实的力量，是维护国家主权的基础性战略资源，是关系人民福祉的重要因素，是主导国际竞争的关键资源。我国已经成为数据大国，见图 5–1 ~ 图 5–3。2020 年，我国数字经济总量跃居世界第二位，我国数字经济核心产业增加值占 GDP 比重达到 7.8%。[1] 我国数字经济增速同比增长 9.6%，高居全球第一位。

数字经济发展迅猛。数字经济是以数字化的知识和信息作为关键生产要素，以数字技术为核心驱动力量，以现代信息网络为重要载体，通过数字技术与实体经济深度融合，不断提高经济社会的数字化、网络化、智能化水平，加速重

[1] 国家互联网信息办公室．数字中国建设发展报告（2020）[R/OL].（2021–07–03）[2022–07–10]. http://www.gov.cn/xinwen/2021–07/–03content–5622668.htm.

构经济发展与治理模式的新型经济形态。具体包括四大部分：一是数字产业化，具体包括电子信息制造业、电信业、软件和信息技术服务业、互联网行业等；二是产业数字化，即传统产业应用数字技术所带来的产出增加和效率提升部分，包括但不限于工业互联网、两化融合、智能制造、车联网、平台经济等融合型新产业新模式新业态；三是数字化治理，包括但不限于多元治理，以“数字技术＋治理”为典型的技管结合，以及数字化公共服务；四是数据价值化，包括但不限于数据采集、数据标准、数据确权、数据标注、数据定价、数据交易、数据流转、数据保护等。❶

数字经济的飞速发展、新的生产要素的产生，极大促进了生产力的发展。数字经济呈现“粗犷”发展，政府监管一定程度上缺席了这个过程。监管缺席与利益催生了新型的数据犯罪，甚至形成了从数据收集到数据利用的完整黑产业链。

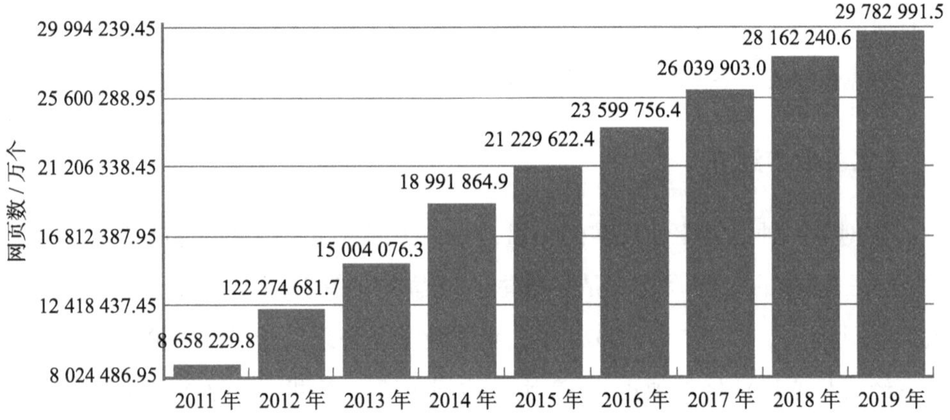

图 5–1　2011—2019 年我国网络发展情况

数据来源：《数字中国建设发展报告（2020）》。

❶ 中国信息通信研究院 . 中国数字经济发展白皮书 [R/OL].（2021–04）[2022–07–10]. http://www.caict.ac.cn/kxyj/qwfb/bps/202104/t20210423_374626.htm.

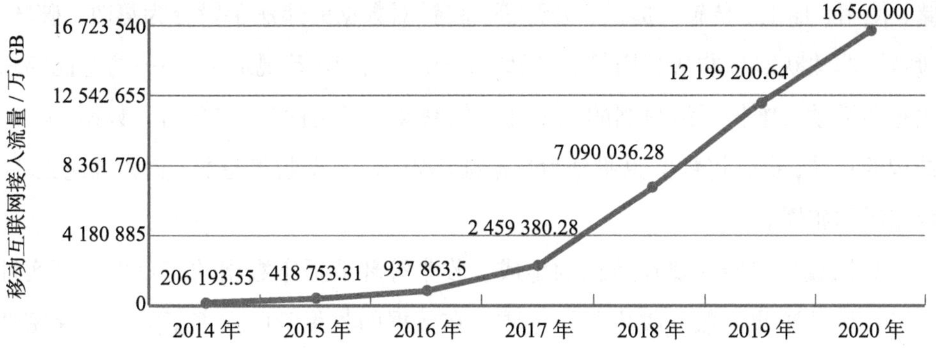

图 5–2 2014—2020 年我国移动互联网络接入流程发展情况

数据来源：《数字中国建设发展报告（2020）》。

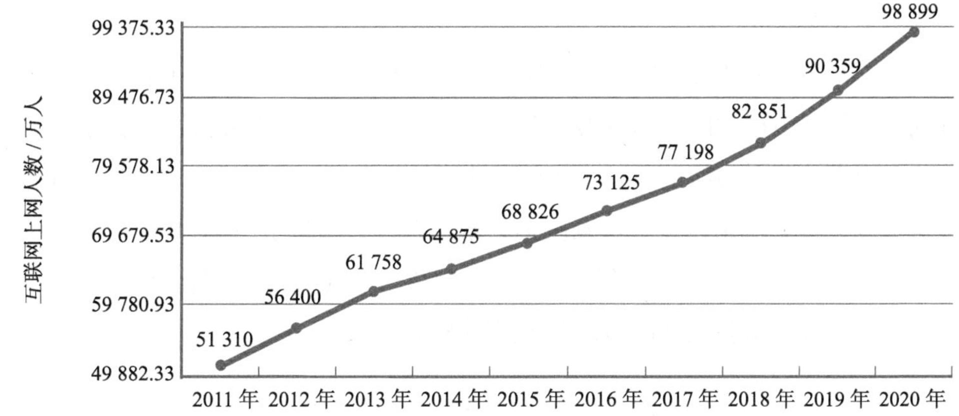

图 5–3 2011—2020 年我国互联网上网人数发展情况

数据来源：国家统计局网站 . https：//data.stats.gov.cn/easyquery.htm?cn=C01&zb=A0G0Z&sj=2020.

第二节 数据犯罪的态势

根据《数据安全法》的规定，“数据处理，包括数据的收集、存储、使用、加工、传输、提供、公开等”“……一旦遭到篡改、破坏、泄露或者非法获取、非法利用……”，可以看出《数据安全法》将数据处理的生命周期分为收集、存储、使用、加工、传输、提供、公开等，将针对数据的违法手段分为篡改、破坏、泄露、非法获取、非法利用等。《网络安全法》第 10 条规定："……防范网络违法犯罪活动，维护网络数据的完整性、保密性和可用性"。结合前文数据法益新结构的总结，我们将数据犯罪分为数据破坏犯罪、数据收集犯罪、数据流通犯罪、数据滥用犯罪。

数据破坏犯罪主要在数据的生成、收集等环节损害数据的完整性、真实性和可用性的犯罪；数据收集犯罪主要是在数据的收集阶段损害了数据的保密性的犯罪；数据流通犯罪主要是在数据的流通、存储等阶段侵害了数据的保密性的犯罪；数据滥用犯罪主要是在数据的使用阶段侵犯了公民人格权、市场竞争秩序等传统法益。这四类犯罪在信息层面也可能同时侵犯了国家主权、企业财产权、个人人格权。

目前最高人民法院、最高人民检察院工作报告尚未对数据犯罪作专门的司法统计，但是根据中国裁判文书网上的有关信息可以看出数据类犯罪的上升趋势。在中国裁判文书网上，以非法获取计算机信息系统数据罪、非法控制计算机信息系统罪为案由，以一审判决书为限定条件，共检索出 1210 份。自 2009 年《刑法修正案（七）》新增该罪名后，判决书数量每年递增，从 2017 年到 2020 年，每年都维持在 200 份以上（见图 5–4）。

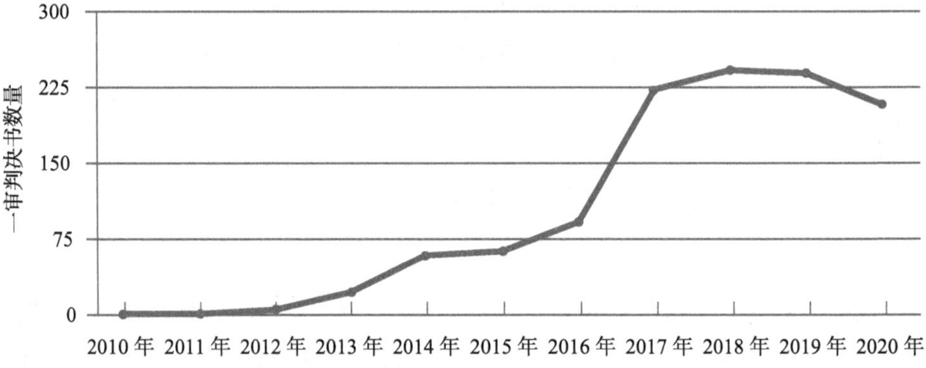

图 5–4　2010—2020 年我国网络犯罪案件发展情况

数据来源：《数字中国建设发展报告（2020）》。

一、数据破坏犯罪

数据破坏犯罪从上游就破坏了数据的真实性、完整性和可用性，对下游产业产生很大危害，造成经济损失。典型的数据破坏犯罪有数据伪造、掉包、删库等。

数据伪造也称数据造假，美国食品药品监督管理局对伪造数据的定义为，伪造数据意味着创建，改变，记录或省略数据，使数据不能代表实际发生的数据。数据伪造行为会破坏数据的真实性、完整性、有用性，使数据不能发挥应有的价值。基于虚假的数据之上的认知与决策是错误的。政府收集的数据不真实，会对政府公信力造成负面影响。在涉及国计民生问题时，数据伪造具有较为严重的社会危害性。科研活动的虚假数据，会给后续研究提供错误的基础。企业收集的数据造假，会影响公司决策，失去对真实市场的判断，错失良机。

近年来，最典型的数据造假案件发生在环保领域。新环保法出台后，环保执法力度更严。一些企业、地方部门通过环保数据造假规避法律规制。环保数据造假会误导环境管理决策，耽误环境治理实际，最终对生态环境和公众健康造成损害。生态环境部联合最高人民检察院、公安部，在全国集中开展严厉打击危险废物环境违法犯罪和重点排污单位自动监测数据弄虚作假违法犯罪专项行动。2021 年 5 月 8 日，生态环境部在新闻媒体上公开发布《生态环境部公布重点排污单位自动监控弄虚作假查处典型案例》，得到社会的广泛关注。

这些案例中，数据造假行为上升为犯罪行为，例如天津某环保科技有限公司篡改、伪造监测数据案。2020 年 8 月 14 日，天津市津南区生态环境保护综合行政执法支队根据群众举报线索，对天津某环保科技有限公司（以下简称“某盛公司”）运营的天津市某工业园区污水处理厂（以下简称“某污水厂”）自动监测设备进行现场检查，发现化学需氧量自动监测设备设置为厂家模式，在该模式下可通过人为修改计算参数，将实际超标的自动监测数据修改为达标。

8月20日，津南区执法支队联合天津市总队对某污水厂再次进行现场检查发现，自2019年11月8日至2020年8月14日上午，该厂化学需氧量自动监测设备持续存在显示值与实际值不一致的情况。经调查证实，某污水厂自动监测设备运维人员周某，违规私自将自动监测设备厂家模式下调整参数的方法透露给该厂厂长赵某。赵某依该方法多次修改设备参数，致使该厂化学需氧量自动监测数据严重失真。某公司总经理于某在得知上述情况后不仅未加以制止，还在赵某离职后指使王某继续按上述操作方法篡改、伪造自动监测数据。天津市津南区人民法院于2021年1月18日以破坏计算机信息系统罪，判处于某有期徒刑一年，缓刑二年；判处周某有期徒刑十个月，缓刑一年；判处赵某、王某有期徒刑八个月，缓刑一年。

数据掉包也是一种数据造假行为，行为人往往通过入侵系统或者物理接触的方式，将真实的数据包替换为准备好的虚假数据包，以达到犯罪目的。在2019年全国计算机等级考试中，山东某大学理工学院考点发生大面积作弊情况。经过侦查机关侦查发现，吴某组织自己辅导机构的考生通过考点工作人员王某集体报名参加2019年全国计算机等级考试，王某将这些考生集中安排在05和06考场。当考场工作人员将全国计算机等级考试考题运回考点后，王某在办公室内将正式题库数据和考试必备的两个“加密狗”交给了吴某。吴某在与他合作的济南某大学金融学院机房内组建了假考场，找来枪手代替474名考生对考题进行作答。同年9月22日下午考试结束后，吴某找到王某，把两个“加密狗”还了回来，并将一个存有枪手答题数据包的移动硬盘也一同交给了他。王某按照吴某的交代，将其提供的数据包导入该校考点机房服务器内，替换了05和06考场的原始数据包，连同其他考场的答题数据一起刻成光盘。随后，王某将刻成的光盘、“加密狗”、记载有考试系统管理员密码的文件及专用U盘放回保密室的保密箱。同年9月23日上午，王某将保密箱送到济南市自考办公室。这样，吴某提供的虚假答题数据最终传送到了国家考试中心。在公布考试成绩前，主办全国计算机等级考试的教育部考试中心发现，山东某大学理工学院考点的两个考场成绩出现异常，明显高于正常考试过关率。随后，考试中心将这一情况向山东省教育招生考试院作出通报。最终吴某与王某的行为败露，二人分别被法院以故意泄露国家秘密罪判处有期徒刑十个月、以非法获取国家秘密罪判处有期徒刑十个月。[1]

还有的犯罪行为直接将数据删除、损毁。有些案件为了逐利，例如，被称为 GermanWiper 的勒索软件通过电子邮件传播，感染之后它不是加密文件而是用随机字符覆写文件永久性地破坏用户数据。但在破坏数据之后它还会索要赎金。但支付赎金并不能恢复数据，除非用户有离线备份，否则遭到破坏的数据不可能恢复。

有些删库犯罪为了私人泄愤，往往是内部有权限的人员操作，会给公司造成经济损失。例如微盟集团收到系统监控警报，获悉 SaaS 业务服务出现故障，随后立即召集相关技术人员进行排查，并与腾讯云技术团队一起研究制定修复方案。微盟集团经调查后获悉 SaaS 业务生产环境和数据是遭到了集团研发中心运维部一位核心运维员工人为破坏，导致该公司当时暂时无法向客户提供 SaaS 产品。该员工被宝山区公安局刑事拘留。

2018 年 6 月 4 日，韩某在本市海淀区上地三街福道大厦三层链家网公司，利用其担任链家网（北京）科技有限公司数据库管理员并掌握该公司财务系统“root”权限的便利，登录该公司财务系统，并将系统内的财务数据及相关应用程序删除，致使该公司财务系统彻底无法访问。该公司恢复数据及重新构建该系统共计花费人民币 18 万元。一审法院判决被告人韩某犯破坏计算机信息系统罪，判处有期徒刑七年。[2]

二、数据收集犯罪

数据收集犯罪，是违背个人意愿，或者采取技术手段突破技术屏障非法收集数据的行为。近年来定罪争议较大的“爬虫”行为是典型的数据收集类犯罪。

[1] 为了 4 万元 他们将 474 名考生的答题数据掉包了 [N]. 检察日报，2020–12–15（4）.

[2] 北京市海淀区人民法院刑事判决书（2019）京 0108 刑初 398 号。

网络爬虫又称网页蜘蛛、网络机器人，是一种按照一定规制自动从互联网上提取网络信息的程序或脚本。网络爬虫通过代码实现对人工访问操作的自动化。过度使用网络爬虫技术，可能使网站负荷过重，导致网站瘫痪。未经许可授权的网络爬虫侵犯了平台对数据的财产性利益和个人的隐私。滥用技术手段突破技术屏障爬取数据可能会破坏计算机信息系统。网络爬虫可以广泛高效地收集数据，往往也成为数据黑产链条的上游数据来源。

上海某网络科技有限公司非法获取计算机信息系统数据案被称为全国首例“爬虫”技术侵入计算机系统犯罪案，并入选人民法院报评出2019年度人民法院十大刑事案件。[1] 2016年至2017年间，被告人张某某、宋某、侯某某作为被告单位上海晟品网络科技有限公司主管人员，在上海市共谋采用网络爬虫技术抓取被害单位北京字节跳动网络技术有限公司服务器中存储的视频数据，并由侯某某指使被告人郭某破解北京字节跳动网络技术有限公司的反爬虫措施、实施视频数据抓取行为，造成被害单位损失技术服务费人民币2万元。北京市海淀区人民法院判决本案被告单位上海晟品网络科技有限公司、被告人张某某、宋某、侯某某、郭某构成非法获取计算机信息系统数据罪。[2]

“网络爬虫”获取数据行为是近年来热点数据犯罪，许多学者对其刑法规制进行了研究。有学者认为，从刑事法的角度，对于爬取数据行为需要从行为的“非法性”与对象的“层次性”两个维度进行规制。对于爬取行为的非法性，需要结合技术原理合理划定计算机的访问权限，并应注意反爬机制的规范目的与善意访问的除罪化；对于爬取数据的层次性，则需要注意数据与信息的层次区分与法益归属，厘清数据安全与信息安全的法益内涵，并对针对复数法益的一次性侵害行为适用想象竞合的原则予以处理。[3] 有学者认为，在“爬虫”案件中，司法实践以数据的技术属性取代法律属性判断行为的法益侵害性，从而

[1] 人民法院报评出2019年度人民法院十大刑事案件[EB/OL].（2020-01-12）[2021-10-04]. 中国法院网 https：//www.chinacourt.org/article/detail/2020/01/id/4769091.shtml.

[2] 北京市海淀区人民法院〔2017〕京0108刑初2384号刑事判决书。

[3] 孙杰. 数据爬取的刑法规制[J]. 政法论丛，2021（3）：115-125.

扩大本罪的适用范围。从法秩序统一原理和安全与发展并重的数据安全观来看，技术判断主导下的罪名扩张适用，不应成为刑法规制数据爬取行为的立场。相反，规制数据爬取行为应当坚守刑法谦抑性精神，将刑法规制手段的行使，限定在保护刑法已类型化规定的重要数据和维护计算机系统正常运行的范围内。其中，对于爬取刑法已类型化保护的公开作品数据行为，基于个案全部事实应受刑罚处罚的，应认定为侵犯著作权罪；对于爬取刑法未类型化规定的其他公开数据行为，不能适用非法获取计算机信息系统数据罪，但在爬取公开数据行为扰乱计算机系统正常运行且应受刑罚处罚时，可认定为破坏计算机信息系统罪。[1]有学者认为，网络爬虫案件面临部门法责任界分的难题。在行为不法层面，违背民事合约与突破技术措施是界分网络爬虫民刑责任的形式标准；在对象不法层面，开放数据、限制重新使用的数据和限制访问、获取的数据是确定网络爬虫民刑责任内容的实质标准。[2]有司法工作人员围绕“网络爬虫第一案”进行分析，认为在大数据时代，数据拥有独立于信息的价值，本案中公开信息不等于共享数据，被告单位的行为已经侵犯了被害单位计算机信息系统和数据的安全性中的“保密性”这一法益，其行为完全符合非法获取计算机信息系统数据罪的构成要件，应该追究刑事责任。在此类案件中，如果行为人的行为同时触犯了破坏计算机信息系统罪、侵犯公民个人信息罪、侵犯商业秘密罪、侵犯著作权罪等等，应该依据想象竞合原则，酌一重罪从重处罚。[3]可见，对新型数据犯罪行为的刑法定性离不开对其技术特征的深入剖析，如何将新型技术行为与刑法规定的犯罪构成要件相契合，如何分析新型数据犯罪侵犯的法益内容，是需要研究的难题。

除了网络爬虫犯罪，App 违法违规收集使用个人信息问题日益凸显，危害严重也可构成犯罪。在中央网信办、工信部、公安部、市场监管总局四部门

---

[1] 石经海，苏桑妮 . 爬取公开数据行为的刑法规制误区与匡正——从全国首例“爬虫”入刑案切入 [J]. 北京理工大学学报（社会科学版），2021（4）：154–164，172.

[2] 杨志琼 . 数据时代网络爬虫的刑法规制 [J]. 比较法研究，2020（4）：185–200.

[3] 游涛，计莉卉 . 使用网络爬虫获取数据行为的刑事责任认定——以“晟品公司”非法获取计算机信息系统数据罪为视角 [J]. 法律适用，2019（10）：3–10.

2019 年开展的 App 违法违规收集使用个人信息专项治理行动中发现移动医疗 App 存在违规收集个人隐私信息行为，如读取用户联系人数据、读取用户日历信息、读取用户短信内容、允许应用发送短信 / 彩信导致意外收费、允许应用程序录制音频等超范围收集用户信息的情况，部分存在无用户协议和隐私政策。据爱加密发布的 2019 年《全国移动 App 安全性研究报告》，70% 以上的 App 存在违规收集个人隐私信息的行为。❶

三、数据流通犯罪

数据泄露是典型的数据流通犯罪。数据泄露是对数据外泄或暴露事件的统称，与其他网络威胁结果直接相关，是一种全球性的犯罪行为。根据欧洲刑警组织报告，数据泄露事件中 73% 为外部个人恶意行为体所为，50% 为有组织的犯罪集团所为，此外，约 12% 是国家支持的行为体所为。在地域方面，北美是最受欢迎的攻击对象，其数据泄露事件占比 57%，被泄露记录占比 72%。欧洲的数据泄露事件减少了 36%，但泄露记录却增加了 28%。❷

威瑞森（Verizon）是美国最大的本地电话公司、最大的无线通信公司，全世界最大的印刷黄页和在线黄页信息的提供商，在美国及欧洲、亚洲、太平洋等全球 45 个国家经营电信及无线业务。2021 年 5 月 13 日，Verizon 发布《2021 年数据泄露调查报告》（DBIR）。报告指出，2021 年数据泄露的主要原因是 Web 应用程序攻击、网络钓鱼和勒索软件。Web 应用攻击导致了去年 39% 的数据泄露事件，而网络钓鱼攻击比上一年猛增 11%，勒索软件增长 6%。61% 的数据泄露与凭证数据有关，人为疏忽依然是安全的最大威胁，其中 85% 涉及人为因素。❸

❶ 中国软件评测中心医疗测评实验室 . 移动互联网医疗安全风控白皮书 [N]. 中国计算机报，2020–10–12（008）.

❷ 孙舒扬 . 网络威胁形势分析报告 [N]. 中国计算机报，2019–12–30（014）.

❸ The 2021 Data Breach Investigations Report（DBIR）[EB/OL]. [2021–10–04]. https：//www.verizon.com/business/resources/reports/dbir/2021/masters–guide/.

赛迪智库网络安全研究所分析了 2019 年全球 71 起较大的数据泄露事件后发现：一是几乎所有数据泄露事件都涉及个人信息。在 71 起数据泄露事件中，涉及个人信息的有 68 起，姓名、联系方式等身份标识信息被普遍泄露，累计超过 48 亿人次的个人信息被泄露，发生在美国的数据泄露事件最多，占比 39%。二是医疗和社交领域个人数据泄露规模较大。个人医疗信息泄露事件占比 15%，德国研究机构调查了全球 2300 个医学图像存档系统，发现来自 52 个国家的 2430 万份患者的数据能够公开访问，其中包含 7.37 万张高清医学图像，我国 14 个服务器泄露了 27.9 万份患者数据。在个人社交信息方面，累计超过 12 亿人次的脸书用户信息被泄露，主要是美国、英国和越南的脸书用户受到较大影响。三是部分大型互联网企业的用户个人信息泄露频繁。一方面，泄露来自大型互联网企业未能管控好第三方应用程序。2019 年 4 月，脸书连续发生两起个人信息泄露事件，分别由第三方应用程序 CulturaColectiva 和 AtthePool 导致，有超过 5.5 亿脸书用户数据被泄露。另一方面，黑客技术导致大型互联网企业用户个人信息泄露。2019 年 7 月，以色列网络安全公司 NSO 集团开发了能够从苹果、谷歌、脸书、亚马逊和微软云服务器中获取敏感数据的恶意软件，该公司的相关产品已被多个间谍机构和政府使用。四是政府部门造成公民个人信息被大规模泄露。2019 年 7 月，有超过 500 万的保加利亚人（占总人口比例 71.4%）税务信息被泄露；8 月，超过 1430 万智利人（占总人口比例 80%）的选举相关信息被泄露；9 月，厄瓜多尔全民个人信息和部分已死亡的公民信息被泄露，或将带来全国性信用和金融诈骗猖獗。[1]

根据闪捷信息发布的《2020 年度数据泄漏态势分析报告》，与 2019 年相比，2020 年数据泄漏所占比例进一步上升，统计意义上接近所有数据安全事件的 3/4。勒索攻击 + 数据泄漏事件的占比达到了 15%，成为常态化的数据安全事件。勒索攻击与数据泄漏的区别会变得更加模糊，数据泄漏很可能伴随着勒索。

随着企业业务上云的普及，以及 SaaS 行业的日益发展，越来越多的数据存

---

[1] 张博卿 . 全球个人信息泄露态势及应对思路 [J]. 中国计算机报，2020（39）.

储在云端。企业的数据不再受传统的网络边界保护，这使得数据泄漏的风险骤增。

制造业成为数据泄露的高发领域。近年来，数据泄露事件呈现频发，零售、社交、金融、制造等行业成为数据泄露的重点领域，其中制造业数据泄露呈现高发态势。据 Verizon 发布的数据泄露 调查报告显示，2017 年全球针对制造业的数据泄露事件多达 620 余起，泄露的数据包括行业秘密、商业计划、知识产权等，其中九成以上的被泄露数据都达到了机密级别，与企业利益紧密相关。❶

可见数据泄露犯罪有几大特点：第一，数据泄露犯罪波及面极广。数据泄露是全球性的犯罪，动辄波及几千万、上亿人的个人信息，造成的经济损失数以万计。泄露的数据成为非法交易的对象和网络黑产的上游资源。数据是网络黑产的基础资源，贯穿网络黑产的上中下游，支持攻击者实施诈骗、骚扰、劫持流量等定向或非定向攻击。近年来，随着数据价值的提升，以数据交易、数据清洗、数据分析为核心的数据黑色产业链逐渐完善。第二，数据泄露犯罪最大原因是人为因素。根据各类报告，内部人员的协助或疏忽是数据犯罪的最大诱因。第三，数据泄露犯罪集中在个人信息密集的领域和经济利益大的领域。个人信息密集的医疗领域、社交平台成为数据泄露犯罪的重灾区。富含行业秘密、商业计划、知识产权等高经济利益信息的制造业也是数据泄露犯罪的重点对象。

泄露后的数据往往会在暗网上进行交易，属于非法的数据交易犯罪，是数据非法变现的重要方式。腾讯安全发布的《信息泄露：2018 企业信息安全头号威胁报告》显示，账号、邮箱类数据、个人信息、网购、物流数据是黑客交易最喜欢的商品。360 企业安全发布的《2018 年暗网非法数据交易总结》显示，金融行业、互联网行业和生活服务行业涉及的交易数据最多。

此外，重要数据非法跨境流动也可能构成数据犯罪。《数据安全法》规定应当建立数据分级制度，重要数据的安全关乎国家安全，一旦让有关国计民

❶ 赛迪研究院 . 汽车制造商工业数据泄露不容忽视 [J]. 中国信息化周报，2019–05–27（020）.

生、国家重要信息的数据流入境外反动势力手中，就会对国家安全产生重大威胁。国家已经开始出台有关数据分级的规定，比如《汽车数据安全管理若干规定》第 3 条规定："重要数据是指一旦遭到篡改、破坏、泄露或者非法获取、非法利用，可能危害国家安全、公共利益或者个人、组织合法权益的数据，包括：（一）军事管理区、国防科工单位以及县级以上党政机关等重要敏感区域的地理信息、人员流量、车辆流量等数据；（二）车辆流量、物流等反映经济运行情况的数据；（三）汽车充电网的运行数据；（四）包含人脸信息、车牌信息等的车外视频、图像数据；（五）涉及个人信息主体超过 10 万人的个人信息；（六）国家网信部门和国务院发展改革、工业和信息化、公安、交通运输等有关部门确定的其他可能危害国家安全、公共利益或者个人、组织合法权益的数据。"工信部发布了《工业和信息化领域数据安全管理办法（试行）（征求意见稿）》。其从第七条到第十一条对数据分类分级做了详细规定，将数据分为一般数据、重要数据、核心数据等。

四、数据滥用犯罪

数据滥用犯罪处于数据犯罪的下游，类型复杂多样，比如数据杀熟、AI 换脸、信息操纵等等。

数据杀熟行为是网络公司最常见的滥用数据的行为。大数据杀熟是针对特定用户进行个性化定价，以便让平台和商家利益最大化。商家根据用户身份、浏览习惯、所用设备、消费历史等画像消息进行个性化定价，使某些客户看到的价格比新客户看到的价格要高出很多。[1] 大数据杀熟行为违反《价格法》《消费者权益保护法》《反垄断法》等法律。例如《价格法》第 14 条规定："经营者不得有下列不正当价格行为：……（四）利用虚假的或者使人误解的价格手段，诱骗消费者或者其他经营者与其进行交易……"。严重的数据杀熟行为可能涉嫌欺诈，是一种具有社会危害性的犯罪行为。平台和商家对缴费会员承诺提供更

[1] 张莉 . 数据治理与数据安全 [M]. 北京：人民邮电出版社，2019：99.

为优惠的价格，诱使客户缴纳会员费用或者形成在本平台消费的习惯，然后平台运用大数据技术差别定价，让用户黏性更高的老客户或者会员付更高的价格。这种严重失信的行为侵犯了客户的财产，可以视为犯罪学意义上的越轨行为。

胡女士诉上海携程商务有限公司侵权纠纷案被称为数据杀熟第一案。胡女士一直都通过携程 App 来预订机票、酒店，是平台上享受优惠价的钻石贵宾客户。2020 年 7 月，胡女士通过携程 App 订购了舟山希尔顿酒店的一间豪华湖景大床房，支付价款 2889 元。然而，离开酒店时，胡女士偶然发现，酒店的实际挂牌价仅为 1377.63 元。胡女士不仅没有享受到星级客户应当享受的优惠，反而多支付了一倍的房价。胡女士以上海携程商务有限公司采集她个人非必要信息，进行大数据“杀熟”为由，诉至绍兴市柯桥区院人民法院认定携程存在虚假宣传、价格欺诈和欺骗行为，支持原告“退一赔三”。[1]

微软公司发布的 2021 年《数字防御报告》将虚假信息作为重点内容之一。虚假信息是一大类行为的概括称呼，虚假信息是指故意使用虚假信息影响舆论，操纵群众。虚假信息，或者称信息操纵，是一种滥用国家、企业、个人数据的行为。信息操作在危及国家安全、企业重要利益、个人重要权益时，可以视为实然的犯罪行为。在数字时代，由于计算方法和基础设施的进步，虚假信息活动的影响力、范围和效率都发生了质的改变。广泛使用的消费者平台和服务，例如社交媒体、创作者平台、搜索引擎和消息服务，为行为者提供了传播虚假信息的强大渠道。这些服务还为恶意行为者提供了现成的工具来试验、监控、迭代和优化虚假信息活动的影响。商品云计算、开源研究、人工智能工具和算法，以及社交媒体的速度和规模，为虚假信息和恶意合成媒体（深度伪造）的兴起创造了温室环境。

行为者利用商业在线平台作为虚假信息的引擎，为旨在政治影响、两极分化和混乱的消息传递程序提供支持；机器学习和图形的进步导致了广泛可用的工具来制作高保真试听内容，即合成媒体和深度伪造。政治人物的形象在虚假

[1] 平台采集个人信息进行大数据“杀熟”，订房价格竟比实际高出 1 倍！法院判了 [EB/OL].（2021-07-14）[2022-07-10]. http：//www.chinapeace.gov.cn/chinapeace/c100047/2021-07/14/content_12509482.shtml.

信息工作中被操纵和脱离背景，产生戏剧化的影响；行为者可以使用人工智能方法来制定和推动强大的心理操作，以利用有关人类认知的见解和数据。机器学习可以用来分析个人和团体，并生成旨在影响信仰、意见和行动的个性化虚假信息计划；虚假信息也是稳步发展的信息战方法，可以有效地制造社会不和、加剧两极分化，甚至影响政局。

信息操纵的作用方式主要有：第一，收集用户在网站、平台上花费的时间等信息，通过点击诱饵标题和丑闻、观点和谎言来激励推荐引擎和策划时间表。时间线管理算法导致创建回声室、过滤气泡和无意的部落主义。由于回声室和过滤气泡，用户主要看到与其信念、偏见和欲望相匹配的内容，从而加强了他们的确认偏见并过滤掉了相反的观点。第二，使用虚假信息来改变目标受众的想法和行为，以操纵他们感知现实的方式。不法分子利用各种技术完成认知黑客攻击，包括操纵、错误情景化或盗用信息。这些黑客行为会造成社会会不和，加剧两极分化，影响政局稳定，助长金融欺诈并威胁生命和财产。最典型的方式是深度伪造（Deepfake）。Deepfakes 是 AI 以难以检测的方式操纵的照片、视频或者音频文件。深度伪造的武器化会对经济和国家安全产生巨大影响。通过侵蚀公众对媒体的信任，深度造假破坏了新闻业的可信度，制造混乱。深度伪造技术的扩散可以直接伤害个人，目前最突出的深度伪造色情内容严重伤害人的尊严。超过 96% 的深度伪造视频是未经同意的色情内容。一个人的声誉可能会因发布到社交媒体上的单个 Deepfake 视频而无法修复。犯罪分子还会利用人工智能和深度伪造来提高诈骗和其他犯罪活动的有效性。Deepfakes 还对社会构成了直接威胁，制造意识形态冲突，破坏遏制 COVID-19 的努力。第三，在通过社交媒体产生影响的同时，虚假信息已进入依赖数据收集、聚合和分发实践的企业工作流程。例如那些利用 AI 功能的工作流程容易遭到破坏。复杂的人工智能算法可能会被愚弄，或者它们的底层模型被过多的虚假信息和其他类型的信息攻击所淹没，从而导致错误或异常的见解和结果。情境情报可能会被虚假信息所取代，或者以细微的方式在决策者或一线人员的脑海中产生偏见或产生怀疑。态势情报包括威胁情报、危机情报、灾难数据和其他类型的信息，这些信息有助于提高企业对运营或竞争环境的理解。破坏者的关键策略之一是用虚假信息取代情境情报。此策略通常部署在被认为是带外或超出企业控制和范围的环境中，包括社交和其他媒体平台、公共站点和门户，以及其他类型的可能针对企业或其复杂和无数的活动供应链。破坏者有时会产生过多的带外虚假信息，以至于淹没了事实和其他准确数据。他们的破坏策略超越了企业及其直接信息，经常扩展到供应商和第三方附属公司。他们的目标是让决策者和/或一线人员产生怀疑。可能扰乱供应商、物流、交付、订单和履行的虚假信息对供应链以及对产品和资源可用性的信心构成威胁。

第三节　数据犯罪的刑法规制

一、我国《刑法》对数据犯罪的规制现状与模式分析

（一）现状

我国1979年《刑法》没有规定涉计算机、信息、数据类犯罪，只有涉及传统数据信息的犯罪，比如第97条规定的“为敌人窃取、刺探、提供情报”。1997年《刑法》新增第286条破坏计算机信息系统罪，其中第2款规定删除、修改、增加计算机信息系统中储存、处理或者传输的数据的行为依照破坏计算机信息系统处罚。第287条规定了提示条款，利用计算机实施其他犯罪的，依照其他犯罪定罪处罚。可见数据犯罪依附于计算机信息系统犯罪。此外，还增加了侵犯商业秘密罪、侵犯著作权罪等可能侵犯数据信息的犯罪。2000年《全国人民代表大会常务委员会关于维护互联网安全的决定》（于2009年被修改），明确了一些以互联网为工具的犯罪行为应当依照刑法有关规定定罪处罚，其中一些行为涉及数据犯罪，例如“非法截获、篡改、删除他人电子邮件或者其他数据资料，侵犯公民通信自由和通信秘密”“通过互联网窃取、泄露国家秘密、情报或者军事秘密”。《刑法修正案（七）》新增出售、非法提供公民个人信息罪

和非法获取公民个人信息罪，惩罚特定单位侵犯公民个人信息的行为和以非法手段侵犯公民个人信息的行为。《刑法修正案（七）》还通过完善计算机犯罪罪名体系，将保护范围扩大到国家事务、国防建设、尖端科技领域计算机信息系统以外的计算机系统，使刑法保护范围更加周严，其中将计算机信息系统数据作为独立的犯罪对象进行保护。《刑法修正案（九）》将出售、非法提供公民个人信息罪和非法获取公民个人信息罪修改为侵犯公民个人信息罪，犯罪主体变成一般主体，增强了对公民个人信息的保护力度。此外，《刑法修正案（九）》还新增拒不履行信息网络安全管理义务罪、非法利用信息网络罪、帮助信息网络犯罪活动罪等网络犯罪，保护具备公共利益属性的特定信息专有权，[1] 惩治违法信息的网络传播。2021 年 3 月 1 日起施行的《刑法修正案（十一）》，将"通过信息网络向公众传播""故意避开或者破坏权利人为其作品、录音录像制品等采取的保护著作权或者与著作权有关的权利的技术措施"规定为侵犯著作权罪的行为方式，在侵犯商业秘密罪中增加电子侵入行为，体现了网络时代犯罪新形式。

行政法律中也对数据犯罪做前置性规定。《数据安全法》规定："违反国家核心数据管理制度，危害国家主权、安全和发展利益的，由有关主管部门处二百万元以上一千万元以下罚款，并根据情况责令暂停相关业务、停业整顿、吊销相关业务许可证或者吊销营业执照；构成犯罪的，依法追究刑事责任。"《个人信息保护法》规定："违反本法规定，构成违反治安管理行为的，依法给予治安管理处罚；构成犯罪的，依法追究刑事责任。"

（二）模式

我国刑法对数据犯罪的治理在形式上体现为设置相关罪名对数据犯罪进行打击，在内核上体现为对数据价值的保护。

我国数据保护刑事立法已经经历了三代，第一代立法对象是特殊的计算机

---

[1] 敬力嘉．论拒不履行信息网络安全管理义务罪——以网络中介服务者的刑事责任为中心展开 [J]. 政治与法律，2017（1）：50–65.

系统数据及其数据库，第二代立法对象扩大为一般的计算机信息系统数据，第三代立法对象转变为个人信息数据。数据保护的刑法层面有三层，第一层是特殊数据保护，第二层明是计算机数据保护，第三层是公民个人信息保护。这三个层面与三个代际交织，目前第四代数据保护应当以数据整体为对象，随之而来的第四层面是数据的财产化保护，明确大数据在刑法上的财产属性。有学者认为，我国现有的法律采取的是利益衡量进路，强调社会公益、科技经济发展和社会秩序控制，优先保护国家和社会利益。将数据权作为一种利益去看待。对个人权利，在保障国家安全和经济发展的基础上加以保护。刑法中四种保护模式可被归纳为：经济秩序保护模式，物权保护模式，人格权保护模式，公共秩序保护模式。[1]有学者认为与德国、日本以数据为中心的网络犯罪规制模式不同，我国刑法是以信息为中心的网络犯罪规制模式。[2]

我们认为，目前我国刑法数据保护的罪名体系为“一核多维”的模式。“一核”是一类纯粹以数据为犯罪对象的罪名，保护的是数据的物理层存在，没有附加信息层面的法益价值，具体指非法获取计算机信息系统数据罪和破坏计算机信息系统罪，这两个罪名中都含有对侵犯数据本身的行为的规制。“多维”是刑法对数据适用的不同场景和数据反映的不同信息内容下体现的不同法益进行分别保护的罪名群。这些罪名不以数据为专门保护对象，但其保护的法益涉及数据信息内容层法益价值。这些罪名分散在分则各章中，数据犯罪可能构成刑法分则任一章的罪名。例如，当数据的信息内容是涉及可占有、可支配、可交换的虚拟财物，被应用的场景是商业交换，盗窃罪等财产犯罪可以保护此类数据；当数据的信息内容涉及未公开的商业秘密，被应用的场景是公司运营管理生产，侵犯商业秘密罪可以保护此类数据；当数据的信息内容涉及公民可识别信息，被应用的场景是，侵犯公民个人信息罪可以保护此类数据；当数据的信息内容直接关系生产安全，被应用的场景是生产作业，危险作业罪可以用来保

[1] 劳东燕．个人数据的刑法保护模式 [J]. 比较法研究，2020（5）：35–50.

[2] 王肃之．我国网络犯罪规范模式的理论形塑——基于信息中心与数据中心的范式比较 [J]. 政治与法律，2019（11）：44–56.

护此种数据……虽然在绝大多数的罪名中都没有“数据”，但是都可以用来保护相应的数据以及数据信息层体现的法益。

这种罪名体系与数据的多样性特征、多层次存在相契合，也与数据的多场景下多维度法益内涵相一致。“核心”数据罪名与分散在分则各章节中的“多维”罪名互相补充，使数据刑法保护的法网更加严密。

二、域外刑事法律规制现状与模式

（一）域外刑事法律规制现状

1. 美国

20 世纪 80 年代是计算机时代的开始，美国执法部门缺少可用于打击新兴计算机犯罪的刑事法律。作为对社会状况的回应，国会在 1984 年《综合犯罪控制法》（*the Comprehensive Crime Control Act of 1984*）中纳入规制未经授权访问和使用计算机以及计算机网络的条款。这些条款被独立规定在“美国法典”第 18 编第 1030 条（18 U.S.C. § 1030）。国会于 1986 年通过了《计算机欺诈和滥用法》（*the Computer Fraud and Abuse Act*，*CFAA*），对“美国法典”第 18 编第 1030 条进行了修改。根据计算机犯罪的发展，国会分别于 1988 年、1989 年、1990 年、1994 年、1996 年、2001 年、2002 年、2008 年和 2020 年对第 1030 条进行了修改。现在，第 1030 条（a）款规定了 7 类犯罪，分别是非法入侵政府计算机、未经授权从计算机获取信息、损害计算机、计算机欺诈、计算机间谍行为、计算机敲诈和贩卖计算机密码。

计算机间谍罪规制明知未经授权或者超出权限访问计算机，通过这种行为获得：（1）美国政府依照行政命令或法律，出于国防或外交原因，防止无权披露的信息；（2）1954 年原子能法第 11 条第 y 款定义的受限数据。

未经授权从计算机获取信息罪规制蓄意未经授权或者超出权限访问计算机获取：（1）储存在金融机构或者信用卡发行者的金融记录中的信息，或者消费者报告机构关于消费者的信息；（2）任何美国政府机构、部门中的信息；

（3）任何受到保护的计算机上的信息。

非法入侵政府计算机罪规制未经授权蓄意（intentionally）入侵：（1）联邦政府专用的计算机；（2）联邦政府与其他方共用的计算机，并且入侵影响了联邦政府正常使用计算机。

计算机欺诈罪规制明知并为了（with intent to）欺诈，未经授权或者超越权限访问受保护的计算机，通过这种方式促进欺诈并且获取任何价值，除非获取的价值仅为对计算机的使用，并且这种该价值不超过 5000 美元 1 年。

损害计算机罪规制：（1）明知地（knowingly）引起程序、信息、代码或指令的传输，因而蓄意地导致受保护的计算机受到损害；（2）蓄意地无权访问受保护的电脑，因而轻率地导致损害；（3）蓄意地无权访问受保护的电脑，因而导致损害和损失。

贩卖计算机密码罪规制贩卖用于或被美国政府使用的计算机的密码或者贩卖行为影响了跨州或跨国贸易。

计算机敲诈罪规制为了敲诈他人钱财或其他价值物，通过跨州或跨国贸易传递任何：（1）损害受保护计算机的威胁；（2）未经授权或超越权限从受保护电脑上获取信息的威胁；（3）未经授权或超越权限损害从受保护计算机上获取的信息的保密性的威胁；（4）与受保护计算机的损坏有关的对金钱或其他价值物的要求或请求，而造成这种损坏是为了敲诈勒索。❶

2. 德国

德国《联邦数据保护法》第 42 条规定了数据犯罪：（1）在未经授权的情况下，故意对大量不可公开获取的个人数据采取以下行动，应处以三年以下监禁或罚款：①将数据转移给第三方；②使它们可用于商业目的。

“（2）对不可公开获取的个人数据采取以下行动，应处以两年以下监禁或罚款：①未经授权的处理；②欺诈性获取。”❷

---

❶ 18 U.S.C. 1030 [EB/OL]. [2022-06-05]. https：//uscode.house.gov/download/download.shtml.

❷ Federal Data Protection Act（BDSG）[EB/OL]. [2022-06-05]. https：//www.gesetze-im-internet.de/englisch_bdsg/englisch_bdsg.pdf.

《德国刑法典》第 15 章侵犯个人隐私和私人领域的犯罪、第 22 章诈骗和背信罪、第 27 章损坏物品罪有涉及数据犯罪的内容。

在第 15 章侵犯个人隐私和私人领域的犯罪中，第 202a 条无权访问数据罪规定：（1）任何人未经授权，通过规避访问保护措施的方式，让自己或他人获取访问不属于他们的、被特别保护以防止无权访问的数据，判处三年以下有期徒刑或罚金。（2）就第（1）款而言，数据仅指电子的、磁性的或以不能立即察觉的方式储存或传送的数据。

第 202b 条截获数据罪规定：任何人未经授权，通过技术手段从非公开数据传输或数据处理设施的电磁广播中截获不属于自己或他人的数据，将被处以两年以下有期徒刑或罚款，除非根据其他规定该罪行会受到更严厉的处罚。

第 202c 条无权访问数据和截获数据的预备行为规定了为了他人或自己实行非法访问数据和截获数据，去制作、获取、销售、提供、散播：（1）提供数据访问权限的密码或其他安全代码；（2）为实施此种犯罪而使用的计算机程序，处两年以下有期徒刑或罚款。

第 202d 款数据窝藏罪规定了获取、提供、传播违法所得的数据，或者提供访问此类数据的途径，处三年以下有期徒刑或罚款，并且规定刑罚不得重于上游犯罪的刑罚。该条第 3 款规定了例外情况，公职人员及其代理人获取数据用于税务程序、刑事诉讼、行政违法程序，还有刑事诉讼法规定的特定情形。

第 22 章诈骗与背信罪中，第 263 条 a 规定了计算机诈骗罪，任何人意图为自己或第三方获取非法金钱利益，通过错误配置计算机程序、使用不正确或不完整的数据、未经授权使用数据或对操作系统施加其他未经授权的影响来影响数据处理操作的结果，损害他人财产，处五年以下有期徒刑或罚金。

第 27 章损坏物品罪第 303a 条规定了篡改数据罪：（1）凡非法删除数据、封锁数据、使数据无法使用或更改数据的，将处以两年以下有期徒刑或罚款。（2）本罪未遂也应受到处罚。

第 303b 条规定了破坏计算机罪：（1）通过以下方式干扰对另一方至关重要的数据处理的，处 3 年以下有期徒刑或罚金。

①实行篡改数据罪的；

②输入或传输数据，意图对另一方造成不利影响的；

③销毁、损坏、使不可用、移除或梗概数据处理系统或数据载体的。

（2）如果数据处理对另一方的商业活动、企业或政府机关至关重要，处5年以下有期徒刑或罚金。

（3）未遂犯应当处罚。

（4）犯第（2）款罪，情节特别严重的，处6个月以上10年以下有期徒刑，情节特别严重一般指：

①造成严重经济损失；

②通过职业犯罪或犯罪团伙的形式专门实行破坏计算机；

③罪行危及人民的关键物资和服务的供给，或者德国的安全。

（5）预备犯适用第202c条。

此外，第23章伪造文件罪中也有与数据相关的犯罪。其中，伪造技术记录罪、伪造有证明价值的数据罪、虚假记录罪、商业活动数据处理欺诈罪、封锁文件罪直接将数据作为犯罪对象（之一）。该章还规定了针对普通文件、身份证件、健康证明、车辆文件、居住文件等普通或特殊文件的犯罪，这些文件也可能以数据的形式存在。[1]

3. 日本、韩国

日本现行刑法与1907年通过并施行，从1921年到2016年经历了23次修改，其中与电磁记录（数据）有关的修改有：1987年新增非法制作电磁记录及提供罪、损坏电脑等妨害业务罪，2001年新增有关支付用磁卡电磁记录罪，2011年非法指令电磁记录罪。

日本刑法与电磁记录（数据）有关的犯罪有以下各项。

第17章伪造文书罪，第157条公正证书登记不实罪，规定向公务员提出虚假申报，使其在登记簿、户口簿以及其他有关权利义务的公证证书上做不实

[1] German Criminal Code（Strafgesetzbuch – StGB）[EB/OL]. [2022-06-30]. https：//www.gesetze-im-internet.de/englisch_stgb/englisch_stgb.pdf.

记录，或者使其在作为有关权利义务的公正证书原本使用的电磁记录上做不实记录的行为构成犯罪。第 158 条使用伪造公文书罪将使用上一条规定的不实文书（包括电磁记录）的行为规定为犯罪。

第 161 条之二非法制作及提供电磁记录罪将以使人错误处理事务为目的，非法制作供该事务处理使用相关的权利、义务或事实证明的电磁记录，以及将不正电磁供人使用处理事务的行为规定为犯罪。

第 18 章之二侵害支付卡电磁记录罪，第 163 条之二非法制作、提供、出让支付卡电磁记录罪的行为是，以使他人处理财产事务出现错误为目的，非法制作出构成信用卡及其他支付价款、费用而供事务处理使用的磁卡的电磁记录。提供、转让给他人处理财产事务使用的也构成犯罪。第 163 条之三规定了持有非法电磁记录磁卡罪，第 163 条之四规定了准备非法制作支付磁卡电磁记录罪。

第 19 章之二关于非法指令、电磁记录的犯罪，第 168 条之二以非法指令制作、提供电磁记录罪规定无正当理由，以供他人的电子计算机使用为目的，制作或提供以下电磁记录或其他记录：（1）让他人在使用电子计算机时，使计算机无法依其意图运行，或与其意图相反进行运行的非法指令的电磁记录；（2）前款规定的电磁记录之外，技术同款非法指令的电磁记录或其他记录。第 168 条之三规定了取得非法指令的电磁记录罪。

第 35 章对信用及业务的犯罪，第 234 条之二损坏电子计算机等妨碍业务罪，损坏他人业务上使用的电脑或者供电脑所用的电磁记录，或在他人业务使用的电脑上输入虚伪讯息或不正指令，或者以其他方法使电脑不能依使用目的或违反使用目的运行。

第 37 章欺诈与恐吓罪，第 246 条之二使用电子计算机的欺诈，在供人处理事务的电脑上输入虚伪资讯或非法指令，制作有关财产权得丧、变更的不真实电磁记录，或者将有关财产权得丧、变更的不真实电磁记录供他人处理事务用，而得财产上不法利益或者使他人得到不法利益。

第 40 章毁弃和隐匿罪，第 258 条毁弃公文书罪，毁弃供公务机关使用的文书或电磁记录，第 259 条毁弃私文书罪，毁弃有关权利或义务的他人文书或电磁记录。[1]

韩国刑法规定了一些以电子记录为对象的犯罪：第 20 章妨害文书罪中第 227 条之二伪造、变造电子记录罪，将以事物处理为目的，伪造或者变造公务员或者公务所的电子记录等特殊媒介记录的行为规定为犯罪。第 228 条公证证书正本等不实记载、第 229 条使用伪造的公文类中的公文包括电子记录。第 34 章妨害信用、业务和拍卖罪，第 314 条妨害业务罪第 2 款规定损毁计算机等信息处理装置或者电子记录等特殊介质记录，对信息处理装置输入虚假或者不正当的命令或者以其他方法干扰信息处理的行为构成犯罪。第 42 章损毁罪，第 366 条损毁财物罪规定损毁或者隐匿他人财物、文件或者电子记录等特殊媒介记录或者以其他方法毁损其效用的行为构成犯罪。[2]

4.《布达佩斯网络犯罪公约》

欧洲《布达佩斯网络犯罪公约》规定了 9 类犯罪：非法访问罪、非法拦截罪、干扰数据罪、干扰系统罪、滥用设备罪、计算机伪造罪、计算机诈骗罪、儿童色情作品相关犯罪、侵犯知识产权相关的犯罪。真正与数据相关的犯罪是非法访问罪、非法拦截罪、数据干扰罪、系统干扰罪、滥用设备罪、计算机伪造罪。

非法访问罪是指蓄意进入整个计算机系统或其任何部分的行为。成员国家可以要求犯罪构成要件中包含通过违反安全措施实施犯罪，目的是获取计算机数据或其他不诚实的意图，或与连接到另一个计算机系统的计算机系统有关。

非法拦截罪是指无权通过技术手段拦截计算机系统的非公开传输，包括载有这种计算机数据的计算机系统的电磁波段。成员国家可以要求犯罪是出于不诚实的意图，或者与连接到另一个计算机系统的计算机系统有关。

数据干扰罪是指蓄意破坏、删除、损坏、更改或封锁计算机数据的行为。

---

[1] 陈子平．日本刑法典 [M]. 台北：元照出版公司，2016.

[2] 葛晓娟．大韩民国刑法与刑事诉讼法 [M]. 北京：中国人民公安大学出版社，2019：3–57.

系统干扰罪是指故意输入、传输、破坏、删除、恶化、更改或封锁计算机数据，严重妨碍计算机系统运行的行为。

滥用设备罪是指无权故意实施的下列行为：

（1）生产、销售、采购使用、进口、分销或以其他方式提供；

①主要为实施按第 2 条至第 5 条确定的任何犯罪而设计或改造的设备，包括计算机程序；

②一种计算机密码、访问代码或类似数据，通过这些数据可以访问整个计算机系统或其任何部分，意图用于实施第 2 条至第 5 条所述的任何罪行；和

（2）拥有上文①或②段所述物品，意图用于实施第 2 条至第 5 条所述的任何罪行。一方可以依法要求在追究刑事责任之前拥有若干此类物品。

计算机伪造罪是指在没有权利的情况下故意输入、更改、删除或封锁计算机数据，导致不真实的数据，意图让他人将不真实的数据视为真实数据，然后基于法律目的作出行动。成员国可能要求该罪有欺诈意图或类似的不诚实意图。[1]

（二）域外刑事法律规制模式总结

从立法安排上来看，域外数据犯罪刑事法律规制主要分为两种类型：一种以美国为代表的，制定专门的计算机犯罪法律，将所有有关罪名都规定在其中，包括数据犯罪罪名。一种以德国、日本为代表，将数据类犯罪分散在刑法典的各个章节，并且还有特殊刑法。这两种立法安排并没有明显的优劣之分。

从罪名、罪状设置上来看，美国相关数据犯罪保护的其实是计算机信息系统权限，这与我国《刑法》规定计算机犯罪有相似之处。从美国适用 CFAA 的判例发展就可以看出，CFAA 的适用长期围绕“权限”的标准进行讨论[2]，忽视

[1] Convention on Cybercrime [EB/OL]. [2022–07–19]. https：//rm.coe.int/1680081561.

[2] United States v. Nosal，676 F.d 854，863（9th Cir. 2012）;LVRC Holdings LLC v. Brekka，581 F.3d（9th Cir. 2009）; United States v. John，597 F.3d 263，272（5th Cir. 2010）; Int’l Airport Ctrs.，L.L.C. v. Citrin，440 F.3d 418（7th Cir. 2006）.

了计算机系统背后数据的价值，在近些年的新判例[1]中，计算机权限背后的数据的属性才得到重视。而德国《布达佩斯网络犯罪公约》规定的有关罪名是更纯粹的数据犯罪,《德国刑法典》中规定的非法访问数据罪、截获数据罪、数据窝藏罪、篡改数据罪等罪名,《布达佩斯网络犯罪公约》规定非法访问数据罪、干扰数据罪等罪名，其犯罪构成要件设置并不依赖对计算机系统或传统法益的侵害，而是直接指向数据自身的可用性、真实性、完整性和保密性。从这个角度来看，以德国刑法典为代表的刑事法律真正做到了区分独立的数据法益和计算机系统法益，立法设置上更具有前瞻性。

三、我国《刑法》对数据犯罪规则规制的不足与完善

围绕需要保护的数据法益，以现实情况为基础，借鉴域外规范的有益部分，我们可以发现，我国《刑法》现有的罪名体系仍存在一些待解决的问题。

其一，核心罪名依附于计算机系统犯罪，缺少以保护数据安全为核心的罪名体系。从文义上看，非法获取计算机信息系统数据罪的保护对象是计算机系统，数据则作为其功能实现的一个因素被保护，数据作为一种独立的生产要素、战略资源的价值没有得到体现。数据安全作为数据的独立法益，缺少完善的罪名体系对其进行专门保护。因为刑法缺少专门的数据犯罪罪名，一些特有的数据犯罪例如流量劫持、数据造假、数据损坏（不涉及计算机系统）的定罪量刑不能得到妥善解决，现有罪名面对新犯罪规制乏力。例如，实践中常用的破坏计算机信息系统罪、非法经营罪、虚假广告罪等罪名在应对组织刷单、刷访问流量等“流量黑灰产”时都存在入罪漏洞，被组织的“刷手”不是非法经营罪与虚假广告罪的主体，无商业特征和目的的刷单行为也难以被虚假广告罪规制，没有损害计算机系统的“流量黑灰产”犯罪也无法定为非法破坏计算机信息系统罪，难以有效遏制数据造假产业链的蔓延。这时只能依赖于扩大解释现有罪名或者财产等法律概念，使得这些罪名与概念面临泛化的危险。

[1] HiQ Labs v. LinkedIn Corp., 31 F.4th 1180 (9th Cir. 2022).

其二，刑法保护没有覆盖数据全生命周期。数据从产生以后，会经历一个完整的生命周期，例如《金融数据安全 数据生命周期安全规范》指出，金融数据生命周期是指金融业机构在开展业务和进行经营管理的过程中，对金融数据进行采集、传输、存储、使用、删除、销毁的整个过程。《数据安全法》规定："数据处理，包括数据的收集、存储、使用、加工、传输、提供、公开等。"有学者指出，数据处理规则应当区分头部（收集）、中部（存储、使用、加工、传输）、尾部（提供、传播、公开）规则。[1]但是刑法对数据的保护没有覆盖全生命周期过程。例如我国刑法中对公民个人信息进行保护的典型罪名——侵犯公民个人信息罪，只关注非法提供和非法获取。这两种行为在个人信息黑色产业链条中（信息获取、信息提供、信息利用）处于源头阶段。但是末端需求决定了源头，源头治理模式忽视了整个犯罪生态的内核。大数据时代，源头和末端之间绝对的供给关系被打破，合法地收集公开信息实施侵犯个人信息的犯罪越来越多，刑法没有及时应对。[2]

其三，罪名之间关系不明、罪刑不够协调。例如，学者们就非法获取计算机信息系统数据罪与盗窃罪的关系进行了讨论，有学者认为非法获取计算机信息系统数据罪与盗窃罪之间可能构成想象竞合，[3]有学者认为两个犯罪具有牵连关系，有学者认为两个罪名之间其实是法条竞合的关系。[4]

其四，与行政法、民法协调问题。《数据安全法》《个人信息保护法》均已出台。《数据安全法》规定了数据安全制度、数据安全保护义务、法律责任等内容。刑法中有关网络犯罪、计算机犯罪多为行政犯，受到前置法规定的约束，一旦新的行政犯施行，刑法势必面临与之协调的问题。刑法与民法也存在相关协调问题，例如，《民法典》第 1194 条规定了网络用户与网络服务提供者的民

[1] 罗培新．数据立法的基本范畴：数据权属及数据处理的头部、中部及尾部规则 [EB/OL].（2021–05–03）[2022–07–10]. 中国法律评论公众号．

[2] 黄陈辰．大数据时代侵犯公民个人信息罪行为规制模式的应然转向——以"AI 换脸"类淫秽视频为切入 [J]. 华中科技大学学报（社会科学版），2020（2）：105–133.

[3] 陈兴良．虚拟财产的刑法属性及其保护路径 [J]. 中国法学，2017（2）146–172.

[4] 刘明祥．窃取网络虚拟财产行为定性探究 [J]. 法学，2016（1）151–160.

事侵权责任,《治安管理处罚法》第 29 条规定了有关计算机信息系统和数据的行政违法行为，当危害计算机信息系统行为没有达到司法解释规定的入罪标准时，一般会以《治安管理处罚法》的规定以行政拘留的方式进行处罚，民事网络侵权责任似乎没有容身之处，有通过限制人身自由的行政处罚方式解决民事侵权纠纷之嫌。[1] 此外，民法理论讨论热烈的数据权，刑法在立法和司法中应当如何看待，是否有必要纳入刑法数据法益的基础，也值得研究。

其五，数据犯罪泛化解释的危险倾向。不断扩充数据内涵会使概念泛化，导致非法获取计算机信息系统数据罪成为“口袋罪名”，计算机网络类犯罪都面临着这一问题，带来了违反罪刑法定原则的风险。在数据、信息系统的多维性内涵得到承认之后，如何科学地限定相关概念及罪名的边界，成为一个值得深入探讨的问题。

可以从以下几个方面完善刑法的相关规定：

第一，构建以数据安全为法益的专属数据犯罪罪名体系。数据安全的要素包括数据的保密性、完整性、真实性和可用性，直接侵犯数据安全四要素的行为应当考虑入刑，例如拦截数据的行为，伪造数据的行为。依托于数据信息层的传统法益排除在此类罪名保护范围外，交由传统罪名保护。[2] 为数据犯罪设置专属情节和定量评价体系，有学者提出以“信息规模”为核心构建定量评价体系，综合判断犯罪对社会的实际影响。[3] 合理配置刑罚，自由刑、罚金刑、职业禁止等多种刑罚和保安处分相互配合。过失犯罪与故意犯罪相结合，将单位列为犯罪主体。构建数据安全犯罪时，还应进行“合边界审视”，防止刑法过度扩张。只有存在现实的、确定的利益损害，或者存在具有引发现实直接损害的特定危险，才能将此类型行为纳入刑法规制范围。[4] 具体判断还需从社会实践中具体总结。

---

[1] 米铁男 . 非法获取计算机信息系统数据罪中刑法谦抑性原则之考量 [J]. 学术交流，2012（6）: 40–43.

[2] 杨志琼 . 我国数据犯罪的司法困境与出路：以数据安全法益为中心 [J]. 环球法律评论，2019（6）: 151–171.

[3] 田刚 . 网络信息安全犯罪的定量评价困境和突围路径 [J]. 浙江工商大学学报，2020（3）: 63–76.

[4] 田刚 . 数据安全刑法保护扩张的合理边界 [J]. 法学论坛，2021（3）: 66–75.

第二，将数据分层观念融入刑事立法，解决罪刑法定原则难题。例如，将数据物理层或符号层的运行机理写入具体犯罪的构成要件之中，可以解决将侵犯虚拟财产行为认定为传统犯罪时客观构成要件不相适应的问题。在这方面，域外立法有可借鉴之处。日本刑法典规定了使用电子计算机欺诈罪，将使用计算机进行欺诈的实行方法与过程规定在罪状中。[1]《德国刑法典》规定的探知数据罪、截获数据罪、预备探知和截获数据罪、数据窝藏罪等，在罪状中规定了实行行为和对象的客观形式，例如，截获数据是“从不公开的数据传递或从数据处理设备的电磁传播中截获不属于自己的数据”。第三，刑法保护覆盖数据全生命周期。目前刑事立法饱受诟病的是，对数据和个人信息的保护主要集中在收集、获取、转移阶段，后续滥用缺少规制。因此应当将刑法的保护范围扩大到数据的全生命周期，从源头到末端全面规制。有学者提出，应当将保护重心从数据自主控制转向数据自主使用，延伸刑法保护链，惩罚数据滥用行为。[2]

第四，根据信息层内容、适用场景、侵犯的方式、被侵犯后带来的影响四方面来考虑“多面”罪名的设置。信息层内容与适用场景背后暗含的是法益判断，被侵犯后带来的影响是规范保护目的的判断。在刑事立法中，通过对数据法益和规范保护目的的场景化思考，完善“多面”罪名体系，实现对数据各个维度层面法益的周延保护。

第五，与行政法衔接。《数据安全法》与《个人信息保护法》施行后，刑法应当作出相应调整。例如《数据安全法》规定从国家层间建立数据分类分级保护秩序。这间接对刑法提出了要求，现有刑法的有关罪名应当与国家数据分类分级保护目录相适应，突出对重要数据的保护，为有关罪名设置更严格的法

[1] 《日本刑法典》第 246 条之二：除前条规定外，对于供人处理事务之用之电脑，输入虚伪之咨询或不正指令，而制作有关财产权得丧、变更之不实电磁记录，或将有关财产权得丧、变更之不实电磁记录供他人处理事务之用，而得财产上不法利益或使他人得之者，处十年以下惩役。陈子平，谢煜伟. 日本刑法典 [M]. 黄士轩，译. 台北：元照出版社，2016：170.

[2] 李怀胜. 公民个人信息保护的刑法扩展路径及策略转变 [J]. 江淮论坛，2020（3）：114–122.

定刑。惩罚不同重要程度数据的罪名的刑罚应当罪责刑相适应原则，不应当出现惩罚侵犯重要程度较低数据的犯罪的入罪标准及刑罚高于侵犯重要程度较高数据的犯罪的情况。“数据安全法益具有层次性，而数据分类分级为数据安全保障的细化提供了制度支撑，对数据犯罪的构建和认定具有重要功能。”[1]

[1] 张勇 . 数据安全分类分级的刑法保护 [J]. 法治研究，2021（3）：17–27.

第六章　网络犯罪治理态势概览（一）

第一节　跨境数据流动法律制度

数据是现代全球经济的命脉，数字贸易和跨境数据流的增长速度快于全球贸易的总体增长速度，企业利用数据创造价值，而数据能够自由跨境流动时才能实现价值最大化，但越来越多的国家正在设置数据跨境流动的法律壁垒，提出将数据限制在一国境内的制度要求，“数据本地化”一方面旨在解决隐私和网络安全问题，另一方面，数据跨境流动中存在跨境数据取证、跨境执法成本等问题。大量电信诈骗犯罪利用跳板技术等新兴犯罪手段，隐藏自身地址，加剧了侦查的难度。数据跨境、离境之后，执法机关需要执法协助、司法互助双边协议以在不同司法管辖区域内进行执法，增加了执法成本。❶

2017—2021 年，世界各地实施的数据本地化措施数量翻了一番多。2017 年，35 个国家实施了 67 项此类壁垒。现在，62 个国家已经实施了 144 项限制，还有几十项正在考虑之中。❷数据本地化的法律政策主要有三种类型：①限制特定类型的数据在境外的传输，包括个人资料，健康和基因组数据，地图和地理空间数据，政府数据，银行、信用报告、财务、支付、税务、保险和会计数据，上市公司的内部公司资料，与社交媒体和互联网服务平台上用户生成内容相关的数据，传统电信和基于互联网的通信服务的用户数据和通信内容及元数据和电子商务运营商数据。②以“敏感”“重要”“关键”“私密”等语词界定数据范围，或规定

---

❶ 上海社会科学院 . 重磅发布：全球数据跨境流动政策与中国战略研究报告 [EB/OL].（2019–08–28）[2021–06–30]. 阿里巴巴数据安全研究所公众号 .

❷ CORY N，DASCOLI L. How Barriers to Cross–Border Data Flows Are Spreading Globally，What They Cost，and How to Address Them [EB/OL].（2021–07–19）[2021–09–01]. https：//itif.org/publications/2021/07/19/how–barriers–cross–border–data–flows–are–spreading–globally–what–they–cost.

与国家安全相关的数据，以圈定部分数据限制出境。③数据本地化作为合规的唯一选择。例如，欧盟取消了数据传输机制，并没有为数据传输添加新的认证方式和其他法律合规渠道。对于数据出境的灵活机制（如标准合同条款）添加限制和条件，使得《通用数据保护条例》（GDPR）成为事实上的数据本地化法律框架。

一、主要国家地区立法与政策

（一）美国

美国对于跨境数据流动的规则，或者说数据本地化的措施可以追溯至 2004 年美国州一级法规的态势。2004 年，在俄亥俄州提出的第 459 号法案禁止未经书面同意将个人数据转移到海外。同年，密苏里州提出了第 1497 号众议院法案，要求经过同意才能跨境传输电信数据。2009 年，洛杉矶市要求谷歌在美国境内存储数据。2011 年，一位纽约参议员提出，禁止未经消费者事先书面同意将个人信息转移到美国境外，旨在帮助本地公司，同时试图将海外数据存储与消费者欺诈和盗窃联系起来。2011 年，联邦美国政府机构（主要是国防和情报相关机构）要求使用特定的美国云服务（Gov Cloud），并在 ICT 合同中规定本地数据存储。敏感数据传输需要满足特定的监管和合规要求，例如《国际武器贸易条例》（ITAR）、《联邦风险和管理计划》（FedRAMP）、国防部安全要求指南（DoD SRG）及刑事司法信息服务（CJIS）所规定的数据合规内容。2021 年，参议员罗恩・莱登提出，应由商务部部长领导调查，确定出口数据中可能危害美国国家安全的敏感数据类别。

2016 年，美国国税局发布了 1075 号出版物《联邦税务局税务信息安全指南》，其中，州和地方机构概述（第 9.3.15.7 节）规定，联邦机构必须"将接收、处理、存储或传输联邦税务信息的信息系统的位置限制在美国领土、大使馆或军事设施内"。[1] 总体而言，美国以确保数字经济领先优势为前提，主张数

[1] CORY N，DASCOLI L. How Barriers to Cross-Border Data Flows Are Spreading Globally，What They Cost，and How to Address Them [EB/OL].（2021-07-19）[2021-09-01]. https：//itif.org/publications/2021/07/19/how-barriers-cross-border-data-flows-are-spreading-globally-what-they-cost.

据跨境自由流动，限制特定数字经济领域的外国投资，限制重要技术的数据出口。2018 年美国议会通过《澄清境外数据的合法使用法案》（CLOUD 法案）扩大美国执法机关调取境外数据的权力，以“长臂管辖”方案扩大国内法的域外适用。

（二）欧盟

欧盟的数据跨境流动政策主要根据 2018 年《通用数据保护条例》，个人数据可以在欧洲经济区（EEA）内各国以及被认为在数据保护方面足够安全的选定地区自由流动。数据跨境传输，必须有具有约束力的合同协议与数据主体的同意，或者数据传输是履行数据主体合同所必需的。通过美国—欧盟隐私盾框架，美国各州是允许与欧盟进行跨境数据传输的国家之一。然而，自 2020 年 7 月欧盟法院作出新决定以来，隐私盾的充分性决定已经失效，形成了间接和事实上的数据本地化现象。

在欧盟，数据本地化是一个有争议的问题，因为一些成员国（如法国和德国）推动相关政策的本地化，而另一些成员国（如英国和瑞典）则推动数据跨境自由流动。欧盟委员会（EC）建立数字单一市场的努力是消除阻碍数字经济活动的障碍（如需要数据本地化的障碍）的大胆尝试。美国大公司因欧洲的数据隐私和保护要求将其列为开展在线业务障碍最大的地区。欧盟影响跨境数据传输的政策平台的核心部分是追求隐私制度的全球协调。欧盟对跨境数据流动保护有严格的限制，目前已确定了 12 个国家有“充分”的保护水平，欧盟数据可以转移至该国。12 个国家包括：安道尔、阿根廷、加拿大、瑞士、法罗群岛、根西岛、以色列、马恩岛、泽西岛、新西兰、美国（仅限于美欧隐私盾框架）和乌拉圭。

（三）加拿大

加拿大不列颠哥伦比亚省和新斯科舍省相关法律规定：学校、医院和公共机构等公共机构持有的个人数据只能在加拿大存储和访问，除非满足某些条件。

为保障国家安全，联邦政府信息和通信技术服务（包括电子邮件）项目相关的投标公司必须将数据存储在加拿大。加拿大魁北克省要求公共机构在跨境传输个人数据之前必须确保证明“同等”数据保护，但其尚未公布同等国家的名单。2019 年，隐私专员办公室（OPC）提议根据《个人信息保护和电子文件法》（PIPEDA）修订其跨境数据流政策立场，主张跨境披露个人信息（包括处理）的公司必须获得同意。OPC 最终撤回了提案。

（四）印度

2018 年，印度储备银行颁布规则，强制将所有付款数据存储在印度。尽管没有提供任何证据表明存在与数据访问相关的监管问题，但印度储备银行数据本地化的理论缘于对监管监督和网络安全的担忧，因为该银行指出需要“持续监测和监督”，以确保支付服务适用全球网络安全标准，降低数据泄露风险。在印度境外处理支付交易没有任何限制。但是，处理后，数据只能存储在印度。如果在国外处理，则应不迟于支付处理后的一个工作日或 24 小时（以较早者为准）将系统从国外带回印度。

2019 年 6 月，印度储备银行表示，在当地存储支付数据的要求也适用于在印度运营的银行。2019 年，印度证券交易委员会考虑强制经营经纪和托管服务的外国金融机构（如银行）将所有数据存储在本地。2019 年，印度个人数据保护法案草案提议强制要求在印度境内存储所有个人数据须附“一份送达副本”。该法案还将对跨境交易施加条件。

2020 年，印度证券交易委员会（Securities and Exchange Board of India）发布了一份与网络安全相关的通知，要求金融机构确保对关键系统进行全面保护和无缝控制，同时将关键数据保持在印度的法律边界内。2021 年：印度储备银行发布了一份修订后的“电子了解客户要求条例”（e-KYC）；其中规定，技术基础设施应位于受监管实体自己的场所内，并基于视频的客户身份识别过程连接和交互（对客户进行数字尽职调查和验证）必须来自其自身的安全网络域。

2021 年，印度新的《中介机构指南》和《数字媒体道德规范》规定要在非常短的时间（72 小时）内响应政府删除非法内容的命令，这将为在线中介机构创造一个事实上的数据本地化要求，他们必须遵守从而避免罚款和其他处罚。

2021 年，印度科技部发布了国家地理空间政策草案，其中包括数据本地化和歧视外国公司和产品的措施。2020 年，非个人数据治理框架专家委员会发布的报告包括一系列针对非个人数据的数据本地化措施。

（五）俄罗斯

俄罗斯实施了世界上最广泛的数据本地化政策。2015 年，俄罗斯颁布了个人数据法，规定收集俄罗斯公民个人数据的数据运营商必须使用位于俄罗斯境内的数据库“记录、系统化、积累、存储、修改、更新和检索”数据。这些个人数据可能会被转出，但必须先在俄罗斯存储。此外，2016 年，俄罗斯颁布了大量新的电信数据本地化要求。在多个领域，俄罗斯实施了数据本地化政策，要求公司将用户通信的实际内容存储 6 个月，如语音数据、短信、图片、声音和视频，而不仅仅是元数据（通信的时间、时间和长度）。它还要求电信公司和互联网服务提供商在用户未能响应执法部门确认其身份的请求（这引发了一系列隐私问题）的情况下切断对用户的服务。

2019 年，俄罗斯颁布了一项为期两年的禁令，禁止向外国公司公开采购数据存储设备。2021 年，俄罗斯发布了一项法律草案，其中包括一系列条件和限制，要求拥有 50 万日用户的外国社交媒体巨头须将所有个人数据存储在本地，并在俄罗斯设立分支机构或代表处。

（六）阿根廷

阿根廷的《数据保护法》禁止将个人数据转让给没有适当保护水平的国家，但阿根廷政府迄今尚未确定哪些国家属于这一类别。然而，该法规定，如果数据主体明确同意数据传输，则禁止不适用。此外，阿根廷国家个人数据保护局发布了第 18/2015 号规定，其中规定云存储被视为数据的国际传输，因此将数据发送到国外的软件应用程序必须遵守《数据保护法》。

二、我国数据跨境流动法律制度

斯诺登事件暴露了跨境数据之间的冲突，异地数据调动可能使数据面临各类风险，数据存留可以有效保护国家安全、公民信息以及防止被第三国窃取[1]，用户数据的本土化需求催生了数据跨境保护制度，依照《个人信息和重要数据出境安全评估办法（征求意见稿）》（以下简称《评估办法》）的规定，数据出境是指网络运营者将在中华人民共和国境内运营中收集和产生的个人信息和重要数据，提供给位于境外的机构、组织、个人。例如，境内的网络运营者将数据通过网络直接传输给境外的主体；允许境外主体通过网络访问，读取境内的数据；境内的网络运营者通过U盘携带等网络传输外的其他方式提供给境外的主体。[2]在跨境数据方面，我国的法规脉络呈现为：2016年11月通过《网络安全法》、2017年5月发布《信息安全技术数据出境安全评估指南（草案）》（第一稿）、2017年8月发布《信息安全技术数据出境安全评估指南（草案）》（第二稿）、2019年6月发布《个人信息和重要数据出境安全评估办法（征求意见稿）》、2021年4月发布《个人信息保护法（草案）》（第二稿）、2021年6月通过《数据安全法》等。数据本地化规范存在于银行、保险、信用调查、邮政和快递服务、人口健康和基因信息、网约车、定位服务、民航等行业。例如，2020年中国人民银行《个人金融信息保护技术规范》规定，个人金融信息（PFI）不得转让或共享，除非对金融交易的处理和结算至关重要，并将个人金融信息按敏感程度、泄露后造成的危害程度分为三个级别，规定在中国收集和生产的所有个人金融信息必须在中国境内储存、加工和分析。2019年，根据《中华人民共和国人类遗传资源管理条例》，中国政府保留管理公民遗传数据的权利。第7条规定，外国组织不得在国内外收集或保存中国的遗传数据。2019年，中国人民银行《金融消费者权益保护实施办法》第34条规定，在中国境内收集的消费者金融信息的存储、

[1] 西安交通大学信息安全法律研究中心.《网络安全法（草案）》二读研判高端研讨会在西安召开[EB/OL].（2018-11-27）[2021-07-10]. http：//www.fxcxw.org/index.php/Home/Xuejie/artIndex/id/13581/tid/1.html.

[2] 任子行.解读《个人信息和重要数据出境安全评估办法（征求意见稿）》[EB/OL].（2018-11-28）[2021-07-10]. http：//www.sohu.com/a/133775552_728097.

处理和分析应在中国境内进行。

对于在我国经营的外企平台和业务拓展至欧美的中国平台，其数据合规涉及多法域，需要遵循欧盟《通用数据保护条例》（GDPR）与《网络安全法》《数据安全法》一系列我国法律法规体系对于数据出境的相关规定，进行合规体系的统一安排，以正当依据寻求用户权益的充分保护和平台投入成本的最小化。

就中欧条文进行比较，在数据跨境问题上存在“数据本地化”与“数据自由流动”之间的冲突。[1]面向境外用户提供旅行产品订购的网站，在初创期可能并不需要考虑在服务本地部署数据中心[2]，因而对于原本没有本地化需求的跨境业务，数据本地化的要求无疑会对其造成一定合规负担（见表 6–1）。

表 6–1　我国《网络安全法》与 GDPR 数据跨境流动制度对比表

对比事项	《网络安全法》	GDPR
条文	《网络安全法》第 37 条	GDPR 第五章“将个人数据转移到第三国或国际组织”
适用主体	关键信息基础设施运营者	为欧盟内的数据主体提供有偿商品或服务、监控发生在欧洲范围内的数据主体活动的数据控制者、处理者
适用地域	中华人民共和国境内无差别适用	可以对国家、一国内的特定地区、行业领域以及国际组织的数据保护水平进行评估
个人信息出境制度关注要点	网络安全与数据主权 / 信息跨境是否不利于国家安全、社会秩序	个人信息在境内以及出境后如何被处理及保护
是否事前评估	出境前安全评估	明确禁止各成员国以事前许可方式管理跨境数据流动，只要符合 GDPR 中跨境数据流动的合法条件，不得通过许可方式限制
个人信息跨境规制倾向	个人信息的境内存储	个人信息的自由流通

[1] GDPR 不仅仅是欧盟个人信息保护规则体系的组成部分，还是当前各国或各区域数据主权争议的集中映射。参见裴炜．欧盟 GDPR：数据跨境流通国际攻防战 [J]. 中国信息安全，2018（7）：36.

[2] 王融．数据跨境流动政策认知与建议 [EB/OL].（2018–11–28）[2021–07–10]. https：//www.sohu.com/a/219667662_455313.

续表

对比事项	《网络安全法》	GDPR
法定数据跨境机制	数据留存于本地，跨境提供经评估对于确需出境的数据，经过安全评估认为不会危害国家安全和社会公共利益的，可以出境	充分性评估❶
	（中国对外资开放的部分电信业务中设施本地化要求）数据留存于境内自有设施	“有约束力的公司规则”（BCR）/ 数据控制者成立协会、提出所遵守的详细行为准则（codes of conduct）并经成员国监管机构或者欧盟数据保护委员认可
	经个人信息主体同意的，个人信息可以出境。拨打国际电话、发送国际电子邮件、通过互联网跨境购物以及其他个人主动行为，视为已经个人信息主体同意	替代方案：经认可的市场认证标志（seals and marks）

在 GDPR 中，“有约束力的公司规则”（BCR）机制即集团遵循一套完整的，经个人数据监管机构认可的数据处理机制，则该集团内部整体成为一个“安全港”，个人数据可以从集团内的一个成员合法传输给另一个成员❷，这种机制适合集团型跨国企业平台。

GDPR 中规定了“标准合同条款”（Standard Clauses Contract，SCC），成员国数据监管机构可以在目前已生效的标准合同范本的基础上，另外制定其他标准化的跨境转移合同范本，适应企业平台的多元化需求。在《信息安全技术 个人信息安全规范》（GB/T 35273—2020）资料性附录中，同样有个人信息保护政策模板涉及“个人信息如何在全球范围转移”，推荐的条文如下。

原则上，我们在中华人民共和国境内收集和产生的个人信息，将存储在中华人民共和国境内。

由于我们通过遍布全球的资源和服务器提供产品或服务，这意味着，在获得您的授权同意后，您的个人信息可能会被转移到您使用产品或服务所在国家 /

❶ GDPR 中，评估第三国的权利保护水平即“充分性认定”成为欧盟数据跨境流通中的防守机制。参见裴炜 . 欧盟 GDPR：数据跨境流通国际攻防战 [J]. 中国信息安全，2018（7）：36.

❷ 王融 .GDPR 的十个误解与争议 [EB/OL].（2018-11-28）[2021-07-10]. https：//www.iyiou.com/p/74904.html.

地区的境外管辖区，或者受到来自这些管辖区的访问。

此类管辖区可能设有不同的数据保护法，甚至未设立相关法律。在此类情况下，我们会确保您的个人信息得到在中华人民共和国境内足够同等的保护。例如，我们会请求您对跨境转移个人信息的同意，或者在跨境数据转移之前实施数据去标识化等安全举措。

同时模板对编写有关于数据跨境传输的隐私政策提出要求：

如果因业务需求、政府和司法监管要求存在跨境信息传输情况，需详细说明需要进行跨境传输的数据类型，以及跨境传输遵守的标准、协议和法律机制（合同等）。

《个人信息安全规范》9.8条规定了个人信息跨境传输要求："在中华人民共和国境内运营中收集和产生的个人信息向境外提供的，个人信息控制者应遵循国家相关规定和相关标准的要求。"当互联网平台涉及个人信息出境时，应当告知用户个人信息涉及出境的情形，同时，平台应开展个人信息出境相关的安全评估工作，降低数据出境风险。

其中，相关规定主要指向《个人信息和重要数据出境安全评估办法（征求意见稿）》，相关标准主要指向国家标准《信息安全技术　数据出境安全评估指南（草案）》（以下简称《评估指南》）。网络运营者在我国境内运营中收集和产生的个人信息和重要数据，因业务需要向境外提供的，应进行安全评估。《评估办法》是《网络安全法》的重要配套办法，旨在保障数据出境引发的流动性安全问题。

《评估办法》中的适用对象明显扩展了《网络安全法》第37条中所描述跨境传输需要进行安全评估的业务主体即"关键信息基础设施的运营者"，而转变为包括网络的所有者、管理者和网络服务提供者在内的所有网络运营者。其中，平台有可能基于《评估办法》第9条中的"含有或累计含有50万人以上的个人信息""数据量超过1000GB""其他可能影响国家安全和社会公共利益，行业主管或监管部门认为应该评估"等情况，应报请行业主管或监管部门组织安全评估。

按照《评估办法》，个人信息出境，应向个人信息主体说明数据出境的目的、范围、内容、接收方及接收方所在的国家或地区，并经其同意。未成年人个人信息出境须经其监护人同意。网络运营者即平台企业应在数据出境前，自行组织对数据出境进行安全评估，并对评估结果负责。数据出境安全评估应重点评估以下内容：(1) 数据出境的必要性；(2) 涉及个人信息情况，包括个人信息的数量、范围、类型、敏感程度，以及个人信息主体是否同意其个人信息出境等；(3) 涉及重要数据情况，包括重要数据的数量、范围、类型及其敏感程度等；(4) 数据接收方的安全保护措施、能力和水平，以及所在国家和地区的网络安全环境等；(5) 数据出境及再转移后被泄露、毁损、篡改、滥用等风险；(6) 数据出境及出境数据汇聚可能对国家安全、社会公共利益、个人合法利益带来的风险；(7) 其他需要评估的重要事项。网络运营者应根据业务发展和网络运营情况，每年对数据出境至少进行一次安全评估，及时将评估情况报行业主管或监管部门。当数据接收方出现变更，数据出境目的、范围、数量、类型等发生较大变化，数据接收方或出境数据发生重大安全事件时，应及时重新进行安全评估。

《评估指南》附录 A 中罗列了 28 类重要数据，其中与平台服务相关的包括 A.5.3 安全保障类数据、A.19.2 自然人、法人和其他组织金融信息等。附录 B 中按照个人信息类型和敏感程度、个人信息数量、个人信息范围、个人信息技术处理情况、个人权益影响等级判定评估个人信息出境对个人权益产生的影响等级，按照重要数据类型、重要数据数量、重要数据范围、重要数据技术处理情况、国家安全和社会公共利益受影响等级判定评估重要数据出境对国家安全、社会公共利益产生的影响等级，评估发送方的安全保障能力等级、评估接收方的安全保障能力等级、接收方安全保障能力赋值、评估接收方所在国家或区域的政治法律环境，以评估安全事件的可能性等级。

我国《评估办法》《评估指南》与 GDPR 数据出境安全评估制度对比见表 6–2。

表 6–2　我国《评估办法》《评估指南》与 GDPR 数据出境安全评估制度对比表

对比事项	《评估办法》《评估指南》	GDPR
适用主体	网络运营者	为欧盟内的数据主体提供有偿商品或服务、监控发生在欧洲范围内的数据主体活动的数据控制者、处理者
数据出境评估方法	网络运营者需对所有数据出境进行自行评估	白名单机制：保护充分性地区
	对满足相应条件的数据出境，网络运营者需报告行业监管部门或国家网信部门进行评估	例外场景：1. 主体同意、执行合同需要、法律允许或公共利益；2. 有效的法律补救措施；3. 一次性的有限数据转移，且转移对于强制法律权利的目的是必要的
	合法正当、风险可控（包括经个人信息主体同意的，个人信息可以出境）	充分保障措施：1. 标准合同文本机制（SCC）；2. 有约束力公司规则机制（BCR）
出境数据的特征	数量、范围、类型、敏感程度，以及出境数据汇聚可能对国家安全、社会公共利益、个人合法利益带来风险。数据只限于个人信息和重要数据，重要数据是对国家而言，而不是针对企业和个人	符合“传输不重复、与少量数据主体相关、令人信服的合法利益、必要的、提供相关保障”等数据流动的合法条件，则允许跨境传输[1]
数据接收方保护数据的能力	可用于降低数据出境安全风险的措施包括提升数据发送方安全保障能力	数据控制者或处理者对于个人信息出境后的情况应当有充分的控制力，此种控制力建立在有法律效力的公司准则与同接收者之间有法律强制力的协议或标准数据保护条款上，监管部门将对上述公司准则或标准条款进行审查
数据接收方国家或地区的网络安全状况	数据出境计划内容包括中转国家和地区（如存在）、数据接收方及其所在的国家或地区的基本情况，以评估计划是否安全可控；可用于降低数据出境安全风险的措施包括更换数据保护水平更高的接收方、选择政治法律环境保障能力较强地区的数据接收方等[2]	个人信息出境的目标国应当能够为出境数据提供充分法律保护，欧盟将评估目标国现状，并建立白名单制度，对符合要求的国家或地区予以公布

[1] 京东法律研究院．欧盟数据宪章：《一般数据保护条例》GDPR 评述及实务指引 [M]. 北京：法律出版社，2018：31.

[2] 根据《评估指南》5.2.6.1 只涉及个人信息出境时，对数据接收方所在国家或地区的政治法律环境的评估应包括：a）该国家或地区现行的个人信息保护法律、法规、标准情况，与我国个人信息保护

总体而言，GDPR 中跨境数据流动的合规方法主要是梳理数据传输目标国的数据保护立法状况、监管力度以及与目标国订立的国际条约等。在企业内部跨境流转数据时，应制定完善的公司准则；向外部提供数据时，应订立具有法律强制力的标准合同或者标准数据保护条款。❶相较于欧洲需要跨越欧洲经济区进行数据保护合规的重重障碍，对于企业来说，亚太地区获得亚太经合组织体系下的跨国隐私规则认证，则较为容易。❷

在调研中，有网站和 App 中的隐私政策中提到“为帮助我们提供平台和支付服务，我们可以在因共同所有权或控制权而相关联的企业集团公司（包括金融实体和非金融实体）内部分享您的信息（包括个人信息）”。其分享对象中包含境外对象。但是隐私政策全文并未明确说明在中国境内运营产生的数据的存储地点及出境传输情形，也未提及相应的评估实施情况。在“隐私政策”的“全球运营”小节，未提及任何关于中国境内运营产生的个人信息出境的相关情况、实施的安全评估、采取的安全措施等情况。建议适时梳理出境的个人信息并开展个人信息出境安全自评估，同时在“隐私政策”中加入对关于中国境内运营产生的个人信息出境情况的特别描述，可以考虑用链接方式引到单独的说明文档。在隐私政策中，平台应当说明个人信息在使用过程中涉及的地理区域，

法律、法规、标准提供的保护水平相比较的差异性；b）该国家或地区加入的区域或全球性的个人信息保护方面的机制，以及所做出的具有约束力的承诺;c）该国家或地区落实个人信息保护的机制，如是否具有法定的个人信息保护机构、相关司法机制、行业自律协会和自律机制等，以及为个人提供的行政和司法救济渠道的有效性。5.2.6.2 涉及重要数据出境时，对数据接收方所在国家或地区的政治法律环境评估包括：a）标准 5.2.6.1 的评估内容；b）该国家或地区在数据安全方面现行的法律、法规、标准情况；c）该国家或地区落实数据安全的机制，如网络安全或数据安全方面的主管机构、相关司法机制、行业自律协会和自律机制等；d）该国家或地区政府，包括执法、国防、国家安全等部门调取数据的法律权力；e）该国家或地区与其他国家或地区之间有关数据流通、共享等方面的双边或多边协定，包括在执法、监管等方面数据流通、共享的双多边协定。

❶ 喻劼，杨诚 . 以欧盟通用数据保护条例（GDPR）与中国网络安全法为例浅谈跨国企业个人数据跨境重点问题与合规建议 [EB/OL].（2018–11–28）[2021–07–12]. https：//www.sohu.com/a/168988689_658347.

❷ 狄乐达 . 数据隐私法实务指南：以跨国公司合规为视角 [M]. 何广越，译 . 北京：法律出版社，2018：53.

如个人信息存储和备份的地域，个人信息传输过程中涉及的地域范围；如果个人信息存在跨境传输情况，需单独列出或重点标识。

平台可以结合自身的业务流程，制定统一标准，对业务中涉及的信息进行定义与甄别，对于待脱敏的个人信息以及建立信息保护合规制度，可按照各法域中较高的标准，以统一手段进行处理，建立跨区域的、统一的公司数据保护准则，制定标准化的数据保护条款，并以此为蓝本在具体适用于某一司法辖区时进行属地化调整。❶

第二节　个人信息保护法规

一、主要国家地区个人信息保护法规

（一）美国：联邦与各州

美国是较早启动个人信息保护规制的国家，立法总体进程伴随 20 世纪 60 年代计算机科学技术的兴起。目前看来，美国个人信息保护规则呈现“联邦 – 各州”的两级立法体制，立法坚持在数据自由流通基础上保护个人信息的基本原则。

1. 联邦个人信息保护规则

就总体框架而言，美国联邦国会、职能部委确立了个人信息保护的一般规则。

一般性的规则，主要包括 1966 年美国国会发布的《信息自由法案》（*Freedom of Information Act*）、1970 年的《公平信用报告法》（*The Fair Credit Reporting Act*）、1974 年美国国会发布的《隐私权法案》（*Privacy Act*）、1986 年美国国会

❶ 喻劼，杨诚 . 以欧盟通用数据保护条例（GDPR）与中国网络安全法为例浅谈跨国企业个人数据跨境重点问题与合规建议 [EB/OL].（2018–11–28）[2021–07–12]. https：//www.sohu.com/a/168988689_658347.

发布的《电子通信隐私法案》(*The Electronic Communication Privacy Act*)、1998年美国商务部发布的《有效保护隐私权的自律规范》(*Elements of Effective Self-Regulation for Protection of Privacy*)、2009年的《个人数据隐私与安全法案》(*Personal Data Privacy and Security Act*)、2015年美国国会发布的《数据安全与泄漏事件通报法案》(*Data Security and Breach Notification Act*)。

1974年的《隐私权法案》是美国首部保护个人信息的专门立法，其效力及于美国公民和在美国取得永久居留权的外国人，规制对象主要是联邦政府、部、委员会等机构，不及于州政府，也不及于民间企业、社会组织等。该法案明确了信息主体的系列权利，包括："信息自决权"，即决定是否处理自己信息的权利，这一权利需要建立在知情同意的基础上，因此禁止未经本人同意的信息处理行为；"信息查询权"，即查询并访问个人信息的权利，信息主体有权查询并知悉信息处理者是否存储了个人信息；"信息修改权"，即对收集处理不准确、不完全不新颖的个人信息，有权请求信息处理者进行修改。与之相应，信息处理者（该法案中主要指处理个人信息的政府机关），承担相应的告知义务，以及保持信息准确性、及时性和完整性的义务，同时不得处理与信息处理目的无关的个人信息。2020年，由联邦司法部隐私和公民自由办公室（Department of Justice's Office of Privacy and Civil Liberties，OPCL）编写的"1974年隐私法重述"对隐私法各种条款进行了讨论，涉及该法禁止披露案件的法院判决相关内容的访问和修改的规定，以及相应机构记录保存要求。

2009年联邦发布的《个人数据隐私与安全法案》于2014年修订并适用至今。该规则将规制对象扩大至企业、社会组织等多元信息处理主体。2014年《个人数据隐私和安全法案》将"敏感的个人身份信息"定义为：①电子或数字形式的数据元素的指定组合，例如个人姓名、家庭住址或电话号码、母亲的婚前姓氏，以及出生日期；②未删减的社会安全号码、驾照号码、护照号码或政府颁发的唯一识别号码；③独特的生物特征数据；④唯一的账户标识符；⑤任何可用于生成此类代码或密码的安全代码、访问代码、密码或安全代码。

2015年的《数据安全与泄漏事件通报法案》效力及于使用、访问、传输、存储、处置或收集未加密的非公开个人信息的非营利组织：①实施安全措施以保护电子信息免受未经授权的访问和获取；②在发现安全漏洞后恢复其数据系统的完整性、安全性和机密性；③确定违规行为是否存在导致个人信息被盗、经济损失或损害或财务欺诈的风险。违规通知必须发送至：①受影响的美国居民；②联邦贸易委员会和美国特勤局或联邦调查局，如果未经授权的人访问和获取超过10 000名 个人的个人信息；③消费者报告机构，如果必须向超过10 000人提供通知。

行业性、专门性保护规则相继出台，在情景化的维度上补充支持前述一般保护规则：1978年的《金融隐私权法案》（*Right to Financial Privacy Act*），1988年美国国会发布的《录像带隐私保护法案》，1996年美国国会发布的《健康保险携带和责任法案》（*The Health Insurance Portability and Accountability Act*）、《电讯法》（*Telecommunication Act*），1998年美国国会发布的《儿童在线隐私保护法案》（*The Children's Online Privacy Protection Act*），1999年《金融服务现代化法案》（*Financial Services Modernization Act*），2010年美联储等发布的《身份信息盗窃红旗规则》（*ID Theft Red Flags Rule*）、《有限通信隐私权法案》（*Cable Communication Policy Act*）、跨国数据转移cloud法案，2020年《物联网网络改进法案》。

1998年的《儿童在线隐私保护法案》首开美国专门性个人信息保护规制先河。该法案通过为父母提供监控工具来保护孩子的隐私。该法案要求委员会颁布法规，要求面向13岁以下儿童或有意收集13岁以下儿童的个人信息的商业网站和在线服务的运营商：（a）就有关信息的收集通知父母；（b）就收集、使用或披露儿童的个人信息获得父母同意；（c）让父母可以阻止进一步维护、使用，或未来收集儿童的个人信息；（d）允许父母访问其孩子的个人信息；（e）不要求儿童提供超出参与活动合理必要的个人信息；（f）维持合理的程序以保护个人信息的机密性、安全性和完整性。为了鼓励积极的行业自律，该法案还包括一项“安全港”条款，允许行业团体和其他人请求委员会批准自律指南，以参与管理网站对规则的遵守情况。

2. 美国各州个人信息保护立法

美国加利福尼亚州首开各州个人信息保护立法的先河。2018 年的《加利福尼亚州消费者隐私法》(*California Consumer Privacy Act*，CCPA)是美国首部关于数据隐私的全面立法。2020 年加利福尼亚州的选民通过了《加利福尼亚州隐私权法案》(CPRA)第 24 号提案，通常被称为“2020 年加利福尼亚隐私权法案”。CPRA 为加利福尼亚州的消费者提供重要的补充权利，为所涵盖的企业设定新的合规义务，建立新的执法机构，并规定数据最小化和保留义务。CPRA 于 2023 年 1 月 1 日生效，为加利福尼亚州的服务提供商提供了综合性的隐私框架，对 CCPA 进行了实质性修正。CPRA 中，通过企业的总收入、数据处理活动的范围等确定适用 CCPA 的企业类型，并且设立了新的监管机构。加利福尼亚州居民可以根据 CPRA 要求企业更正其存储和控制的不准确的个人信息，可以要求企业将敏感个人信息适用于法律规定的特定目的。

CPRA 创建了加利福尼亚隐私保护机构(CalPPA)，该机构将具有行政权力和执行 CPRA 的能力，包括某些审核权。CalPPA 的建立可能会导致 CPRA 的执法力度超出 CCPA 所见。此外，CPRA 还有效地扩大了责任范围。保护儿童隐私的罚款增加了三倍：如果 16 岁以下儿童信息的收集和销售违反了 CCPA，CPRA 将把 CCPA 的罚款增加三倍。这将是该实体根据《儿童在线隐私保护法案》可能面临的义务和罚款的补充，该法规范了针对 13 岁以下儿童的信息收集。

2018 年佛蒙特州的《数据经纪法案》(*The Vermont Act of 2018*，*Data Broker Regulation*)提供了数据流通与数据保护。美国佛蒙特州颁布了一项针对买卖个人信息的数据中间商的法律，该法律要求佛蒙特州的数据代理商必须登记注册，并且按照统一的标准对用户数据进行保护。这是全美首个通过法律对数据代理商进行监管的州。根据这条法案，数据代理商(data broker)是指收集和销售与其没有直接关系的消费者的数据的企业，它们从浏览记录、订阅信息等各种渠道收集信息，然后对数据进行整理、分析，并将这些数据打包出售给第三方。该法案规定，数据代理商必须每年向佛蒙特州支付 100 美元进行注册，并要求它们告知消费者，它们是如何收集信息的，消费者是否可以退出信息收集，如果可以，如何退出。根据该法律，佛蒙特州内的数据经纪人在处理时必须遵守各种要求，包括佛蒙特州居民的“中介个人信息”或 BPI。根据佛蒙特州数据经纪人条例，BPI 被定义为“一种或多种数据类型”，如“姓名、地址、出生日期、出生地点、母亲的婚前姓名、独特的生物特征数据、成员的姓名或地址。消费者的直系亲属或家庭、SSN 或政府颁发的身份证件”，或“其他信息，单独或与其他出售或许可的信息结合，将允许合理的人以合理的确定性识别消费者的身份。”❶

（二）欧盟

1993 年的《马斯特里赫特条约》生效标志着欧盟的成立，传统欧洲共同体从经济实体向经济政治实体过渡，使欧盟议会、欧盟理事会的立法权限高于各成员国。此后，保护个人信息的规则拟定，一直是欧盟立法事权的重要内容，保护个人信息的行业性、专门性规则，由各成员国在主权国家范围内做出相应调整。与此同时，欧盟的国家联合体属性，使个人信息保护的相关立法关注成员国与非成员国的规制区分问题。

首先，欧盟多次推动欧盟层面个人信息保护的立法，立法成为各成员国保护个人信息专门立法的框架性准则。

（1）1995 年，欧盟议会和欧盟理事会通过《数据保护指令》（*Data Protection Directive*），全称《关于在个人数据处理过程中保护当事人及此类数据自由流通的指令》（*Directive 95/46/EC On the Protection of Individuals with Regard to the Processing of Personal Data and on Movement of Such Data*）。指令要求欧盟各成员国在欧盟统一立法框架内保护个人信息，为此，各成员国相继修订或制定信息保护相关立法。

❶ The Vermont Act of 2018，Data Broker Regulation [EB/OL]. [2022–07–19]. https：//ago.vermont.gov/wp–content/uploads/ 2018/12/2018–12–11–VT–Data–Broker–Regulation–Guidance.pdf.

（2）2002 年，欧盟理事会和欧洲议会共同颁布了《电子隐私权指令》（*E-Privacy Directive*），全称为《关于电子通信领域个人数据处理及保护隐私权的指令》（*Directive 2002/58 on Privacy and Electronic Communications*）。

《通用数据保护条例》（*General Data Protection Regulation*，GDPR，2018）。GDPR 是一部统一的法律，并作为欧盟各国准据法，欧盟各国可依据 GDPR 制定保护标准不低于 GDPR 的国内法，适用于对欧盟数据主体的个人数据处理，即使控制者和处理者没有设立在欧盟各国。只有在适用以下至少一条的情况下，处理视为合法：（a）数据主体同意为一个或多个特定目的处理其个人数据；（b）数据处理是数据主体执行合同的必要条件，抑或是为了在签订合同之前应数据主体的请求而采取的措施；（c）数据处理是数据控制人履行法律义务所必要；（d）为了保护数据主体或其他自然人的切身利益，数据处理是必要的；（e）为了执行公共利益领域的任务或行使控制者既定的公务职权，数据处理是必要的；（f）控制者或者第三方为了追求合法利益，数据处理是必要的，除非这些利益与数据主体的利益或基本权利和自由相冲突，这种情况下要优先保护个人数据，特别是当数据主体是未成年人时。前第一款（f）项不适用于政府当局在履行其职责时进行的处理。为了实现上述目的，GDPR 对个人信息保护中可能涉及的关键法律关系进行了全面的界定，关键概念包括但不限于：个人数据、处理、处理限制、剖析、匿名化、整理汇集系统、控制者、处理者、接收者、第三方、同意、个人数据外泄、基因数据、生物识别数据、有关健康的数据、主营业地、代表、企业、企业团体、约束性企业规则、监管机构、有关监管机构、跨境处理、相关与合理异议、信息社会服务、国际组织等。❶

其次，随着立法进程的推进，欧盟进一步推动“数据流通市场”的监管态势。

2020 年 12 月 15 日通过《数据市场法案》（*Digital Market Act*），该法案旨

❶ General Data Protection Regulation [EB/OL]. [2022-07-19]. https：//eur-lex.europa.eu/eli/reg/2016/679/oj.

在通过确保整个联盟中存在守门人的市场是可竞争和公平的，从而促进数字服务单一市场的正常运作。在此背景下，该提案仅关注业务用户和最终用户使用最广泛的数字服务（核心平台服务），由此从内部市场的角度来看，对竞争性弱和守门人不公平做法的担忧更为明显。该法案范围内的核心平台服务：① 高度集中的服务，通常由一个或极少数大型在线平台设置商业条件，使其（潜在）挑战者、客户或消费者享有相当大的自主权；② 依赖少数大型在线平台作为企业用户接触客户并与客户互动的网关；③ 核心平台服务提供商的权力往往通过对经济上依赖的商业用户的不公平行为而被滥用和客户。❶

2020 年 12 月 15 日通过的《数据服务法案》（*Digital Services Act*）对不同类型的企业规定了不对称的尽职调查义务。数字服务提供商的尽职调查义务取决于其服务的性质和规模，以确保他们的服务不会被滥用于非法活动确保在线环境安全。某些实质性义务仅限于大型在线平台，在促进公共辩论和经济交易方面发挥系统性作用。微型或者小型供应商只需承担与其能力和规模相称的义务。在欧盟以外设立的数字服务提供商，在欧盟范围内提供服务的，该条例要求其在联盟中任命一名法定代表人确保有效监督，并在必要时执行。

2020 年 11 月 25 日通过的《数据治理法案》（*Data Governance Act*）旨在通过增加对数据中介的信任和加强数据的可用性提升整个欧盟的数据共享机制。该法案将解决以下问题情况：① 提供公共部门数据以供重复使用，在此类数据丢失的情况下受制于他人的权利；② 在企业之间共享数据，反对任何形式的报酬；③ 允许在"个人数据共享"的帮助下使用个人数据中介"，旨在帮助个人行使一般规定下的权利数据保护条例（GDPR）；④ 允许以无私的理由使用数据。❷

---

❶ Digital Market Act [EB/OL]. [2022-07-19]. https：//eur-lex.europa.eu/legal-content/EN/TXT/HTML/?uri=CELEX：52020PC0842&from=en.

❷ Data Governance Act [EB/OL]. [2022-07-19]. https：//eur-lex.europa.eu/legal-content/EN/TXT/?uri=CELEX%3A52020PC0767.

（三）加拿大：联邦与各州

1. 联邦立法

保护个人信息的联邦层面立法，主要包括《隐私法》和《个人信息保护与电子文件法》。《隐私法》（*The Privacy Act*）生效于 1983 年，主要是规范加拿大 150 个联邦政府部门和机构收集、使用和披露个人信息时的行为，各部门和机构应当尊重公民隐私的义务，公民可以依据该法案更正联邦机构持有的个人信息。《个人信息保护与电子文件法》（*Personal Information Protection and Electronic Documents Act*，PIPEDA）生效于 2001 年，主要规范加拿大私营组织、企业在商业活动过程中收集、使用或披露个人信息的行为，个人有权利对前述组织收集的个人信息行使查阅和要求更改的权利。

《隐私法》包含一套处理个人信息的规则。它规定了联邦机构如何收集、使用、保留和披露个人信息的基本框架。例如，政府收集的个人信息，仅限于与正在进行的计划或活动直接相关的个人信息。同样，如果信息用于做出影响公民权利的约定，那么就应当符合下列条件：经过权利人的同意再进行收集，且应准确，并保留一定的期限。对于加拿大公民，或者实际居住在加拿大的居民，法案还赋予其请求访问联邦机构正持有的个人信息，并且可以要求更正内容不准确的信息。

《个人信息保护与电子文件法》目的是在技术日益促进信息流通和交换的时代，制定规则，以承认个人隐私权的方式来管理个人信息的收集、使用和披露。《个人信息保护与电子文件法》一般适用于：① 在加拿大曼尼托巴省、新不伦瑞克省、纽芬兰省和拉布拉多省，西北地区，新斯科舍省、努纳武特省、安大略省、爱德华王子岛省、萨斯喀彻温省或育空地区开展业务的私营组织收集、使用或披露个人信息，但不处理员工信息。② 在加拿大开展业务的私营组织在收集、使用或披露个人信息时跨越省级或国家边界，而不是处理员工信息。③ 在加拿大从事商业活动的联邦监管机构，如银行、航空公司、电话或广播公司等，收集、使用或披露个人信息，包括处理健康信息和员工信息。[1]

2. 各州专门立法

加拿大部分省对个人信息保护进行了立法，在内容、功能上与联邦隐私保护立法保持一致。2003 年，魁北克省率先制定省内个人数据保护法并生效，同年，该省内立法被联邦国会确立为与联邦立法“实质性相似”。2004 年起，艾伯塔省、萨斯喀彻温省、马尼托巴省等制定省内健康资料、金融数据等隐私立法，并向联邦国会做出报告。

一些省的隐私立法被认为与《个人信息保护与电子文件法》“实质上相似”，这意味着在某些情况下它会被应用，而不是《个人信息保护与电子文件法》。

首先，艾伯塔省、不列颠哥伦比亚省和魁北克省都有私营部门立法，这些立法被宣布为“实质上相似”，将适用于在这些省内开展业务时收集、使用和披露个人信息的私营部门企业。包括：艾伯塔省的《个人信息保护法》、不列颠哥伦比亚省的《个人信息保护法》、魁北克省的《关于保护私营部门个人信息的法案》。

其次，安大略省，新不伦瑞克省以及纽芬兰省和拉布拉多省都有隐私权立法，适用于与健康信息管理机构。已经宣布大致类似于《个人信息保护与电子文件法》的健康信息包括：安大略省的《个人健康信息保护法》、新不伦瑞克的《个人健康信息隐私和访问法案》、纽芬兰与拉布拉多省的《个人健康信息法案》。

再次，虽然其他省和地区也通过了自己的健康隐私法，但这些法律并没有被宣布为与《个人信息保护与电子文件法》大致相似。因此在某些情况下，《个人信息保护与电子文件法》可能仍适用。

最后，一些省已经通过了适用于员工信息的隐私法律。包括：艾伯塔省的《个人信息保护法》、不列颠哥伦比亚省的《个人信息保护法》。

---

[1] Personal Information Protection and Electronic Documents Act [EB/OL]. [2022-07-19]. https：//laws-lois.justice.gc.ca/eng/acts/P-8.6/index.html.

（四）日本：以信息处理者为基准立法

日本个人信息保护的相关立法兴起于21世纪初期，立法主要针对信息处理者的不同主体展开。早在1997年，日本通商产业省颁布《关于保护民间部门电子计算机处理所涉及个人信息的指南》（简称“通产省指南”）。根据通产省指南，日本各财团法人开始运作“隐私表示”制度保护个人信息。2005年，日本政府颁布《个人信息保护法》，规制日本国内企业、事业单位作为信息处理者的行为。随着信息技术的发展和保护个人信息的情势变迁，日本《个人信息保护法》于2015年进行了大幅度修订，于2017年正式生效。

日本《个人信息保护法》包括个人信息的获取利用规则、保存规则、提供个人信息应当遵守的事项、记录事项之保存期限、向外国第三方提供个人信息应当遵守事项、对个人信息的“披露请求应对”时应遵守的事项、罚则，等等。该法的立法目的在于规制国家、地方公共团体、企业组织等处理个人信息的行为，确保个人信息的有效利用，助力经济社会和居民生活福利等。

除《个人信息保护法》以外，日本还制定了规制国家行政机关的《行政机关个人信息保护法案》，规制独立行政法人的《独立行政法人个人信息保护法案》，以及规制地方公共团体的《个人信息保护条例》等。

2019年1月，欧盟和日本承认彼此的数据保护制度是“适当的”水平。此后，日本个人信息保护委员会对日本《个人信息保护法》提出了重大修改，旨在进一步加强日本的数据主体权利。拟议的修正案将突出数据浏览、数据访问、数据删除、数据泄露、相应制裁等方面做出完善。2020年日本国会常会期间被起草成法律，列入议程。

（五）其他国家和地区：专门立法及其修正

根据2020年国际隐私专家协会（International Association of Privacy Professionals，IAPP）的《2020年全球立法预测白皮书》，其他主要国家个人信息保护的立法情况主要体现为：

澳大利亚 1988 年出台《隐私法》，2012 年、2018 年通过《隐私法修正案》。

英国于 2020 年 1 月 31 日退出欧盟，英国脱欧过渡期间暂时沿用 GDPR。过渡期结束之后，英国的专门立法将会取代欧盟的 GDPR。双方未来可能就此会达成相关协议。

印度 2000 年出台《信息技术法案》，2008 年、2011 年修订。

韩国 2011 年出台《个人信息保护法》，2020—2021 年连续三次修订。

马来西亚 2010 年出台《个人资料保护法》，2013 年 11 月 15 日生效。

新西兰 1993 年出台《隐私法案》，2018 年进行了大幅修订。

菲律宾 2012 年出台《资料隐私法案》。

新加坡 2013 年出台《个人信息保护法案》，拟修订并将在 2023 年底前以新措施保护个人数据。

巴西 2018 年通过了《通用数据保护法》，将于 2020 年 8 月生效。

阿根廷 2000 年出台《个人数据保护法案》，2018 年提出修正案。

二、我国现行个人信息保护法规

（一）法律及相关法律规定

对于我国关于个人信息保护的法律及相关法律规定，可以将 2015 年《刑法修正案（九）》中的“违反国家有关规定”的司法解释作为起点。2015 年颁布的《刑法修正案（九）》对我国《刑法》第 253 条之一进行了修改，修改后的第 253 条之一第 1 款内容为：“违反国家有关规定，向他人出售或者提供公民个人信息，情节严重的，处三年以下有期徒刑或者拘役，并处或者单处罚金；情节特别严重的，处三年以上七年以下有期徒刑，并处罚金。”法条所指的“违反国家有关规定”，在 2017 年《最高人民法院、最高人民检察院关于办理侵犯公民个人信息刑事案件适用法律若干问题的解释》第 2 条作出了解释，“违反法律、行政法规、部门规章有关公民个人信息保护的规定的，应当认定为刑法第二百五十三条之一规定的‘违反国家有关规定’”。

由此可见，侵害个人信息的法律关系，至少受到“1+4+9”的现行规范的调整。保护个人信息的现行规范体系，主要包括1部专门性立法，4部直接相关的立法，9部已经生效或颁布尚未生效的部门规章。2021年《个人信息保护法》，在个人信息处理规则、个人信息跨境提供规则、个人在个人信息处理活动中的权利、个人信息处理者的义务、履行个人信息保护职责的监管部门等，基本明确了民事侵权责任、行政监管责任、刑事责任在不同情节下的适用。除此以外，2021年《数据安全法》、2020年《民法典》、2017年《网络安全法》、2015年《刑法修正案（九）》四部相关立法，都有因应个人信息保护的直接条款。

单一监管机构拟订的部门规章也开始探索敏感个人信息专项监管的规制路径，这类规章包括：国家互联网信息办公室的《儿童个人信息网络保护规定》（2019）、《个人信息出境安全评估办法（征求意见稿）》，工业和信息化部的《信息安全技术 公共及商用服务信息系统个人信息保护指南》（2013）、《移动互联网应用程序个人信息保护管理暂行规定》，公安部的《互联网个人信息安全保护指南》（2019）。

多部门联合拟订的部门规章针对信息处理平台实施监管，这类规章至少包括：App专项治理工作组的《App违法违规收集使用个人信息自评估指南》（2019），以及不同部委合作制定的《App违法违规收集使用个人信息行为认定办法》（2019）、《信息安全技术 移动互联网应用程序（App）收集个人信息基本规范（征求意见稿）》《常见类型移动互联网应用程序必要个人信息范围规定》（2021）。

此外，与个人信息保护有关的其他司法解释还有：《最高人民法院关于审理利用信息网络侵害人身权益民事纠纷案件适用法律若干问题的规定》（2014–10–11）;《最高人民法院关于审理侵害信息网络传播权民事纠纷案件适用法律若干问题的规定》（2014–10–11）;《最高人民法院、最高人民检察院关于办理利用信息网络实施诽谤等刑事案件适用法律若干问题的解释》（2013–09–07）;《最高人民法院、最高人民检察院关于办理利用互联网、移动通讯终端、声讯台制作、复制、出版、贩卖、传播淫秽电子信息刑事案件具体应用法律若干问题的解释（二）》

（2010-02-03）《最高人民法院、最高人民检察院关于办理利用互联网、移动通讯终端、声讯台制作、复制、出版、贩卖、传播淫秽电子信息刑事案件具体应用法律若干问题的解释》（2004-09-30）；等等。

（二）其他规定：标准与指南

个人信息保护的一般技术标准已经相对成熟，由国家信息安全标准化技术委员会主导的国家级技术标准已经有 9 个待生效，3 个现行有效。全国信息安全标准化技术委员会制定已生效技术标准 3 个：《GB/T 35273—2020 信息安全技术 个人信息安全规范》（2020 年 10 月 1 日起实施）、《GB/T 34978—2017 信息安全技术　移动智能终端个人信息保护技术要求》（2018 年 5 月 1 日起实施）、《网络安全实践指南——移动互联网应用基本业务功能必要信息规范》（2019 年 6 月发布）。

全国信息安全标准化技术委员会制定未生效技术标准 9 个：《信息安全技术 个人信息告知同意指南（征求意见稿）》《信息安全技术 个人信息去标识化指南（征求意见稿）》《信息安全技术 个人信息安全影响评估指南（征求意见稿）》《信息安全技术 信息安全风险评估规范》《信息安全技术 个人信息安全工程指南（征求意见稿）》《信息安全技术 移动互联网应用程序（App）收集个人信息基本规范（征求意见稿）》《网络安全标准实践指南——移动互联网应用程序（App）收集使用个人信息自评估指南（征求意见稿）》《网络安全标准实践指南——移动互联网应用程序（App）个人信息安全防范指引（征求意见稿）》《信息技术安全技术 生物特征识别信息的保护要求（征求意见稿）》。

这类一般性的通用技术标准，解决了“去标识化”“匿名化”“知情同意”“生物特征识别”等法律概念在技术层面的可表述性、可操作性。例如，根据全国信息安全标准化技术委员会《信息安全技术 个人信息安全规范》（GB/T35273—2020）的解释，个人信息主体的同意包括明示同意和授权同意，前者是“通过书面、口头等方式主动做出纸质或电子形式的声明，或者自主做出肯定性的动作，对其个人信息进行特定处理作出明确授权的行为”。

三、我国个人信息保护规则的核心要义

（一）规制目的：应对数字化时代个人信息保护的挑战

数字化时代个人信息保护面临的挑战：

（1）非法处理个人信息，侵扰私人生活安宁、侵害人身和财产权益。

（2）企业对数据资源的竞争日益激烈。

（3）个人信息保护和跨境流动成为国际经贸和投资谈判的重要议题，包括但不限于以下国际协议：欧美安全港协议（2015 年被认定无效）、欧美隐私盾协议（2020 年被认定无效）、《全面与进步跨太平洋伙伴关系协定》（*Comprehensive and Progressive Agreement for Trans–Pacific Partnership*，CPTPP，2017）、《区域全面经济伙伴关系》（*Regional Comprehensive Economic Partnership*，RCEP，2020）等。

（二）我国推进数字化发展的立法实践

全国人大常委会于 2000 年起通过了《全国人大常委会关于维护互联网安全的决定》（2000），此后，我国推进数字化发展的立法实践正式启动。2012 年，全国人大常委会通过《关于加强网络信息保护的决定》，确立了个人信息保护的基本原则。2016 年通过《网络安全法》，建立了个人信息保护的主要制度规则；2020 年编纂出台《民法典》，将个人信息保护作为一项重要制度做出规定。2021 年，《个人信息保护法》进一步完善相关制度，增强法律的系统性、权威性和针对性。

（三）我国个人信息保护的主要内容和特点

1. 主要内容

确立个人信息保护的基本原则；构建以“告知—同意”为核心的个人信息处理规则；严格保护敏感个人信息；规范国家机关处理个人信息的活动；赋予个人充分的权利；强化个人信息处理者的义务；构建清晰、系统的个人信息跨境提供规则；设置严格的法律责任。

2. 特点

把握好立足国情与借鉴国际经验的关系；把握好解决突出问题和保持适度前瞻性的关系；把握好个人信息保护和利用的关系；把握好个人信息保护法与其他法律的关系。

第七章　网络犯罪治理态势概览（二）

第一节　区块链规制现状

自 2008 年区块链技术问世以来，其应用价值得到了较为充分的认可。2016 年工业和信息化部发布的《中国区块链技术和应用发展白皮书》将区块链技术定义为“分布式数据存储、点对点传输、共识机制、加密算法等计算机技术在互联网时代的创新应用模式”。2017 年工业和信息化部发布的《区块链参考架构》进一步将区块链定义为：一种数据管理模式，这种模式经由透明、互信的链式结构得以实现。2019 年 10 月 24 日，习近平总书记在主持中共中央政治局第十八次集体学习时强调，把区块链作为核心技术自主创新重要突破口加快推动区块链技术和产业创新发展。对于区块链发展的支持，使区块链技术相关规则不断完善。

一、主要国家和地区的区块链规则

美国是区块链技术的诞生地，区块链技术自始具有去中心化、无政府主义、市场自由引导的特质。2018 年，美国国会、商务部国家标准和技术研究院等先后发布《2018 联合经济报告》《区块链术概述》《区块链技术及其在政府应用中的适用性》《区块链：背景和政策问题》等文件，探讨区块链技术概念、内涵、创新应用和法律监管。同年，美国证券交易委员会（SEC）和商品期货交易委员会（CFTC）发布《关于对虚拟货币采取措施的联合声明》。2019 年，美国参议院商业、科学和运输委员会批准了《区块链促进法案》，并出台数字加密货币或区块链政策相关法案。系列法案体现了美国认可区块链技术并鼓励技术发展，重点在金融和非金融领域推动区块链技术应用，维持美国在区块链技术创新方面的先发优势。

其他国家的区块链规制主要围绕拓展应用领域、监管数字货币两个维度展开。在英国，政府于 2016 年发布《分布式账本技术：超越区块链》白皮书，2019 年，英国金融监管机构 FCA（金融市场行为监管局）发布《加密货币资产指南》的文件。在德国，能源部与德国财政部 2019 年发布了《德国区块链战略》（*Blockchain–Strategie der Bundesregierung*），战略确定了政府在数字身份、证券和企业融资等应用领域的职责。在日本，2016 年通过《支付服务法》（PSA）修订稿，将虚拟货币列入合法支付手段，2019 年日本数字货币交易所行业协会颁布了标准和指南，包括《新币发售相关规则》及相应配套《关于新币发售相关规则的指导方针》。2020 年，西班牙政府批准了一项金融科技“沙箱”计划，旨在区块链与加密货币接受受控平台的测试；澳大利亚发布《国家区块链发展路线图》，瑞士发布新的区块链法律《区块链法案》（*Blockchain Act*），两者都旨在为区块链应用创造更多的法律安全性和更少的障碍，并将加密货币和区块链技术纳入主流。其中，瑞士的《区块链法案》在 2021 年年初开始生效。❶值得注意的是，欧盟《通用数据保护条例》出台后，欧盟委员会及时报告、修订与区块链发展相悖的规则体系，2019 年欧盟发布《区块链和通用数据保护条例如何协调》，积极对《通用数据保护条例》中与区块链技术应用和发展相冲突的地方做出报告及解释。❷

国内外标准化组织、联盟协会、研究机构等都在积极研究区块链标准化的工作，组织开展标准预研、标准制定等一系列工作。2020 年 3 月 23 日，国际证监会组织（IOSCO）发布了《全球稳定币计划》，认为全球性稳定币属于证券监管范畴。截至 2020 年 12 月，主要国际标准化组织国际电信联盟

---

❶ 零壹智库．中国区块链专利数据解读（2020）[R/OL]. 2021：5 [2021–07–12]. https://www.sgpjbg.com/baogao/30813.html；赛迪区块链研究院、赛迪智库网络安全研究所、区块链专利联盟，等．2019—2020 中国区块链专利白皮书 [EB/OL]. 2020：7–12（2020–11–13）[2021–07–12]. https://www.xdyanbao.com/doc/2il9r4390b?bd_vid=8314983933190431509；中国信息通信研究院．区块链白皮书（2020 年）[R/OL].（2020–12）[2021–07–12]. http://www.caict.ac.cn/kxyj/qwfb/bps/202012/t20201230_367315.htm.

❷ 马治国，刘慧．中国区块链法律治理规则体系化研究 [J]. 西安交通大学学报（社会科学版），2020（3）：75.

（International Telecommunication Union，ITU）、国际标准化组织（International Organization for Standardization，ISO）、电子与电子工程协会（Institute of Electrical and Electronics Engineers，IEEE）共发布区块链 / 分布式账本技术相关标准 23 项，主要聚焦技术和数据基础、信息安全与隐私两大部分。ISO 成立了专注于区块链领域的技术委员会，专门开展技术基础、身份认证、智能合约等重点方向的标准化工作。

在上述规则之下，区块链技术从金融应用领域迈向全行业层面。首先，数字货币“三强格局”渐成雏形，自 2019 年以来，美国脸书主导的 Libra（天枰市），中国人民银行牵头的 DC/EP（Digital Currency Electronic Payment），瑞典、法国等欧洲各国央行推动的 CBDC 等。其次，欧盟委员会联合研究中心（Joint Research Centre，JRC）、美国国土安全部（Department of Homeland Security，DHS）、美国能源部（Department of Energy，DOE）等在区块链存证、能源开发、环境保护、医疗资源、智慧交通、社会公益等方面探索应用领域。

二、我国当前的区块链规则体系

由于区块链技术尚在快速发展演进之中，许多领域暂时很难进行法律规范的提炼，我国当前区块链规则主要体现为非专门性立法的相关条款、行政规章、司法解释以及技术标准、指南等形式。

在基本法律的层面上，适用于区块链法律规制的条款主要包含在《民法典》有关自然人个人信息保护制度、侵权责任法相关规定；《刑法》第 253 条专门规定了“侵犯公民个人信息罪”，第 286 条“拒不履行信息网络安全义务罪”，第 287 条规定“非法利用信息网络罪”“帮助信息网络犯罪活动罪”。近年来，随着数字货币、区块链技术应用领域的拓展，《刑法》内其他侵财类犯罪条款也成为延伸调整区块链技术的法律规则。

在信息产业专门法的基础上，《网络安全法》《数据安全法》《个人信息保护法》关于“网络运营”“信息处理”“自动化决策”“数据安全”“个人信息”等重要调整对象的条款，适用于区块链技术。另有《电子签名法》《电子商务法》《全国人大常委会关于维护互联网安全的决定》《全国人大常委会关于加强网络信息保护的决定》等，成为调整区块链技术手段的常用立法。[1]

在司法解释的层面上，有 2017 年最高人民法院、最高人民检察院《关于办理侵犯公民个人信息刑事案件适用法律若干问题的解释》、2018 年最高人民法院《关于互联网法院审理案件若干问题的规定》、2021 年《人民法院在线诉讼规则》。区块链技术侵害个人信息、区块链技术司法应用等问题给予了制度上的可定和调整。

各类行政法规、部委通告等规范性文件，对区块链技术实施规范性管控。其中，国务院颁布的行政法规包括《计算机信息系统安全保护条例》《互联网信息服务管理办法》等，但是这些行政法规并未对区块链实施直接的管控。专门针对区块链技术风险的规则，包括中国人民银行联合多部委发布的《关于防范比特币风险的通知》《关于防范代币发行融资风险的公告》《关于防范以“虚拟货币”“区块链”名义进行非法集资的风险提示》《金融消费者权益保护实施办法》等。2019 年，国家互联网信息办公室通过《区块链信息服务管理规定》，此为我国首部区块链技术应用的一般性规范。2020 年，中国人民银行发布国内乃至国际金融行业的首个区块链规范《金融分布式账本技术安全规范》。与法定数字货币配套，央行规划的区块链和分布式账本技术标准体系《金融分布式账本技术应用技术参考架构》《金融分布式账本技术应用评价体系》《分布式账本贸易金融规范》等正在制定之中。[2]另外，根据赛迪区块链研究院的整理，2020 年，人民银行金融科技委员会、司法部、工信部、商务部、交通运输部等国家各部委发布与区块链政策性文件共计 59 项。截至 2020 年 12 月 31 日，中央、各部委及各省市地方政府发布区块链相关政策至少 600 项，较 2019 年增加近 8 倍。[3]

---

[1] 邓益洲．“区块链”现行法律及合规概览 [EB/OL].（2019–12–05）[2021–02–02]. https：//www.51lvh.com/article/articleDetail/6104.html.

[2] 陆洋．我国对区块链立法规制的沿袭、突破与展开 [J]. 南京邮电大学学报（社会科学版），2021（2）：32.

[3] 零壹财经，零壹智库．中国区中国区块链政策普查及监管趋势分析报告（上）[EB/OL]. [2021-02-02].

截至2020年，我国“已发布区块链分布式账本技术行业标准3项、省级地方标准5项、团体标准34项”。[❶] 虽未正式发布区块链国家标准，但是有3项正在加紧起草中。我国标准化组织、联盟协会、研究机构在区块链技术标准化方面取得进展。2016年颁布首个区块链标准《区块链参考架构》，同年，工业和信息化部信息化和软件服务公司指导发布了《中国区块链技术和应用发展白皮书》。2017年，在国际标准化组织（ISO）有关区块链术语和概念、参考架构、分类和本体等8项国际标准立项中，我国分别承担了分类和本体的编辑，以及参考架构的联合编辑职务。2018年，《信息技术区块链和分布式账本技术参考架构》作为区块链领域的首个国家标准获批立项。在区块链安全标准方面，2018年4月，全国信息安全标准化委员会开展《区块链安全技术标准研究》项目立项评审工作。2018年11月，《区块链平台安全技术要求》行业标准立项并起草，进一步明确区块链平台面临的主要威胁和安全体系架构。工信部《2019年第三批行业标准修订项目计划》涉及区块链标准项目计划5项，完成年限均为2021年。

仅就上述已经发布的42项国内标准来看，信息安全、隐私类的标准占据总数的19%，包括中国通信标准化协会（China Communications Standards Association，CCSA）的《区块链平台安全技术要求》《区块链数字资产存储与交互防护技术规范》、中国区块链技术和产业发展论坛的《区块链隐私保护规范》等。其他已经发布的团体标准包括：《区块链和分布式账本技术参考架构》、《区块链隐私计算服务指南》《区块链基础技术规范》《区块链平台基础技术要求》《区块链隐私保护规范》《区块链智能合约实施规范》《区块链技术安全通用规范》《区块链跨链实施指南》。具体行业的标准规范包括：《基于区块链技术的疫情防控信息服务平台建设指南》《金融分布式账本技术安全规范》《区块链防伪追溯数据格式通用要求》《基于区块链的数据资产交易实施指南》《基

---

https://www.sohu.com/a/454172282_100217347.

❶ 零壹财经，零壹智库. 中国区块链标准蓝皮书（2020）[EB/OL]. [2021-02-02]. https://www.docin.com/p-2626829212.html

于移动互联网的防伪溯源验证通用技术条件》《区块链电子合同平台服务规范》《区块链电子合同平台标准》《电子商务商品交易信息区块链存取证平台服务规范》相继发布。[1]这些团体标准覆盖范围较广，包括了基础标准、业务与应用规范、可信和互操作、信息安全标准四类。

根据2018年工业和信息化部的《全国区块链和分布式记账技术标准化技术委员会筹建申请书》，即将制定的个人信息保护相关标准包括但不限于《信息安全指南》《身份认证机制》《证书存储规范》《只能合约实施规范》《存证应用指南》《参考架构》等。此类技术性标准的出台，已经在实质上超越了传统法律渊源，构成了有效解决区块链监管难题的“规则矩阵”。[2]

密码算法与电子签名标准出台支持区块链技术的发展。2020年，我国新增密码算法国家标准三项，分别是《信息技术 安全技术 密钥管理 第1部分：框架》（GB/T 17901.1—2020）、《信息安全技术 SM9标识密码算法 第1部分：总则》（GB/T 38635.1—2020）、《信息安全技术 SM9标识密码算法 第2部分：算法》（GB/T 38635.2—2020）；新增数字签名标准3项，《信息安全技术 移动签名服务技术要求》（GB/T 38646—2020）、《信息技术 安全技术 匿名数字签名 第1部分：总则》（GB/T 38647.1—2020）、《信息技术 安全技术 匿名数字签名 第2部分：采用群组公钥的机制》（GB/T 38647.2—2020）。

应用场景中的区块链技术标准不断更新，这类标准以行业性、团体性、地方性标准为主，主要应用领域体现在金融、数字货币、防伪溯源、电子合同等方面。《金融分布式账本 技术安全规范》《基于区块链的数据资产交易实施指南》《基于移动互联网的防伪溯源验证通用技术条件》《区块链电子合同平台服务规范》《电子商务商品交易信息区块链存取证平台服务规范》《区块链电子合同平台标准》等。

---

[1] 中国通信学会．区块链技术前沿报告 [R]. 2020：12.

[2] 见赛迪区块链研究院．2019年中国区块链发展形势 [J]. 中国计算机报，2019-12-30（12）；崂山区人民政府，中国电子信息产业发展研究院，等．2020年中国区块链发展现状与展望（上半年）.

三、区块链犯罪与刑法规制：三大场景与十个类型

（一）区块链犯罪的三大场景

随着区块链技术进入公众视野，与区块链技术相关的刑事犯罪包括大致三个场景。

第一种场景，以区块链技术为名义直接实施犯罪行为，此时区块链成为传统犯罪行为的外衣和幌子。在区块链技术发展初期，区块链金融产品还不被人们所熟知，投机分子利用监管漏洞开展犯罪活动，如借助区块链概念炒作实施传销违法活动，以及以“虚拟货币”“微商”“金融互动”“消费返利”“炒外汇”等幌子假借直销名义实施网络传销。这一阶段主要包括非法吸收公众存款、诈骗等犯罪行为。

第二种场景，以区块链技术为工具帮助后续犯罪行为的实现，此时区块链为特定犯罪行为提供技术支持。在这种场合下，不法分子利用 ICO 进行所谓的股票发行迷惑大众投资，完成传销、洗钱等金融犯罪行为的实施。[1]《关于防范比特币风险的通知》否定比特币的货币属性，将其作为虚拟商品进行规制，对比特币及类似技术衍生的代币发行行为进行规制。

第三种场景，是直接侵害区块链技术秩序本身，实现网络盗窃、非法侵入计算机信息系统犯罪。相关网络技术存在漏洞，黑客和犯罪分子攻击发行人的服务器，进而修改数字货币发行数据，盗取数字货币。

（二）区块链犯罪的十种类型

实践中，以上三种场景主要体现为《刑法》及相关司法解释中的十种犯罪类型，包括非法集资类犯罪，证券、期货、股票类犯罪，非法经营罪，擅自设立金融机构罪，敲诈勒索罪，诈骗罪，利用比特币跨境逃汇，洗钱罪，利用虚拟货币组织领导传销活动罪，虚假广告罪，非法控制、破坏计算机信息系统罪等。

---

[1] 赵长明．区块链技术背景下金融犯罪的历史演进、治理困境及治理路径 [J]. 山东警察学院学报，2020（2）：104.

1. 非法集资类犯罪

非法集资并不是一个独立的罪名，刑法上的非法集资是指非法吸收公众存款罪、集资诈骗罪。非法集资是指使用诈骗方法非法集资数额较大的行为。所谓非法集资，是指公司、企业、个人或其他组织未经批准。非法集资行为只要同时涉及以下四个要件：首先，未经有权机构批准吸收资金；其次，通过网络等媒体向社会公开宣传；再次，承诺在一定期限内以货币、实物、股权等方式还本付息或者给付回报；最后，向不特定对象吸收资金。

在我国金融监管法律体系和刑法体系下，发行人若以发行代币融集现实货币，且符合非法集资的上述构成要件，即可构成非法集资类犯罪，包括非法吸收公众存款罪和集资诈骗罪。基于区块链技术的虚拟货币具有去中心化和公开透明等特点。近年来，网络借贷交易平台、交易规模爆炸式增长，不法分子以“高额返利”“高额升值空间”为诱饵，开展有组织地募集基金，符合非法吸收公众存款的犯罪构成要件。

《刑法》第 176 条规定：

非法吸收公众存款或者变相吸收公众存款，扰乱金融秩序的，处三年以下有期徒刑或者拘役，并处或者单处二万元以上二十万元以下罚金；数额巨大或者有其他严重情节的，处三年以上十年以下有期徒刑，并处五万元以上五十万元以下罚金。

单位犯前款罪的，对单位判处罚金，并对其直接负责的主管人员和其他直接责任人员，依照前款的规定处罚。

《最高人民法院关于审理非法集资刑事案件具体应用法律若干问题的解释》法释〔2010〕18 号第 7 条规定：

以非法占有为目的，使用诈骗方法实施本解释第二条规定所列行为的，应当依照刑法第一百九十二条的规定，以集资诈骗罪定罪处罚。

使用诈骗方法非法集资，具有下列情形之一的，可以认定为“以非法占有为目的”：

（一）集资后不用于生产经营活动或者用于生产经营活动与筹集资金规模明

显不成比例，致使集资款不能返还的；

（二）肆意挥霍集资款，致使集资款不能返还的；

（三）携带集资款逃匿的；

（四）将集资款用于违法犯罪活动的；

（五）抽逃、转移资金、隐匿财产，逃避返还资金的；

（六）隐匿、销毁账目，或者搞假破产、假倒闭，逃避返还资金的；

（七）拒不交代资金去向，逃避返还资金的；

（八）其他可以认定非法占有目的的情形。

集资诈骗罪中的非法占有目的，应当区分情形进行具体认定。行为人部分非法集资行为具有非法占有目的的，对该部分非法集资行为所涉集资款以集资诈骗罪定罪处罚；非法集资共同犯罪中部分行为人具有非法占有目的，其他行为人没有非法占有集资款的共同故意和行为的，对具有非法占有目的的行为人以集资诈骗罪定罪处罚。

《最高人民法院关于审理诈骗案件具体应用法律的若干问题的解释》法发〔1996〕32号第3条集资诈骗罪规定：

“诈骗方法”是指行为人采取虚构集资用途，以虚假的证明文件和高回报率为诱饵，骗取集资款的手段；行为人具有下列情形之一的，应当认定其行为属于“以非法占有为目的，使用诈骗方法非法集资”：

（1）携带集资款逃跑的；

（2）挥霍集资款，致使集资款无法返还的；

（3）使用集资款进行违法犯罪活动，致使集资款无法返还的；

（4）具有其他欺诈行为，拒不返还集资款，或者致使集资款无法返还的。

最高人民法院《全国法院审理金融犯罪案件工作座谈会纪要》法〔2001〕8号集资诈骗罪中的“非法占有目的”归纳为：

（1）明知没有归还能力而大量骗取资金的；

（2）非法获取资金后逃跑的；

（3）肆意挥霍骗取资金的；

（4）使用骗取的资金进行违法犯罪活动的；

（5）抽逃、转移资金、隐匿财产，以逃避返还资金的；

（6）隐匿、销毁账目，或者搞假破产、假倒闭，以逃避返还资金的；

（7）其他非法占有资金，拒不返还的行为。

2. 证券、期货、股票类犯罪

行为人未经核准公开发行代币，被认定为股票、债券的，可能涉嫌自行发行股票、公司、企业债券罪；存在隐瞒重要事实或虚构重大内容的，可能涉嫌欺诈发行股票、债券罪；操纵这种具备证券、期货性质的市场，可能构成操纵证券、期货市场罪。我国法律规定的股票、债券发行，包括发行和以转让股权等方式变相发行，如果不以发行股票、债券的名义，发行实质上具有此功能的代币，可以构成擅自发行股票、债券罪。

《刑法》：

第一百七十九条　未经国家有关主管部门批准，擅自发行股票或者公司、企业债券，数额巨大、后果严重或者有其他严重情节的，处五年以下有期徒刑或者拘役，并处或者单处非法募集资金金额百分之一以上百分之五以下罚金。

单位犯前款罪的，对单位判处罚金，并对其直接负责的主管人员和其他直接责任人员，处五年以下有期徒刑或者拘役。

第一百八十二条　有下列情形之一，操纵证券、期货交易价格，获取不正当利益或者转嫁风险，情节严重的，处五年以下有期徒刑或者拘役，并处或者单处违法所得一倍以上五倍以下罚金：

（一）单独或者合谋，集中资金优势、持股或者持仓优势或者利用信息优势联合或者连续买卖，操纵证券、期货交易价格的；

（二）与他人串通，以事先约定的时间、价格和方式相互进行证券、期货交易，或者相互买卖并不持有的证券，影响证券、期货交易价格或者证券、期货交易量的；

（三）以自己为交易对象，进行不转移证券所有权的自买自卖，或者以自己为交易对象，自买自卖期货合约，影响证券、期货交易价格或者证券、期货交易量的；

（四）以其他方法操纵证券、期货交易价格的。

《证券法》：

第一百八十八条　未经法定机关核准，擅自公开或者变相公开发行证券的，责令停止发行，退还所募资金并加算银行同期存款利息，处以非法所募资金金额百分之一以上百分之五以下的罚款；对擅自公开或者变相公开发行证券设立的公司，由依法履行监督管理职责的机构或者部门会同县级以上地方人民政府予以取缔。对直接负责的主管人员和其他直接责任人员给予警告，并处以三万元以上三十万元以下的罚款。

第七十一条　禁止任何人以下列手段获取不正当利益或者转嫁风险：

（一）通过单独或者合谋，集中资金优势、持股优势或者利用信息优势联合或者连续买卖，操纵证券交易价格；

（二）与他人串通，以事先约定的时间、价格和方式相互进行证券交易或者相互买卖并不持有的证券，影响证券交易价格或者证券交易量；

（三）以自己为交易对象，进行不转移所有权的自买自卖，影响证券交易价格或者证券交易量；

（四）以其他方法操纵证券交易价格。

第一百八十四条　任何人违反本法第七十一条规定，操纵证券交易价格，或者制造证券交易的虚假价格或者证券交易量，获取不正当利益或者转嫁风险的，没收违法所得，并处以违法所得一倍以上五倍以下的罚款。构成犯罪的，依法追究刑事责任。

《最高人民检察院、公安部关于公安机关管辖的刑事案件立案追诉标准（二）》（2010年5月7日）：

第三十四条　［擅自发行股票、公司、企业债券案（刑法第一百七十九条）］未经国家有关主管部门批准，擅自发行股票或者公司、企业债券，涉嫌下列情形之一的，应予立案追诉：

（一）发行数额在五十万元以上的；

（二）虽未达到上述数额标准，但擅自发行致使三十人以上的投资者购买了股票或者公司、企业债券的；

（三）不能及时清偿或者清退的；

（四）其他后果严重或者有其他严重情节的情形。

《非法金融机构和非法金融业务活动取缔办法》国务院令第 247 号：

第四条　未经中国人民银行批准，在招股说明书、认股书、公司、企业债券募集办法中隐瞒重要事实或者编造重大虚假内容，发行股票或者公司、企业债券，涉嫌下列情形之一的，应予立案追诉：

（一）发行数额在五百万元以上的；

（二）伪造、变造国家机关公文、有效证明文件或者相关凭证、单据的；

（三）利用募集的资金进行违法活动的；

（四）转移或者隐瞒所募集资金的；

（五）其他后果严重或者有其他严重情节的情形。

3. 非法经营罪

发行人在发行代币时，可能将代币设计为基金份额，募集资金形成独立的基金财产，以资产组合方式进行证券投资，投资者按其所持代币份额享受收益和承担风险。代币发行交易的平台或中介机构，如果为已构成变相公开发行证券、期货的代币提供承销、经纪、投资咨询、财务顾问、资产管理等服务，属经营证券、期货业务，未经许可实施的，构成非法经营罪。

《刑法》：

第二百二十五条　非法经营罪是指，违反国家规定，有下列非法经营行为之一，扰乱市场秩序，情节严重的，处五年以下有期徒刑或者拘役，并处或者单处违法所得一倍以上五倍以下罚金；情节特别严重的，处五年以上有期徒刑，并处违法所得一倍以上五倍以下罚金或者没收财产：

（一）未经许可经营法律、行政法规规定的专营、专卖物品或者其他限制买卖的物品的；

（二）买卖进出口许可证、进出口原产地证明以及其他法律、行政法规规定的经营许可证或者批准文件的；

（三）未经国家有关主管部门批准非法经营证券、期货、保险业务的，或者非法从事资金支付结算业务的；

（四）其他严重扰乱市场秩序的非法经营行为。

国务院办公厅《关于严厉打击非法发行股票和非法经营证券业务有关问题的通知》（国办发〔2006〕99号）：

中介机构非法代理买卖非上市公司股票，涉嫌犯罪的，应当依照《刑法》第二百二十五条之规定，以非法经营罪追究刑事责任。

4. 擅自设立金融机构罪

除非法经营罪外，代币交易平台未经监管机构批准，为构成证券、期货的代币提供集中交易场所、设施或相关服务的，若符合证券交易所、期货交易所的实质要件，理论上有构成擅自设立金融机构罪的可能。

《刑法》：

一百七十四条　未经国家有关主管部门批准，擅自设立商业银行、证券交易所、期货交易所、证券公司、期货经纪公司、保险公司或者其他金融机构的，处三年以下有期徒刑或者拘役，并处或者单处二万元以上二十万元以下罚金；情节严重的，处三年以上十年以下有期徒刑，并处五万元以上五十万元以下罚金。

单位犯前两款罪的，对单位判处罚金，并对其直接负责的主管人员和其他直接责任人员，依照第一款的规定处罚。

《中华人民共和国商业银行法》：

第七十九条　第一款未经中国人民银行批准，擅自设立商业银行，或者非法吸收公众存款、变相吸收公众存款的，依法追究刑事责任；并由中国人民银行予以取缔。

5. 敲诈勒索罪、诈骗罪

行为人首先在互联网上传播计算机病毒，使他人电脑上的文件无法打开，只能通过交付赎金的方式获取密码后解锁，而被勒索的赎金仅限于比特币。第一种情况，即行为人着手传播病毒时即明知该病毒无法解密的，仍承诺支付比特币可以解密的行为，属于典型的诈骗行为，成立诈骗罪；第二种情况，即行为人在传播病毒且收到被害人比特币后发现客观上无法解密的，一般认为成立敲诈勒索罪。

《刑法》：

第二百六十六条　诈骗公私财物，数额较大的，处三年以下有期徒刑、拘役或者管制，并处或者单处罚金；数额巨大或者有其他严重情节的，处三年以上十年以下有期徒刑，并处罚金；数额特别巨大或者有其他特别严重情节的，处十年以上有期徒刑或者无期徒刑，并罚金或者没收财产。本法另有规定的，依照规定。

第二百八十七条　利用计算机实施金融诈骗、盗窃、贪污、挪用公款、窃取国家秘密或者其他犯罪的，依照本法有关规定定罪处罚。

6. 利用比特币跨境逃汇

以区块链技术为基础的比特币，属于实践中全球发行和使用较广的一类的虚拟货币，如果有单位在境内利用人民币或外币购买比特币，又将比特币通过网络转移到境外，然后在境外汇兑成外币或人民币，满足数额要求的情况下，就可能成立逃汇罪。

《全国人民代表大会常务委员会关于惩治骗购外汇、逃汇和非法买卖外汇犯罪的决定》：

（1）违反国家规定擅自将外汇存放在境外的。根据《外汇管理条例》规定，国有公司、企业或者其他国有单位对于经常项目外汇收入，应当按照国务院关于结汇、售汇及付汇管理的规定及时调回境内按市场汇率全部卖给外汇指定银行，不得存放境外，不得开立外汇账户保留外汇。所谓经常项目收入，包括出口或者先支后收转口货物及其他交易行为收入的外汇；境外贷款项目收入的外汇；国际招标中标收入的外汇；海关监管下境内经营免税商品收入的外汇；交通运输、邮电、旅游、广告、咨询、展览、寄售、维修、保险等业务及各类代理业务提供商品或服务收入的外汇；行政、司法机关收入的各项规费、罚没款等；土地使用权、著作权、商标权、专利权、非专利技术、商誉等无形资产转让收入的外汇；向境外出售房地产及其他资产收入的外汇；境外投资企业的外汇利润；境外资产的外汇收入；对外索赔收入的外汇；退回的保证金等。违反上述规定，将应调回国内的外汇不调回国内，而存放境外就展这种行为的逃汇。

（2）不按照国家规定将外汇卖给指定银行的。

（3）违反国家规定汇出外汇或者携带出境的，如以投资的名义将外汇转移至国外的。

（4）未经外汇管理机关批准，擅自将外币存款凭证、外币有价证券携带或者邮寄出境的。

（5）其他逃汇的行为。

《刑法》：

第一百九十条　公司、企业或者其他单位，违反国家规定，擅自将外汇存放境外，或者将境内的外汇非法转移到境外，数额较大的，对单位判处逃汇数额百分之五以上百分之三十以下罚金，并对其直接负责的主管人员和其他直接责任人员处五年以下有期徒刑或者拘役；数额巨大或者有其他严重情节的，对单位判处逃汇数额百分之五以上百分之三十以下罚金，并对其直接负责的主管人员和其他直接责任人员处五年以上有期徒刑。

7. 洗钱罪

部分公司、企业或其他单位利用比特币点对点交易的优势，先将人民币在国内兑换为比特币后，再将比特币支付到国外账户兑付外币，采用这一手段逃避国家外汇监管，涉及洗钱罪、掩饰隐瞒犯罪所得罪。

《刑法》：

第一百九十一条　为掩饰、隐瞒毒品犯罪、黑社会性质的组织犯罪、恐怖活动犯罪、走私犯罪、贪污贿赂犯罪、破坏金融管理秩序犯罪、金融诈骗犯罪的所得及其产生的收益的来源和性质，有下列行为之一的，没收实施以上犯罪的所得及其产生的收益，处五年以下有期徒刑或者拘役，并处或者单处罚金；情节严重的，处五年以上十年以下有期徒刑，并处罚金：

（一）提供资金账户的；

（二）将财产转换为现金、金融票据、有价证券的；

（三）通过转账或者其他支付结算方式转移资金的；

（四）跨境转移资产的；

（五）以其他方法掩饰、隐瞒犯罪所得及其收益的来源和性质的。

单位犯前款罪的，对单位判处罚金，并对其直接负责的主管人员和其他直接责任人员，依照前款的规定处罚。

《最高人民法院关于审理洗钱等刑事案件具体应用法律若干问题的解释》：

为依法惩治洗钱，掩饰、隐瞒犯罪所得、犯罪所得收益，资助恐怖活动等犯罪活动，根据刑法有关规定，现就审理此类刑事案件具体应用法律的若干问题解释如下：

第一条　刑法第一百九十一条、第三百一十二条规定的“明知”，应当结合被告人的认知能力，接触他人犯罪所得及其收益的情况，犯罪所得及其收益的种类、数额，犯罪所得及其收益的转换、转移方式以及被告人的供述等主、客观因素进行认定。

具有下列情形之一的，可以认定被告人明知系犯罪所得及其收益，但有证据证明确实不知道的除外：

（1）知道他人从事犯罪活动，协助转换或者转移财物的；

（2）没有正当理由，通过非法途径协助转换或者转移财物的；

（3）没有正当理由，以明显低于市场的价格收购财物的；

（4）没有正当理由，协助转换或者转移财物，收取明显高于市场的“手续费”的；

（5）没有正当理由，协助他人将巨额现金散存于多个银行账户或者在不同银行账户之间频繁划转的；

（6）协助近亲属或者其他关系密切的人转换或者转移与其职业或者财产状况明显不符的财物的；

（7）其他可以认定行为人明知的情形。

被告人将刑法第一百九十一条规定的某一上游犯罪的犯罪所得及其收益误认为刑法第一百九十一条规定的上游犯罪范围内的其他犯罪所得及其收益的，不影响刑法第一百九十一条规定的“明知”的认定。

第二条　具有下列情形之一的，可以认定为刑法第一百九十一条第一款第（五）项规定的“以其他方法掩饰、隐瞒犯罪所得及其收益的来源和性质”：

（1）通过典当、租赁、买卖、投资等方式，协助转移、转换犯罪所得及其收益的；

（2）通过与商场、饭店、娱乐场所等现金密集型场所的经营收入相混合的方式，协助转移、转换犯罪所得及其收益的；

（3）通过虚构交易、虚设债权债务、虚假担保、虚报收入等方式，协助将犯罪所得及其收益转换为“合法”财物的；

（4）通过买卖彩票、奖券等方式，协助转换犯罪所得及其收益的；

（5）通过赌博方式，协助将犯罪所得及其收益转换为赌博收益的；

（6）协助将犯罪所得及其收益携带、运输或者邮寄出入境的；

（7）通过前述规定以外的方式协助转移、转换犯罪所得及其收益的。

8. 利用虚拟货币组织领导传销活动罪

行为人在互联网平台以兜售所谓的虚拟货币的方式发展会员，自行控制所谓虚拟货币的升值幅度吸引下线，根据会员发展下线的人数作为计酬或返利的依据，从而骗取他人财物。

《刑法》：

第二百二十四条　组织、领导以推销商品、提供服务等经营活动为名，要求参加者以缴纳费用或者购买商品、服务等方式获得加入资格，并按照一定顺序组成层级，直接或者间接以发展人员的数量作为计酬或者返利依据，引诱、胁迫参加者继续发展他人参加，骗取财物，扰乱经济社会秩序的传销活动的，处五年以下有期徒刑或者拘役，并处罚金；情节严重的，处五年以上有期徒刑，并处罚金。

9. 虚假广告罪

对于发布虚假区块链广告的行为，如果达到情节严重的程度，不仅仅区块链企业作为广告主成立虚假广告罪，广告设计公司作为广告经营者、各类新闻媒体和网站平台作为广告发布者在明知的情况下，也成立虚假广告罪。

《刑法》：

第二百二十二条　广告主、广告经营者、广告发布者违反国家规定，利用广告对商品或者服务作虚假宣传，情节严重的，处二年以下有期徒刑或者拘役，并处或者单处罚金。

第二百三十一条　单位犯本节第二百二十一条至第二百三十条规定之罪的，对单位判处罚金，并对其直接负责的主管人员和其他直接责任人员，依照本节各该条的规定处罚。

10. 非法控制 / 破坏计算机信息系统罪

犯罪嫌疑人通过网络黑客技术，在受害人没有操作的情况下，远程入侵了受害人数字货币账户并实施盗窃主要表现为网络盗窃、非法侵入计算机信息系统犯罪。相关网络技术存在漏洞并不完善，导致黑客和犯罪分子攻击发行人的服务器，进而修改数字货币发行数据，盗取数字货币。

《刑法》：

第二百八十五条　非法获取计算机信息系统数据、非法控制计算机信息系统罪，是指违反国家规定，侵入前款规定以外的计算机信息系统或者采用其他技术手段，获取该计算机信息系统中存储、处理或者传输的数据，或者对该计算机信息系统实施非法控制，情节严重的，处三年以下有期徒刑或者拘役，并处或者单处罚金；情节特别严重的，处三年以上七年以下有期徒刑，并处罚金。

第二百八十六条　违反国家规定，对计算机信息系统功能进行删除、修改、增加、干扰，造成计算机信息系统不能正常运行，后果严重的，处五年以下有期徒刑或者拘役；后果特别严重的，处五年以上有期徒刑。

违反国家规定，对计算机信息系统中存储、处理或者传输的数据和应用程序进行删除、修改、增加的操作，后果严重的，依照前款的规定处罚。

故意制作、传播计算机病毒等破坏性程序，影响计算机系统正常运行，后果严重的，依照第一款的规定处罚。

《最高人民法院、最高人民检察院关于办理危害计算机信息系统安全刑事案件应用法律若干问题的解释》：

第四条　破坏计算机信息系统功能、数据或者应用程序，具有下列情形之一的，应当认定为刑法第二百八十六条第一款和第二款规定的“后果严重”：

（一）造成十台以上计算机信息系统的主要软件或者硬件不能正常运行的；

（二）对二十台以上计算机信息系统中存储、处理或者传输的数据进行删除、修改、增加操作的；

（三）违法所得五千元以上或者造成经济损失一万元以上的；

（四）造成为一百台以上计算机信息系统提供域名解析、身份认证、计费等基础服务或者为一万以上用户提供服务的计算机信息系统不能正常运行累计一小时以上的；

（五）造成其他严重后果的。

实施前款规定行为，具有下列情形之一的，应当认定为破坏计算机信息系统“后果特别严重”：

（一）数量或者数额达到前款第（一）项至第（三）项规定标准五倍以上的；

（二）造成为五百台以上计算机信息系统提供域名解析，身份认证、计费等基础服务或者为五万以上用户提供服务的计算机信息系统不能正常运行累计一小时以上的；

（三）破坏国家机关或者金融、电信、交通、教育、医疗、能源等领域提供公共服务的计算机信息系统的功能、数据或者应用程序，致使生产、生活受到严重影响或者造成恶劣社会影响的；

（四）造成其他特别严重后果的。

第五条　具有下列情形之一的程序，应当认定为刑法第二百八十六条第三款规定的“计算机病毒等破坏性程序”：

（一）能够通过网络、存储介质、文件等媒介，将自身的部分、全部或者变种进行复制、传播，并破坏计算机系统功能、数据或者应用程序的；

（二）能够在预先设定条件下自动触发，并破坏计算机系统功能、数据或者应用程序的；

（三）其他专门设计用于破坏计算机系统功能、数据或者应用程序的程序。

第六条　故意制作、传播计算机病毒等破坏性程序，影响计算机系统正常运行，具有下列情形之一的，应当认定为刑法第二百八十六条第三款规定的“后果严重”：

（一）制作、提供、传输第五条第（一）项规定的程序，导致该程序通过网络、存储介质、文件等媒介传播的；

（二）造成二十台以上计算机系统被植入第五条第（二）、（三）项规定的程序的；

（三）提供计算机病毒等破坏性程序十人次以上的；

（四）违法所得五千元以上或者造成经济损失一万元以上的；

（五）造成其他严重后果的。

实施前款规定行为，具有下列情形之一的，应当认定为破坏计算机信息系统“后果特别严重”：

（一）制作、提供、传输第五条第（一）项规定的程序，导致该程序通过网络、存储介质、文件等媒介传播，致使生产、生活受到严重影响或者造成恶劣社会影响的；

（二）数量或者数额达到前款第（二）项至第（四）项规定标准五倍以上的；

（三）造成其他特别严重后果的。

第九条　明知他人实施刑法第二百八十五条、第二百八十六条规定的行为，具有下列情形之一的，应当认定为共同犯罪，依照刑法第二百八十五条、第二百八十六条的规定处罚：

（一）为其提供用于破坏计算机信息系统功能、数据或者应用程序的程序、工具，违法所得五千元以上或者提供十人次以上的；

（二）为其提供互联网接入、服务器托管、网络存储空间、通讯传输通道、费用结算、交易服务、广告服务、技术培训、技术支持等帮助，违法所得五千元以上的；

（三）通过委托推广软件、投放广告等方式向其提供资金五千元以上的。

实施前款规定行为，数量或者数额达到前款规定标准五倍以上的，应当认定为刑法第二百八十五条、第二百八十六条规定的“情节特别严重”或者“后果特别严重”。

第二节　关键基础设施保护法规

全球信息化和网络空间的出现使人类的信息传递手段突飞猛进，但也致使世界经济、军事、民用设施越来越依赖于关键信息基础设施。铁路、水利、金融、邮政等关键基础设施与信息技术相互依存。保护和保障关键基础设施免受网络恐怖主义和网络攻击是所有执法部门和执法机构的优先事项。

为打击针对关键基础设施的网络恐怖袭击，相关政策、措施主要体现为国内法中多元化、多层次的法律、法规、政策体系。各国家在预防犯罪领域的刑法政策，包括影响犯罪的基本概念、方向、目标和手段。打击恐怖主义的法律政策涵盖对关键基础设施的网络恐怖主义攻击的法律政策。针对关键基础设施和航空的网络恐怖袭击，相关刑法政策已经成为一些国家国内法律政策的一个独立领域，包括犯罪的一般理论、制定战略和战术、制定基本任务、原则、方向，影响的目的及其实现手段。

关键信息基础设施天然具有跨国性质和国际性，网络攻击本身基于互联网互联互通特性，各国关键基础设施保护面临的威胁及脆弱性均存在众多相似之处。基于各国一致困境、诉求及信息基础设施保护方法上的特殊要求，在网络空间国际治理的各类型合作尝试中，关键信息基础设施保护无论出于必要性还是可行性，均是网络空间范围内最有可能进行国际合作治理的一个方面。2018年全球信息安全产业 RSA 大会提议了《数字日内瓦公约》，以确保世界各国政府保证不从事威胁平民的具体行为，并与私营部门合作应对网络威胁。《数字日内瓦公约》确定的目标中，对于关键信息基础设施的观点是明确的，即不以关键基础设施为目标，协助私营部门努力发现、遏制、应对和恢复“网络攻击”。通过这样一项公约，世界各国政府“不会针对民用基础设施，无论是电力、经济或政治方面的基础设施”[1]，这些和平诉求是关键信息基础设施保护国际合作的基础。其重点第一是公私合作，第二是寻求地方、国家、区域、国际合作。[2]

从立法层面，关键信息基础设施的定义方法、逻辑、范围均从立法者的立法目的、想要达成的保护效果反推而来，在这些共同的目标指引下，各国在新一轮的关键信息基础设施的概念界定上应采用更为灵活与实践化的模式，携手制定关键信息基础设施安全保护标准规范。

关键信息基础设施保护本质上是公共安全与应急管理问题，关键信息基础设施保护的国际合作是网络空间全球治理的一项重要内容。国家关于关键信息基础设施的立法文本如何与国际合作中确定的世界秩序相自洽，在文本上首先体现为关键信息基础设施概念内核与外延的一致性，在基础上进行协商对话。

一、主要国家立法与政策

（一）美国

2021 年 5 月 7 日，美国最大成品油管道运营商科洛尼尔（Colonial Pipeline）公司遭到网络攻击，这是有关于攻击关键信息基础设施的犯罪，导致近 9000 公里的能源运输管道停运，科洛尼尔管道公司被迫停止供应能源油，美国东部约

---

[1] Brad Smith，President and Chief Legal Officer，Microsoft，Keynote Address at the RSA Conference：The Need for a Digital Geneva Convention（Feb. 14，2017）.

[2] David S，Luddy W J. The Potential for an International Legal Approach to Critical Information Infrastructure Protection，47 Jurimetrics J. 315–333.

45% 的燃料供应受阻。这是美国第一次并非因军事活动或公共卫生危机，而是因为关键信息基础设施犯罪宣布多州进入紧急状态，在此次危机中，美国紧急授权了 18 个州或特区可以使用汽车运输油料。❶

美国关键信息基础设施保护的雏形是关键基础设施保护，其机构基础是总统关键基础设施保护委员会（PCCIP）、国家基础设施顾问委员会（NIAC）、关键基础设施跨部门委员会（CCSC）、信息共享与分析中心（ISAC）等，通过官方、非官方组织，加强公私部门的合作，收集、分析、适当过滤私营部门的信息，加强公私部门之间的信息传递。

美国关键基础设施保护的法律脉络呈现为《1996 年国家信息基础设施保护法案》(《1996 年经济间谍法案》第二章)，其中修改了“美国法典”18 编 1030 条计算机欺诈和犯罪内容，加强对侵害国家信息基础设施行为的认定和处罚，《2001 年关键基础设施保护法案》中定义了关键基础设施，提出建立关键基础设施保护的国家能力。《2002 年联邦信息安全管理法案》（FISMA）规定联邦各机构职责；定义政府信息、资产与业务运营的保护框架；对各机构进行责任分配，确保联邦数据安全。《2002 年关键基础设施信息法案》(《国土安全法》第一部分第二章 B 章节）建立了提交、识别、保存、共享、预警五个步骤关键基础设施信息保护流程。美国 2003 年《网络空间安全国家战略》就以“可恢复性”作为重要目标，认定信息系统应当具备受到攻击后尽快恢复正常运行的能力。《2014 年联邦信息安全现代化法案》对《2002 年联邦信息安全管理法案》进行修订和更新，提出对联邦计算机网络进行实时、自动监控，进一步明确保护联邦计算机网络安全各相关机构的角色和职责。《2014 年网络安全加强法案》促进和支持制定标准和程序。《2014 年国家网络安全保护法案》之中，关键基础设施所有者和运营商的责任内容更加丰富。《2016 财年综合拨款法案》（2015 年）对《2002 年关键基础设施信息法案》相关内容进行修订；提出要在关键基础设施行业间共享关于网络威胁、防御措施、网络安全风险及事件相关信息。❷

---

❶ 赵高华，王海龙，姜伟 . 美国成品油管道遭到网络攻击的警示 [J]. 网络传播，2021（6）：74–75.

❷ 刘京娟 . 美、日、韩关键信息基础设施保护立法研究 [J]. 保密科学技术，2016（7）：16–20.

2017年，签署《加强联邦网络和关键基础设施的网络安全》。2017年，特朗普发布《增强联邦政府网络与关键性基础设施网络安全总统行政令》。2018年，美国国会发布2018年《DHS网络事件响应小组法》，颁布《提升关键基础设施网络安全的框架》1.1版本，颁布《网络安全与基础设施安全局法案》。[1] 2021年7月拜登签发《关于改善关键基础设施控制系统网络空间安全的国家安全备忘录》，就加强关键基础设施的安全防护提出相关要求和措施。美国积极调整网络安全保护战略，2021年发布《2021年临时国家安全战略方针》《2021年关于加强国家网络安全的行政命令》等相关政策。

总体而言，国家顶层法规强调关键基础设施信息安全的重要性，一是总统令系列，包括第63号总统令、第7号国土安全总统令、第21号总统令等，二是国土安全国家战略，三是联邦信息安全管理法案，四是联邦信息安全管理法案，以及一系列基础设施信息安全保护法提出具体保护措施。[2]

在美国的网络安全保护框架中，即设计有弹性安全类的目标，定期演练增强应急响应、处置和恢复能力。在实践调研中，由于并没有无法通过测试时的补救方案，对部分关键信息基础设施进行压力测试是极其慎重的。美国定义的基础设施范围要广，但美国却没有像其他国家一样将印刷媒体、文化资产、空间研究及设施等领域纳入基础设施的保护类别。[3] 对于关键信息基础设施的识别标准是严重损害国计民生的“概括后果”，基于此，应当成立相对固定的认定专家组，以均衡标准进行二次识别。该做法的意义在于，将识别与认定相分离，由行业自身进行识别，由专家组进行认定。在美国，国家级关键基础设施优先清单分为两个门类，一是资产、系统、集群，二是场所[4]，认定的指标包括死亡率、经济损失、大规模撤离范围等。

---

[1] 参见中国电子信息产业发展研究院网络安全研究所赛迪（青岛）区块链研究院：《我国关键信息基础设施安全保护白皮书》。

[2] 嵇灵．美国基于关键基础设施的信息安全法规概述 [J]. 科技管理研究，2018（2）：19–22.

[3] 张弛，崔占华．美国关键基础设施安全管理综述 [J]. 信息安全研究，2017，3（8）：739.

[4] 刘金瑞．我国网络关键基础设施立法的基本思路和制度建构 [J]. 环球法律评论 .2016（5）：116–133.

（二）德国

欧盟出台了《2008年欧盟关键基础设施认定和安全评估指令》《2016年网络与信息安全指令》等多部关键基础设施保护相关立法。欧盟在最新《欧盟安全联盟战略》中增强关键信息基础设施的保护水平和恢复能力作为未来五年网络安全领域的核心工作，但在于关键信息基础设施保护领域，更多的规定不在欧盟层面，而是各个主权国家。

2015年《德国网络安全法》的重点内容之一就是加强对关键信息基础设施的保护力度，明确了“关键基础设施”运营者的责任、扩大网络监管权、确定网络安全报告制度和增设电信运营商的义务。该法明确凡是涉及水资源、能源、通信、医疗、交通、金融、保险等与德国民众日常生活紧密相关的行业或企业均属于关键基础设施的保护范围。[1]按照德国网络安全法的规定，公司和联邦机构应当认证最低网络安全标准，并获得联邦信息安全办公室（BSI）的许可。各组织还必须提醒业务办公其系统可能受到攻击。除了新的规章制度外，德国扩大几个联邦机构，以协助国家加强安全工作，包括BSI扩展到国际IT安全中心，负责评估关键基础设施中潜在“网络违规”的报告。德国联邦情报局（简称BND）将获准访问与恶意软件签名和跟踪相关的外国数据，联邦宪法保护办公室（BfV）将与BSI合作，评估关键基础设施攻击的潜在影响。此外，刑事调查办公室（BKA）将负责与网络犯罪相关的调查，如数据间谍、拦截或操纵。一旦发生调查，电信提供商将被要求存储流量数据长达6个月。公司为实施新的网络安全标准而必须承受更高费用。[2]

---

[1] 李宇.美德英日俄，国外的关键信息基础设施保护都怎么搞？ [EB/OL]. [2021–09–01]. https：//blog.csdn.net/m0_46640144/article/details/105627774.

[2] Germany Introduces New Law to Strengthen Critical Infrastructure Protection [EB/OL]. [2021–09–04]. https：//www.tripwire.com/state–of–security/latest–security–news/germany–introduces–new–law–to–strengthen–critical–infrastructure–protection/.

（三）印度

印度对于信息技术的重视程度近年来可见一斑，尤其重视 IT 服务业。此外，在这些总体攻击中，约有 26% 的攻击会使该地区的组织蒙受损失，每个国家超过 500 万美元。黑客的活动目标明确。银行和金融（20.1%）、政府（19.6%）等部门关键基础设施（15.1%）继续面临网络攻击的最大威胁。网络犯罪也越来越多地将目标对准国防等部门（15.1%）、IT、电信和医疗保健。比如针对零售、酒店、娱乐和娱乐等目标行业的销售点攻击电子商务。勒索软件被用来攻击公共部门的实体，包括交通部门以及银行和金融垂直行业。

基于对数字经济的重视，政府需要高度重视随之而来的网络安全问题，特别是印度硬件和重要操作系统、网络应用服务等主要依靠进口，必然需要对第三方信息技术产品和服务进行网络安全审查。印度在 2012 年颁布“国家电信政策”、2013 年发布“国家网络安全政策”等一系列政策法规，设立网络安全审查专门机构，着重从市场准入认证、信息技术产品或服务安全审查、外商投资审批等三个方面建立网络安全审查管理机制，鼓励自主创新，降低供应链安全风险，保障国家关键基础设施运行安全。[1] 印度在 2013 年“国家网络安全政策”中，规定了网络安全保障的总任务是保护网络空间信息和信息基础设施，建立对网络威胁的阻止和响应能力，最大限度地减少网络事件的危害。[2]

（四）俄罗斯

俄罗斯为保护关键信息基础设施不仅颁布专门法律《联邦关键信息基础设施安全法》，同时在《刑法》和《刑事诉讼法》中增加“非法影响俄罗斯联邦关键信息基础设施”的章节，并配套修改了相关法律的个别条款。2021 年 7 月普京签署了新版《俄罗斯联邦国家安全战略》，以加强关键信息基础设施保护。

---

[1] 刘山泉 . 德国关键信息基础设施保护制度及其对我国〈网络安全法〉的启示 [J]. 信息安全与通信保密，2015（9）：86.

[2] 张彦超，丰诗朵，赵爽，等 . 关键信息基础设施安全保护研究 [J] 现代电信科技，2015（5）：9.

二、我国关键基础设施保护法律制度

（一）关键信息基础设施保护的时代背景

习近平总书记多次强调关键信息基础设施保护工作，在十八届中央政治局第三十六次集体学习时的讲话中，习近平总书记提出，“大力发展核心技术，加强关键信息基础设施安全保障，完善网络治理体系”，网络安全和信息化工作座谈会上总书记进一步指出，“金融、能源、电力、通信、交通等领域的关键信息基础设施是经济社会运行的神经中枢，是网络安全的重中之重，也是可能遭到重点攻击的目标。我们必须深入研究，采取有效措施，切实做好国家关键信息基础设施安全防护。”在《网络安全法》出台以前，立法文本中尚未存在关键信息基础设施的明确概念。落入关键信息基础设施范围的基础信息网络和重点信息系统，之前依靠 1994 年《计算机信息系统安全保护条例》（国务院 147 号令）中确立的网络安全等级保护制度进行保护。直到《网络安全法》第三章第 31 条以下借鉴域外制度设立了关键信息基础设施保护制度，方才在法律层面上确立了该制度的施行。既然关键信息基础设施保护制度是舶来之物，其运行是否能够满足本土化的网络保护目标，重点在于厘清关键基础信息设施涉及的安全利益与保护策略。2021 年 7 月 30 日，《关键信息基础设施安全保护条例》正式公布，根据《网络安全法》的规定，建立了专门制度，标志着我国关键信息基础设施安全的网络安全保护工作进入到新的阶段，在关键信息基础设施认定、运营者责任义务、保障和促进、法律责任等方面作出了具体规定，对关键信息基础设施的技术措施、人员机制、数据安全、风险评估等方面提出更高要求。

（二）关键信息基础设施的安全利益

在信息时代，跟随互联网的进程，关键基础设施完成信息通信系统的普及应用，关键基础设施的工业控制系统成为其保护重点，保护方法从物理保护转向网络安全保护。自然灾难、意外事故毁坏、高负荷运转导致的系统故障、无序建设和粗放管理、内部管理人员操作失误、国外网络黑客攻击、网络犯罪活动、网络间谍情报活动、网络恐怖主义袭击以及信息攻击等均可能对关键基础设施造成严重破坏，从而威胁国计民生。由于关键基础设施的网络联结导致更为复杂的系统风险，关键信息基础设施必然超越关键基础设施的传统保护范围，涉及多重维度的安全利益。

第一，关键信息基础设施关涉网络安全。第一层面是以计算机信息保障“技术”为核心，关注于IT安全的安全观，认为关键信息基础设施保护工作重心在于防火墙、防病毒、防入侵。第二层面是物联网意义上的网络安全，以“技术”+“组织”为核心。物联网时代，物理系统和计算系统紧密结合，关键基础设施保护多与关键基础设施保护作同一用语理解。随着信息通信技术的发展，信息系统的范围超过计算机的范围，甚至超过传统意义上“信息系统”的本身内涵，囊括了传统通信网络、云计算、大数据、其他大型公共网络，信息系统即其业务本身。第三层面以“技术”+“人”的网络为中心，侧重点在于对抗网络犯罪的侵害，是一种典型的执法观念。

第二，关键信息基础设施关涉国家安全。一方面，在社会运行连续性上，关键信息基础设施具有作为系统概念的关键性。关键信息基础设施是连接社会运行系统的关键结构，在物理、网络、地理、逻辑四个层面相互依赖，对于关键信息基础设施的打击对于国家安全具有牵一发而动全身的损害效应。另一方面，在政治安全意义上，关键信息基础设施具有作为象征概念的关键性，特定关键信息基础设施与国家、民族尊严紧密关联，如果这一类设施被侵入甚至损坏，将在象征价值上严重损害政府的治理公信以及政治稳定。

第三，关键信息基础设施关涉国际安全。攻击关键信息基础设施的网络病毒与新冠肺炎病毒具有可比性，战胜网络病毒或人体病毒都需要在人类命运共同体意义上进行国际合作。基于各国对于保护信息基础设施的一致诉求以及信息基础设施保护方法上的特殊要求，在网络空间国际治理的各类型合作尝试中，关键信息基础设施保护无论出于必要性还是可行性，均是网络空间范围内最有可能进行国际合作治理的一个方面。

（三）关键信息基础设施的保护对策

第一，法律法规层面，细化规定关键信息基础设施的识别方式。网络安全法框架中，关键信息基础设施保护应当从基于对象的保护、基于后果的保护转变为基于过程的保护，区别关键信息基础设施的识别与认定两个阶段。在识别中，考虑互为依赖的类型、运行状态、耦合程度、基础结构特征、故障类型、反应模式等识别因素，在工程上基于过程评价，评价过程中应当根据资产的重要性进行赋值，以威胁发生概率、威胁属性对威胁进行赋值，根据各类型相互依赖关系在工程学上计算脆弱性，以风险管理的角度计算安全事件发生的可能、风险发生后造成的损失范围，以事故可能性和损失范围计算风险值。其次，确立弹性安全概念。关键信息基础设施的识别仅仅是事前保护中的环节之一，该项概念的立法方案本身注定与其他精确的法律概念存在不同。在追求监测安全、评估安全的同时，应当强调弹性安全即可恢复性，具备可恢复性的运营者可以在法律责任中享有减轻或豁免。

第二，发展战略层面，关键信息基础设施保护本质上是需要公私部门合作解决、国际合作治理的公共安全与应急管理问题。没有国家能够在网络空间内独善其身，没有国家可以脱离其他国家的合作而独立保障自身关键信息基础设施的安全。管理复杂系统问题需要权威，国家关键信息基础设施天然具有跨国性质和国际性的依赖，各个国家关键基础设施保护面临的威胁以及自身的脆弱性面临的情况类似。通过政府间以及各类官方或非官方的国际组织，在国家关键基础设施事件的早期预警、网络情报获取、网络空间犯罪追踪、执法与制裁、法律法规遵从和裁定、国际规则制定、共同公众教育及安全意识提高等方面深入开展国际协调、合作与交流，共享网络安全威胁信息，共同处理危机事件。

第三，管理体系层面，对于大部分国家而言，相当一部分关键信息基础设施处于私营部门甚至外国组织的控制下，产业界作为私营部门，是关键信息基础设施保护公私合作中的重要参与方，在一些情形中，关键信息基础设施的保护目标是通过产业规范及标准达成的。对于网络安全法中试图搭建的关键信息基础设施保护体系而言，关键问题之一是参与其中的私营部门应当如何界定，从目前的规定来看，加入关键信息基础设施的私营部门需要遵循的义务并不明确，网络安全法并没有提出一种“合规—豁免”的激励路径，在管理体系中，对于自愿进行关键信息基础设施合规的网络运营者，其受到网络攻击而导致用户信息泄露时，其责任应当可以得到豁免。

第四，技术标准层面，在关键信息基础设施的概念界定上应当采用法规与工程计算相结合的灵活认定模式，以包容可替代性、可恢复性的弹性安全为理念，制定关键信息基础设施安全保护标准规范，对关键信息基础设施的安全评价采用可信的信息技术产品和安全服务的审查。关键信息基础设施识别应当是动态而非静态识别。在既往识别关键基础设施的制度史上，曾经出现过基于阈值的识别方法、完全基于后果的识别方法、高风险识别方法等。这些识别方法的迭代，正是呈现出关键信息基础设施所支撑和依赖的关键业务随之科技发展不断变迁，从而需要不断引入风险及后果等多重因子的界分方法。由于信息基础设施及其支撑的业务处于动态变化进程，过去处于“国计民生”关切中的业务类型可能导致原先的关键信息或关键设施更迭变迁为与公共利益、国计民生不存在关系的非关键信息、非关键设施。这势必意味着关键信息基础设施边界的识别应当做到动态识别、持续更新。我国《关键信息基础设施安全保护条例》明确划定了关键信息基础设施范围，但是对于这些范围中包含哪些关键设施，必然需要逐一识别厘清。基于安全事件影响或后果的识别认定需要技术标准作为参考维度，逐步建立行业的、国家的关键信息基础设施清单。

第八章　域外主要国家网络犯罪治理态势

随着计算机、网络空间技术的发展，计算机、互联网相关犯罪完成了三次蜕变：从 20 世纪 90 年代计算机犯罪（computer crime）到 21 世纪初的网络犯罪（cyber crime），再转变为当前的网络空间犯罪（crimes in cyberspace）。网络空间犯罪包括两类犯罪：一是在信息时代出现的新技术犯罪，例如：以攻击系统为手段的犯罪；二是传统犯罪的网络化，例如：传统的盗窃、诈骗罪呈现出犯罪对象、犯罪手段的网络化。随着网络空间技术的发展普及，网络犯罪也将短期内呈现上升趋势。与此同时，网络空间技术发展较为迅速的各国和地区也颇为重视网络犯罪治理。在这些国家和地区中，身为网络战略主导方的中美俄欧规制较为全面，身为网络战略追随方的日本、澳大利亚紧随其后，也出台了一系列相关规范。

第一节　网络战略主导方：美国、欧盟、俄罗斯

一、美国

（一）美国网络犯罪立法概述

近年来，随着网络技术的发展，中国网络立法与网络治理已成蓬勃之势。在全球网络治理领域，中国和俄罗斯代表广大发展中国家网络发展需求，已经逐渐成为全球网络治理规则的主要倡导者。但作为计算机和互联网技术的发祥地，美国仍然是全球网络治理的风向标。美国网络空间犯罪治理相关立法对于网络空间全球治理规则的制定和各国网络犯罪相关立法的完善均具有重要影响和作用。

美国网络空间犯罪治理的现行立法主要包括国内立法和国际公约两部分。从国内立法层面来看，美国对网络犯罪采取延伸适用现有刑法规定的方式，自20世纪80年代开始逐步建立专门的网络犯罪立法体系，先后制定和修改非法侵入计算机信息系统、拦截计算机通信、破坏计算机信息系统、提供密码类设备、身份盗窃、计算机相关诈骗等犯罪立法，及时回应打击网络犯罪的社会需求，重点突出，富有创新性，与其司法体系相协调。从国际公约层面来看，美国是欧洲理事会《布达佩斯网络犯罪公约》的缔约国。美国网络空间犯罪的国内立法要符合《布达佩斯网络犯罪公约》对于各缔约国国内立法义务的规定。

（二）美国网络犯罪立法进程

1. 阶段一：用传统刑法罪名延伸处罚计算机犯罪

美国计算机、互联网相关案件发案比较早。作为世界上网络发展最早也最发达的国家，世界上第一起计算机网络犯罪案件发生于1966年的美国。1966年10月，美国学者帕克在斯坦福研究所调查与计算机有关的事故和犯罪时，发现电子计算机工程师通过篡改程序在存款余额上做手脚，由此引发了世界上第一例受到刑事诉讼追诉的计算机案件。20世纪70年代以后，美国互联网相关犯罪发案数量大增，亟待刑法予以打击。当时将这类犯罪视为传统犯罪在犯罪手段上的变化，因此采用将传统刑法延伸适用的方式，没有制定专门的互联网犯罪立法。

当时适用于计算机、互联网相关犯罪的罪名主要是非法侵入住所（trespass）、入室盗窃（burglary）和盗窃（theft），法官通过自由解释以上三种犯罪的法律条文，来处罚各种计算机、互联网相关犯罪行为。[1]但计算机和互联网犯罪具有特殊性，行为事实与法律要件往往不相符合，很难解释和适用传统犯罪的法律规定，因此惩戒效果也不佳。例如美国刑法规定，非法侵入住所和入室盗窃要求行为人的身体进入他人住所，而计算机、互联网犯罪中不存在此行为。盗

[1] 皮勇.《网络犯罪公约》框架下的美国网络犯罪立法：特立与趋同[J].国外社会科学，2020（5）：23–29.

窃罪的成立要求盗窃财物，但除少数通过计算机非法转移资金的案件外，计算机系统数据当时还很难直接认定为财物并确定价值。因此经常出现有实际侵入计算机系统的行为但难以定罪的情况。

2. 阶段二：制定专门的计算机、互联网犯罪立法

20 世纪 70 年代中后期，对司法机关适用偷盗类法律规制计算机网络犯罪的做法引起了大众的广泛质疑，美国开始了制定专门计算机网络犯罪法的运动。1977 年，美国议员雷比科夫（Abraham A.Ribicoff）向参议院提交了“联邦计算机系统保护法案”（Bill of Federal Computer Systems Protection Act），法案涉及任何针对计算机系统或网络及其数据的篡改或损坏。1984 年美国国会通过《全面控制犯罪法》（*Comprehensive Crime Control Act*），其中计算机网络犯罪立法规定于该法的 2102（a）节，被称为《伪造接入设备与计算机欺诈及滥用法》（*Counterfeit Access Device and Computer Fraud and Abuse Act*）。该法条在 1986 年修正时定名为《计算机欺诈与滥用法》（Computer Fraud and Abuse Act，CFAA），后被编入《美国联邦法典》第 18 编“犯罪与刑事程序”第 1030 条，后几经修改，成为美国联邦政府打击计算机网络犯罪的基石。

此外，美国《窃听法》（*Wiretap Act*）规定了拦截通信、披露遭拦截的通信、使用拦截的通信 3 种犯罪，以上三罪可以规制侵犯计算机信息系统和网络通信安全的犯罪。此外《美国联邦法典》第 18 编第 2701 条、第 1028 条、第 1029 条、第 1037 条、第 1343 条、第 1362 条等也规定有计算机和互联网相关犯罪。

20 世纪末以来，计算机网络犯罪不断从手段等方面向传统犯罪领域扩展，使传统犯罪波及范围更广、产生的危害也更大。基于此，美国联邦政府针对传统犯罪的网络化进行及时立法。相关立法有针对计算机网络环境下的知识产权、电信诈骗、儿童色情、身份盗窃等犯罪立法。❶

（二）美国现行网络犯罪立法

美国现行网络犯罪立法包括专门网络犯罪立法和传统犯罪网络化立法。由

❶ 高仕银 . 美国政府规制计算机网络犯罪的立法进程及其特点 [J]. 美国研究，2017（1）：62–81，6.

于美国是欧盟《布达佩斯网络犯罪公约》的成员国，美国国内网络犯罪立法要体现公约义务，因此可依据公约对网络犯罪的分类将美国相关立法分为侵犯数据类犯罪和计算机相关犯罪两大类。

1. 侵犯计算机数据类犯罪

（1）非法侵入计算机信息系统犯罪。与《布达佩斯网络犯罪公约》第 2 条相对应,《美国联邦法典》第 18 编“犯罪与刑事程序”（Crime and Criminal Procedure）第 47 章“欺诈与虚假陈述”（Fraud and False Statements）第 1030 条“计算机相关欺诈犯罪”（Fraud and related activity in connection with computers）规定了 4 种非法侵入计算机信息系统犯罪，一是非法侵入计算机系统获取国家秘密并传播或扣留［第 1030 条（a）（1）］；二是侵入计算机信息系统并获取信息［第 1030 条（a）（2）］；三是非法侵入国家计算机信息系统［第 1030 条（a）（3）］；四是为诈取财物侵入计算机信息系统并获取利益［第 1030 条（a）（4）］。第 1030 条（a）款前四项规定的四种犯罪适用于特定的非法侵入计算机信息系统犯罪，有两种限制方式：一种是要求在非法侵入行为之外还有窃取信息的行为或造成破坏计算机信息系统的后果；另一种是对侵入对象的限制，即要求侵入的对象是“国家计算机系统”。总体而言，第 1030 条（a）款相关罪名规定入罪的限制是比较多的。

（2）拦截计算机通信犯罪。与《布达佩斯网络犯罪公约》第 3 条相对应,《美国联邦法典》第 18 编“犯罪与刑事程序”第 119 章“有线和电子通信拦截和口头通信拦截”（Wire and Electronic Communications Interception and Interception of Oral Communications）第 2511 条“被禁止的拦截和泄露有线、口头或电子通信”（Interception and disclosure of wire，oral，or electronic communications prohibited）规定了 3 种拦截通信及相关犯罪，包括拦截通信［第 2511 条（1）（a）］、披露拦截的通信［第 2511 条（1）（c）］和使用拦截的通信［第 2511 条（1）（d）］。除了归罪的情形以外，第 2511 条（2）款还规定了四种出罪情形，即不予构成拦截通信的四种例外：通信参与方同意的例外、通信服务提供者的例外、忠诚于法律的例外和公众认知的例外。

（3）干扰计算机数据犯罪。与《布达佩斯网络犯罪公约》第 4 条相对应,《美国联邦法典》第 18 编“犯罪与刑事程序”第 121 章“访问存储的有线和电子通信及交易记录”（Stored Wire and Electornic Communications and Transactional Records Access）第 2701 条规定了“非法访问存储的通信罪”（Unlawful access to stored communications）,归罪范围由（a）款的违法情形和（c）款的出罪情形组成。（a）款规定了两种违法情形，一是未经授权访问提供电子通信服务的设备，二是超出授权范围访问设备；并有获取、修改有线或电子通信或阻止正当授权者对其访问。入罪规定较窄。

（4）破坏计算机信息系统犯罪。与《布达佩斯网络犯罪公约》第 5 条相对应的“破坏计算机信息系统犯罪”规定在《美国联邦法典》第 18 编第 47 章第 1030 条“计算机相关欺诈犯罪”的（a）（5）项。第 1030 条（a）款第（5）项规定了三种情形：一是故意破坏计算机信息系统，二是行为人侵入计算机信息系统后非故意导致损害，三是行为人侵入计算机信息系统后因疏忽大意导致损害。此外,《美国联邦法典》在第 18 编第 65 章“恶意损毁”（Malicious Mischief）第 1362 条“通信线路、基站与系统”（Communication lines，stations or systems）中规定了干扰国家通信线路和系统罪，与第 1030 条（a）项规定的犯罪种类存在竞合。

（5）非法获取密码类信息犯罪。《布达佩斯网络犯罪公约》第 6 条“滥用计算机设备罪”将为实施公约第 2~5 条规定的 4 种犯罪而故意实施的与计算机设备相关的行为规定为犯罪。该罪的犯罪对象是用于实施前 4 种犯罪的计算机设备（包括计算机程序）和计算机数据（计算机密码、代码等）。为履行公约的缔约国义务,《美国联邦法典》第 1030 条（a）款第（6）项规定了“非法获取密码类信息罪”。该罪主观上要求“明知”（knowingly）并有欺诈获取密码或其他信息的行为，并要求该获取行为会影响州际或国际贸易或该密码类信息所应用的计算机设备是由联邦政府所用的。由于美国立法的上述规定仅将涉及联邦和国际层面的欺诈性获取密码类信息行为入罪，该犯罪立法处罚的行为是十分有限的。

2. 计算机相关犯罪

（1）计算机伪造犯罪。与《布达佩斯网络犯罪公约》第 7 条“计算机相关伪造罪”相对应的计算机相关伪造类犯罪主要规定在《美国联邦法典》第 18 编第 47 章第 1028 条“身份盗窃”（Fraud and related activity in connection with identification documents，authentication and features，and information）和第 1028A 条“加重的身份盗窃”（Aggravated identity theft）。在第 1028 条中规定了 8 种与身份证明文件、认证特征和信息相关的欺诈和相关活动，其中第 1028 条（a）款第（7）项“故意通过非法转移、获取和使用他人识别信息的方式从事犯罪的行为”适用于网络犯罪案件。该罪主观上要求明知，且有明确的犯罪目的。当行为人盗窃身份信息从事的犯罪属第 1028A 条（c）款所罗列的重罪，且在违法行为实施期间又犯有第 1028 条规定的犯罪或盗窃信息从事恐怖活动的，加重处罚。上述加重情形也适用于网络犯罪。

（2）计算机诈骗犯罪。运用计算机和网络手段从事诈骗活动是当前全球诈骗犯罪的普遍特点，也是各国网络犯罪立法的重点关注领域。鉴于美国刑法中的诈骗犯罪立法不能适用于网络诈骗行为，美国增设了多条专门规制网络犯罪的条文,列在《美国联邦法典》第 47 章第 1029 条“利用访问设备诈骗罪”（Fraud and related activity in connection with access devices）、1037 条“电子邮件相关欺诈及关联行为罪”（Fraud and related activity in connection with electronic mail），第 63 章第 1343 条“电信诈骗罪”（Fraud by wire，radio，or television）等。其中第 1037 条原规定在 2003 年美国联邦《垃圾邮件法》（*CANSPAM Act*）有关刑事责任的相关规定。第 1343 条“电信诈骗罪”与上文所述第 1030 条（a）（4）款“以诈取财物为目的侵入计算机系统犯罪”存在经合，但法定刑更重，监禁时间可长达二三十年。

（四）美国网络犯罪的当前形势

为了应对网络犯罪日益严重的现实挑战，美国于 2000 年成立了网络犯罪投诉中心，作为国内统一处理网络犯罪的专门部门。网络犯罪投诉中心隶属于美国联邦调查局，主要职能是协助侦破和打击涉网犯罪活动，向美国民众提供可靠便捷的犯罪报告，并与司法和行政机关建立有效的打击网络犯罪的联盟。

美国网络犯罪投诉中心拥有先进的信息处理系统和颇为专业的情报分析人员，为及时发现、主动预防和精确打击网络犯罪提供技术支持。[1]网络犯罪投诉中心每年公开发布年度报告，披露前一年全国网络犯罪的基本情况。根据网络犯罪投诉中心 2021 年最新的年度报告，2020 年中心共收到网络犯罪案件报告 791790 起，比 2019 年增加了近 300000 起，案件增长率高达 40%，相关经济损失高达 42 亿美元。2016—2020 年，美国网络犯罪的案件数量和损失金额呈逐年上升的趋势。

当前，美国司法实践中常见的网络犯罪类型包括：网络钓鱼、拒不付款或拒不交货、网络勒索、个人数据泄露、信息泄露、电子欺诈、信用卡诈骗等，基本涵盖在美国联邦法典涉网络犯罪的立法规制中。

总体来讲，美国是网络技术的发源地，也是最早受到网络犯罪危害的国家。在长期与网络犯罪作斗争的过程中，美国形成了独特的治理体系，很多治理方法和策略也被其他国家所借鉴。从立法方面来看，美国网络犯罪立法较全面回应了其所加入之《布达佩斯网络犯罪公约》对缔约国国内相关立法的要求；从打击机制方面来看，美国立法、司法、执法、研究中心等相关机构之间的联盟与协作机制已较为成熟。但美国当前对网络犯罪的规制与治理仍然存在一些问题，其中立法方面表现得较为突出，这就是网络犯罪法律规范较为分散的问题。美国属于普通法系国家，判例法是重要的法律渊源。当前联邦层面没有统一的刑法典对具体的网络行为作出规定，也没有出台规范网络的综合性法律，仅在《美国联邦法典》和一些单行法中规定了对具体网络犯罪行为的规制。

---

[1] 吴思远. 美国网络犯罪的法律规制 [N]. 人民公安报，2021-08-06（008）.

二、欧盟

（一）欧盟网络犯罪立法概述

与传统犯罪不同，借助高科技，网络空间能够轻易穿过国家地理边界，具有显著的跨国性和国际性特征。为有效应对网络犯罪，各国必须积极寻求国际合作、制定双边和多边公约。在网络空间公约制定方面，欧洲尤其是欧盟由于其一体化优势，取得了积极进展。2001 年 11 月 23 日，欧洲委员会（the Council of Europe）通过《布达佩斯网络犯罪公约》（*Budapest Convention on Cybercrime*，又称《布达佩斯网络犯罪公约》），并向欧洲国家和非欧洲国家同时开放签署。2003 年 1 月 23 日，欧盟又通过了《网络犯罪公约补充协定：关于通过计算机系统实施的种族主义和仇外情绪的犯罪化》（*Additional Protocol to the Convention on Cybercrime*，*Concerning the Criminalisation of Acts of a Racist and Xenophobic Nature Committed through Computer Systems.*）。《布达佩斯网络犯罪公约》于 2004 年 7 月 1 日正式生效，其主要目的是在构建通用网络犯罪策略的基础上，促进国际合作，以共同打击犯罪。作为第一个专门性网络犯罪国际公约，其至今仍是全球影响力最大、最重要的网络犯罪多边公约。

（二）《布达佩斯网络犯罪公约》的主要内容

《布达佩斯网络犯罪公约》由序言和正文四章组成。序言阐述了公约的制定原因、目标与功能、本公约与其他公约的关系等，正文四章分别为：术语的使用（Use of terms）；国家层面的措施（Measures to be taken at the national level）；国际合作（International Cooperation）和最后条款（Iianl pervisions）。第一章只有一条，对于公约中涉及的四个概念："电脑系统（computer system）""电脑数据（computer data）""服务提供者（service provider）"和"通信流量数据（traffic data）"进行了详细定义。《布达佩斯网络犯罪公约》的核心内容在于第二章第一节规定的九种网络犯罪类型。[1]

---

[1] 《布达佩斯网络犯罪公约》英文原文参见：https：//www.coe.int/en/web/conventions/full–list/–/conventions/treaty/185?module=treaty–detail&treatynum=185。

第一，非法访问计算机系统犯罪（Illegal access），规定在公约第二条。指为获取计算机数据或其他非法目的，蓄意、非授权的非法访问计算机系统的行为。该犯罪行为针对的是计算机数据的完整性和机密性。

第二，非法截取犯罪（Illegal interception），规定在公约第三条。指利用技术手段截取非公开的计算机传输数据的行为。该犯罪行为针对的是计算机数据的机密性。

第三，数据干扰犯罪（Data interference），规定在公约第四条。指蓄意损毁、删除、破坏、修改或隐藏电脑资料的犯罪行为。该犯罪行为针对的是数据的机密性、完整性和可用性。

第四，系统干扰犯罪（System interference），规定在公约第五条。指通过输入、传输、破坏、删除、损毁、变造或隐藏计算机数据而严重妨碍计算机系统功能的行为。该犯罪行为针对的是计算机系统的可用性。

第五，滥用计算机设备罪（Misuse of devices），规定在公约第六条。指通过生产、销售、发行或以任何方式提供任何从事上述各项网络犯罪的设备。

第六，计算机相关伪造犯罪（Computer–related forgery），规定在公约第七条。指输入虚假计算机资料或更改、删改、隐藏真实计算机资料，从而使相关资料丧失准确性的行为。该犯罪行为针对的是计算机数据的真实性。

第七，计算机相关诈骗犯罪（Computer–related forgery），规定在公约第八条。指有诈骗意图的更改、删改、隐藏任何计算机资料，或干扰计算机系统的正常运作。

第八，儿童色情相关犯罪（Offences related to child pornography），规定在公约第九条。指任何在计算机系统生产、提供、发行、传送、取得或持有儿童色情资料的行为，包括任何利用计算机系统进行的儿童色情犯罪行为。

第九，侵犯版权及相关权益的犯罪（Offences related to infringements of copyright and related rights），规定在公约第十条。本条将通过计算机系统侵犯知识产权的行为单列为网络犯罪行为的一种。[1]

[1] Budapest Convention on Cybercrime [EB/OL]. [2022-07-19]. https：//rm.coe.int/1680081561.

此外，2003 年的《网络犯罪公约补充协定》在第三条规定了通过计算机系统散播种族主义或仇外资料犯罪（Dissemination of racist and xenophobic material through computer systems），要求各缔约国在其国内法中将故意通过计算机系统向公众分发或以其他方式提供种族主义和仇外资料的行为规定为犯罪。

（三）“后公约时代”的欧盟网络犯罪治理态势

1. 欧盟《框架决议》与《指令》

鉴于公约对欧盟成员国没有直接约束力，需由成员国国内网络犯罪立法保障实施，为推动网络犯罪领域的法律一体化进程，欧盟运用其立法权颁布了对成员国有法律约束力的“框架决议”和“指令”。2005 年 2 月 24 日，欧盟通过了《关于惩治攻击信息系统行为的第 2005/222/JHA 号欧盟理事会框架决议》（以下简称《框架决议》），由《序言》和正文 13 个条文组成，于 2005 年 3 月 16 日生效。根据《框架决议》，欧盟各成员国必须在 2007 年 3 月 16 日之前将有关内容纳入其国内法律当中。2013 年 8 月，欧盟在《框架决议》的基础上增加了若干条文，形成了《欧洲议会和欧盟理事会关于惩治攻击信息系统行为、替代第 2005/222/JHA 号框架决议的第 2013/40/ EU 号指令》（以下简称《指令》）。根据《指令》第 16 条的规定，欧盟各成员国应当于 2015 年 9 月 4 日前将《指令》的内容纳入其国内法律体系中。

欧盟《指令》包括实体法和程序法两部分内容，在实体法部分要求成员国把“非法侵入信息系统”（规定在《指令》第 3 条）、“非法干扰信息系统”（规定在《指令》第 4 条）、“非法干扰信息系统数据”（规定在《指令》第 5 条）、“非法截取数据”（规定在《指令》第 6 条）、“生产、销售、取得犯罪工具”（规定在《指令》第 7 条）等五种非法行为犯罪化。

2. 欧盟网络犯罪治理新动态

（1）欧盟网络犯罪新趋势。根据欧洲刑警组织（Europol）欧洲网络犯罪中心发布的最新网络犯罪报告:《互联网有组织犯罪威胁评估 2020》（IOCTA2020），网络犯罪已经成为欧盟犯罪的常态，网络犯罪新形式不断涌现，并成为传统犯罪的技术手段。持续增长的网络犯罪已成欧洲集体安全真实而严重的威胁。欧洲刑警组织在报告中指出了欧盟八大网络犯罪趋势：

①交叉犯罪便利化。一是社交工程（攻击）仍是助长其他类型网络犯罪的最大威胁；二是加密货币继续给多种形式的网络犯罪提供便利化支付方式。

②勒索软件（ransomware）。勒索软件仍然是最主要的威胁。犯罪分子通过威胁给受害人施加压力，如果受害人不付款将会公开信息和数据。针对第三方提供者的勒索软件也会给供应链上的组织和关键基础设施都带来严重的损害。

③网络儿童性虐待。一是加密聊天应用的滥用使得执法当局很难调查和发现在线网络儿童性虐待活动；二是在线犯罪社区不断发展进化；三是在新冠肺炎肆虐期间儿童性虐待视频持续传播并愈演愈烈；四是虐童直播的商业化，包括提供给个人下载地址和下载资格等加速了该种犯罪的发展速度。

④支付诈骗。一是 SIM 卡交换犯罪在去年急速增加，该犯罪形式允许犯罪分子接管账户；二是在线投资诈骗成为发展最迅速的犯罪形式，受害者数量以万计，造成数百万欧元的损失；三是无卡交易诈骗随着犯罪分子目标的多样化和作案手法的电子化而持续增加。

⑤暗网（Darknet）的滥用。一是暗网的环境仍然不稳定；二是隐私强化的加密货币的使用有所增加，暗网市场出现了 Wasabi 和 Samurai 两种具有隐私强化特性的加密货币钱包；三是为了优化整体业务模式，Surface Web 电子商务网站和加密通信平台为暗网交易提供了额外的交易场所。

（2）欧盟基于网络犯罪新趋势的治理方略。为有效应对以上网络犯罪新形势，欧盟网络犯罪中心提出打击网络犯罪的五条建议：

一是协调合作。网络犯罪领域的合作既包括政府机构间的合作也包括政府与公司等私人机构以及公司等私人机构之间的合作。面对网络攻击和网络犯罪手段的多样化，协调合作必须是多层面的。例如：欧盟可以集中调查前行动和信息来源，这有利于识别优先级犯罪和罪犯。社交媒体平台网络服务提供商等网络公司应当积极加入到打击网络犯罪的合作中来，一经发现违法活动立即冻结相关活动；各网络公司也应积极协助执法机关的相关行动。

二是信息共享。及时有效的信息搜集、分析和共享对于打击网络犯罪来讲至关重要。为了达此目标，信息共享应当更加协调化和体系化，并加强共享主体间的相互信任。必须构建这样一种文化，受害人应揭露其经历和案件，而不必担心受处罚或成为网络攻击者的再次犯罪目标。考虑到网络犯罪的快速性，必须提升网络信息交换国际合作的速度，具体可通过构建欧盟层面的信息提供机制来实现。

三是完善立法。为打击网络犯罪，相关国际法和国内法应当与网络犯罪的调查实践更加密切结合。应当着力于制定更加相关、更有重点的立法来解决防弹主机和注册服务商的问题。同时，不同犯罪案件的法律适用问题也应当予以关注。

四是加强预防。在很多情况下，犯罪分子“成功”的原因在于网络预防机制的欠缺和受害人察觉网络犯罪能力的缺乏。对网络犯罪行为疏于察觉直接导致了网络诈骗、投资诈骗等犯罪案件的发生。因此需要在整个欧洲范围内进行网络犯罪预防和教育的相关合作。为织牢犯罪预防大网，还需要构建网络犯罪预警机制。

五是能力建设。网络因素正在变得越来越明显。其他犯罪领域和犯罪活动也正变得网络化。这一趋势要求提高执法能力一应对不断变化的挑战。有效的网络案件调查需要“网络专业技术”和“刑事侦查”两个层面的知识储备。当前，将网络因素融入执法，警察学院已经做好了准备，需要进一步支持网络犯罪相关教育和研究。

总体来讲，欧盟作为当今一体化程度最高的国家间联盟，其在共同发展网络技术、共同抵御网络犯罪的同时，也面临着严重的跨国网络犯罪风险。本世纪初，欧洲委员会率先认识到国际合作是抵御网络犯罪攻击的根本方法，组织出台了

第一部也是截至目前唯一一部国际性网络犯罪公约——《布达佩斯网络犯罪公约》，奠定了欧盟在网络犯罪领域立法的先进性和权威性。目前，《布达佩斯网络犯罪公约》已有 66 个缔约国，其中一半的缔约国在欧洲之外遍布全球。

《布达佩斯网络犯罪公约》概念清晰、内容全面，其自 2001 年出台至今一直作为欧盟打击网络犯罪和开展相关合作的基础性条约。在《布达佩斯网络犯罪公约》的框架之下，欧盟相继颁布《框架决议》和《指令》，以赋予成员国有力打击网络犯罪的义务。鉴于网络技术发展得日新月异，网络犯罪的形式也随之不断变化，单靠不能朝令夕改的法律显然不能有效规制网络犯罪。欧洲网络犯罪中心通过发布年度网络犯罪报告，对网络犯罪新情势进行归纳，并提出应对措施，已成为欧盟打击网络犯罪新形势的重要依据。

三、俄罗斯

与美国主张“多利益攸关方”不同，俄罗斯是“网络主权”的积极倡议者，也是中国主张在联合国法律框架下构建全球网络空间安全秩序的坚定盟友。虽然在总体经济实力上俄罗斯不能与美欧比肩，但在网络空间的立法与政策领域，俄罗斯在推动网络国际治理和规则建设方面颇有建树，无疑属于第一梯队。从网络犯罪治理领域来讲，在全球网络技术迅猛发展的背景下，俄罗斯涉及网络犯罪的案件也逐年增加。从立法方面来讲，随着网络犯罪逐渐成为各国刑法规制的重要领域，俄罗斯也已建立起网络犯罪刑法规制的体系，并以《俄罗斯联邦刑法》为重点对网络犯罪进行了具体规范。从执法层面来讲，打击网络犯罪业已成为俄罗斯执法机关的重要任务。

（一）俄罗斯网络犯罪现状

当前，计算机网络犯罪已成为发达国家中导致经济损害的重要原因之一，例如德国、法国等每年数据信息被窃取的损失均高达数十亿欧元。相比较之下，俄罗斯因为网络犯罪遭受的国家经济损失为年平均 0.9 亿欧元，与西方发达国家相比受损规模较小，但却有逐年增多的趋势（见图 8–1）。[1] 且随着未来网络应用技术的迅速发展和跨国犯罪的广泛出现，经济损失可能会出现激增的现象。

[1] 娜娃．俄罗斯网络犯罪刑法规制研究 [M]. 北京：北京邮电大学，2020.

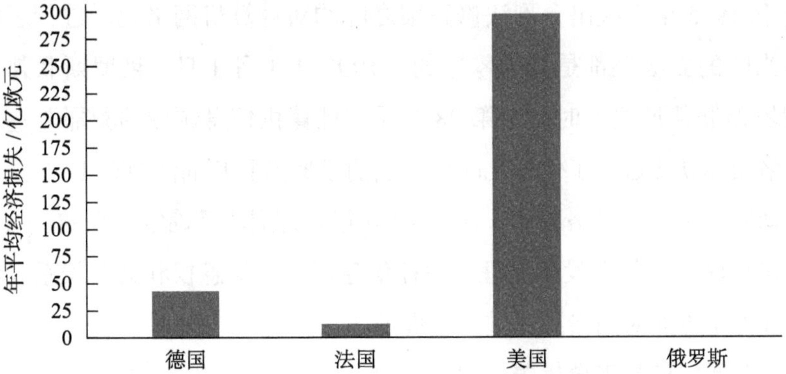

图 8–1　网络犯罪相关的国家经济损害

2010—2020 年，俄罗斯计算机犯罪的数量增长了 22.3 倍，这些犯罪每年造成的经济损失约为 6 亿卢布（约 920 万美元），每件计算机犯罪的平均损失为 170 万卢布（2.5 万美元）。但侦查犯罪的成功率只有约 49%，被止终止的刑事案件比例为 43.5%。可反映出执法人员在侦查、调查和预防计算机犯罪的专业化水平仍然不高。根据俄罗斯联邦调查局信息技术犯罪相关管理处和俄罗斯总检察长办公室的相关统计数据，俄罗斯计算机网络犯罪发展的主要趋势包括以下几点：一是增长迅速，增长率很高；二是网络犯罪的犯罪方式日益复杂，并与传统犯罪结合衍生出新型犯罪；三是计算机网络犯罪的专业化程度越来越高；四是计算机网络犯罪的年轻化趋势明显；五是计算机相关犯罪造成的经济损失增长明显；六是计算机网络犯罪向跨国犯罪发展；七是计算机犯罪的潜伏期变长。

鉴于网络犯罪专业性强、形式多样，且多具有跨区域、跨国境的特征，俄罗斯基于对个人权益和国家利益的考量，将打击网络犯罪列为国家网络治理的重要工作，积极进行立法、执法、专业建设、国际合作等多方面的跟进。

（二）俄罗斯网络犯罪立法规制

1991 年，俄罗斯制定了“关于信息犯罪责任”的法律草案，并在 1991 年、

1994 年和 1995 年三次出台刑法修正案之际均对计算机网络犯罪进行了相关规制。但当时的立法还都是较为零散的。1997 年 1 月 1 日，俄罗斯联邦在新修订《俄罗斯联邦刑法》时，于第 28 章设“计算机信息领域的犯罪”一章，俄罗斯网络犯罪立法进入了体系化时代。当前俄罗斯联邦刑法中有 17 个条款从不同的活动领域规定了网络犯罪，这是 2016 年修订刑法后确定下来的。这些条款从网络信息流通、信息设备管理、法律信息保护、信息权利义务关系和经济信息保护等五个方面对网络犯罪进行了规定。

1. 规范网络信息流通相关规定

与规范网络信息流通相关的俄罗斯联邦立法，通常是从较为综合性的视角来调整与计算机信息有关的网络犯罪行为。在电信领域违法犯罪行为的相关规定（《俄罗斯联邦刑法》第 138 条）中，立法对不合法窃听电话和其他谈话、非法窃取密码等登记信息以及非法控制电子邮件等行为进行了规制。在《俄罗斯联邦刑法》第 272 条和第 273 条中规定了非法调取计算机信息和编制、使用、传播有害计算机程序的犯罪行为，这些行为直接反映了网络信息流通中的违法特征；上述规定同时规范了涉及网络流通方面的非法信息传送和相关活动。针对利用网络进行色情产品传播的问题，《俄罗斯联邦刑法》在第 242 条和第 242–1 条对色情素材产品和未成年色情素材产品的生产和非法交易进行了量罪。

2. 信息设备管理相关规定

对于信息设备相关的网络犯罪，主要从网络犯罪的媒介角度进行规范。具体包括：违反电子计算机操作规程、违反电子计算机、电子计算机系统或其网络的使用规则罪（《俄罗斯联邦刑法》第 274 条）；非法交易用于秘密获取信息的技术设施罪（《俄罗斯联邦刑法》第 138 条）；非法贩运用于秘密接收信息的技术设施罪；非法制造、销售伪劣的信用卡或借记卡罪（《俄罗斯联邦刑法》第 187 条）；集成电路拓扑结构中的违反版权行为（《俄罗斯联邦刑法》第 146 条）等。

3. 法律信息保护相关规定

俄罗斯联邦刑法对于个人信息、企业信息和国家信息分别进行了保护。在个人信息保护方面，《俄罗斯联邦刑法》第 137 条规定了非法访查或发布有关个人私生活资料的违法行为，其中属于个人或家庭的如姓名、出生日期、出生地、居住地、社会地位、个人财产状况、学位、职业、收入情况等信息都属于被保护的范围。在企业信息保护方面，《俄罗斯联邦刑法》在第 310、311、320 条等规定了要保护政府秘密和商业秘密，并规定非法的获取、泄露或使用属于行业秘密、银行秘密、税务秘密的信息的行为均属于与泄密信息有关的违法行为（《俄罗斯联邦刑法》第 183 条）。在国家信息保护方面，立法不仅强调要保护国家秘密（《俄罗斯联邦刑法》第 283 条），还针对武器和军事装备技术信息给予单独保护：《俄罗斯联邦刑法》第 189 条规定禁止非法传输关于研发制造武器装备或军事装备的科学技术情报，禁止违反联邦法律将这些军事技术信息输出、发给国外公司或公司代表。

4. 信息权利义务关系相关规定

在信息权利义务关系领域，联邦刑法规定的违法犯罪行为种类包括：散布虚假信息罪（《俄罗斯联邦刑法》第 129 条、第 182 条）；违法拒绝提供信息或逃避提供信息罪（《俄罗斯联邦刑法》第 140 条、185 条、287 条）；不告知或歪曲信息罪（《俄罗斯联邦刑法》第 198 条、237 条）。

5. 经济信息保护相关规定

基于网络活动与经济的密切关系，俄罗斯刑法中设了专门条款规定与经济活动相关的网络犯罪行为。具体包括：使用国际互联网信息资源与电信服务的诈骗行为（《俄罗斯联邦刑法》第 165 条、272 条、159 条、200 条）；在电子货币汇兑中的诈骗行为（《俄罗斯联邦刑法》第 159 条、165 条、272 条、273 条）；使用国际互联网信息资源与电信服务的其他非法行为（《俄罗斯联邦刑法》第 171 条、173 条、178 条）。

近年来，随着网络信息技术的发展，网络犯罪的犯罪形式更趋复杂、犯罪手段更加隐蔽，网络犯罪造成的损失也越来越大。在此情势下，俄罗斯充分意识到预防网络犯罪与打击网络犯罪同等重要。2018 年俄罗斯颁布《俄罗斯联邦关键信息基础设施安全法》，此项法律旨在建立一个防止计算机攻击和威胁的响应系统，适用于国家机关、国防企业、银行、医疗机构等，要求在运输、通信、能源、太空、采矿和化学工业领域工作的组织都需要根据此项法律建设符合信息安全要求的系统。《俄罗斯联邦关键信息基础设施安全法》的颁布标志着俄罗斯网络犯罪立法从打击犯罪到“打击”与“预防”并重的发展趋势。

（三）俄罗斯网络犯罪治理新态势

自2018年《俄罗斯联邦关键信息基础设施安全法》实施后，面对网络犯罪新挑战，俄罗斯在立法、执法、政策等多方面采用“防”“治”并举的方式加大打击网络犯罪力度，并积极推动打击网络犯罪国际合作。

1. 构建“防”“治”并举机制，严厉打击网络犯罪

俄罗斯从提高公民防范意识、加大泄露信息惩罚力度和构建举报平台三方面进一步打击网络犯罪。俄罗斯政府意识到，防范意识不清、防范措施不到位，加之对政府机关信任度相对较高，是俄罗斯公民和企业更容易被犯罪分子利用的重要原因。2019年卡巴斯基实验室公布的数据显示，60%的俄罗斯人离职后可以继续访问、篡改或删除涉密或敏感信息；约30%的俄罗斯受访者愿意与同事或朋友分享登录名和密码，加大了组织和机构被非法访问的风险，从而造成信息泄露。[1]鉴于此，俄罗斯政府提出需进一步强化公民和机构的网络安全意识，共同抵御日益严重的网络犯罪。

为打造更加安全的网络环境，自2019年开始俄罗斯加大了对个人信息保护和相关安全事件的通报。俄罗斯电子商务网、俄罗斯国家电子化平台、俄罗斯出版集团网等大型电子商务平台均因存在泄露公众信息的安全隐患而被通报。俄罗斯政府表示，很多重大公民信息泄露事件都是网络架构设计人员的疏忽造成的，能够通过主动填补漏洞等方式进行弥补。政府将通过正面引导等方式避免此类事件的发生，而对主动泄露或贩卖个人数据的行为予以严厉打击。

2019年俄罗斯政府启动了网络犯罪举报平台的建设工作。平台建成后，公众可利用该平台随时向网络监管部门举报网络犯罪和非法行为线索，以便更为迅速地阻止和打击网络犯罪。平台建成后，经过授权的网络安全服务机构可以

---

[1] 江欣欣，由鲜举．2019年俄罗斯信息网络安全建设综述[J]. 保密科学技术，2019（6）：57–61.

与该平台实现信息共享，公众也可以通过电话、短信、电子邮件或社交网络等方式随时举报网络犯罪。

2. 推动联合国框架下的“打击网络犯罪公约”

俄罗斯认为，打击利用网络信息技术进行全球性的网络犯罪是非常重要的。近年，越来越多的网络犯罪造成的巨大经济损失，新型恶意软件层出不穷，跨国网络犯罪多发。但各国并未达成统一解决问题的方法，缺少合作的法律框架、统一术语。俄罗斯认为，当前全球唯一一部旨在进行打击网络犯罪国际合作的公约——欧洲委员会牵头制定的《布达佩斯网络犯罪公约》存在明显缺陷：该公约允许各国可以不经数据主管部门的允许跨界获取他国的数据，俄罗斯认为这项条款侵犯了用户的隐私权。鉴于此，俄罗斯主张在联合国的支持下进行打击网络犯罪国际合作。俄罗斯等国根据联合国宗旨和原则，基于《联合国反腐败公约》《联合国打击跨国有组织犯罪公约》的合作模式与合作精神，并借鉴《布达佩斯网络犯罪公约》的相关内容，起草了《联合国合作打击网络犯罪公约》的公约草案。草案包括公约的范围、目的和定义；执法和罪名；预防和打击网络犯罪的措施；打击网络犯罪的国际合作等四章。俄罗斯于 2021 年 7 月将公约草案提交联合国，第一次谈判会议于 2022 年 2 月 28 日至 3 月 11 日举行。

总体来讲，俄罗斯作为传统大国对于网络空间这一“人类新疆域”的管理和规制也起步较早。从立法层面来讲，目前俄罗斯网络犯罪主要规定在《俄罗斯联邦刑法》中，共有 17 个条款，是经过 2016 年修订后确定下来的。相关条款从网络信息流通、信息设备管理、法律信息保护、信息权利义务关系和经济信息保护等五个方面对网络犯罪进行了较为全面的定义和规制，形成了较为科学的立法内容。但这些条款并给集中于“网络犯罪”的章节下，而是与传统犯罪行为融合在一起，需要由执法者和司法者在实践中予以挑选适用。当然这种现象在其他网络强国也同样存在，是网络技术发展瞬息万变的负面影响。从政策和战略层面来讲，俄罗斯将保护公民个人信息和保护国家安全同时作为打击网络犯罪的战略重点。在个人信息保护方面，俄罗斯于

2019年起多部门协作，通过加强公众防范意识、建设在线举报平台等方式保护公民个人信息和个人利益免受网络犯罪的侵害。在保护国家主权和安全层面，俄罗斯不赞成美所谓“多利益方”的网络治理观点，也反对欧盟《布达佩斯公约》所规定的“一国可以不经另一国主管机关允许而自行调取他国数据”的数据，认为这既是对国家网络主权的侵犯，也是对公民个人人权和隐私权的侵犯。基于对全球合作打击网络犯罪重要性的认识，俄罗斯提出在联合国框架下根据宪章的宗旨和原则开展网络犯罪国际合作，并向联合国提交了《联合国合作打击网络犯罪公约》。

第二节　网络战略追随方：澳大利亚、日本

紧跟网络空间第一梯队的是澳大利亚和日本。在中美俄欧等网络大国和集团积极制定或更新网络空间战略，在打击网络犯罪领域积极制定国内立法和国际规则的情势下，澳大利亚、日本等国也紧随其后，积极作出回应。

一、澳大利亚

澳大利亚既是综合实力中等强国也是网络实力中等强国，其网络立法和网络政策都是基于本国的网络实际展开。截至2020年6月，澳大利亚的网民约为2900万，互联网渗透率约为67.7%，高于世界平均值的59.6%。[1]但由于人口基数少，澳大利亚网民绝对数量并不大。为推动发展数字经济、应对网络大国竞争，澳大利亚自21世纪以来，就积极出台相关政策维护网络安全、打击网络犯罪。由于澳大利亚属联邦制国家，全国由6个州和2个地方组成，各州均有立法权，

[1] 2020年全球互联网行业市场分析：用户规模超46亿人，非英语网页数量正快速增长[EB/OL].（2020-08-03）[2021-08-30]. https：//baijiahao.baidu.com/s?id=1673984986458233484&wfr=spider&for=pc.

也均在网络犯罪领域对传统刑法做出了补充修正。在政策领域，澳大利亚联邦政府自 2009 年开始推出“网络安全战略”，最新版于 2020 年 8 月 6 日发布。

（一）澳大利亚网络犯罪相关立法

1. 联邦立法

（1）2001 年《反网络犯罪法》（*Cybercrime Act 2001*）。2001 年，澳大利亚犯罪形式立法办公室委员会发布《网络犯罪法案》，于 2001 年 6 月提交联邦议会审议后形成《反网络犯罪法》，于 9 月 27 日通过，同年 10 月 1 日生效。2001 年《反网络犯罪法》是对澳大利亚 1914 年《犯罪法》（*Crimes Act 1914*）的补充修正，将原涵盖于《犯罪法》之“计算机犯罪”的概念和内容剥离出来，是一部旨在打击破坏计算机数据和电子通信的安全性、完整性和可靠性的新型计算机犯罪。《反网络犯罪法》分为“计算机犯罪”和“有关电子存储数据的执法权”两部分。具体和特色内容包括：①对计算机和网络相关概念进行详细定义；②将计算机犯罪的重罪与轻罪相区分，重罪可判处 10 年以上监禁甚至终身监禁，轻罪则判处两至三年监禁。

但 2001 年《反网络犯罪法》也遭到了一些质疑。有批评者认为该法的管辖权过于宽泛，也赋予了太大的警察权；这些过于宽泛的规定可能导致 IT 从业者轻易就构成了犯罪。这些质疑也给日后立法的修改提供了方向。

（2）2012 年《网络犯罪法修正法》。2012 年 9 月 12 日出台的《网络犯罪法修正法》（*Cybercrime Legislation Amendment Act 2012*）源于 2011 年的《网络犯罪法修正法案》（*Cybercrime legislation Amendment Bill 2011*）。《网络犯罪法修正法》在修改以往立法的同时，最主要的目的是配套欧盟《布达佩斯网络犯罪公约》在澳大利亚的适用。根据该修正法的规定，澳大利亚警方有权强迫通讯公司销毁某些敏感信息、并在相关方面加强国际合作。

2. 州和地方立法

随着计算机和网络技术的发展，澳大利亚各州和地方政府在打击网络犯罪的过程中逐渐意识到保护在线用户信息的重要性。澳大利亚各州对网络犯罪立法的重视基本始于21世纪初。其中，首都直辖区在2002年的《犯罪法》中对计算机相关犯罪做了详细定义。新南威尔士州于2001年颁布《网络犯罪修正案》，对1900年《新南威尔士刑法》进行了修改补充。昆士兰州则于1997年颁布《刑法修正案》，针对计算机黑客和计算机信息滥用问题对其1899年《刑法典》第408E条进行了修正。

（二）澳大利亚打击网络犯罪政策

2020年8月6日，澳大利亚内政部（Department of Home Affairs）发布“网络安全战略”（*Australia's Cyber Security Strategy 2020*）（以下简称《战略》）[1]，是澳大利亚政府自2009年和2016年以来第三次发布的网络安全战略，也是2017年12月20日澳大利亚内政部成立后发布的第一份网络安全领域战略。此版《战略》旨在加强澳大利亚的网络安全。针对澳大利亚面对的网络安全威胁问题，《战略》强调要打击网络犯罪、推进“网络身份”计划；针对应对网络大国竞争需要的问题，《战略》强调要扩大澳大利亚的区域影响力。

1. 新版战略出台背景[2]

（1）数字经济发展的需要。当前，数字经济已经成为全球经济新的增长点。澳政府视“数字经济为澳大利亚的未来”，十分重视数字经济的发展。据《战略》统计，2019—2020年，数字活动为澳大利亚经济贡献了3170亿澳元，为GDP贡献了1050亿澳元，占澳大利亚当年GDP的5.5%。《战略》指出，网络空间安全是保障数字增长和数字创新的重要条件。新冠肺炎疫情流行期间，人们工作、生活、学习等方面的在线互动持续增加，网络安全成为需要关注的首要问题。鉴于“后疫情时代”人们工作和社交在线形式的持续，新的网络安全战略对于促进数字经济发展、保障数字经济安全至关重要。

（2）应对网络威胁的需要。近年来，澳大利亚国家安全日益受到恶意网络

---

[1] 《2020年网络安全战略》原文参见澳大利亚内政部官网：https：//www.homeaffairs.gov.au/about–us/our–portfolios/cyber–security/strategy/australia’s–cyber–security–strategy–2020.

[2] 嵇绍国，王宏．澳大利亚《2020年网络安全战略》研究综述[J]. 保密科学技术，2021（4）：55–61.

活动威胁，澳关键基础设施也受到黑客组织持续不断的攻击。网络犯罪分子在窃取资金和数据的同时，还利用新冠肺炎疫情窃取医疗等领域的敏感信息，利用暗网贩卖毒品和其他非法物品。由于澳大利亚在线网络犯罪数量逐年增多，新冠肺炎疫情期间相关网络犯罪和网络安全事件更是呈现明显的上升趋势。仅 2020 年 3 月 10 日至 26 日，澳大利亚网络安全中心（Australian Cyber Security Centre，ACSC）就收到与新冠肺炎疫情有关的网络犯罪和网络安全事件报告 40 多份。鉴于此，澳大利亚政府认为“必须果断做出反应，以应对这些现实威胁”。

（3）应对网络空间大国竞争的需要。当前，网络空间成为国家间合作和竞争的新领域。随着网络空间战略意义和经济意义的凸显，当前世界美欧中俄主要大国和集团纷纷将权力触角伸向网络空间，于国内和国际两个层面争相颁布网络立法、制定网络战略。澳大利亚政府认为，在个别大国已采取进攻型网络安全策略之际，澳大利亚不可一味奉行防御型网络安全政策，而应当迅速采取措施来应对网络空间地缘政治格局的新变化，提高应对网络空间大国竞争的能力。

2. 新版战略主要内容

（1）战略愿景（Vision）。新版战略指出，澳大利亚政府所期望的是“为澳大利亚人、澳大利亚企业和所依赖的基本服务，创建一个更加安全的在线世界。”为达此目标，政府、企业和社区都要有所行动。

①政府行动。政府主要采取的行动包括：保护关键基础设施、保护基础服务设施；打击包括暗网在内的网络犯罪；保护澳大利亚政府的数据和网络；分享犯罪信息；加强网络安全合作伙伴关系；支持企业网络安全达到标准；增强网络安全能力。

②企业行动。企业主要采取的行动包括：提高关键基础设施基线安全；提升中小企业网络安全水平；提供安全可靠的产品和服务；培养具备网络安全能力的技术人才；采取措施组织大规模恶意活动。

③社区行动。社区主要采取的行动包括：在网络安全方面获取指导和信息；作出正确的信息产品购买决策；报告网络犯罪；在需要时获得帮助和支持。

通过以上三方行动，《战略》旨在形成政府、企业、社区之间的信息互通，共同打击网络犯罪、创造安全的网络环境。

（2）战略重点（Highlights）。《战略》指出，澳大利亚将在未来十年投资16.7亿澳元，着力于10项重点内容：一是保护和捍卫所有澳大利亚人所依赖的关键基础设施和网络系统，明确所有者和运营者的网络安全义务；二是寻求调查和阻止包括暗网在内网络犯罪的新方法；三是加强政府网络和数据的保护；四是加强各方协作，构建网络技能提升渠道；五是增强态势感知能力，促进威胁信息共享；六是通过联合网络安全中心计划与业界建立更牢固的伙伴关系；七是为中小型企业提供网络防御建议；八是为企业和消费者提供保护物联网设备的指南；九是针对中小型企业和家庭建立 7×24 网络安全服务咨询热线；十是提高社区对网络安全威胁态势的感知能力。

（3）目前的响应行动（Response）。《战略》阐述了政府、企业和社区目前正在进行并将持续推进的响应行动。

①政府响应行动。在《战略》发布前，澳政府已于 2020 年 6 月 30 日宣布投资 13.5 亿澳元开展“网络增强态势感知和响应系统”项目，以识别网络威胁，扰乱外国网络犯罪，建立政府与工业界的伙伴关系，保护澳大利亚人的在线安全；与企业合作，通过实施事件响应程序，为网络事件做好应急准备；承担更多国际责任，建立国际合作伙伴关系，帮助建设邻国的网络能力，采取强有力行动阻止网络犯罪。

②企业响应行动。关键基础设施运营商负有安全义务，增强关键基础设施安全监管框架，确保关键基础设施和系统安全；实施威胁拦截技术，研究和开发大规模检测和组织威胁的新功能。产品和服务提供商保证其产品和服务的安全。

③社区响应行动。确保所有人都知道在线安全的重要性；确保有关网络安全信息能够覆盖更多人；建立网络安全咨询热线；对网络犯罪受害者及时提供支持和帮助。

（4）未来的行动计划（Action plan）。《战略》将政府、企业和社区的“三方联动”贯穿始终，通过“综合施策”来实现新版战略的目标。

①政府行动计划。一是拟出台《保护国家重要关键基础设施和系统》等法律框架文件来保护国家重要关键基础设施和系统；二是通过投资强化联邦、州、地区政府与私营部门的合作，完善网络事件响应流程；三是通过投资提高执法部门打击网络犯罪的能力，提高网络执法水平；四是通过集中管理和运营加强网络防御；五是改进威胁信息共享机制；六是维护现行国际法和网络空间负责任国家行为规范；七是加强网络安全合作伙伴关系；八是明确澳大利亚企业的网络安全义务；九是通过投资提升数据科研能力，确保技术领先。

②企业行动计划。一是确保关键基础设施的基线安全；二是提升中小企业网络安全水平；三是通过发布物联网安全自愿行为准则创建安全的物联网；四是培养技术人才；五是支持企业使用威胁阻断技术自动拦截威胁。

③社区行动计划。一是获取网络安全指南和信息；二是在需要和必要时及时获得帮助和支持；三是政府为消费者提供安全信息参考，使用多种方式保证消费者做出明智的购买决定；四是保证公众在线安全，鼓励公众举报网络犯罪。

3. 新版战略主要特点

投资数额的空前彰显了澳大利亚政府对网络安全的高度重视，相较 2016 年战略，新版战略呈现出以下特点：

一是强调政府、企业和社区的协调合作。在 2009 年和 2016 年的前两版“网络安全战略”中，澳大利亚政府已提出加强公民的网络安全风险意识，确保公民个人信息、隐私和网络金融的安全。2020 年的新版战略中则强调“澳大利亚人的在线安全是一项共同的责任”，为达此目标政府需要和企业、社区加强合作，确保所有人都可以发挥作用。新版战略在愿景、当前行动、未来计划等方面都强调政府、企业和社区分层负责的机制，围绕保障个人信息安全、保护国家基础设置、打击网络犯罪等共同目标开展协作，形成了以政府为主导、企业为骨干、全民参与的局面。

二是注重国际合作，着力提升澳大利亚在网络空间领域的区域影响力。在 2009 年的第一版战略中，澳政府就提出“与国际社会开展网络安全合作”，在 2016 年战略中提出“建立全球性、区域性的伙伴关系，保证互联网开放、自由和安全。”在最新战略中，澳政府进一步提出“致力于建立一个安全、稳定、繁荣的澳大利亚、印度—太平洋地区和世界”。新版战略倡导了四个方面，一是国际社会采取负责任的国际空间行为，对网络入侵活动采取果断行动；二是更加注重关键技术的国际合作，提高应对网络攻击的技术能力，对网络犯罪形成强力威慑；三是积极与伙伴合作，致力于支持和维护促进稳定的国际机制；四是援助和支持邻国的网络能力建设。澳政府在《战略》中采用直接经济援助的方式支持印太地区国家进行网络能力建设，可见其已将提升网络空间领域的区域乃至全球影响力作为重要国家战略。

总体来讲，澳大利亚在网络安全和网络犯罪领域的立法和政策都较为完善。从立法上看，澳大利亚联邦、各州、地区均有专门的网络犯罪相关规定，联邦层面有单行的网络犯罪法，各州和地区则主要表现为传统刑法中的网络犯罪细化规定。在政策和战略层面来讲，澳大利亚一直追随美英的脚步，将“五眼联盟”（美国、英国、加拿大、新西兰、澳大利亚）作为澳美网络安全战略协调一致的重要制度保障。新冠肺炎期间，随着人们在线工作、生活、社交范围的扩大，保障网络安全与打击网络犯罪的紧迫性催促澳政府积极出台应对策略。在“澳美联盟”和网络大国博弈的影响下，澳大利亚也在网络安全和网络犯罪领域积极开展国际合作，以打击网络犯罪，并提升自身的区域乃至全球影响力。

二、日本

日本作为亚洲强国和网络普及率较高的国家，在网络安全和打击网络犯罪方面的立法起步较早。随着近年网络诈骗犯罪多发、网络犯罪与传统犯罪交织等新情势的出现，日本通过立单行法、修刑法典、民间机构与执法机构合作、加强顶层设计等方式予以应对。在中美欧俄等第一梯队的网络大国开始着手推动构建网络空间国际秩序、制定网络空间国际规则的同时，日本也积极建立国家级网络战略机构，并推出网络安全战略以加入网络政治博弈的洪流。

（一）日本网络犯罪立法[1]

与中国采用单一刑法典的立法模式不同，日本并未把所有罪名都列入刑法典中，而是在刑法典之外制定了大量的特别刑法来规制不同领域的犯罪。日本网络犯罪相关立法也分散在刑法典与特别刑法中。值得注意的是，作为亚洲国家的日本积极参与了欧盟《布达佩斯网络犯罪公约》的制定，率先签署并批准了该公约。加入后为了完成公约对于缔约国“确信本公约在组织直接危害计算机系统、网络和计算机数据的机密性、完整性和可用性，组织对此类系统、网络和数据实施本公约定义的滥用行为，和采取充分的力量有效打击网络犯罪，促进本国和国际层次的调查和检诉，提供快速可靠的国际合作的必要作用”的义务要求，日本进行了一系列修法和立法工作。

1.《日本刑法典》中的网络犯罪相关规定

日本于 1987 年修订刑法典时首次界定了“电磁记录”的概念[2]，并在此基础上增设了与网络犯罪相关的罪名：包括《日本刑法典》第 246 条之二规定的“使用电子计算机诈骗罪”、第 157 条规定的“公正证书原件不实记录罪”、第 1658 条规定的“使用伪造的文书罪”、第 161 条之二规定的“不正当制作和提供电磁记录罪”、第 234 条之二规定的“损害电子计算机等妨害公务罪”、第 258 条规定的“毁弃公用电磁记录罪”和第 259 条规定的“毁弃私用电子记录罪”。

随着网络技术的发展，银行卡支付的广泛使用催生了银行卡支付相关犯罪。为应对此类犯罪，日本在 2001 年修改刑法典时于第 163 条增加了三个罪名，分别为：第 163 条之二“不正当制作用于支付的磁卡电磁记录罪”、第 163 条之三“持有不正当电磁记录磁卡罪”和第 163 条之四“准备不正当制作用于支付的磁卡电磁记录罪”。2011 年日本再次修改刑法典时，对第 168 条之二“制作不正当指令电磁记录罪”进行了修正。修改完毕后，电磁记录相关未遂犯罪也可以受到处罚。

---

[1] 曹雅闻．日本治理网络犯罪的法律对策及借鉴 [J]. 中国人民公安大学学报（社会科学版），2018（2）：125–133.

[2] 电磁记录是指通过电子方式、电磁方式以及其他不被人感知的方法制作的供电子计算机处理信息使用的记录。

2. 日本特别刑法中的网络犯罪相关规定

由于刑事单行法林立，日本涉及到网络犯罪的刑事单行法也较多，其中较重要且较受人关注的主要有三部法律：《关于禁止不正当侵入网络行为等的法律》《嫖宿儿童及儿童色情禁止法》和《关于规制利用网络介绍异性业务引诱儿童行为的法律》。

（1）《关于禁止不正当侵入网络行为等的法律》。该法的目的在于处罚不正当侵入网络的行为。对于此类行为，由日本各都道府县的公安委员会采取援助措施来制止和预防。该法规定了三种不正当侵入行为：一是通过网络等通信线路进入带有网络访问控制功能的特定计算机，输入他人密码后启动该计算机，使该网络访问控制功能限制成为可以使用的状态；二是通过网络等通信线路，进入带有网络访问控制功能的特定计算机，输入密码等信息或指令后，启动该计算机，使得原来受限的功能变为可以使用的状态；三是通过网络等通信线路，进入带有访问控制功能的其他计算机控制的计算机，输入密码等信息或指令，启动特定的计算机后，使原来被控制的功能变为可以使用的状态。

（2）《嫖宿儿童及儿童色情禁止法》。儿童色情犯罪问题是受到各国广泛关注的问题，尤其受到欧盟的重点关注。在 1996 年与斯德哥尔摩召开的“第一届反儿童商业性剥削世界大会”上，有会议报告指出亚洲的嫖宿儿童现象主要发生在日本，对日本的儿童色情问题提出严厉批判。值此契机，日本开始着手制定《嫖宿儿童及儿童色情禁止法》，对儿童色情物品进行了专门界定，明确将各种电子形式的儿童色情物品及其传播纳入禁止范围，并对违禁行为施加严厉处罚。

（3）《关于规制利用网络介绍异性业务引诱儿童行为的法律》。鉴于迅速普及的在线“约会网站”成为了诈骗、敲诈勒索、杀人等犯罪滋生的温床，特别是一些恶意网站因有儿童从事卖淫活动而成为严重的社会问题。鉴于此，日本制定了《关于规制利用网络介绍异性业务引诱儿童行为的法律》，其立法目的在于防止利用约会网站实施儿童色情犯罪。禁止的范围不仅包括利用网络介绍异性服务而实施的各种行为，还包括网站运营违反管理规定的行为，包括违反行政命令、不申报或提供虚假报告等。

（二）日本打击网络犯罪的实践与成效

为打击网络犯罪，日本于2015年成立了“网络安全战略本部”和“日本网络犯罪对策中心”。“网络安全战略本部”隶属于日本政府，由来自东京警视厅多个部门约50个组成，其中“生活安全部”负责调查针对企业和个人的网络犯罪，“公安部”负责打击针对政府部门的网络攻击。“日本网络犯罪对策中心”是一个民间机构，由信息安全公司和网络公司组成，宗旨在于收集和分析各个领域存在的网络犯罪情报，通览网络犯罪整体情况，确定网络犯罪威胁的源起和流变，进而制定相应的事前或事后对策。“日本网络犯罪对策中心”还注重与警察厅、监察厅等实践部门的交流合作，并对都道府县实施网络犯罪对策予以支援和帮助。鉴于近年网络诈骗犯罪多发的情况，对策中心与各都道府县警察联合推广网络犯罪宣传活动，并成功阻止了一部分网络诈骗犯罪（见表8–1）。

表8–1 诈骗汇款阻止率图

时间	被害额/亿日元	实被害额/亿日元	阻止额/亿日元	阻止率/%
2015年上半年	约15.43	约13.83	约1.61	10.4
2015年下半年	约15.3	约12.64	约2.66	17.4
2016年上半年	约8.97	约7.76	约1.2	13.4
2016年下半年	约7.9	约6.87	约1.04	13.2
2017年上半年	约5.64	约4.46	约1.18	20.9

（三）日本2021年网络安全战略

2021年9月27日，日本网络安全战略本部批准了为期三年的新版“网络安全战略草案”。战略因日本面临的严峻网络犯罪形势和网络地缘政治情势而制定。从网络犯罪形势上看，日本近年每年都会记录到4000多宗企图非法渗透各类计算机网络和系统的案件，大型电子技术企业日本电气公司和三菱电机公司成为受害者。

总体来讲，作为亚洲第一梯队的发达国家，日本由于网络普及化进展较早，也较早受到网络犯罪的滋扰。在国内立法方面，为应对网络犯罪的不断发展变化，日本在21世纪后的数次刑法典修订中也多次对网络犯罪相关问题进行了补充完善。其中以2011年修改规模和力度最大。在刑法典之外，日本聚焦侵入计算机信息系统、儿童色情等典型网络犯罪相继出台了刑事单行法加以规制。在国际公约方面，日本于2001年率先加入了欧盟《布达佩斯网络犯罪公约》，并积极修改国内法以履行公约对缔约国的义务要求。上述日本刑事单行法所关注的焦点问题就与欧盟一脉相承。在实践措施层面，面对网络犯罪愈演愈烈的态势，日本网络犯罪对策中心与各地警察所做的协作与预防宣传虽有一定作用但不能有效扭转现状。在战略方面，日本面对严峻的网络犯罪形势和复杂的网络地缘政治情势，没有选择全球合作，而是依靠美欧、打压中俄，这是其最新网络空间战略所传递出来的。

第九章　网络犯罪治理的国际规则制定态势

第一节　网络犯罪国际规则的制定历程

随着网络技术的深入发展，电信和信息技术的走向融合，网络空间成为海陆空天之外的“第五域”，互联网作为使用范围最广、普及率最高的全球性网络，无疑是网络安全研究的主要阵地。在互联网发展初期，由于网络主权和管辖权边界较为模糊，网络空间处于“网络无政府状态”，当时的观点认为政府应该远离互联网治理，市场力量和自我调节就足以创造秩序和行为准则，这种观点后来逐渐被政府主导的治理主张所取代。随着全球化浪潮的推进，一些全球性问题凸显出来，恐怖主义泛滥、核扩散、生态环境恶化、难民危机、网络攻击等非传统安全威胁与霸权主义、地缘政治冲突、领土领海争端等传统安全威胁交织。政治多极化、国际关系民主化、社会信息化、文化多样化、威胁多元化相互激荡，各种矛盾错综复杂、相互影响，需要各国协调行动共同解决。

一、联合国主导的网络犯罪治理

联合国主导的网络犯罪治理主要是指在联合国毒品和犯罪问题办公室（UNODC）和预防犯罪和刑事司法委员会（CCPCJ）框架下的网络犯罪治理。预防犯罪和刑事司法委员会（CCPCJ）成立于 1992 年，刚开始为联合国经济社会理事会职司委员会之一，初始职能为监控某种刑事犯罪的联合国标准应用以及相关政策的制定。1997 年，联合国成立了联合国毒品控制和犯罪预防办公室（UNODC），随后该委员会成为办公室的一个组成部分。目前 CCPCJ 是联合国预防犯罪和刑事司法领域的主要决策机构，也是成员国就相关标准和规范进行谈判和商定的论坛，它通过决议和决定采取行动、制定国际战略以及确定打击犯罪的优先事项。

联合国框架下有关网络犯罪治理的会议共包括五个：联合国大会，主要审议和发布其他机构提出的决议；联合国预防犯罪和刑事司法大会（2005 年以前称为联合国预防犯罪和罪犯待遇大会）是犯罪和刑事司法领域规模最大的会议，会议每五年召开一次，涉及议题广泛[1]；CCPCJ 年度会议，包括通过各项决议和决定、进行专题讨论、设立专家和工作组、就相关标准和规范进行商谈等；联合国网络犯罪政府间专家组（以下简称“专家组”）会议和联合国打击网络犯罪公约谈判特设委员会（以下简称“特委会”）会议，其中专家组和特委会是为制定联合国网络犯罪公约而专门成立。

（一）认识阶段：联合国网络犯罪治理框架的提出

制定联合国框架下打击网络犯罪公约的设想，早在 21 世纪初就已浮出水面。包括中国、俄罗斯、南非等在内的很多国家很早就关注打击网络犯罪国际规则问题，并在联合国大会、联合国预防犯罪和刑事司法大会、联合国预防犯罪和刑事司法委员会等场合呼吁尽快谈判制定联合国框架下的网络犯罪公约。

2000 年第 55 届联大通过第 55/59 号决议，即《维也纳宣言》，建议就预防和控制计算机犯罪制订政策建议，并要求预防犯罪和刑事司法委员会开展这方面的工作，同时宣言还承诺会努力提高各国阻止、调查和检测高技术犯罪以及计算机犯罪的能力。[2]同时大会还通过了题为“打击非法滥用信息技术”的第 55/63 号决议，决定继续将非法滥用信息技术的问题列入第五十六届会议的议程，作为“预防犯罪和刑事司法”项目的一部分。

[1] 严励 . 广义刑事政策视角下的刑事政策横向结构分析 [J]. 北方法学期刊，2011，5（3）：83–99.

[2] United Nations General Assembly（2002），Resolution 56/121–Combating the criminal misuse of information technologies [EB/OL].（2002–01–23）[2021–10–14]. https：//www.itu.int/ITU–D/cyb/cybersecurity/docs/UN_resolution_56_121.pdf.

2001 年第 56 届联大如期召开，在题为“打击非法滥用信息技术”的决议提到“（联合国）注意到欧委会拟定《网络犯罪问题公约》的工作，并在会议中决定推迟关于本问题的审议，以待进行预防犯罪和刑事司法委员会打击与高技术和计算机相关的犯罪的行动计划中所设想的工作”[1]。此后联大虽然不再专门将“打击非法滥用信息技术”列入会议议程，但在其他决议中提及了有关网络犯罪的内容。比如在根据联合国一委报告通过的决议中，题为“从国际安全的角度来看信息和电信领域的发展”的决议一直都在讨论信息安全领域的现存威胁和潜在威胁以及信息技术可能对各国基础设施产生的不利影响，必须采取一定手段组织犯罪分子或恐怖组织非法利用信息手段和技术。在 63/195 号主题为“加强联合国预防犯罪和刑事司法方案技术合作能力”的决议中还提到了“有关针对网络犯罪问题提供咨询服务和技术援助的问题，并请 UNODC 在其职责范围内探讨解决问题的办法，并且还提到要加强联合国预防犯罪以及刑事司法的能力，尤其是相关领域的技术合作能力”[2]。

（二）准备阶段：CCPCJ 年度会议商讨网络犯罪及相关议题

在第 56 届联大结束到 2010 年专家组成立之前，可以视为 CCPCJ 为联合国网络犯罪公约拟定而进行的前期筹备和调查工作，主要工作内容会在 CCPCJ 年度会议上商讨。CCPCJ 年度会议每年举行一次，在年度会议闭会期间还会举行闭会期间会议，主要商讨在联合国框架下打击犯罪的有关议题。

根据 CCPCJ 第十届会议（2001 年）报告显示，CCPCJ 已经认识到“高科技和电脑犯罪”的严重性，委员会闭会期间会议已经完成对九项行动计划草案的审议，其中一项为“高科技和电脑犯罪行动计划草案”，但是会议中有些委员提出现在专门为高科技和电脑犯罪时机不成熟，制定一部专门公约还为时过早。会议决定将其列为第十一届会议主题继续商讨。

---

[1] 维也纳宣言和行动纲领 [EB/OL].（1993–06–25）[2021–10–14]. https：//www.un.org/zh/documents/treaty/files/A–CONF–157–23.shtml.

[2] 蒂姆·毛瑞尔，曲甜，王艳 . 联合国网络规范的出现：联合国网络安全活动分析 [J]. 汕头大学学报（人文社会科学版），2017，33（5）：104–126.

（三）成熟阶段：成立联合国网络犯罪专家组

2010年4月第十二届联合国预防犯罪和刑事司法大会召开，会议通过了《萨尔瓦多宣言》，请求“预防犯罪和刑事司法委员会召集一个不限成员名额政府间专家组，对网络犯罪问题以及各会员国、国际社会和私营部门就此采取的对策进行一次全面研究，包括就国家立法、最佳做法、技术援助和国际合作交流信息，以期审查各种备选方案，加强现有并提出新的国家和国际打击网络犯罪的法律和其他对策”[1]。同年12月，第六十五届联合国大会通过第65/230号决议，在肯定《萨尔瓦多宣言》的同时，要求CCPCJ根据宣言成立专家组，还要求在2011年5月CCPCJ第20届会议之前召开第一次专家组会议。

联合国网络犯罪政府间专家组由各国提名专家组成，组织上接受CCPCJ指导，向CCPCJ报告相关工作进度。专家组分别于2011年、2013年、2017年、2018年、2019年、2020年和2021年共召开了七次会议。

2011年1月17日至21日，专家组第一次会议在维也纳举行，100多个国家和相关国际组织专家与会，就网络犯罪问题、各自应对措施以及如何加强应对网络犯罪交换了意见。专家组还重点讨论了如何就网络犯罪问题进行综合研究。经过激烈讨论，专家组通过了《工作方法》（*Methodology*）和《议题范围》（*Draft Collection of Topics*），并授权联合国毒罪办根据上述方法和议题范围编撰《网络犯罪问题综合研究报告（草案）》（*Draft Comprehensive Study on Cybercrime*，以下简称《研究报告（稿）》）。

2013年2月25日至28日，专家组第二次会议主要对《研究报告（稿）》进行审议。由于各方对《研究报告（稿）》内容，特别是“关键结论和备选方案”部分存在较大争议，会议未达成共识。

2017年4月10日至13日，专家组第三次会议继续审议《研究报告（稿）》，就网络犯罪问题以及如何加强应对措施开展交流，并就专家组后续工作提出一

[1] 关于应对全球挑战的综合战略：预防犯罪和刑事司法系统及其在变化世界中的发展的萨尔瓦多宣言[EB/OL].（2010-12-21）[2021-10-14]. https：//www.un.org/zh/documents/treaty/files/A-RES-65-230.shtml.

系列建议。会议同意专家组继续开展工作，定期召开会议，作为各方讨论网络犯罪有关实质问题的平台，并确定将《研究报告（稿）》中的核心章节标题（即“立法和框架”“定罪”“执法与侦查”“电子证据与刑事司法”“国际合作”以及“预防”）作为后续讨论的主要议题。但是由于各方分歧依旧，《研究报告（稿）》仍未获得通过。

专家组第四次会议于2018年4月3日至5日如期召开，会议一致通过了专家组2018年至2021年的工作计划，并开启讨论网络犯罪实质问题。根据专家组工作计划，每年召开一次年度会议，讨论有关网络犯罪的立法、定罪以及电子证据和国际合作等问题，并决定2021年前出台工作建议并提交CCPCJ审议。[1]在通过工作计划的同时，会议重点就“立法和政策框架”和“定罪”两项议题进行了讨论，并汇集各国提出的初步建议供后续会议审议。

2019年3月，专家组第五次会议在奥地利首都维也纳举行。参会代表国普遍对联合打击全球性网络犯罪开展多边商议的方式表示认可，并肯定了联合国网络犯罪专家组所做的工作。会议主要讨论了“网络犯罪执法”和“电子证据与刑事司法”两个主要议题，提出了数项针对出台联合国打击网络犯罪公约的具体建议。[2]

俄罗斯在2019年10月召开的74届联大提交了题为《打击为犯罪目的使用信息通信技术》决议草案，再次明确提出要求制定联合国框架下的网络犯罪公约。11月，决议草案以88票赞成、58票反对、34票弃权的结果在联大三委通过。随后一个月，联大对决议草案投票表决，最终以79票赞成通过该决议。根据该决议，联大将成立一个为专门制定打击网络犯罪公约的特设专家委员会（特委会）；特委会应于2020年8月在纽约召开为期三天的组织会议，以便商定其进一步活动的“纲要和方式”，提交第75届联大审议核准；请联合国秘书长在联合国方案预算内分配必要资源，以便组织和支持特委会的工作；邀请捐助国向联合国提供援助，确保发展中国家积极参与特委会工作。

---

[1] 王渊洁．联合国网络犯罪政府专家组第五次会议综述 [J]. 中国国际法年刊，2019：348–356.

[2] 李佳，王京婕．全球跨境电子取证法律冲突及应对思考 [J]. 中国信息安全，2019（5）：38–40.

由于2020年新冠肺炎疫情的暴发，第六次联合国网络犯罪问题政府间专家组改为线上举行，会议于2020年7月举办，重点讨论了有关网络犯罪预防以及打击网络犯罪的国际合作问题。[1]会上，各参会国代表发言介绍了有关打击网络犯罪国际合作的本国经验、相关实践以及立场主张。各国再次高度肯定了专家组为构建联合国打击全球性网络犯罪交流平台所做的工作，围绕以上两个主体提出了70多项具体建议。

通过以上梳理，可以清晰地看出联合国针对网络犯罪的治理脉络以及态度变化。比如在较为明显的措辞方面，从刚开始的“滥用信息技术”，到“电脑犯罪（computer–related crime）”，一直到最后的“网络犯罪”，体现出联合国一开始只把少数类网络犯罪行为视为滥用信息技术行为或者借助计算机进行的犯罪行为，还未对网络犯罪概念有一个清晰的界定，直到后来才在文件中正式使用网络犯罪这一专有名词。其中一方面是因为互联网和信息技术的快速发展，网络犯罪态势逐渐加强，另一方面是因为联合国在注意到欧洲委员会启动布达佩斯公约相关工作之后，对网络犯罪议题更加重视，甚至在联大上推迟了相关问题的审议，要求CCPCJ就网络犯罪开展专门调查工作。直到2010年，联大认为CCPCJ就网络犯罪的调查准备工作已经成熟，决定就网络犯罪公约谈判成立政府间专家组，专门就网络犯罪公约展开讨论和征求意见。

（四）专家组第七次会议

2021年4月，联合国网络犯罪问题政府间专家组第七次会议落下帷幕。会议审议了各国在专家组第四至第六次会议上就打击网络犯罪的立法、定罪、执法和调查、电子证据和刑事司法、国际合作、预防等6个议题提出的205条工作建议。专家组已经完成了它的历史使命，为谈判制定打击网络犯罪公约奠定了良好的基础。[2]

---

[1] 裴炜．网络犯罪治理国际合作：机制、主题与展望[J]. 中国信息安全，2020（9）：81–85.

[2] 外交部条法司贾桂德司长：当前国际法形势和我国外交条法工作[EB/OL].（2021–05–26）[2021–10–14].https：//www.163.com/dy/article/GAUHLNSU0534VQI7.html.

中方认为，专家组在按计划完成第七次会议的议程后，没有必要再继续开展工作。联合国即将开启网络犯罪公约谈判，特委会组织会议于 2021 年 5 月举行，后续还将举行一系列实质谈判，各国，特别是资源有限的发展中国家和毒罪办难以同时兼顾公约谈判和专家组的工作。为避免重复劳动，各方应集中精力投入特委会的工作。中方还认为，公约谈判将为各国在网络犯罪领域交流看法、分享经验、开展务实合作提供重要机遇。公约谈成以后，也可以借鉴联合国反腐败公约和联合国打击跨国有组织犯罪公约的模式，在缔约方大会之下建立相关工作组或专家组，为各国开展打击网络犯罪的务实交流提供平台。

（五）特委会组织会议

根据大会第 74/247 号决议，特设委员会于 2021 年 5 月在纽约召开了为期三天的组织会议，以商定其进一步活动的大纲和方式，并提交大会第七十五届会议审议和批准。大会通过了题为“反对将信息和通信技术用于犯罪目的”的第 75/282 号决议。在这项决议中，大会决定，特设委员会应召开至少六届会议，每届 10 天，第一次会议于 2022 年 1 月在纽约开始，结束其工作，以便在大会第七十八届会议上向大会提供公约草案。会议还决定，委员会将在纽约举行第一次、第三次和第六次谈判会议，并在维也纳举行第二次、第四次和第五次谈判。

二、欧洲委员会主导的《布达佩斯网络犯罪公约》

20 世纪 90 年代，全球网络治理开始受到关注，美国作为国际互联网的起源国，占据网络技术核心优势和网络技术先机，控制全球互联网主根服务器和网络域名分配权，取得了虚拟世界规则制定的主导权，因此如何分配全球 IP 地址资源、如何构建全球网络规范规则、如何选择网络治理模式、如何保护网络安全等全球网络治理议题在世界范围内引起广泛重视。在互联网发展初期，欧洲和美国共同引领了网络技术和应用的潮流，但随着时间推进，欧盟网络实力发展逐渐落后于美国甚至中国等新兴国家，每年因网络安全遭受的经济损失就高达数千亿欧元；英国、德国和法国的基础设施长期受到匿名网络攻击的威胁；地中海沿岸的西班牙和法国则是网络恐怖主义的高发区，借助网络进行走私贩卖、金融犯罪的案件也呈现愈演愈烈之势。

随着第四次工业革命的兴起带来了互联网的全球化发展以及基础设施的推广，传统网络的边界愈加模糊，新型网络攻击方式日益猖獗，全球网络安全形势严峻，网络安全问题往往牵一发而动全身，从公民个人到社会国家都深受其扰。网络犯罪的“弱地域性、强跨国性”特点导致网络犯罪行为在刑事定罪与跨国取证、固定证据等方面面临巨大挑战与障碍，其根本性原因是国际社会缺乏行之有效的国际规则以协调各国在网络犯罪问题上的立法与实践。

1989 年，欧洲委员会的决策机构部长委员会就通过第 R（89）9 号决议，要求成员国在审议国内立法时考虑与计算机相关的犯罪行为，这也开启了欧洲委员会在网络犯罪方面的立法进程。1997 年，部长委员会针对打击网络犯罪的全球性参与设立了网络犯罪专家委员会，寻求国际协助及建立配套法律机制，由其起草的网络犯罪公约于 2001 年 11 月 8 日在欧洲委员会第 109 次部长委员会会议上通过，同年 11 月 23 日，该公约由 26 个欧盟成员国及美国、加拿大、日本、南非等国在布达佩斯共同签署，该公约因而又名《布达佩斯网络犯罪公约》。截至 2012 年 6 月 21 日，《布达佩斯网络犯罪公约》已有 47 个国家签字并获 35 个国家通过。

（一）《布达佩斯网络犯罪公约》的主要内容

除序言外，该公约正文共有 4 章，48 项条款，主要从实体刑法、程序法和国际合作 3 个方面对网络犯罪进行规定。

第一，实体刑法（第 2~13 条），对相关犯罪进行初步分类，规定了参与谈判的国家共同认可的 4 大类共 9 种网络犯罪行为，分别是：

（1）破坏计算机系统和数据机密性、完整性和可用性的犯罪行为，包括非法入侵、非法拦截、数据干扰、系统干扰、设备滥用等；

（2）与计算机相关的犯罪行为，如与计算机相关的伪造和诈骗犯罪；

（3）与内容相关的犯罪行为，如通过计算机实施的与儿童色情有关的犯罪；

（4）与侵犯著作权及邻接权有关的，以计算机实施的犯罪行为。

此外，公约还规定了上述各类犯罪的未遂、帮助和教唆形态，法人责任以及包括自由刑和罚金刑在内的刑罚措施。

第二，程序法（第 14~22 条），针对电子证据的特点，防止数据丢失，保持数据完整性，规定了专门的调查程序和特别措施，包括：公约的管辖权，计算机数据的快速保存，搜查、实时搜集和扣押计算机数据等规定。该公约还明确规定，缔约方可通过立法及其他必要措施要求相关责任人在必要时间内（最长可达 90 天）保持数据的完整性，以备查验之需。这些执法措施反映了信息时代获取电子数据的新特点，为打击网络犯罪提供指引，增进了预防网络犯罪的能力建设。此外，公约还明确了程序法的相关规定不仅适用于实体刑法部分所列的网络犯罪行为，还可适用于其他通过计算机系统实施的犯罪和涉及电子证据的犯罪，极大地拓宽了该公约的适用范围。

第三，国际合作（第 23~35 条），主要规定了网络犯罪的国际治理合作机制，内容涉及合作的一般原则，既包括引渡、主动提供信息等一般规定，也包括调查权方面的相互协作在内的特殊规定，如效仿八国集团建立的 24/7 全天候联络点、实时收集往来数据、跨境进入经同意的或者公开可获得的存储的计算机数据等。该公约亦规定，缔约国应依照该公约有关国际合作的规定并通过适用国际刑事合作的相关法律文书、在统一或互惠的立法基础上达成的安排以及国内法，最大限度地开展国际合作。鉴于各国对网络犯罪的定罪差异和互联网特点，公约强化国际合作手段，如否认双重犯罪原则是司法协助的前提，规定跨境进入经同意的或者公开可获得的存储数据取证等措施，这意味着该公约在一定程度上克服了合作的障碍，是对现有各国刑事司法协助体系的补充，要服从于各国缔结的司法协助文书的安排。

此外，该公约要求缔约国将该公约的实体刑法以及程序法的条款转化为相应的国内法，同时也允许缔约国对上述部分条款予以保留。而对于国际合作部分的条款，该公约虽未明确允许保留，但其规定，允许缔约国可因政治犯罪或涉及国家主权、安全等重要利益拒绝开展司法协助，在尊重各缔约国主权的基础上对国际司法协助的开展作了灵活处理。

但是，该公约对如下几个方面的行为没有对应条款，或者暂时认为其不算网络犯罪，分别是：

（1）对个人隐私权的侵犯，包括基于商业化开发的目的使用云、大数据、数据挖掘技术对个人进行的数字化建模，或是以犯罪为目的的人肉等；

（2）成人网络色情，在参与制定公约的一些国家，尤其是欧洲国家，成人色情也许合法，因此成人色情网站成为其互联网技术及带宽发展的重要推动力；

（3）网络暴力，如语言暴力，通过网络使用污言秽语、捏造事实对受害者进行各种骚扰；

（4）利用暗网 / 影网 / 地下网络进行非法内容传播，如血腥暴力犯罪、邪教、非法交易等。

（二）《布达佩斯网络犯罪公约》的价值主张

《布达佩斯网络犯罪公约》系由欧委会制定通过并开放签署的一项旨在打击网络犯罪的多边公约，作为世界上第一部专门管制网络犯罪的国际公约，其反映了 2000 年前后国际社会就网络犯罪治理的原始关切。20 世纪末，网络犯罪问题的定罪量刑方面存在较大的国家间差异，这种差异不利于相关国际合作的开展，因此建构一个通用统一的网络犯罪治理政策以及治理网络犯罪国际合作机制成为当时网络犯罪治理的主要关切。值得一提的是，美国依托与欧盟盟友的紧密合作关系及丰富的网络犯罪国内立法经验，在公约谈判和制定过程中积极发挥影响，力图使该公约尽可能反映其主张，宣传其网络价值观。

但是，随着互联网技术快速发展和网络犯罪形态的多样化，各国对于网络犯罪的法律治理表现出许多新的现时关切。就刑事实体法律而言，各缔约国普遍要求加强在相关领域的经验分享与交流合作，但是并未导致刑法罪名的修订或增加，实践中各缔约国通过在现有刑法基础上进一步细化规定和扩张适用条文以应对新型的网络犯罪。尽管不同国家对于《布达佩斯网络犯罪公约》之外的网络犯罪类型未达成广泛共识，但美国等国认为，只要不同国家立法对于实质性核心的违法行为皆已入罪，相关国际网络犯罪治理合作就不会因为各缔约国法律规定的不同而产生太大障碍。在网络治理理念和模式方面，美国等国家表现出单一行为体的特征，其网络空间治理理念带有现实主义色彩和进攻性，治理模式较为单一和集中。

（三）《布达佩斯网络犯罪公约》的时代局限性

有效打击网络犯罪需要国家之间开展实质性合作是国际社会早已达成的基本共识。尽管如此，对于如何将此种共识具化为一套规则文本，不同国家却一直存在分歧，由此可以大致区分为以欧美和中俄为代表的两大对立阵营。

长久以来，欧美阵营以《布达佩斯网络犯罪公约》及其支撑机制为基础，持续谋求将此区域性机制扩展成为全球性机制，作为规则打击网络犯罪国际协调实践的主要国际法依据。对此，中俄阵营始终保持批评和反制的立场，21 世纪初，中俄等发展中国家开始积极在联合国大会、联合国网络犯罪问题政府间专家组等呼吁形成联合国主导的全球性网络犯罪治理公约。以美为首的发达国家倡导多利益攸关方模式即美国模式，坚决反对制定治理网络犯罪的全球性标准，与此同时，以中俄为首的新兴发展中国家坚决反对欧美这种企图垄断打击网络犯罪国际规则的做法，呼吁在联合国主导框架下形成多边主义模式这种新型网络发展的共治模式。虽然两方阵营争论多年未能采取实质行动，但是也为全球性公约的制定积累了政治共识。

当前的网络资源和技术在各国之间的发展不均衡导致了各国在网络话语权和规则制定权上的不均衡，网络发达国家主张在现有的治理框架基础上进行治理，而广大新兴网络发展中国家不能接受西方价值理念和治理标准，主张改革现有的网络治理国际体系，建立新的治理框架，使各国各行为体都具有议程设置能力和相当的话语权，改变其劣势地位。2013 年 6 月，美国国家安全局实施长达 7 年的网络监控项目“棱镜”遭到披露，引发轩然大波。“棱镜”监控绝不仅仅是“信息自由”和网络安全问题，而是涉及美国霸权衰落、国际政治伦理嬗变和国际关系格局调整的重大政治问题，折射出“霸权逻辑”终结和意识形态较量。随着中国、巴西、印度、俄罗斯等国的崛起和美国“棱镜门”事件的网络治理权威下降，广大网络发展中国家均提出了自己的改革主张。网络发达国家与网络新兴国家的分歧并不在治理机制模式上，而在于如何理解与实践不同治理模式，如何分配规则制定权和网络资源。实际上，网络新兴国家并不反对欧盟提出的“多利益攸关方”治理模式本身，反对的是美国等发达国家对网络资源的垄断，反对以维护“网络自由”为由阻挠新兴国家对网络治理机制的改革提议和举措。面对网络空间的权力博弈，新兴发展中国家亟需争取国际规则博弈话语权和主导权、保护自身国家及网络主权。

以中俄为代表的金砖国家认为，作为缔约国数量最多、内容最具综合性且影响力最大的欧洲委员会《布达佩斯网络犯罪公约》，虽然有其优点和积极作用，但并不具有发展成为全球性法律文书的基础，不能替代在联合国框架下的全球标准，原因如下。

第一，时代局限性。《布达佩斯网络犯罪公约》制定于2001年之前，当时世界反恐形势尚不严峻，斯诺登事件引发的网络安全担忧并不存在，云计算、大数据、互联网、人工智能等新技术尚未出现，因此，《布达佩斯网络犯罪公约》对近些年频繁出现的传播病毒、黑客、窃取、贩卖个人信息、网络恐怖主义犯罪、网络洗钱、诈骗等新型犯罪均未涉及。相关犯罪范围的划定，法律规范与技术特点的契合等问题有待更新。

第二，地域与管辖权局限性。欧委会地域特点十分明显，其成员国局限于欧洲范围之内，在其谈判起草阶段实际只有美、日等国参与其中且产生价值性影响，一众发展中国家无法真正参与并发表谈判意见，因而公约先天上不具有普遍认同性。另外，传统上属地原则是各国在进行跨国犯罪的治理时首先考虑的，以属人原则、保护原则等为补充。然而，网络犯罪的“弱地域性、强跨国性”特点导致网络犯罪行为的刑事定罪与跨国取证、固定证据等方面面临巨大挑战与障碍，公约规定的管辖权比如属地管辖、航空器的管辖、船舶的管辖以及属人管辖4种情形适用范围有限，很难满足缔约国打击网络犯罪的需求。

第三，内容局限性。当前网络犯罪形势复杂多变，从原先的以网络为手段进行犯罪演变为将网络作为攻击对象，而现行的公约实体刑法部分规定的罪名偏向技术性网络犯罪，无法与网络犯罪的特征现状相匹配，难以适应网络犯罪的发展形势及其他国家的关切。除此之外，各国对网络犯罪的定罪标准也不尽相同，对于同一行为是否构成犯罪或是否重点关切的衡量存在较大差异。

第四，利益局限性，无法反映后加入公约的非欧委会成员国的利益。一些犯罪划定过宽，如不区分违法和犯罪行为的界限、侵犯知识产权入罪化过宽，反映了欧美信息强国保护知识产权的关切，体现了欧美国家的经济利益。一些犯罪划定过窄，如欧盟很多国家成人色情业合法化，故公约规定网络色情只包括儿童色情，而把成人色情排除在犯罪之外等。再者，公约也没有将网络恐怖主义规定为犯罪，在“9・11”之后也没有修约，这反映了一些国家在反恐问题上的双重标准。

第五，缔约封闭性。《布达佩斯网络犯罪公约》至今为止缔约国数量仍然非常有限，广大发展中国家想要加入公约的条件繁琐苛刻，不仅要取得缔约国的一致同意，还要在部长委员会的投票中获得2/3以上多数的支持，并取得列席委员会投票的缔约国代表的一致支持，才能获邀加入。同时还设定了复杂程度堪比加入程序的修订程序。这严重限制了签约的效率，阻碍了根据技术和社会发展的及时修约。

第六，实践困难性。互联网进入“云”时代，云端操作必然留痕，各种电子证据以“云数据”方式保留，已经成为调查追究网络犯罪并定罪的关键信息。因此，跨国网络犯罪的显著特征使得各国执法机关在办案过程中都有较强的跨境取证需求。然而，常规国际合作的流程与审查耗时长，与电子证据的脆弱性和易灭失性不相适应。《布达佩斯网络犯罪公约》主张所谓“数据控制者”标准，未经缔约方同意即可跨境取证的条款（第32条b款）则有侵犯国家数据主权和司法管辖主权之嫌，俄罗斯认为这是违反人权和自由的，特别是侵犯了用户的隐私权。中俄阵营认为要在尊重接受国意愿的基础上进行国际合作和能力建设、技术支援，坚持国家主权原则。

三、其他地区性的网络犯罪公约

除了欧洲委员会的《布达佩斯网络犯罪公约》以外，其他区域性组织也在制定国际规则方面做出尝试，先后达成了几部区域性的打击网络犯罪条约，如非洲联盟的《网络安全与个人数据保护公约》、阿拉伯国家联盟的《打击信息技术犯罪公约》等，但这些公约或多或少都借鉴乃至“照搬”了欧委会公约的相关内容。此外，上海合作组织框架下制定的《上合组织成员国保障国际信息安全政府间合作协定》(以下简称《上合组织信息安全协定》)，其部分条款亦涉及网络犯罪问题。

在全球层面，在联合国和国际电信联盟等国际组织框架下，也有《联合国儿童权利公约关于买卖儿童、儿童卖淫和儿童色情制品问题的任择议定书》等涉及网络犯罪问题。表面上看，打击网络犯罪的国际法机制及相关实践似已有长足发展。实际上，这些机制大多只是各国从地缘政治或本国立场角度出发，在所处地区区域组织或与立场相近国家构成的“小圈子”的框架下开展相关国际合作构建而成的，地域性和政治性特点明显。不少机制也存在原则性强，缺少具体规制的问题。全球层面至今并未形成各国可统一适用的打击网络犯罪的国际法机制，“碎片化”“各自为战”现象严重。进一步而言，网络犯罪作为与核武器、化学武器等相类似的、公认的全球威胁，仅靠分散性的区域性机制很难有效应对，必须构建国际性的集中应对机制。因此，整合这些不同区域、不同立法背景且主旨不同的国际法机制，从中发展出一套全球适用的法律标准便成为亟需解决的焦点问题。

第二节　网络犯罪国际规则中的核心议题

一、关于网络犯罪的定罪问题

面对网络犯罪日趋凸显的跨国性与全球性特征，国际社会正在加快步伐进行多平台协调，制定国际规则。网络犯罪的定罪问题作为规则谈判的首要问题引发了各类争议。目前国际上对网络犯罪的定义还没有一致的看法，一般认为，狭义的网络犯罪仅指针对计算机系统或数据的犯罪，即“纯粹网络犯罪”。[1]更广泛意义上的网络犯罪还包括利用计算机实施的犯罪等。

2018 年 5 月 14 日，联合国预防犯罪和刑事司法委员会第 27 届会议在奥地利首都维也纳召开，在各国激烈的讨论中出现了两种明显的主张：欧美一些国家主张采用欧盟主导制定的《布达佩斯网络犯罪公约》，而中国等国家认为应在联合国框架下制定新公约。在两种不同的主张下对于网络犯罪的定罪问题的相关要素探讨上也呈现出种种国际分歧。

（一）各国对是否有必要统一定义“网络犯罪”存在不同看法

在联合国网络犯罪政府专家组的早期讨论中，欧盟、法国、智利等认为，各国国内法对网络犯罪的定义各不相同，这种差异会给合作打击网络犯罪带来一定困难，因此，有必要统一定义“网络犯罪”。美国则认为，各国只需对应予打击的核心网络犯罪行为形成普遍共识即可，没有必要就网络犯罪的具体定义达成一致。

（二）具体的何种行为构成网络犯罪成为各国难以达成一致的争议点

出于不同国情，各国对公约的核心关切不同，主张纳入公约的具体犯罪类型也各不相同。德国认为，通过网络实施的犯罪不一定就是网络犯罪，因此，

[1] 张路遥，龚雯聪．联合国打击网络犯罪公约相关法律问题的各国立场 [J]. 中国信息安全，2020（9）：85–88.

应谨慎考虑将网络犯罪的范围扩大至利用计算机实施的一般犯罪。墨西哥则建议，制定足够宽泛的语义框架以覆盖网络犯罪的各种形式。我国明确主张，未来网络犯罪公约的定罪范围要突破“纯粹网络犯罪”的狭义模式，涵盖利用计算机实施的犯罪。哥伦比亚、土耳其、亚美尼亚等主张，将打击网络恐怖主义犯罪纳入公约。俄罗斯关心网络安全问题，主张将“对一国重要信息基础设施的大规模攻击”纳入网络犯罪，欧盟国家对此明确表示反对。摩洛哥强调，打击通过社交网络实施的犯罪。葡萄牙主张，打击传播网络有害信息以及利用网络贩运人口、洗钱等严重犯罪。欧美国家普遍关注网络儿童色情犯罪，对网络成人色情犯罪比较宽容。伊朗则强调，对网络成人色情犯罪也要予以打击。格鲁吉亚和我国都较为关注网络诈骗犯罪，同时我国也强调打击跨境网络赌博。

（三）在立法原则上各国也看法不一

部分《布达佩斯网络犯罪公约》缔约国坚持“技术中立”原则，主张定罪尽可能适应未来技术发展，不宜频繁修订或增加罪名。我国及俄罗斯等认为，网络犯罪的定罪应紧跟形势发展，及时根据需要扩大范围，可先将各国普遍关注并能共识的网络犯罪纳入国际合作的范畴，并根据实践不断扩充合作打击的网络犯罪种类。

二、关于电子取证问题

2019年联合国网络犯罪政府专家组在维也纳举行第五次会议，会议聚焦了目前关于电子取证的相关问题。随着互联网与通信技术的发展，越来越多的电子证据分布和储存在不同国家，各国执法机关在办案过程中都有较强的跨境取证需求。各国基于不同的国内法律提出了不同的主张:美国、英国、智利等《布达佩斯网络犯罪公约》缔约国主张所谓“数据控制者”标准，以对本国企业的管辖权为依据，允许执法机关直接从本国企业获取调查犯罪所需的电子证据，即便数据存储在境外。我国及俄罗斯、南非、伊朗等发展中国家对上述直接跨境取证方式表示关切，强调一国只对存储在其境内的数据有管辖权，无权直接调取存储在外国的数据。

具体来看，目前的几大分歧点如下。

（一）在电子证据的定义方面

基于不同的国家背景，各国法律关于电子证据的定义多有差异，例如俄罗斯等一些国家目前就尚未明确电子证据的定义。再如中国，不仅对电子证据进行了定义，还列举了常见的电子证据。

（二）在电子数据可采性方面

各国电子数据取证立法都有最新进展。大部分国家均认为，承认电子数据的证据能力，对于打击网络犯罪具有重要意义，并一致认同比例原则是收集电子数据的重要原则之一。同时，各国也认为，执法机关与司法机关对电子数据的证据能力和证明力的认知和理解层次不同，特别是各国对电子数据的可采性规则、标准不一，致使在网络犯罪案件侦查打击过程中存在诸多障碍。例如，印度对电子证据的可采性和相关程序做出规定，要求在向法院出具前，电子证据须经过鉴定机构认证，且取证应由“经授权的取证组织”而非执法机关进行。美国认为，对电子证据制定更高的审查判断标准不利于有效应对网络犯罪，只要电子证据是可靠、未受损且通过合法途径获得，便不能仅因数据来源于境外而轻易否定其效力。我国主张，各国应承认电子证据的证据能力，明确电子证据的定义和范围、取证手段及采信规则，在联合国框架下确立相对统一的电子证据规则。

（三）在电子数据取证公私合作机制方面

公私合作能够有力辅助打击网络犯罪，已有专家提出，互联网公司应承担向配合执法机关调取数据的义务。但是寻找公私合作和用户隐私和企业利益的制衡点成为该机制面临的最大障碍。各国对执法机关调取数据规定的尺度不一。

印度、巴西提出，各国隐私保护法等国内法律标准不一，有的规定过于严格，对获取电子证据的国际合作构成阻碍。俄罗斯批评《布达佩斯网络犯罪公约》使一些国家得以不受约束地收集世界各地个人数据，不利于保障个人和企业权益。美国建议，各国完善国内法律框架，通过司法审查、规范数据调取令等措施保障个人权利。意大利、南非、以色列等主张，向互联网企业调取电子证据应符合比例原则和必要原则，在配合执法与保障正当经营、保护用户隐私间寻求平衡。我国主张，各国应立法明确规定网络服务提供者协助执法与调查的义务，执法机关从事执法与调查时应尊重和保障人权，遵守本国法律关于刑事程序的规定。

（四）在跨国电子数据调取方面

该议题是一直是电子取证规则制定的焦点之一，各国对是否应允许一国绕过另一主权国家直接向互联网企业跨国调取电子数据分歧较大。以美国、英国、智利等《布达佩斯网络犯罪公约》缔约国为代表的一些国家表示，国际司法协助和执法合作等传统取证渠道效率低下，难以适应调取电子数据的需求，主张淡化国家对证据的管辖权，应授权执法机关直接向互联网企业调取存储在他国的电子数据。[1]俄罗斯、南非、伊朗等国则强调，跨国调取电子数据应尊重证据所在国主权，保障相关主体和个人的权利。

三、关于国际合作问题

协调国际合作将为打击网络犯罪的跨国执法合作、司法协助、引渡和追回犯罪资产合作提供基本框架；同时也包括立法和执法措施、预防、国际交流和技术援助等。

作为各国普遍采取的常规合作机制，国际司法协助和执法合作的最大优点是数据所在国司法主权得到充分尊重。但是由于涉及大量文书往来和审查程序，

[1] 翟晓飞，赵倩 . 从国际视角看中国网络犯罪取证规则发展 [J]. 中国信息安全，2019（5）：29–31.

时效性存在不足，上述机制也可能对打击网络犯罪构成障碍。许多国家均主张，根据网络犯罪和电子证据的特点，对国际司法协助和执法合作机制进行优化，使其更加适应打击网络犯罪国际合作的需要。尽管国际合作已经达成共识，但是在不同网络空间治理框架倡导下，具体的跨国执法与司法管辖上不可避免地存在诸多分歧。

就宏观网络空间治理机制来看，不同国家阵营主张的方案不一。中俄等国认为国际互联网治理应当遵守多边、透明和民主的原则，充分发挥政府的作用，指出目前的互联网国际管理机制仍处于很不公平的状态，个别国家占据着国际互联网的绝大部分资源和管理权。而美国极力推崇"多利益攸关方"治理模式，本质上是为了限制其"敌对"政府介入全球互联网治理。除此之外，美方还要求不将这项权力移交给联合国，这与中俄等国倾向于依托联合国等多边机构制定网络空间国际规则的主张存在明显分歧。中国主张互联网治理应该采取"多边模式"，在联合国等多边框架下管理互联网资源，突出政府的关键作用，并建议将原来 ICANN 的职责转交给主管国际电信事务的联合国机构国际电信联盟。

在具体的国际合作司法层面上，美国主张，各国应确保发出的司法协助请求符合被请求国相关规定，避免沟通出现反复，从而延误合作时机；应指定专门机构负责司法协助请求的发送、接收和执行，提高各个合作环节的专业化水平。印度认为，现有司法协助条约的一大问题是缺乏关于紧急请求的条款，快速回应此类请求对有效应对网络犯罪至关重要。哥伦比亚建议，设计简洁高效司法协助程序和文书模板，最大限度提高司法协助请求的处理效率。我国主张，应针对网络犯罪的特点对司法协助的程序和方式加以优化；各国可探讨建立网络犯罪快速联络响应机制和联系渠道，考虑通过采用电子签章等技术手段，实现跨境取证法律文书和电子证据网上交换，提高国际合作效率。[1]

[1] 王渊洁．联合国网络犯罪政府专家组第五次会议综述 [J]. 中国国际法年刊，2019：348–356.

四、关于管辖权规则问题

与传统犯罪相比，网络犯罪的跨国性特点更加突出，犯罪人、犯罪工具、犯罪行为、犯罪结果、犯罪影响、电子证据等往往位于多个国家。[1]网络空间司法辖域边界不清，部分国际案例以用户地理位置识别作为划分网络空间司法辖区的技术手段，也有国家以国家域名作为划分网络空间司法辖区的依据。多数国家已经认识到，须结合网络犯罪的特点对管辖权规则作适当创新，同时应加强管辖权协调，避免因对同一犯罪主张管辖权导致分歧和冲突，甚至产生不合理的域外管辖权，影响国际执法和司法合作。

目前各国对管辖权规则制定的主张各有不同。阿根廷等《布达佩斯网络犯罪公约》缔约国建议，对网络犯罪管辖权做适当扩展，规定接受相应企业网络服务的国家对相关案件具有管辖权。[2]伊朗指出，主管部门在起诉网络犯罪时经常面临管辖权方面的挑战，尤其是对于使用他国企业或个人所有并设在第三国的服务器实施的犯罪。捷克认为，加强电子数据管辖权规则方面的讨论也将有助于厘清直接跨境调取电子证据问题。我国主张，管辖权冲突将阻碍打击网络犯罪国际合作，各国应加强沟通协商，妥善解决管辖权冲突问题；各国确立对网络犯罪的管辖权时应尊重他国主权，特别是不应进行与犯罪缺乏真实、充分联系的过度域外管辖。[3]美国认为，管辖权冲突实际上不会对打击网络犯罪构成显著阻碍，有关冲突可通过正式和非正式渠道协商解决。

---

[1] 吴海文，张鹏．打击网络犯罪国际规则的现状、争议和未来 [J]. 中国应用法学，2020（2）：187–201.

[2] 张鹏，王渊洁．联合国网络犯罪政府专家组最新进展 [J]. 信息安全与通信保密，2019（5）：11–16.

[3] 张鹏，王渊洁．积极参与联合国打击网络犯罪公约谈判 构建网络空间命运共同体 [J]. 中国信息安全，2020（9）：68–72.

第三节　中国参与网络犯罪国际规则制定

一、中国参与网络犯罪国际规则制定的基础

20 世纪末，网络犯罪形势严峻复杂，严重威胁我国社会治安，为祸公共安全，我国立法部门给予高度重视，相关法律法规迄今仍在因时而新，至今为止，我国已发布并实行了众多法律与司法解释等法律文件，它们奠定了我国参与网络犯罪国际治理规则制定的立法基础。

我国在网络犯罪的刑事立法方面，受限于互联网技术在我国的发展起步较晚，因而相关法律法规尚不全面。目前，《刑法》及其修正案中囊括了非法侵入计算机信息系统罪，非法获取计算机数据罪，非法控制计算机信息系统罪，为非法侵入或者控制计算机信息系统非法提供程序、工具罪，破坏计算机信息系统罪，非法利用信息网络罪，帮助信息网络犯罪活动罪，拒不履行信息网络安全管理义务罪和侵犯公民个人信息罪等（见表 9–1~ 表 9–3）。

表 9–1　法律法规与司法解释

序号	发布时间	文件名称
1	2016	国家网络安全检查操作指南
2	2016	国家网络空间安全战略
3	2016	中华人民共和国电信条例（第二次修订）
4	2016	中华人民共和国网络安全法
5	2017	国家网络安全事件应急预案
6	2018	网络安全等级保护条例（征求意见稿）
7	2018	中华人民共和国电子商务法
8	2019	国家政务信息化项目建设管理办法
9	2019	中华人民共和国密码法
10	2019	最高人民法院、最高人民检察院关于办理非法利用信息网络、帮助信息网络犯罪活动等刑事案件适用法律若干问题的解释
11	2020	民事案件案由规定（2020 修正）

续表

序号	发布时间	文件名称
12	2020	商用密码管理条例（修订草案征求意见稿）
13	2020	最高人民法院关于审理利用信息网络侵害人身权益民事纠纷案件适用法律若干问题的规定（2020 修正）
14	2021	关键信息基础设施安全保护条例
15	2021	中华人民共和国个人信息保护法
16	2021	中华人民共和国数据安全法
17	2021	最高人民法院关于审理使用人脸识别技术处理个人信息相关民事案件适用法律若干问题的规定

表 9–2　部门规章与政策规定

序号	发布时间	文件名称
1	2016	互联网直播服务管理规定
2	2016	网络出版服务管理规定
3	2016	移动互联网应用程序信息服务管理规定
4	2017	公共互联网网络安全突发事件应急预案
5	2017	互联网域名管理办法
6	2019	儿童个人信息网络保护规定
7	2019	个人信息出境安全评估办法（征求意见稿）
8	2019	互联网信息服务严重失信主体信用信息管理办法（征求意见稿）
9	2019	数据安全管理办法（征求意见稿）
10	2019	网络信息内容生态治理规定
11	2019	网络音视频信息服务管理规定
12	2019	云计算服务安全评估办法
13	2019	App 违法违规收集使用个人信息行为认定方法
14	2020	商业秘密保护规定（征求意见稿）
15	2020	网络安全审查办法
16	2021	网络安全审查办法（修订草案征求意见稿）
17	2021	常见类型移动互联网应用程序必要个人信息范围规定
18	2021	互联网信息服务管理办法（修订草案征求意见稿）

续表

序号	发布时间	文件名称
19	2021	互联网信息服务算法推荐管理规定（征求意见稿）
20	2021	互联网用户公众账号信息服务管理规定（修订草案征求意见稿）
21	2021	网络产品安全漏洞管理规定
22	2021	网络交易监督管理办法
23	2021	移动互联网应用程序个人信息保护管理暂行规定（征求意见稿）

表 9–3　行业监管要求

序号	发布时间	文件名称
1	2016	非银行支付机构信息科技风险管理指引
2	2016	关于办理电信网络诈骗等刑事案件适用法律若干问题的意见
3	2017	公安信息网安全管理规定（试行）
4	2019	水利网络安全管理办法
5	2020	电信和互联网企业数据安全合规性评估要点（征求意见稿）
6	2020	互联网保险业务监管办法
7	2020	交通运输科学数据管理办法（征求意见稿）
8	2020	信息通信行业信用记分实施方案（试行）（征求意见稿）
9	2021	汽车数据安全管理若干规定（试行）
10	2021	网络安全产业高质量发展三年行动计划（2021–2023 年）（征求意见稿）
11	2021	征信业务管理办法（征求意见稿）

二、中国参与网络犯罪国际规则制定的平台

中国积极参与联合国网络安全治理。联合国参与网络安全治理的机构主要包括联合国自身系统、联合国专门机构和其他下设机构三部分。在运作模式方面，联合国网络安全治理运作模式可大体上归纳为“咨询—决策”模式、机构间合作模式和双边作用模式，机构间的互动与合作方式较为多样化。

全球网络安全建设仍在发展之中，世界总体网络安全技术、组织性、能力建设和合作程度四个领域的发展尚不成熟，面对全球网络安全治理不充分、不

平衡的发展现状，各类不同的网络安全治理机构和平台纷纷出现，在相应领域发挥各自作用。

（一）联合国自身系统

1. 联合国大会

联合国大会（简称“联大”）是联合国的主要审议机构，由各成员国代表组成，且每个成员国平等地享有投票权。自 1998 年以来，联大每年都结合会员国就网络安全事务的观点向联合国秘书长报告，审议讨论“从国际安全角度看信息和电信领域发展”决议。1998—2018 年，共有 20 多份决议获得通过。2019 年 10 月，第 74 届联大三委提交新的“打击为犯罪目的利用信息通信技术”决议草案，由包括我国在内的 40 个国家参与共提。

2. 联合国经济和社会理事会

联合国经济和社会理事会（Economic and Social Council）由 54 个理事国组成，是联合国六大主要机构之一，也是联合国系统推进经济、社会和环境可持续发展的核心机构，其下属机构为预防犯罪与刑事司法委员会和麻醉药品委员会。由于经济和社会理事会主要关注经济社会发展问题，因此其涉及网络安全的决议多与网络犯罪相关。2007 年，理事会通过的 2007/20 号决议，对“欧盟推出的《布达佩斯网络犯罪公约》是否适用联合国其他成员国”表示关切，并鼓励成员国加入该公约。此外，决议还建议联合国毒品和犯罪事务委员会根据预算和成员国需求，向成员国提供司法协助以及其低技术层面的帮助。

预防犯罪与刑事司法委员会致力于打击借助网络技术手段进行的犯罪行为，一方面它通过自身决议敦促成员关注网络技术犯罪并力求形成共识，另一方面向经济和社会理事会提呈专业报告。2010 年，在中国、俄罗斯等发展中国家的努力下，联合国预防犯罪与刑事司法大会在成果文件《萨尔瓦多宣言》中提请该委员会设立一个不限名额的政府间专家组，全面研究网络犯罪问题及各方就此采取的对策。麻醉药品委员会则关注治理通过互联网进行的药物贩运和药品非法售卖。

（二）联合国其他机构性设置

1. 联合国信息安全政府专家组

自 1998 年，联大通过了第一份关于网络空间安全方面的决议，即 53/70 号决议。在这之后，每年有关网络安全的决议都注重汇总会员国在网络安全事务的看法，相关决议还建议成员国联合成立信息安全政府专家组（UN–GGE）以作为联合国大会在网络安全事务中的建议和智囊机构，向大会作报告。

2019 年 12 月 27 日，第 74 届联大通过《打击为犯罪目的使用信息通信技术》决议（即第 74/247 号决议），决定设立一个代表所有区域的不限成员名额特设政府间专家委员会，以制定规制以犯罪为目的而使用信息和通信技术的行为的全面国际公约，中国为该决议的重要发起国。

2. 联合国毒品和犯罪问题办公室

联合国毒品和犯罪问题办公室（UNODC）帮助各成员国打击非法药物和国际犯罪。在网络安全领域，它主要致力于帮助会员国提高打击网络犯罪的能力，并推动网络犯罪国际规则制定。联合国预防犯罪和刑事司法委员会（CCPCJ）作为 UNODC 的理事机构，第 11 届、12 届、13 届 CCPCJ 均就网络犯罪国际规则的问题进行讨论。

联合国还成立了（不限名额的）网络犯罪政府专家组，由各国在该领域的相关专家组成。该专家组在组织上由 CCPCJ 和 UNODC 提供指导和会务等服务。[1] 中国不但是发起成立专家组的首倡者，派团参加了历次专家组会议和支持了《网络犯罪问题综合研究报告（草案）》的撰写，而且中国政府专家一直担任专家组副主席。2017 年 5 月，中国等金砖国家牵头推动通过 CCPCJ 第 26/4 号决议，明确了专家组将把工作重点转向讨论网络犯罪实质问题。此后，中国又牵头草拟了“2018—2021 年工作计划”，对专家组后续会议议题等作出安排，明确了讨论网络犯罪实质问题的时间表和路线图。联合国毒品与犯罪问题办公室的团队在网络犯罪主管尼尔 · 瓦尔什的领导下，在打击网络犯罪、加强网络

---

[1] 马光 . 论对网络犯罪的国际法规制 [J]. 信息安全与通信保密，2020（6）：72–80.

安全方面做了很多工作。从2017年联合国网络犯罪政府专家组第三次会议开始，到2018年在维也纳举行的联合国网络犯罪政府专家组第四次会议，包括中国在内的许多国家的倡导和推动下，对这一专家组在之后三年内的工作计划有了一个比较清楚的安排。尤其是第四次会议对于网络犯罪的发展态势、立法框架以及犯罪化处遇等问题都做了具体研讨。2020年，联合国网络犯罪政府专家组完成了它的三年工作计划。

（三）其他下设双边及多边机构

1. 上合组织

上海合作组织简称上合组织，成立于2001年6月15日，是哈萨克斯坦共和国、中华人民共和国、吉尔吉斯斯坦、俄罗斯联邦、塔吉克斯坦共和国、乌兹别克斯坦共和国在中国上海宣布成立的永久性政府间国际组织。在此框架下制定的《上合组织成员国保障国际信息安全政府间合作协定》部分条款涉及网络犯罪问题。[1]

2. 金砖国家

金砖国家（BRICS）一词来源于巴西、俄罗斯、印度、中国和南非的英文首字母组成的单词，由于该词与英语单词的砖（Brick）类似，因此被称为“金砖国家”。[2]近年来，金砖国家合作已经形成以领导人会晤为导向，以安全事务高级代表会议、外长会晤等部长级会议为支撑，在经贸、财政、金融、农业、教育、卫生、科技、文化、禁毒、统计、旅游、智库、友城、地方政府合作等数十个领域开展务实合作的多层次架构。中俄协同金砖国家共同向联合国提出了《关于加强国际合作打击网络犯罪的决议》，该决议于2017年5月通过。

3. 亚洲—非洲法律协商组织（简称“法协”）

研究和提出打击网络犯罪国际文书草案，为中国在联合国框架下推动相关

---

[1] 鲁传颖．网络空间治理的力量博弈、理念演变与中国战略[J]．国际展望，2016，8（1）：117–134，157.

[2] 马景瑶．金砖国家参与全球经济治理的现状、问题及对策[J]．哈尔滨师范大学社会科学学报，2016，7（3）：28–31.

倡议提供有力的智力支持。法协是根据万隆会议的决定于 1956 年成立的亚非两大洲在国际法领域唯一的政府间国际组织，中国、印度、南非、日本、韩国等均为其成员国。

2014 年法协将“网络空间国际法问题”作为常设议题。2015 年 4 月，在第五十四届亚非法协年会上，在中国倡议下法协年会通过决议决定，设立不限名额的“网络空间国际法”工作组，讨论网络主权、打击网络犯罪国际法律合作等网络空间国际法问题。

4. 中国与其他国家和地区性国际组织的合作关系

中国已通过建立中美打击网络犯罪及相关事项高级别联合对话、中欧网络工作小组、中俄信息安全政府磋商、东盟地区论坛等双多边对口磋商渠道，同美国、俄罗斯、欧盟、东盟等网络技术发达的国家和重要的地区性国际组织建立了密切的合作关系。[1]

（1）2011 年中国、俄罗斯、塔吉克斯坦和乌兹别克斯坦共同向第六十六届联大提交倡议文件——《信息安全国际行为准则》，希望借此推动国际上关于信息安全国际准则的辩论，并帮助及早就此问题达成共识。吉尔吉斯斯坦和哈萨克斯坦于不久后加入成为共同提案国。2015 年 1 月，上述六国向联合国大会共同提交了新版“信息安全国际行为准则”。

（2）2019 年 12 月，第 74 届联合国大会通过由中国、俄罗斯等共提的第 247 号决议，授权设立政府间特设专家委员会 (以下简称“特委会”)，谈判制定打击网络犯罪全球性公约——《联合国打击网络犯罪公约》。

各国对打击网络犯罪越来越重视，联合国主持制定新公约已是大势所趋，原来坚决反对制定新公约的西方国家也纷纷表示将建设性参与公约谈判。2021 年 5 月 27 日，第 75 届联合国大会通过第 282 号决议，明确了公约谈判有关安排，主要内容包括：一是确认特委会主席团选举结果；二是特委会将自 2022 年 1 月起召开至少 6 次会议，每次 10 天，并向第 78 届联合国大会提交公约草案；三是特委会将在纽约和维也纳轮流举行谈判，在纽约举行最后一次会议通过公

[1] 张鹏，王渊洁 . 联合国网络犯罪政府专家组最新进展 [J]. 信息安全与通信保密，2019（5），11–16.

约；四是谈判将采用联合国大会议事规则，若在实质问题上无法协商一致，须2/3以上多数投票决策；五是就观察员参与作出安排，没有经社理事会咨商地位的非政府组织、学界和业界也可以作为观察员参加特委会，授权特委会主席与秘书处编列此类观察员名单。

2021年5月28日，中国外交部发言人表示，中方对联合国大会通过决议、启动打击网络犯罪公约谈判表示欢迎。强调网络犯罪是世界各国面临的共同挑战，亟需国际社会合作应对。中方将建设性参与公约谈判，与各方密切合作，共同推动尽早达成一项具有权威性、普遍性的公约，为国际社会合作应对网络犯罪挑战提供务实有效的解决方案。中国外交部将牵头组织团队参与公约谈判，欢迎学界和业界关注公约谈判，深入研究谈判中涉及的重要问题，包括定罪、调查和执法、国际合作、预防等，共同为应对网络犯罪挑战、推动构建网络空间命运共同体做出贡献。[1]

5. 世界互联网大会

2017年12月4日，在第四届世界互联网大会期间，由中国外交部主办的打击网络犯罪国际合作论坛在浙江乌镇成功举行。

联合国网络犯罪政府专家组主席、南非外交部联合国司司长道克·马夏巴尼、亚洲—非洲法律协商组织秘书长肯尼迪·加斯顿、俄罗斯外交部新威胁和新挑战司司长罗加乔夫·伊利亚·伊戈列维奇、联合国毒罪办网络和新兴犯罪首席官员尼尔·沃什以及中国互联网协会研究中心秘书长吴沈括应邀担任主讲嘉宾，从各自组织、国家、地区和专业视角就如何应对网络犯罪、更好开展国际合作提出看法和建议，并与与会者就如何加强国际和地区合作、推进联合国磋商进程、制定相关全球法律文书等开展深入交流讨论。

2019年10月21日下午，第六届世界互联网大会“网络空间国际规则：实践与探索”分论坛圆满闭幕，发布《网络主权：理论与实践》成果文件。文件清晰界定并系统阐述了信息时代网络主权的概念、基本原则与实践进程，明确

---

[1] 叶伟.《联合国打击网络犯罪公约》进展、前景与展望[J].北京航空航天大学学报（社会科学版），2021，34（5）：32–33.

提出网络主权是国家主权在网络空间的自然延伸，主要包括独立权、平等权、管辖权和防卫权。各国行使网络主权的基本原则包括平等原则、公正原则、合作原则、和平原则和法治原则；在国家主权基础上构建公正合理的网络空间国际秩序，共同构建网络空间命运共同体；维护国家网络主权的基础上，制定可被普遍接受的网络空间国际规则和国家行为准则，使之成为国际社会共同面对的新命题，不断探索发展，丰富实践。

三、中国参与网络犯罪国际规则制定的主张

（一）建构联合国框架下的网络犯罪公约

相较之《布达佩斯网络犯罪公约》缔约国，以中国、俄罗斯为代表的金砖国家和其他非缔约国并未将公约视为解决网络犯罪问题的“黄金标准”。俄罗斯在反馈意见中指出，目前国际条约呈现出一种“区域化”的现象，这阻碍了国际社会就网络治理的关键问题达成共同的理解，面对快速发展的网络犯罪，目前的已有的框架事实上已经落后了；此外，双边合作机制也并不是万能灵药，因为相关国家可能拒绝某些关键数据的传输，或者无理由拖延响应时间。当务之急是以联合国为平台，产生一份打击网络犯罪的国际公约。

中国在反馈意见中更进一步指出，《布达佩斯网络犯罪公约》系地区性公约，广大区域外国家并未参与谈判，内容不具有代表性。同时，该公约设定的加入标准和程序严苛，不具备公约所应有的开放性。网络犯罪突破地域限制、日益猖獗，不是一个国家或一个地区可以独立应对的问题，加强国际合作、树立网络空间命运共同体意识是新阶段的要求。因此，在《布达佩斯网络犯罪公约》框架之外形成一个联合国框架下的更具有国际性的公约才是正确的方向。中国认为现有的区域性条约不仅不能解决问题，反而会造成规则碎片化、妨碍国际合作，中国主张应尽快在联合国框架下谈判制定全球性的打击网络犯罪公约。

（二）尊重网络主权原则

中、俄等国指出，国家主权原则适用于国家在其领土内对其信息基础设施实施管辖权，这既符合2003年信息社会世界峰会《日内瓦原则宣言》，亦是由联合国信息安全政府专家组2013年和2015年反馈意见中均得以确认的基本原则。[1]中国认为主权国家有权就非法利用网络的犯罪行为、网络恐怖主义行为、通过暗网和物联网实施的犯罪、攻击关键基础设施的行为等单独定罪。对于网络犯罪的治理既要捍卫主权，也要体现保护人权，包括遵循正当程序、保护隐私和言论自由等，同时要避免权利被滥用危害国家安全、公共秩序和他人合法权益。

（三）在尊重接受国意愿的基础上加强能力建设、技术支援

中国认为进行国际合作和能力建设、技术支援一方面要以国家主权原则作为基础，要充分尊重接受国意愿、符合其国情和需求，应该以各国自愿同意的参考模板作为技术援助的相关标准；另一方面进行相关建设也应不拘一格，采取全面和多维度的方法，利用联合国为平台，协商国际条约的同时，也不应忽视双边、多边或区域性条约所能产生的效用，应充分利用可利用的一切资源。

（四）制定多边法律文书时仍以规制技术犯罪为主，同时纳入涉及恐怖主义的网络犯罪

鉴于不同国家对关涉信息内容的违法行为是否应当入罪存在较大分歧，我国在参与制定多边法律文书时为确保得到广泛接受，仍应将文书的重点放在对技术性犯罪，也即“侵害计算机信息系统及数据安全犯罪”的规制上。同时为了适应新类型的技术犯罪，中国应积极与世界各国就加密货币、云计算等新兴网络技术发展对网络犯罪的影响进行研究探讨和经验分享，以求达成对相关新

[1] 孟璐．网络空间法治化建设探讨——兼析我国《网络安全法》[J]. 重庆科技学院学报（社会科学版），2018（5）：20–23.

技术犯罪的法律治理的共识，并根据实践不断补充开展国际合作的犯罪种类，保障国际合作的良性开展。作为信息内容的违法的行为的特例，涉及恐怖主义的网络犯罪行为已受到以法国为代表的部分欧美国家的重视，为国际社会所广泛关注。而涉及恐怖主义的网络犯罪本身也是我国刑法打击的重点，故我国将来谈判制定法律文书时应力争将涉恐怖主义的网络犯罪纳入规制范围，如是既可以得到世界各国的普遍支持，又满足了我国治理犯罪的现实需求。

（五）推动网络犯罪国际协作

由于社会制度和历史文化等因素，各国在网络犯罪刑事定罪方面的立法和实践存在不少差异。例如，我国公安机关重点打击的一些网络赌博和网络成人色情等行为，在西方国家容忍度较高，在不少国家不属于刑事犯罪。即使是均被规定为犯罪的行为，不同国家对犯罪主客观要件的规定，可能也存在不同要求。以非法侵入信息系统为例，根据联合国毒品和犯罪问题办公室问卷调查，约 70% 的国家立法规定单纯侵入信息系统即可构成犯罪，30% 的国家的立法则对这类犯罪规定了“意图实施其他犯罪”“损害安全系统”或“窃取、修改或删除数据”等其他构成要件。这种在刑事定罪方面的差异直接影响打击网络犯罪的国际司法合作。例如，如果甲国追查的犯罪嫌疑人在乙国，而相关行为根据乙国法律则不属于犯罪，乙国受制于“双重犯罪”原则，将无法将该人引渡至甲国；甲国在取证等方面向乙国寻求司法协助，也将面临法律障碍。一些犯罪分子专门利用各国在刑事定罪方面的差异流动作案，并逍遥法外。

面对网络犯罪的威胁，没有哪个国家能够独自应对。只有由联合国所有成员国共同协商出一套规则，大家按照同样的规则和标准加强协调合作，才能真正有效地打击网络犯罪。在有关网络犯罪国际协作方面主要涉及的议题有以下各项。

1. 跨国调取电子证据

中国认为，跨国调取电子证据应该在遵守证据所在国家主权的基础上进行，不能仅因国际司法协助和执法合作取证效率低便对其简单予以否定。在跨国调取电子证据时，应该对各方面因素进行综合考量，利用妥善的程序和方式在提升工作效率的同时，尊重其他国家和各种组织、个人的正当权利。[1]

2. 国际司法协助和执法合作机制

中国主张应针对网络犯罪的特点对司法协助的程序和方式加以优化；各国可探讨采用电子签章等技术手段建立起网络犯罪快速联络响应机制和联系渠道，实现跨境取证法律文书和电子证据网上交换，提高合作效率。

3. 公私合作问题

在公私合作问题方面，我国主张要在确保互联网企业合法权利不受侵犯的前提下，通过法律明确企业配合执法和调查的义务。

4. 管辖权分歧

我国认为在管辖权出现分歧时：

（1）各国应加强沟通协商，妥善解决管辖权冲突问题；

（2）各国确立对网络犯罪的管辖权时应尊重他国主权，特别是不应进行与犯罪缺乏真实、充分联系的过度域外管辖。

5. 犯罪预防

中国政府一直高度重视网络空间的治理建设，网络犯罪预防，是网络空间治理建设的重中之重，是最为核心的命题之一。它是对网络空间健康发展的最严重威胁来源，因此一直在中国政府网络治理工作重点的框架之内。

第一，在政策战略层面，自 2015 年中国“互联网 +”行动计划起，从《关于加强国家网络安全标准化工作的若干意见》《国家网络空间安全战略》《网络空间国际合作战略》到 2017 年《新一代人工智能发展规划》，这一系列政策战略本身奠定了中国在网络犯罪治理过程中的基本立场，也即在推进和保障发展的同时，要实现安全的价值诉求。

第二，在法律规范层面，中国在 2009 年之后加速了对于网络犯罪治理的立法进程以及相应的工作安排。从 2009 年的《刑法修正案（七）》到 2016 年的

[1] 江溯．论网络犯罪治理的公私合作模式 [J]. 政治与法律，2020（8）：38–52.

《刑法修正案（九）》，系统地修改了关于网络犯罪的一系列刑事规范，包括修改原有罪名、增加新的罪名等等，尤其是主要针对网络黑产打击的三个新的罪名的引入把这个问题引向了深入。

第三，在有关网络犯罪治理的其他规范层面，我们看到了中国国家网信部门所发布的一系列规范性文件、部门规章等，它们对于从源头治理网络犯罪提供了良好的规范支撑。与此同时，中国最高司法机关对于这个问题也非常重视，除了一系列有关打击网络犯罪、电信网络诈骗犯罪的司法解释之外，最为突出的是 2017 年 6 月 1 日起施行的最高人民法院和最高人民检察院关于侵犯公民个人信息犯罪的司法解释。[1] 该司法解释提出了新的治理思维，也即有关网络犯罪的综合治理、源头治理，也可称为新综合治理的思路。

需要指出的是，因为在中国有非常快速的网络新技术、新应用的普及推广，在此过程中产生了非常多的新型业务场景，而更多的应用场景也意味着伴生更多的侵害风险、更多的犯罪类型。因此在中国，我们所面对的新型网络犯罪的样态及其发展速度可能在全世界是比较突出的，中国相应的治理机制模式、规范设计技巧以及司法执法实务水平可以认为是位居世界前列的，进而能够在未来的网络犯罪国际治理领域积累和提供更多的中国经验，或者说是能够为国际社会普遍接受的、有价值且行之有效的操作经验。

中国主张，在网络犯罪预防方面：

（1）各国应立法明确规定网络服务提供商的预防义务，特别是安全风险预警、安全事件应急处置等义务；

（2）联合国毒品和犯罪问题办公室和各国应加强对发展中国家的技术援助和培训，以提升其预防和打击网络犯罪的能力；

（3）建立国际网络威胁信息共享机制，对新型威胁技术、作案手法及时共享、共同研究。

---

[1] 李明鲁 . 数据交易中个人信息的刑法保护 [J]. 石河子大学学报（哲学社会科学版），2018，32（2）：51–60.

第十章 网络犯罪治理的国际合作机制

计算机技术的迅速发展以及互联网的普及，在促进社会发展的同时，也造成了网络犯罪高发的严峻形势。在 2018 年的全国网络安全和信息化工作会议上，习近平总书记强调："依法严厉打击网络黑客、电信网络诈骗、侵犯公民个人隐私等违法犯罪行为，切断网络利益链条，持续形成高压态势"。2019 年新冠肺炎疫情（COVID–19）的暴发，不仅加速了社会运行数字化，也导致信息网络犯罪爆发式地增长。2020 年上半年，我国提起公诉的电信网络诈骗嫌疑人 32 463 人，同比上涨 77.1%。[1] 根据欧洲刑警组织的年度报告，在疫情期间欧洲的网络犯罪案件激增，尤其是网络诈骗和儿童色情制品案件。[2] 同样的情况也出现在美国、俄罗斯 [3] 等国。

从世界范围来看，随着全球化、数据化、自动化的发展，大部分国家的网络犯罪都完成了以网络、计算机系统作为犯罪对象，到以其为犯罪工具，再到以其为犯罪空间的更迭。[4] 各国在网络犯罪案件治理中，都体现出不同面向的合作趋势：第一，公私合作。主要是行政监管部门、侦查机关与网络服务提供者之间的合作。第二，国际合作。网络犯罪的跨疆域性与严重危害性，决定了国际合作是网络犯罪治理的根本方向。本章以网络犯罪治理为主题，对各国立法规定的治理方式、侦查措施进行介绍。

---

[1] 参见最高检：上半年四类犯罪严重影响疫情防控 电信网络诈骗犯罪上升七成 [EB/OL]. [2021–08–01]. https：//baijiahao.baidu.com/s?id=1673249143390589454&wfr=spider&for=pc.

[2] 参见欧洲疫情期间网络犯罪激增 [EB/OL]. [2021–08–01]. https：//baijiahao.baidu.com/s?id=1679874754703787250&wfr=spider&for=pc.

[3] 俄方称疫情下网络犯罪激增 最多达 75% 的恶意活动源于美国 [EB/OL]. [2021–08–01]. https：//baijiahao.baidu.com/s?id=1677245763951843809&wfr=spider&for=pc.

[4] 于志刚 . 网络犯罪的发展轨迹与刑法分则的转型路径 [J]. 法商研究，2014（4）：44–53.

第一节　全球网络犯罪治理趋势

根据欧洲刑警组织 2019 年发布的《互联网有组织犯罪威胁评估》（Internet Organized Crime Threat Assessment，IOCTA）的内容，现阶段网络犯罪的有组织化，是执法机关面临在重大难题。为解决此项挑战，必须从立法与技术的角度对执法工作进行完善。从犯罪侦查的角度来看，数据的重要性越发重要，数据安全成为犯罪治理的重心。

一、在实体法层面扩张入罪范围

面对互联网技术的更新迭代，网络犯罪随之快速演变，各国刑事实体法需要及时进行回应与完善。我国自 1997 年颁布《刑法》后，针对网络犯罪的规定与司法解释在不断推陈出新。2009 年《刑法修正案（七）》增加“非法获取计算机信息系统罪”“非法控制计算机信息系统罪”等罪名；2015 年《刑法修正案（九）》增加“非法利用信息网络罪”“帮助信息网络犯罪活动罪”“拒不履行信息网络安全管理义务罪”“侵犯公民个人信息罪”。通过实体法的修改与相关司法解释配套，将网络预备行为纳入刑法规制体系，进一步加大网络犯罪的惩罚力度，加强公民个人信息保护。[1] 2001 年，包含欧盟、美国、日本在内的成员在布达佩斯签署《布达佩斯网络犯罪公约》，将“为了犯罪目的，制作、出售、为使用而取得、输入、发行或其他方式利用实施网络犯罪的违法装置，以及可以实现进入计算机系统任何部分的功能的计算机密码、访问密码或类似数据”的行为，作为犯罪行为进行处理。但其他国家也有不同做法，如韩国《信息与通信法》则认为为犯罪编写恶意程序的行为，并不构成犯罪。此外，为了实施线下犯罪而利用互联网进行的预备行为，也被部分国家作为犯罪处理。例如，奥地利、西班牙将为实施性侵害而进行的网络搭讪、引诱作为犯罪处理。[2]

[1] 于志刚 . 网络空间中犯罪预备行为的制裁思路与体系完善 [J]. 法学家，2017（6）：58–71.

[2] 周维民 . 国外网络犯罪治理的最新趋势 [N]. 人民法院报，2018–03–23（08）.

二、打击黑灰产业链

网络犯罪的有组织化发展、分工日益精细化，形成流水线式的分工作业，滋生出相关的黑灰色产业链。[1]网络黑灰产的高发态势迫使各国执法部门必须采用全链条打击的政策，才能彻底进行网络犯罪的治理。比较常见的黑灰产挑战为：内容秩序威胁型、数据流量威胁型、技术威胁型与暗网。[2]位于上游的黑灰产主要通过非法手段收集公民个人信息、商业秘密等，为后续有针对性的网络犯罪提供帮助、"输粮供血"。根据安全情报商 Risk Based Security（RBS）2019 年第三季度的报告，从 1 月至 9 月，全球公开的数据泄露事件有 5183 起，涉及 79.95 亿条信息。[3] 2021 年上半年，Facebook 被爆泄露 5.33 亿用户数据，这距离 2019 年 Facebook 非法出售 8700 万名用户数据被判罚 50 亿人民币还不到两年时间。中游则通过上述信息展开各种违法犯罪活动，如电信网络诈骗、网络赌博、网络色情等。最后，下游则通过技术手段开发网络交易与支付渠道，进行犯罪成果的变现。现阶段更有犯罪团伙使用比特币等虚拟货币进行后端洗钱。2021 年 6 月，英国警方在一起涉嫌洗钱的犯罪中，查扣价值 1.14 亿英镑加密货币。美国 2020 年在一起网络犯罪中，也查获了 10 亿美金的比特币。据南都大数据研究院等机构发布的《2018 网络黑灰产治理研究报告》估算，中国黑产"从业人员"高达 150 万人次，市场规模超过千亿元。世界经济论坛在伦敦发布《2020 年全球风险报告》，预估到 2021 年，黑灰产将给全球造成至少 6 万亿美元的损失。[4]各国针对网络犯罪有组织的新形态，进行全链条式打击，才能够真正完成网络犯罪治理的工作。2020 年，我国在国务院的统一领导下开始"断卡"行动，对非法贩卖电话卡、银行卡的行为进行打击，切断电信网络诈骗的上游与下游犯罪。

---

[1] 喻海松．网络犯罪黑灰产业链的样态与规制 [J]. 国家检察官学院学报，2021（1）：41–54.

[2] 百度．2020 网络黑灰产犯罪研究报告 [R/OL]. 2020：7–40.

[3] 陈磊．2019 年国内外数据泄露事件盘点——个人信息保护刻不容缓 [EB/OL]. [2021–08–06]. http：//blog.nsfocus.net/inventory–of–data–breaches–at–home–and–abroad–in–2019/.

[4] Marsh. 2020 年全球风险报告 [R/OL]. [2021–08–06]. https：//www.marsh.com/cn/zh/insights/research/global–risks–report–2020. html.

三、提升侦查机关的电子数据取证能力

据欧洲委员会于 2018 年发布的统计，85% 的网络犯罪侦查与电子数据取证相关。[1] 因此侦查机关的电子数据取证能力决定了案件侦查工作能否顺利。从实践来看，侦查机关获取电子数据的方式包括：在线远程收集、扣押原始存储介质、向网络服务提供者调取、通过司法协助或警务合作获取、通过非正式合作获取。[2] 其中，前两种方式对侦查机关的电子数据取证能力要求最高。第一，由于电子数据的虚拟性与易篡改性，若侦查人员无法及时获取，可能导致电子证据的灭失；第二，由于电子数据的海量性，如何从中筛选出与案件相关的证据，是侦查机关在取证过程中的重要挑战；第三，部分电子数据收集中，若缺乏当事人的配合，侦查人员难以通过现有技术进行破解，如云盘内存储的电子数据。[3] 然而，各国侦查机关在网络犯罪侦查中的能力各有不同，面对嫌疑人犯罪手段的不断升级，侦查机关难以及时收集、固定电子数据，从而导致打击犯罪的目标难以实现。自 2011 年起，联合国网络犯罪问题政府间专家组就通过多次会议，深入讨论了打击网络犯罪的技术援助问题。在 2020 年，联合国更是直接在《萨尔瓦多宣言》中要求“毒品与犯罪问题办公室应当根据需求，向申请国、相关组织、私营部门提供技术援助与培训”。国际刑警组织（INTERPOL）在颁布的《全球网络犯罪战略》（*Global Cybercrime Strategy*）中强调，本组织在 2016—2020 年，将通过协调和提供专业警力，支持成员国打击犯罪犯罪。同时也意识到各国在打击网络犯罪中，对电子数据取证能力（digital forensic capabilities）越来越强烈的需求。[4] 因此，国际刑警组织将为自己的 190 多个成员国提供电子取证、网络培训、电子数据管理程序的培训。尤其是从 2016 年开始，便对东南亚地区（Association of Southeast Asian Nations，ASEAN）10 个国家进行

---

[1] 2018：14. https：//eur–lex.europa.eu/legal–content/EN/TXT/PDF/?uri=CELEX：52018SC0118&from=EN.

[2] 唐彬彬 . 跨境电子数据取证规则的反思与重构 [J]. 法学家，2020（4）：157–159.

[3] 冯姣 . 互联网电子证据的收集 [J]. 国家检察官学院学报，2018（5）：39.

[4] INTERPOL. Coordinating a global response to cyberthreats[EB/OL]. [2020–08–06]. https：//www.interpol.int/Crimes/Cybercrime/Cybercrime–threat–response.

网络犯罪与电子取证技术的培训。[1]同样的培训还自 2018 年开始，在拉丁美洲与加勒比地区（Latin America and the Caribbean）展开。[2]欧盟和欧洲议会还在 2017—2021 年，在非洲、亚太地区、拉丁美洲和加勒比地区组织“扩大打击网络犯罪的全球行动”（Global Action on Cybercrime Extended，GLACY+）。由欧洲议会牵头，对上述国家、地区展开网络犯罪侦查中的警务、立法、公诉方面的培训。国际刑警组织在此项培训中负责执法机关的培训内容，主要目的在于提升执法机关在网络犯罪中的电子取证能力与国际协助能力。[3]

第二节　打击网络犯罪的公私合作

随着网络平台对社会生活介入的程度日益深入，与执法部门的合作愈发密切，这意味着网络服务提供者在网络犯罪治理中承担着数据存储、监控、披露等义务。[4]大部分国家的立法均明确网络服务提供者的监管义务与数据协助义务，后者指侦查机关可以依刑事侦查的需求，依法向网络服务提供者调取与案件相关的电子数据。但是，各国由于数据保护、个人隐私保护、刑事侦查等立法的不同，对网络服务提供者义务的规定也不尽相同。同时，由于各国对“数据主权”各有立场，在跨境电子数据调取的立法中，也存在明显的区别。

---

[1] INTERPOL. Fostering regional cooperation against cybercrime in Southeast Asia [EB/OL]. [2020–08–06]. https：//www.interpol.int/Crimes/Cybercrime/Cyber–capabilities–development/ASEAN–Cyber–Capacity–Development–Project.

[2] INTERPOL. Empowering law enforcement to counter cybercrime in Latin America and the Caribbean [EB/OL]. [2020–08–06]. https：//www.interpol.int/Crimes/Cybercrime/Cyber–capabilities–development/Cybercrime–Capacity–Building–in–the–Americas.

[3] INTERPOL. Assisting priority countries in investigating cybercrime and managing digital evidence [EB/OL]. [2020–08–06]. https：//www.interpol.int/Crimes/Cybercrime/Cyber–capabilities–development/Glacy.

[4] 裴炜 . 针对用户个人信息的网络服务提供者协助执法义务边界 [J]. 网络信息法学研究，2018（1）：21.

一、网络服务提供者的网络监管义务

网络监管义务是网络服务提供者日常经营活动中承担监管工作，一般而言可以细分为两个层次。第一，网络服务提供者向用户提供特定的网络服务时，应当要求用户提供身份信息，进行实名制管理。按照网络犯罪公约委员会（Cybercrime Convention Committee）的分类，此类信息为基础注册人信息（Basic subscriber information，BSI），例如姓名、身份信息、住址、电话号码、邮箱、支付信息等内容。第二，对于网络空间的违法信息应当及时采取措施，停止传输或予以删除，并向主管机关报告。

（一）对网络服务使用者进行实名制管理

网络服务运营者对用户进行实名制管理，通过将网络虚拟的身份真实化，有利于网络不良信息的监管，甚至具有扫除不良信息的“铁扫帚”之称。[1]根据我国《网络安全法》第 24 条的规定，网络服务提供者根据用户需求，“办理网络接入、域名注册服务，办理固定电话、移动电话等入网手续，或者为用户提供信息发布、即时通讯等服务，在与用户签订协议或者确认提供服务时”，应当依法要求用户实名制，提供真实身份信息。若用户拒绝提供的，网络服务提供者不得为其提供相关服务。同时《互联网新闻信息服务管理规定》也明确要求用户使用互联网新闻传播平台服务时，需要提供真实身份信息。此外，文化部在网络游戏监管中也陆续开展游戏玩家实名制的措施。[2]

根据 2021 网络犯罪公约公布的《获取注册人信息规则》（*Rules on Obtaining Subscriber Information*）调查报告，美国、澳大利亚、法国、德国、西班牙、日本等国纷纷确立了各国网络犯罪侦查所需要的注册人信息类型，最为主要的内容为姓名、地址、电话、账单、服务协议等内容。俄罗斯在 2014 年颁布的《Wi–

---

[1] 人民网 . 三问网络实名制 [EB/OL]. [2021–08–07]. http：//theory.people.com.cn/n1/2017/0601/c40531–29310563.html.

[2] 参见文化部关于规范网络游戏运营加强事中事后监管工作的通知 [EB/OL]. [2021–08–07]. http：//www.gov.cn/xinwen/2016–12/06/content_5143968.htm.

Fi 实名制认证法令》中明确要求，用户在公共场所使用 Wi–Fi 时，不得匿名接入无线网络，必须通过驾照、护照等身份信息进行实名认证之后，方可使用。

（二）实时信息审查监管义务

除了收集在注册人使用网络服务时的注册信息以外，网络服务提供者还需要在日常经营中，对网络信息的内容承担审查义务。尤其是对网络不良信息进行监管。其中按照各国分类的不同，不良信息主要包含危害国家安全与民族尊严、网络色情与暴力、网络邪教与迷信、网络谣言和诽谤、网络欺诈和非法交易、侵犯隐私和个人权利等内容。美国还包含对未成年人滥用市场营销手段，欧盟、德国、澳大利亚还包含侵害知识产权的信息，英国还包含教唆自杀的信息，等等。此种信息都需要网络服务提供者及时进行监管。

按照我国《网络安全法》第 47 条、第 68 条的规定，“网络服务提供者应当强化对用户发布的信息的管理”。若发现法律、行政法规禁止发布或者传输的信息的，应当采取以下措施：首先，立即采取停止传输、消除等处置措施，防止信息扩散；其次，保存有关记录，并向有关主管部门报告。这是一种主动的数据披露（Voluntary disclosure）行为。若网络服务提供者并未履行上述义务，有关主管部门可以采用：责令改正，给予警告，没收违法所得的方式进行处罚。若网络服务提供者拒不改正或者情节严重的，处 10 万 ~50 万元罚款，并可以责令暂停相关业务、停业整顿、关闭网站、吊销相关业务许可证或者吊销营业执照；对直接负责的主管人员和其他直接责任人员，还可以处 1 万 ~10 万元罚款。若违反本法规定并造成一定后果，还应当依法承担民事、行政、刑事责任。在《反恐怖法》第 19 条、第 84 条的规定，网络服务提供者应当依法采取监督与防范措施，防止防止含有恐怖主义、极端主义内容的信息传播。并及时采用与上文相同处理方式，否则将按照造成损害结果的不同承担法律责任。在《互联网信息服务管理办法》《互联网群组信息服务管理规定》《网络出版服务管理规定》等互联网领域的规范性文件，也明确了弗洛服务提供者对不良信息监管的义务。2021 年，网信办部署开展“清朗”系列专项活动，对网络非法行为进行整治，包含"清朗·春节网络环境""清朗·算法滥用治理""清朗·打击网络水军、流量造假、黑公关""清朗·未成年人网络环境整治"等一系列专项行动。

从全球范围来看，各国也要求网络服务提供者承担一定的监管义务。如美国 2001 年颁布的《儿童互联网保护法》明确，所有接受联邦政府补贴的优惠上网服务（E–Rates discount）的网络服务提供商，必须使用过滤色情网站、不雅内容的软件，主要是指学校和图书馆。这些机构必须主动对未成年人使用网络进行保护。同样，日本网络内容安全协会（International Computer Security Association，ICSA）组织日本 9 家大型网络服务提供者，强化对网络色情内容监管，及时阻断儿童色情图片、网页的传播。进行在 2011 年也澳大利亚《互联网领域垃圾邮件实施准则——网络与邮件服务提供者准则》（*Internet Industry Spam Code of Practice—A Code for Internet and Email Service Providers*），就明确规定，网络服务提供者需要积极参与反垃圾邮件行动，并采取以下措施：①明确告知义务。告知用户遵守垃圾邮件管理的相关规定以及发送垃圾邮件相关的后果。②垃圾邮件过滤机制。向用户提供足够的垃圾邮件过滤机制。③设置发送邮件的最高阈值，并由专人处理客户投诉等。

二、网络服务提供者的数据留存与披露义务

网络服务提供者的数据留存（data retention）义务与数据披露（data disclose）义务是一组递进的概念。数据留存义务是指对经营过程中产生的数据予以静态化归档、存储。数据披露义务不仅包含上文提及的网络服务提供者对违法违规信息的主动披露义务，还包括在具体案件中，针对执法部门的协议请求，提供特定信息的披露义务，此项义务以数据留存为基础。本部分所论述的数据披露义务主要指后者。

（一）数据留存义务

网络服务提供者数据留存与否及其留存的期限，决定了在执法机关展开侦

查时，能否从该处完成与案件相关的数据调取。因此，在世界范围内出现了数据强制留存的现象，部分国家还设置了最低留存期限。

各国均确立了网络服务提供者数据留存的规定。按照我国《网络安全法》的关于信息留存的规定包括：关键信息基础设施的运营者在我国境内运营中收集和产生的个人信息和重要数据应当“在境内存储”；网络服务提供者发现违反法律、行政法规的信息，应当“保存有关记录”。与我国隐晦式的数据留存规定相比，其他国家的做法则更为直接。如美国在《存储通讯法案》中明确规定了网络服务提供者的数据留存义务（Required preservation and disclosure of communications and records）。[1] 要求电子通信服务和远程计算服务提供者需要按照法律规定，对数据进行保存、备份与披露。《布达佩斯网络犯罪公约》也要求成员国“加速保存储存的计算机数据”，为刑事侦查提供便利。欧盟在《关于与公共可获取的电子通信服务或者公共通信网络的连接中产生或者处理的数据的保留的指令》（数据保留指令，Directive 2006/24/EC）[2] 中认为，传输数据和本地存储数据在犯罪治理中非常重要，尤其是侦查、羁押、起诉程序。因此，在第 3 条确定了电子通信服务与公共通信网络服务提供商的“数据保留义务”（Obligation to retain data），其内容指向电话数据、登录数据、呼叫失败产生或处理的数据等内容。英国、芬兰虽然也明确数据留存义务，但是基于经济成本的原因，认为该义务并不适用于小型互联网企业。[3]

数据留存的期限关系着犯罪侦查中，侦查机关向网络服务提供者进行数据调取时能否成功。然而，不同的网络服务提供者对数据留存期限具有不同的规定。Snapchat 就规定用户发送与接收的数据，发送的故事，未打开的聊天记录或者被发件人、收件人保存的内容仅保存 31 天。WhatsApp 则表明它并不存储所有

---

[1] 18 U.S. Code § 2713. Required preservation and disclosure of communications and records.

[2] On the retention of data generated or processed in connection with the provision of publicly available electronic communications services or of public communications networks and amending Directive 2002/58/EC.

[3] See Thilo Weichert & Kirsten Bock，Data Retention in Europe and Germany，available at https：//www.datenschutzzentrum.de/vorrats–datenspeicherung/20110614–data–retention–in–europe–and–germany.pdf.

已经送达的信息及其交互信息，未送达的信息也会在 30 天后予以删除。大多数美国、加拿大网络服务提供者，在警方要求协助后，一般将提供至少 90 天的数据存储服务，经通知还可以继续延长。欧盟《数据保留指令》则要求成员国对存储数据（电话数据）和登录数据（互联网数据）保存的期限为，自通讯发生之日起，6 个月以上、24 个月以下。

（二）数据披露义务

犯罪治理中的数据披露义务，是指在刑事司法程序中，网络服务提供者为协助侦查、起诉、审判、执行程序，向公安司法机关披露所留存的数据。我国《网络安全法》明确将“为公安机关、国家安全机关依法维护国家安全和侦查犯罪的活动提供技术支持和协助”确定为网络服务提供者的明确义务。与之相适应，网络服务提供者在提供服务的同时，也会明确告知其数据披露义务。腾讯微信、微博、淘宝等企业均在隐私政策中，明确因“侦查、起诉、审判、执行等直接相关”的事由使用个人信息，无须个人信息主体同意。

《布达佩斯网络犯罪公约》在第 18 条、第 20 条、第 21 条明确规定，各成员国需要明确立法，让具有法定资格的机构能够直接向网络服务提供者调取“用户数据”，要求网络服务提供者收集“实时业务数据”、拦截“内容数据”。与之相同，各国均确立了网络服务提供者基于刑事司法目的进行数据披露的义务。美国《数据存储法案》明确网络与电子通信服务提供者在政府组织满足法定程序的前提下，向其提供所需数据。对于不同类别的数据所需要的手续是不同的，具体程序包括法庭搜查令（court warrant）、行政令状（administrative subpoena，例如证监会颁布的令状）、法庭传票（jury or trial subpoena）、法庭命令（court order）等程序。法庭搜查令可以调取存储实践少于 180 天的内容信息；后面三种，可以调取存储时间超过 180 天的内容信息。[1] 欧盟《通用数据保护条例》也明确为“防范、调查、起诉犯罪行为或者执行刑事处罚”，欧盟各成员国可以通过

[1] 18 U.S. Code § 2703 – Required disclosure of customer communications or records.

立法对数据主体的权利进行限制。主要指数据控制者可以在未获数据主体同意的前提下，将数据转移至第三方。欧盟《网络犯罪公约草案》第 17 条、第 18 条，明确网络服务运营者在刑事诉讼程序中，应当如何加速保存、披露、实时收集交互数据的规定。奥地利警方可以直接调取静态 IP 地址，动态 IP 地址、交互信息和内容信息则需要检察官授权才能获取。日本则更为严格，对内容信息的获取必须经过法官的批准。[1]

（三）紧急情况下的数据披露义务

紧急情况下的数据披露义务是指在具有死亡、严重损害的风险下，网络服务提供者应当及时为相关部门提供数据协助。这种情况与普通的数据披露义务有所区别，一方面是其面临的风险更为严重，且其目的是阻止严重后果发生。例如，美国立法就明确将其限定为任何可能造成他人死亡或者身体严重损害的、迫在眉睫的危险。苹果公司在隐私政策中除了包含个人的生命 / 安全外，还增加对国家 / 地区安全、关键基础设施 / 装置安全造成的严重威胁。另一方面是紧急情况下的数据调取程序可以更为简便，网络服务提供者也应当毫不延迟地提供协助。若紧急情况不复存在，那么也不再需要后续的数据调取程序。苹果公司明确要求执法部门在提出任何内容请求时，必须遵守包含美国《电子通信隐私法》（*United States Electronic Communications Privacy Act*，ECPA）在内的法律规定，但紧急情况下可以除外。

《布达佩斯网络犯罪公约》要求成员国应当建立一周 7 天 /24 小时在线的联系点，“以确保在进行与计算机系统和数据相关犯罪调查或起诉时，或收集犯罪的电子形式证据时提供即时协助”。

大部分平台企业也建立了针对执法部门紧急请求的全天候响应部门。各企业在应对紧急情况下的数据披露时，会事先进行一定的审查。以苹果公司为例，政府或执法机构填写《政府部门和执法机构紧急信息请求书》（*Emergency*

---

[1] 裴炜 . 犯罪侦查中网络服务提供商的信息披露义务：以比例原则为指导 [J]. 比较法研究，2016（4）：101.

Government & Law Enforcement Information Request）后，苹果会紧急进行审查、确认。2020 年上半年，接到美国执法部门要求其在紧急情况下披露数据的请求为 240 起，最终披露的案件数为 221 起，披露比例为 92%。英国执法部门在该时间段提出的申请为 333 期，最终收到 284 起回复，响应比例为 85%。加拿大申请 62 项之后收到 57 起回复，回复比例为 92%。

三、向境外企业调取数据

上文为了犯罪治理向第三方调取数据的程序，一般仅限于本国境内的网络服务提供者，而对于境外的网络服务提供者，则会由于其所在国的数据保护立法不同而产生法律冲突。因此，向境外企业调取数据是一项关系数据主权、数据管辖权的复杂问题。一般来说，向境外企业调取数据主要有以下几种方式：境外企业的公开数据；执法部门在线远程搜查、扣押；通过国际公约、多边条约、双边条约展开司法协助；通过国际组织，如国际刑警组织进行调取；直接向网络服务提供者调取；通过非正式警务合作获取等途径。在线搜查、扣押的数据极为有限，且仅限于侦查部门技术所及的领域以及嫌疑人配合的情况才能获取。其他方式的数据调取的效率及成效，在很大程度上仰赖于他国政府与网络服务提供者的配合程度。

我国作为数据主权的坚定倡导国，通过《国际刑事司法协助法》明确，他国调取我国境内数据必须经过严格的司法协助流程。非经中华人民共和国主管机关同意，我国境内的机构、组织和个人不得向外国提供证据材料和刑事诉讼中的协助。在数据出境时，还应当由网信办统筹，按照《信息安全技术 数据出境安全评估指南（草案）》的内容对数据进行严格审查。围绕数据出境的合法性（是否存在条约、协议）；正当性（司法协助需要）；风险可控性（是否存在难以控制的数据出境风险，产生数据出境安全事件的可能）；以及请求方法律制度、数据保障水平等内容进行。若经审查认为数据不得出境的，则无法向外国执法部门提供相应协助。

美国借微软案为契机，快速由国会通过、并由总统签发《云法案》，补充《存储通信法案》的内容，强化执法部门对境外企业数据取证的权力。要求服务提供者不论位于美国境内或者境外，应当按照本法的规定“存储、备份、披露其所提供服务的消费者的通信目录及其相关内容，并对其进行存储、保管、控制”。以此正式确立了美国执法部门对境外网络服务提供者所掌握数据的长臂管辖。然而，在扩张自身权力的同时，美国并未赋予外国执法部门同等的权力，以方便其调取美国境内的数据。只有外国执法部门属于《布达佩斯网络犯罪公约》的成员国以及通过美国实质审查之后，才可以获取美国境内的数据。❶这样不平等的规定，作为非《布达佩斯网络犯罪公约》成员国的中国直接被排除在外。同时，由于美国诸多科技公司设置的数据存储中心位于欧洲，占欧盟云服务市场的绝大部分份额，因此，《云法案》的颁布也引起了欧盟的激烈反应。

欧盟颁布的《通用数据保护条例》作为数据保护最为严格的规定，为个人信息提供了严格的保护措施，规定企业在基于公共利益的原因，在确保对方法律体系与数据保护充分的前提下，可以向第三国传输数据。

第三节　打击网络犯罪的国际合作

随着互联网技术的快速发展，网络犯罪日益猖獗，世界各国面临的网络安全风险也随之加大。网络犯罪的跨地域性是网络犯罪国际治理的根源所在，单靠一国之力无法有效应对网络犯罪带来的挑战。2017 年 5 月 12 日全球范围爆发的“WannaCry”勒索软件便是实例。从受攻击目标类型与地域分布来看，此次攻击未表现出显著的地域与行业分布特点，攻击无明显指向性和目标性，一天内百余个国家和地区遭受攻击并呈现蔓延态势。❷因此，打击网络犯罪涉及

❶ 唐彬彬 . 跨境电子数据取证规则的反思与重构 [J]. 法学家，2020（4）：165–166.

❷ 李彦 . 网络犯罪国际法律机制建构的困境与路径设计 [J]. 云南民族大学学报（哲学社会科学版），2019（6）：139.

人类社会共同利益，任何国家均无法独善其身，这一现实促使各国不得不谋求与其他国家合作。十几年来，面对愈演愈烈的网络犯罪，国际社会在打击网络犯罪国际司法合作方面作出了积极努力，取得了一些成效。当前，打击网络犯罪的国际合作主要包括两种形式：一为国际警务合作，二为国际刑事司法协助。

一、打击网络犯罪的国际刑事司法协助

国际刑事司法协助，是指国家（地区）之间、国家（地区）与国际组织之间根据公约、条约或协议，应委托代为履行某些刑事诉讼行为的活动。[1]当前，国际层面缺乏应对网络犯罪的统一规则。为了协调网络犯罪日益严峻的现实困境，区域性国际组织和域内国家开始整合协调区域合作治理网络犯罪的有效方式，相继签署和出台了区域性打击网络犯罪公约协定，[2]建构了区域内网络犯罪国刑事司法协助机制。主要有以下代表性的区域公约协定：

（一）《布达佩斯网络犯罪公约》下的刑事司法协助

2001 年，欧洲委员会通过了《布达佩斯网络犯罪公约》，该公约是全世界第一部针对网络犯罪制定的国际公约。《布达佩斯网络犯罪公约》强调国际合作对打击网络犯罪的重要作用，其所确立的国际刑事司法合作体系在全球范围内产生了最为广泛的影响。

关于网络犯罪国际合作的一般原则，《布达佩斯网络犯罪公约》的规定可以概括为三个原则和一个程序性措施，即合作总体原则、引渡的一般性规定、多边互助原则和缺少可适用国际协议情况下的互助程序。[3]鉴于网络犯罪复杂多边的现实，为了有效应对一些特殊情况，多边互助原则为成员国提供了灵活快捷的司法协助模式。该公约规定，在紧急情况下，缔约国之间可采取包括电子

---

❶ 张智辉 . 国际刑法通论 [M]. 北京：中国政法大学出版社，2009：398.

❷ 陈洁，曾磊 . 网络犯罪全球治理的现实挑战及应对之策 [J]. 西南大学学报（社会科学版），2021（4）：52.

❸ 曾磊 . 惩治网络犯罪国际警务合作的理论基础与路径考量 [J]. 中国人民公安大学学报（社会科学版）：125.

邮件、传真等多种渠道进行快速沟通和信息共享；各缔约国还可根据本国法，在其本国法律法规许可的范围内，在适当的情况下将本国侦查机关在网络犯罪侦查中获悉的情报信息主动共享给其他缔约国，而无须对方事先发出相关的协助请求，这种主动的信息情报共享能够协助后者及时获取相关犯罪信息，采取有效措施以应对复杂多变的网络犯罪活动。❶

电子取证是打击跨国网络犯罪的核心所在，然而电子数据的不稳定性和易变性给国际刑事司法协助提出了挑战和难题。有鉴于此，《布达佩斯网络犯罪公约》为成员国提供了三种具体协助措施，包括：①临时措施的多边互助措施，通过“已存储网络数据的快速保存”❷和“已保存业务数据的快速披露”❸使得缔约国之间得以快速协作；②侦查措施的多边互助措施，通过“访问已存储网络信息数据的多边互助”❹“经同意或在对公众开放的情况下，越境访问已存储网络信息数据”❺“业务数据实时收集的多边互助”❻“网络通信数据内容截获的多边协助”❼等多种侦查期间的互助措施，确保缔约国及时获取相关网络数据；❽③建立快速应对“24/7 网络”。《布达佩斯网络犯罪公约》要求缔约国确定一个 24 小时不间断的联络点，以确保为情报披露、网络犯罪的调查，电子证据收集、网络犯罪嫌疑人等提供快速协助。

值得注意的是，《布达佩斯网络犯罪公约》第 32 条（b）项规定，缔约国未经另一缔约国同意，可通过互联网直接跨境获取电子数据。这一规定被新兴网络国家视为侵犯他国主权的行为，将危机缔约国的网络安全。

❶ 曾磊．惩治网络犯罪国际警务合作的理论基础与路径考量 [J]. 中国人民公安大学学报（社会科学版），2021（1）：125.

❷ 参见 Convention on cybercrime，Art.29.

❸ 同❷，Art.30.

❹ 同❷，Art.31.

❺ 同❷，Art.32.

❻ 同❷，Art.33.

❼ 同❷，Art.34.

❽ 曾磊．惩治网络犯罪国际警务合作的理论基础与路径考量 [J]. 中国人民公安大学学报（社会科学版），2021（1）：126.

（二）其他区域公约协定下刑事司法协助

自2001年11月23日《布达佩斯网络犯罪公约》开放签署以来，各区域组织相继通过了各自的网络犯罪公约协定。区域性打击网络犯罪公约协定“百花齐放”，网络犯罪国际治理机制呈现“兴旺”态势。[1]其他代表性区域公约协定有：2001年《独立国家联合体打击计算机信息领域犯罪合作协定》[2]（以下简称为《独立国家联合体协定》），2009年上海合作组织签署的《上海合作组织国际信息安全领域协定》（以下简称为《上合组织协定》）、2010年《阿拉伯国家联盟打击信息技术犯罪公约》[3]（以下简称为《阿拉伯国家联盟公约》）、2011年《西部非洲国家经济共同体打击网络犯罪的指令》[4]（以下简称为《西非经共同体指令》），2014年《非洲联盟网络安全和个人数据保护公约》[5]（以下简称为《非洲联盟公约》），等等。上述具有法律约束力的区域公约协定，对缔约国之间打击网络犯罪的刑事司法协助提供法律基础，但存在差异。

第一，在适用范围上，《布达佩斯网络犯罪公约》《独立国家联合体协定》《阿拉伯国家联盟公约》《西非共同体指令》》专门致力于为网络犯罪的打击形式提供一个司法框架。其他文书，如《上海合作组织协定》和《非洲联盟公约》，涉及内容较广，而网络犯罪只是其中的一项内容。例如，《上海合作组织协定》解决的是国际信息安全的区域合作问题，包括信息战、恐怖主义、网络犯罪，

[1] 李彦．网络犯罪国际法律规则制定与中国方案研究 [J]. 中国社会科学院研究院学报，2020（3）：95.

[2] ЕСОГЛАШЕНИЕ о сотрудничестве государств – участников Содружества Независимых Государств в борьбе с преступлениями в сфере компьютерной информации [EB/OL]. [2020–08–20]. https：//cis.minsk.by/reestr/ru/index.html#reestr/view/text?doc=1180.

[3] Arab Convention on Combating Information Technology Offences [EB/OL]. [2020–08–20]. https：//www.asianlaws.org/gcld/cyberlawdb/GCC/Arab%20Convention%20on%20Combating%20Information%20Technology%20Offences.pdf.

[4] DIRECTIVE C/DIR. 1/08/11 ON FIGHTING CYBER CRIME WITHIN ECOWAS [EB/OL]. [2020–08–20]. https：//issafrica.org/ctafrica/uploads/Directive%201：08：11%20on%20Fighting%20Cyber%20Crime%20within%20ECOWAS.pdf.

[5] African Union Convention on Cyber Security and Personal Data Protection [EB/OL]. [2020–08–20]. https：//au.int/en/treaties/african–union–convention–cyber–security–and–personal–data–protection.

以及针对国际与国家信息基础设施的威胁等；[1]《非洲联盟公约》则涵盖了网络安全和个人数据保护等。

第二，在合作方式上，包括三个方面：①一般司法协助，《布达佩斯网络犯罪公约》《独立国家联合体协定》《阿拉伯国家联盟公约》《西非经共同体指令》[2]均对此作出规定；②具体协助，上述区域公约协定对快速协助（例如，《布达佩斯网络犯罪公约》《独立国家联合体协定》《阿拉伯国家联盟公约》）、计算机数据保全（例如，《布达佩斯网络犯罪公约》《阿拉伯国家联盟公约》）、计算机数据扣押、访问、收集和披露（例如，《布达佩斯网络犯罪公约》《阿拉伯国家联盟公约》）作出规定；③其他形式的合作，包括跨境访问（例如，《布达佩斯网络犯罪公约》《阿拉伯国家联盟公约》）和 24/7 网络（例如，《布达佩斯网络犯罪公约》《阿拉伯国家联盟公约》）。

此外，除了上述区域条约和协定之外，各国之间签订的双边刑事司法协助条约也为打击网络犯罪国际合作提供了渠道。例如，我国与多个国家缔结了双边刑事司法协助条约，根据外交部《我国对外缔结司法协助及引渡条约情况》的数据，截至 2018 年 9 月，我国已经对外缔结 44 项刑事司法协助条约、19 项民刑事司法协助条约。[3] 2018 年 10 月，为了保障国际刑事司法协助的正常进行，加强刑事司法领域的国际合作，我国正式颁布《中华人民共和国国际刑事司法协助法》，对包括打击网络犯罪在内的国际刑事司法协助开展提供了法律依据，有效促进打击网络犯罪国际刑事司法协助的有序开展。

总体而言，无论是区域公约协定抑或国家间的刑事司法协助条约在推动打击网络犯罪的国际合作方面取得一定成效，但仍存在诸多局限。例如，由于各

---

[1] UNODC. Comprehensive Study on Cybercrime，Draft–February 2013 [EB/OL]. [2020–08–20]. https：//www.unodc.org/documents/organized–crime/UNODC_CCPCJ_EG.4_2013/CYBERCRIME_STUDY_210213.pdf.

[2] 鉴于西非经共体有《刑事事项互助公约》和《引渡公约》，《西非经共同体指令》要求成员国在国家法律中将网络犯罪定为刑事犯罪，以促进网络犯罪调查和引渡网络罪犯的合作。因此，在此不做单独分析。

[3] 高艳东，李莹 . 数据信用的刑法保护——以“流量黑灰产”为例 [J]. 浙江大学学报（人文社会科学版），2020（3）：63–78.

国刑事立法的差异、管辖权冲突、程序规则的复杂等因素的影响，使得刑事司法协助效率低下，越来越难以满足打击网络犯罪的现实需要。此外，区域性公约协定在治理网络犯罪过程中发挥了一定的积极作用，但鉴于网络犯罪全球性的天然属性，这些区域性协定只关注本区域内网络犯罪的特殊表现形态，协定之间缺乏衔接协调，在全球适用性上不具有现实的可操作性，这种区域治理法律规则碎片化趋势为今后国际合作治理网络犯罪带来了现实障碍。[1]因此，面对日益严重的网络犯罪，针对打击网络犯罪开展全球性国际合作这一议题尤为紧迫。

二、打击网络犯罪的国际警务合作

国际警务合作，是指不同国家的警察机关在警察事务领域为完成特定的警务相互提供支持、援助、协助、配合的一种执法活动。国际警务合作是跨国界的执法活动，一国警察可以跨越国境在另一国行使侦查权。各国通过跨国界的警务合作，在国际社会建立起预防和控制犯罪的网络，为在全球范围内侦查犯罪、获取证据、缉捕犯罪人提供了一个合作的平台。[2]在全球化背景下，网络犯罪正在以惊人的速度发展。面对愈演愈烈的网络犯罪，开展广泛有效的国际警务合作已成全球共识。各国逐渐认识到，单靠一个国家的警察执法力量无法应对非传统安全威胁，国际警务合作是最直接、最为有效的方式之一。[3]

（一）国际刑警组织框架下打击网络犯罪

作为世界上最大且唯一的全球性警察组织，国际刑警组织的成立目的在于在世界范围内协调预防和打击国际刑事犯罪。国际刑警组织在预防犯罪研究、传递犯罪信息、侦查跨国性刑事案件、缉捕国际罪犯等刑事警察事务上做了大

[1] 陈洁，曾磊. 网络犯罪全球治理的现实挑战及应对之策 [J]. 西南大学学报（社会科学版），2021（4）：52.

[2] 闵剑. 对当前国际警务合作方式的探讨 [J]. 上海公安高等专科学校学报，2005（1）：93.

[3] 王雷，王启超. 国际警务合作的国内外研究综述 [J]. 北京警察学院学报，2021（1）：72.

量积极有益的工作，有效促进各国之间在刑事问题上的合作，并在同国际犯罪及其他跨国性犯罪作斗争中发挥了重要的作用。[1]国际刑警组织截至目前共有194个成员国，是仅次于联合国的第二大政府间国际组织。我国于1984年9月正式加入国际刑警组织，在国际刑警组织框架下开展国际警务合作。

国际刑警组织由全体大会、执行委员会、总秘书处、国家中心局、文件管理委员会、顾问六个机构组成。①全体大会：是该组织的最高权力机关，由各成员国委派代表组成。②执行委员会：由大会选出的13个成员国的代表组成，主要任务是监督大会决议的实施、拟定全体大会日程和观察员名单、向大会提交工作计划和方案、监督管理总秘书处日常工作和行使大会授予的其他职能。③总秘书处：总秘书处由秘书长和该组织的警务、文职人员组成。负责执行大会和执行委员会的决议、协调各国警察部门的活动、组织有关警察专家研讨会和专题讨论会、编辑出版各种刊物和资料、通缉作案逃犯和通报被盗物品等。④国家中心局[2]：是国际刑警组织在各国的常设机构，由各国自行指定的警察机构担任。它既是各成员国的一个警察部门，依法承担本国的警察职能；又是国际刑警组织的法定机构，在国际范围内代表本成员国履行联络和执法合作事务。⑤文件管理委员会：确保组织对个人信息处理符合组织相关规章制度，其履职享有高度独立性，可依据需要调阅相关资料。⑥顾问：由执行委员会委任，主要负责应询刑警组织有关科学方面的事务。[3]近年来，国际刑警组织在打击网络犯罪的警务合作中发挥着愈加重要的作用，主要表现为以下几个方面：

一是协调针对网络威胁的全球响应。国际刑警组织帮助其成员国识别、分类和协调对网络威胁的响应。在此过程中，国际刑警组织通过与一些私人网络

---

[1] 高智华. 国际刑警组织的发展脉络与运作机制 [J]. 中国人民公安大学学报（社会科学版），2008（3）：101.

[2] 国家中心局是国家刑警组织所有活动的国家联络点，主要以下三个功能：第一，国家中心局是国际刑警组织的核心；第二，共享犯罪情报；第三，配合调查。INTERPOL. National Central Bureaus（NCBs）[EB/OL]. [2020-08-13]. https：//www.interpol.int/Who-we-are/Member-countries/National-Central-Bureaus-NCBs.

[3] 参见 https：//www.fmprc.gov.cn/web/gjhdq_676201/gjhdqzz_681964/lhg_682062/jbqk_682064/.

安全合作伙伴的紧密协作来开展相应工作，确保警方拥有最相关且最新的网络威胁信息以指导执法行动。这些私人网络合作伙伴与国际刑警组织共享有关的网络威胁信息、网络安全事态与风险的最新数据，国际刑警组织使用此类数据生成网络情报，以帮助各成员国制定应对策略。[1]

二是开展网络犯罪行动，实地支持打击网络犯罪。通过与成员国、私营企业、民间机构和组织以及国家计算机应急响应小组（CERT）密切合作，国际刑警组织协调全球范围内的跨国网络犯罪调查和行动。[2] 近年来，国际刑警组织重点关注东盟和非洲等易受网络攻击的区域，具体开展打击网络犯罪行动：（1）非洲打击网络犯罪联合行动（African Joint Operation against Cybercrime，AFJOC），开展时间为 2021 年 3 月 8 日至 2023 年 2 月 28 日。该行动旨在创建一个区域协调框架，以制定联合行动计划并开展执法活动，从而推动以情报为主导的协调行动，打击非洲国家的网络犯罪。[3]（2）东盟网络犯罪行动处（ASEAN Cybercrime Operations Desk），该行动旨在帮助东盟国家增强网络犯罪情报能力、提供调查和行为支持、保障网络安全环境来应对网络犯罪，并促进东盟执法机构与其他私营企业、民间机构和组织等提供数据和支持的合作伙伴建立联系。[4] 近年来，这一行动已取得显著成效。2019 年 6 月，根据警方和网络安全行业合作伙伴提供的数据，国际刑警组织开展“金鱼阿尔法行动”（Operation Goldfish Alpha），旨在应对东南亚地区新兴的加密劫持（Cryptojacking）威胁。在五个月的行动中，共有来自 10 个东盟国家[5] 的警察和国家计算机应急响应

---

[1] INTERPOL. Cybercrime threat response [EB/OL]. [2020–08–15]. https：//www.interpol.int/Crimes/Cybercrime/Cybercrime–threat–response.

[2] INTERPOL. Cybercrime operations [EB/OL]. [2020–08–15]. https：//www.interpol.int/Crimes/Cybercrime/Cybercrime–operations.

[3] INTERPOL. AFJOC–african Joint operation against cybercrime [EB/OL]. [2020–08–15]. https：//www.interpol.int/Crimes/Cybercrime/Cybercrime–operations/AFJOC–African–Joint–Operation–against–Cybercrime.

[4] INTERPOL. ASEAN cybercrime operations desk [EB/OL]. [2020–08–15]. https：//www.interpol.int/Crimes/Cybercrime/Cybercrime–operations/ASEAN–Cybercrime–Operations–Desk.

[5] 包括文莱、柬埔寨、印度尼西亚、老挝、马来西亚、缅甸、菲律宾、新加坡、泰国和越南。

小组网络犯罪调查人员和专家开展了工作，定位被病毒感染的路由器，提醒受害者并恢复设备，使其免受网络犯罪分子的控制。在此过程中，国际刑警组织促进了有关国家之间的信息交流和后续行动，最终受感染设备的数量减少了78%。❶ 此外，国际刑警组织 2020 年 1 月 27 日宣布，根据 Group–IB 网络安全公司提供的数据，成功确定了一种专门针对电子商务网站进行攻击以窃取银行卡信息和个人信息的恶意软件。国际刑警组织向受影响的国家发布网络活动报告，在此过程中，印度尼西亚在其协助下逮捕了三名网络犯罪分子。❷

三是推动网络能力发展，开展技能实践培训。跨国网络犯罪治理过程中，警方应当紧跟技术发展，并具备应对国家、区域和国际层面范围内网络犯罪所需的专业知识和技能。近年来，国际刑警组织开展了一系列行动。例如，国际刑警组织举办数据安全挑战模拟行动，要求参与者在限定时间内解决复杂的网络犯罪场景，并收集足够的证据以成功起诉。在此过程中，来自国际刑警组织、成员国以及私营企业的专家随时为参与者提供建议和知道。此外，国际刑警组织开展网络犯罪能力建设项目。例如，国际刑警组织开展为期三年的项目，该项目旨在提高拉丁美洲和加勒比地区 35 个国家打击网络犯罪的能力。❸

四是网络犯罪协作服务，加强警方与利益相关者交流。国际刑警组织创建了两项服务，以促进警方和其他利益相关者进行网络犯罪相关的交流，具体而言：①网络犯罪知识交流（Cybercrime Knowledge Exchange，CKE）工作空间。CKE 工作空间向执法机构、政府、国际组织和网络行业专家开放，用来交流关于网络犯罪的非警方行动信息。②网络犯罪协作平台—行动（Cybercrime

---

❶ INTERPOL. INTERPOL–led action takes aim at cryptojacking in Southeast Asia [EB/OL]. [2020–08–16]. https：//www.interpol.int/News–and–Events/News/2020/INTERPOL–led–action–takes–aim–at–cryptojacking–in–Southeast–Asia.

❷ INTERPOL. INTERPOL supports arrest of cybercriminals targeting online shopping websites [EB/OL]. [2020–08–16]. https：//www.interpol.int/News–and–Events/News/2020/INTERPOL–supports–arrest–of–cybercriminals–targeting–online–shopping–websites.

❸ INTERPOL. Cyber capabilities development [EB/OL]. [2020–08–16]. https：//www.interpol.int/Crimes/Cybercrime/Cyber–capabilities–development.

Collaborative Platform – Operations，CCP–Operation）。作为集成的信息中心，行动利益相关者得以交互式和安全的环境中共享情报，有效提高成员国行动的效率和效果，更好地集中资源并避免重复工作。[1]

五是建立公私伙伴关系，联合多方专业技术力量。随着信息技术的高速发展，打击网络犯罪单靠警方无法实现，需要相关技术力量支持。国际刑警组织与网络安全、信息技术、银行业等组织和私营公司建立了正式合作伙伴关系，在信息共享、抽调专家（Secondment of experts）、情报分析、提供培训等方面进行合作。[2]例如，2013 年 6 月，全球服务器安全、虚拟化及云计算安全领导厂商趋势科技（Trend）宣布与国际刑警组织（INTERPOL）开展合作，协助打击全球网络犯罪。[3] 2017 年 11 月，全球领先的网络解决方案供应商思科（Cisco）正式宣布，将与国际刑警组织（Interpol）共享"网络犯罪数据"，正式迈出与国际执法机构共同打击网络犯罪的第一步。这些数据包括" 威胁情报"，用以支持国际刑警组织对"纯粹的网络犯罪案件"和"涉及网络犯罪的犯罪案件"的侦查，以及协助国际刑警组织成员国识别网络攻击及其背后攻击者。[4] 2019 年 7 月，全球网络安全公司卡巴斯基（Kaspersky）和国际刑警组织签署了一项新的期限为五年的协议，以加强双方在全球范围内打击网络犯罪方面的合作。卡巴斯基将向国际刑警组织提供有关最新网络犯罪活动的人力资源支持、培训和威胁情报数据，加强该组织的网络威胁搜寻能力。[5]

---

[1] INTERPOL. Cybercrime collaboration services [EB/OL]. [2020–08–16]. https：//www.interpol.int/Crimes/Cybercrime/Cybercrime–Collaboration–Services.

[2] INTERPOL. Public–private partnerships [EB/OL]. [2020–08–17]. https：//www.interpol.int/Crimes/Cybercrime/Public–private–partnerships.

[3] 参见 Techweb. 趋势科技与国际刑警组织合作协助打击全球网络犯罪 [EB/OL]. [2020–08–17]. http：//www.techweb.com.cn/finance/2013–06–26/1305514.shtml.

[4] 参见思科宣布将与国际刑警组织共享网络犯罪数据 [EB/OL]. [2020–08–17]. https：//www.sohu.com/a/206294119_100066938.

[5] 参见卡巴斯基扩大与国际刑警组织在打击网络犯罪方面的合作 [EB/OL]. [2020–08–17]. https：//www.sohu.com/a/327461922_305564.

（二）欧洲刑警组织框架下打击网络犯罪

欧洲刑警组织是欧盟预防和打击跨国犯罪的情报中心和协调中心，近年来，欧洲刑警组织开展了一系列举措打击网络犯罪，主要包括以下几个方面：

第一，成立欧洲网络犯罪中心（European Cybercrime Centre，ECC）。欧洲刑警组织于 2013 年成立了欧洲网络犯罪中心（ECC），以加强对欧盟网络犯罪的执法响应，帮助欧洲民众、企业和政府免受网络犯罪的侵害。ECC 为成员国打击网络犯罪提供多种支持，具体而言：① ECC 是网络犯罪信息和情报的中心枢纽；② ECC 为各成员国提供在行动、协调方面的丰富专业知识，以支持成员国的行动和调查；③通过提供各种战略分析产品，在战略层面就打击和预防网络犯罪作出明智决策；④提供全面的外联职能，在打击网络犯罪的执法机构与私营部门、学术界和其他非执法合作伙伴之间建立联系；⑤提供培训和能力建设，特别是对成员国执法机关的培训和能力建设；⑥为调查和行动提供高度专业化的数据取证支持；⑦在共同利益领域（研发要求、互联网治理和政策制定）代表欧盟执法团体。[1] 自成立以来，ECC 先后开展了数十次备受瞩目的行动和数百次现场行动支持部署，最终逮捕数百人[2]，在打击、防范、治理网络犯罪中发挥着重要作用。

第二，发布年度互联网有组织犯罪威胁评估（IOCTA）。ECC 每年都会发布上述互联网有组织犯罪威胁评估（IOCTA），针对当年网络犯罪领域的新挑战提供执法重点评估。[3] 例如，《互联网有组织犯罪威胁评估（2020 年）》指出，新冠肺炎疫情发生后，欧洲的网络犯罪案件数量激增。由于新冠肺炎疫情流行期间远程办公成为常态，网络钓鱼和网络诈骗等传统网络犯罪活动迅速利用新

[1] EUROPOL. EUROPEAN CYBERCRIME CENTRE–EC3 [EB/OL]. [2020–08–17]. https：//www.europol.europa.eu/about–europol/european–cybercrime–centre–ec3.

[2] EUROPOL. EUROPEAN CYBERCRIME CENTRE–EC3 [EB/OL]. [2020–08–17]. https：//www.europol.europa.eu/about–europol/european–cybercrime–centre–ec3.

[3] INTERNET ORGANISED CRIME THREAT ASSESSMENT（IOCTA）[EB/OL]. [2020–08–18]. https：//www.europol.europa.eu/activities–services/main–reports/internet–organised–crime–threat–assessment.

冠肺炎疫情期间的社会脆弱，犯罪分子进行频繁的网络犯罪活动。这一背景下，欧洲刑警组织密切关注新形势下的时态发展，通过频繁的战略报告分享其调查结果。[1]

第三，成立网络犯罪联合行动特别工作组（Joint Cybercrime Action Taskforce，J–CAT）。欧洲刑警组织成立了 J–CAT，是一个 24/7 常设工作组，其致力于打击欧盟内外的网络犯罪。根据 J–CAT 成员的建议，J–CAT 将决定优先处理哪些案件，具体分为：①选择最相关的提案；②共享、收集和丰富有关案件的数据；③由提交选定提案的国家牵头，制订行动计划；④完成所有必要步骤，以确保案件的执法活动准备就绪。这个过程包括与司法机关在必要性进行咨询，确定必需的资源和职责分配。[2]

（三）多边和双边警务合作框架下打击网络犯罪

除了国际刑警组织、欧洲刑警组织等政府间国际组织框架下的警务合作模式，多边和双边警务合作是打击网络犯罪国际警务合作中的另一重要模式。多边和双边警务合作机制，可以有效促进各方在情报互通共享，调查与取证、协作抓捕等方面的警务合作。

我国《公安机关办理刑事案件程序规定》第 13 条规定："根据《中华人民共和国引渡法》《中华人民共和国国际刑事司法协助法》，中华人民共和国缔结或者参加的国际条约和公安部签订的双边、多边合作协议，或者按照互惠原则，我国公安机关可以和外国警察机关开展刑事司法协助和警务合作。"第 375 条规定："公安机关进行刑事司法协助和警务合作的范围，主要包括犯罪情报信息的交流与合作，调查取证，安排证人作证或者协助调查，查封、扣押、冻结涉案财物，没收、返还违法所得及其他涉案财物，送达刑事诉讼文书，引渡、缉捕

[1] INTERNET ORGANISED CRIME THREAT ASSESSMENT（IOCTA）2020 [EB/OL]. [2020–08–18]. https：//www.europol.europa.eu/activities–services/main–reports/internet–organised–crime–threat–assessment–iocta–2020.

[2] J–CAT POSTER [EB/OL]. [2020–08–18]. https：//www.europol.europa.eu/publications–documents/j–cat–poster.

和递解犯罪嫌疑人、被告人或者罪犯，以及国际条约、协议规定的其他刑事司法协助和警务合作事宜。”当前，我国已与近百个国家和地区建立了直接的双边警务合作关系，与几十个国家的内政警察部门建立定期工作会晤机制，依托国际刑警组织建立“打击信息技术犯罪”亚太地区工作组，在亚太地区建立了每年会晤的协作机制；与美国等 7 个国家建立了网络犯罪调查专人联络机制，与日本、韩国等 14 个国家联合建立了亚洲计算机犯罪互联网络（CTINS），及时交换网络犯罪动态、共享侦查取证技术；依托上海合作组织制定了《上海合作组织成员国保障国际信息安全行动计划》,建立了网络犯罪侦查取证协作机制。[1] 由此可知，我国公安机关积极拓展多边和双边警务合作机制，不断深化跨国网络犯罪警务执法合作。

例如，中国和美国作为互联网大国，双方于 2015 年 9 月建立两国打击网络犯罪及相关事项高级别联合对话机制。同年 12 月，首次开展中美打击网络犯罪及相关事项高级别联合对话。双方达成《打击网络犯罪及相关事项指导原则》，决定建立热线机制，在网络安全个案、网络反恐合作、执法培训等方面取得积极成果。2016 年 6 月、2016 年 12 月中美分别在北京、华盛顿开展第二次、第三次网络犯罪高级别联合对话，达成如下积极成果：①继续中美网络犯罪案件情况报告机制，以评估双方在案件方面合作的效果；②确认关注黑客和网络诈骗案件的合作，及时通报网络犯罪相关的线索和信息，确定一批重点案件继续开展执法合作；双方拟继续侦办网络传播儿童淫秽信息案件，寻求扩大打击利用网络实施犯罪的合作范围，共同打击在暗网市场上销售合成毒品和枪支等非法行为；③寻求就对话范围内提交的案件提供具体和及时的回；④就现有多边合作渠道交换了意见，拟继续就此议题交换意见。[2] 2017 年 10 月，依托“中美执法合作联合联络小组”（JLG）合作机制，中美已在网络犯罪与网络安全执法合作对话中取得进一步的务实成果，包括及时分享网络犯罪相关线索和信

[1] 王文华 . 建立多层次国际合作有效惩治网络犯罪 [J]. 新华月报，2018（12）：80–81.

[2] 参见第三次中美打击网络犯罪及相关事项高级别联合对话联合成果清单 [EB/OL]. [2020–08–18]. http：//www.gov.cn/xinwen/2016–12/09/content_5145730.htm.

息、及时对刑事司法协助请求作出回应，涉及网络诈骗、黑客犯罪、利用网络实施暴力恐怖活动、网络传播儿童淫秽信息等，保持和加强网络安全信息分享，并考虑今后在关键基础设施网络安全保护方面开展合作。[1] 此外，针对电信网络违法犯罪的特点，陕西省公安厅在公安部的统一部署下，加强境外警务合作，联手开展打击行动。2015 年 4 月，陕西省公安机关派出工作组赴印度尼西亚开展打击电信诈骗行动。2015 年 8 月，印尼警方来华与陕西公安机关就双方开展跨境打击电信诈骗犯罪进行交流协作，联手打击此类犯罪。[2] 此外，2019 年 9 月，我国首个双边警务合作中心落户柬埔寨。这是我国公安机关在全球设立的首个双边警务合作中心，将有力提升两国打击电信网络诈骗等网络犯罪执法水平。

三、打击网络犯罪国际合作的发展态势

（一）打击网络犯罪国际合作中的关键问题尚难形成一致

国际合作是打击网络犯罪的有效途径之一，然而，国际社会针对打击网络犯罪国际合作中的关键问题存在较大争议，严重阻碍了国际合作的有效开展。

1. 定罪差异问题协调对网络犯罪的定罪范围、找到最大公约数，尽量缩小各国就相同行为的定罪和处罚差异，是开展国际合作、避免跨国“法律真空”或“避风港”的关键[3]

当前国际社会对网络犯罪内涵和范围缺乏普遍认识，刑事定罪的差异会给涉及网络犯罪的刑事执法合作和司法协助带来严重挑战，特别是在双重犯罪原则方面。[4] 以《布达佩斯网络犯罪公约》为例，《布达佩斯网络犯罪公约》主

---

[1] 王文华 . 建立多层次国际合作有效惩治网络犯罪 [J]. 检察日报，2018–05–20（3）.

[2] 参见陕西加强境外警务合作重击电信诈骗 [EB/OL]. [2020–08–20]. https：//www.mps.gov.cn/n2255079/n4876594/n5104076/n5104080/c5109150/content.html.

[3] 吴海文，张鹏 . 打击网络犯罪国际规则的现状、争议和未来 [J]. 中国应用法学，2020（2）：193.

[4] Comprehensive Study on Cybercrime，Draft–February 2013 [EB/OL]. [2020–08–20]. https：//www.unodc.org/documents/organized–crime/UNODC_CCPCJ_EG.4_2013/CYBERCRIME_STUDY_210213.pdf.

要规定了西方国家重点关注的网络儿童色情犯罪、侵犯知识产权犯罪等。对于近年来日益猖獗的网络恐怖活动犯罪、网络侵犯个人信息犯罪、网络诈骗犯罪等却只字未提，在其补充协定中也未作规定。此外，《布达佩斯网络犯罪公约》未能对“关键信息基础设施”“僵尸网络”“恶意软件”等新类型的重要概念及时作出阐释。❶联合国网络犯罪问题政府间专家组调查发现，由于没有将计算机滥用工具的制作、散布或持有入罪的答复国几乎多达 20 个，如果就此类犯罪向这些国家提出刑事执法合作和司法协助的请求将面临双重犯罪原则的挑战。❷ 2020 年 7 月，联合国网络犯罪问题政府间专家组举行第六次会议上，有国家指出，关于在国际合作中采用的网络犯罪定义的范围，各国应确保将网络犯罪行为充分定为刑事犯罪，不仅包括依托网络实施的犯罪，还包括经常使用互联网和电子手段实施的其他犯罪（借助网络实施的犯罪），例如网络欺诈、网络盗窃、敲诈勒索、洗钱、贩运毒品和武器、儿童色情制品和恐怖主义活动。❸

2. 刑事管辖权冲突问题网络犯罪的无边界性和虚拟性对传统刑事管辖权理论和各国基于主权的刑事管辖权带来了挑战

网络犯罪的刑事管辖权冲突，严重阻碍了国际刑事执法司法合作的有效开展。主要包括两个方面：一方面，刑事管辖权的消极冲突。网络犯罪分子利用不同国家网络犯罪刑事立法差异，利用管辖真空逃避法律制裁。另一方面，刑事管辖权的积极冲突。由于网络犯罪往往与不同国家有联系，容易导致多个国家同时对同一犯罪行为主张管辖权，从而引发国家之前管辖权争端。其中，刑事管辖权的积极冲突更容易引发各国之间的刑事管辖权冲突。然而，现行的管辖权规则不能满足打击网络犯罪刑事执法合作和司法协助的现实需要。以《布达佩斯网络犯罪公约》为例，第 22 条未考虑跨国网络犯罪的时空特性，只是简

❶ 王肃之 . 打击网络犯罪国际规则的博弈与中国方案 [J]. 法学论坛，2021（1）：85.

❷ Comprehensive Study on Cybercrime，Draft–February 2013 [EB/OL]. [2020–08–20]. https：//www.unodc.org/documents/organized–crime/UNODC_CCPCJ_EG.4_2013/CYBERCRIME_STUDY_210213.pdf.

❸ Report on the meeting of the Expert Group to Conduct a Comprehensive Study on Cybercrime held in Vienna from 27 to 29 July 2020 [EB/OL]. [2020–08–24]. https：//undocs.org/zh/unodc/ccpcj/eg.4/2020/2.

单规定了传统属地原则和属人原则，并规定出现管辖权积极冲突时由各方协商解决，实际上搁置了网络犯罪管辖权冲突问题。[1] 2020 年 7 月，在联合国网络犯罪问题政府间专家组第六次会议上，我国指出各国要加强沟通以解决网络犯罪管辖权积极冲突问题，网络犯罪管辖权的确立要以尊重他国主权为基础，避免过度域外管辖。

3. 电子证据的跨境调取难题网络犯罪案件侦破的关键在于电子证据

然而，网络空间无国界导致电子证据事实上不可避免地包含跨境因素，使得各国在执法过程中面临电子证据存储于境外的难题。[2] 在各国警务合作和刑事司法协助过程中，电子取证的跨境调取往往耗时很长。因此，跨境调取电子证据成为网络犯罪各国警务合作和刑事司法协助过程中各方最为关切的问题之一。一方面，各国当前对电子证据的定义、取证和可采性等方面存在争议，严重阻碍各国网络犯罪执警务合作和刑事司法协助。另一方面，“倒 U 形”跨境电子取证结构降低了跨境电子取证效率，往往需要花费几个月甚至几年。[3] 此外，电子证据的即时性和易修改性，对跨境电子取证的时效性提出了更高的要求。面对电子证据的跨境调取难题，各国对于网络犯罪跨境电子取证国际合作机制存在较大争议。其中，欧美为代表的一些国家利用《布达佩斯网络犯罪公约》第二附加协定积极推广一国执法机关与其他法域网络服务提供商直接合作的跨境电子取证模式 [4]，而中俄等新兴国家坚持各国执法和司法合作机制下进行电子证据的跨境调取。2020 年 7 月，联合国网络犯罪问题政府间专家组第六次会议上，各国围绕跨境电子证据调取国际合作机制展开讨论。一种方案认为，应升级优化现有跨境电子取证国际合作机制。例如，有国家提出，鉴于电子证据的跨国性和不稳定，情报共享的直接合作是一项高效工具，可以通过缩短启动司法协

---

[1] 参见 Convention on cybercrime，Art.22.

[2] 洪延青．“法律战”旋涡中的执法跨境调取数据：以美国、欧盟和中国为例 [J]. 环球法律评论，2021（1）：39.

[3] 王立梅．论跨境电子证据司法协助简易程序的构建 [J]. 法学杂志，2020（3）：87.

[4] 方芳．坚持在联合国框架下制定电子证据国际标准——联合国毒品犯罪办公室第五届网络犯罪政府间专家组会议研究 [J]. 信息安全与通信保密，2019（5）：18.

助渠道所需的时间，来应对紧急情况造成的时间限制和挑战性。也有国家指出，有必要通过电子传送国际合作请求来实现司法协助实践的现代化，并增进其效率和速度。还有国家指出，应当建立全天候联络机制，建立全天候网络，在各参与国均设立负责的联络点。还建议改进如国际刑警组织建立的 I–24/7 全球警用安全通讯系统，制定创新的信息和证据交换规程，以加快此类程序。有国家进一步建议，应在国际层面制定电子证据的国际标准，在收集、储存和分享证据方面普遍采用国际标准，为国际合作的有序开展提供基础。还有一种方案认为，可以绕开警务合作和刑事司法协助机制，允许与其他法域的服务提供商在索取用户信息请求和保全数据请求方面直接合作。例如，有国家指出，《布达佩斯网络犯罪公约》第二附加议定书将为与私营部门实体的直接合作提供更完整的解决方案。[1]

（二）制定全球性网络犯罪公约仍存在较大理念分歧

针对当前打击网络犯罪国际合作中的争议，亟需制定国际层面的统一规则。然而，关于全球性网络犯罪公约的制定，国际社会存在较大理念分歧，基于处于各自为战的一种，呈现出两大阵营，其矛盾焦点在于“网络自由”与“网络主权”之间的争议。

一方阵营以欧盟成员国、美国为代表的西方老牌网络强国，主张推动《布达佩斯网络犯罪公约》全球化，以《布达佩斯网络犯罪公约》为基础制定全球性网络犯罪公约，反对另起炉灶制定新的全球性网络犯罪公约。美国虽非欧盟委会成员国，但在该公约谈判和制定过程中积极发挥作用，使公约基本反映了美国主张。2006 年，美国成为第一个参加《布达佩斯网络犯罪公约》的非欧委会成员国。[2]近年来，欧美等在多个国际场合表态推动《布达佩斯网络犯罪公约》全球化。例如，在第十二届联合国预防犯罪与刑事司法大会

---

[1] Report on the meeting of the Expert Group to Conduct a Comprehensive Study on Cybercrime held in Vienna from 27 to 29 July 2020 [EB/OL]. [2020–08–24]. https：//undocs.org/zh/unodc/ccpcj/eg.4/2020/2.

[2] 吴海文，张鹏 . 打击网络犯罪国际规则的现状、争议和未来 [J]. 中国应用法学，2020（2）：188.

（CCPCJ），美国主张《布达佩斯网络犯罪公约》可以为打击网络犯罪国际合作提供全球性法律框架，不需要重新制定全球性公约，重点在于解决其可操作性问题。❶

2011 年，美国出台《网络空间国际战略》，提出“网络自由”这一主张。事实上，虽然各国对于网络空间都有公平利用和发展的权利，但各国之间的“数字鸿沟”已经形成。发达国家和发展中国家网络发展水平的差异性，导致各国在网络空间的控制力和利益分配上极不平衡，网络空间的平等自由权无从谈起。因此，欧美等老牌网络强国利用其网络技术网络技术优势已经占据了网络空间的支配性地位，这种优势地位也为其自身带来了巨大的发展利益，因此希望延续这种以技术优势奠定的话语权体系，不愿对网络空间设置以法律规则为主导的国家治理形式，并企图继续在网络空间领域扩大自身的影响力和统治力。❷因此，欧美继续试图推动《布达佩斯网络犯罪公约》作为网络犯罪国际合作的全球化。然而，《布达佩斯网络犯罪公约》主要反映了发达国家的利益主张，未关注发展中国家的立场。在加入程序方面，对非欧洲委员会的成员设立了严格的加入条件，欧委会成员国有权阻止新成员的加入。此外，其在定罪、管辖权、电子取证、国际合作等规则存在的缺陷，使得其无法发展成为全球性犯罪公约。

另一方阵营以中国、俄罗斯为代表的新兴网络国家，主张在联合国框架下制定新的全球性网络犯罪公约。近年来，在多个国际场合，中俄明确主张在联合国框架下制定全球性网络犯罪公约。2011 年 9 月，中俄等五国向第 66 届联合国大会提交“信息安全国际行为准则”草案，正式提出“网络主权”概念。2015 年 1 月，中俄等国再次向第 69 届联合国大会提交“信息安全国际行为准则”更新草案。习近平总书记在第二届世界互联网大会的开幕式上发表

❶ 李彦．网络犯罪国际法律机制建构的困境与路径设计 [J]. 云南民族大学学报（哲学社会科学版），2019（6）：137.

❷ 陈洁，曾磊．网络犯罪全球治理的现实挑战及应对之策 [J]. 西南大学学报（社会科学版），2021（4）：49–50.

讲话："中国愿同各国一道，推动制定各方普遍接受的网络空间国际规则……健全打击网络犯罪司法协助机制"。2016 年中国发布的《国家网络空间安全战略》明确网络空间主权是国家主权的重要组成部分。2017 年实施的《中华人民共和国网络安全法》第 1 条在法律层面对网络空间主权作出原则性规定。[1] 2017 年 10 月，俄罗斯向第 72 届联合国大会提交《联合国打击网络犯罪国际合作公约草案》，集中反映了新兴网络国家的立场，在国际社会上引起了强烈反响。

近年来，新兴网络国家也积极通过金砖国家、上海合作组织、亚洲—非洲法律协商组织（以下简称为"亚非法协"）等平台表达对打击网络犯罪国际合作的立场。其中，亚非协是新兴网络国家讨论网络犯罪的主要平台，重点关注打击网络犯罪国际法问题。2014 年，经过中国提议，亚非法协第 53 届年会纳入"网络空间国际法"议题。[2] 2015 年，亚非法协第 54 届年会成立了不限名额"网络空间国际法工作组"。[3] 2016 年，亚非法协第 55 届年会，授权网络空间国际法工作组举行期间会议，与各成员国、相关国际组织、联合国等开展合作，尤其要考虑到亚非法协成员国打击网络犯罪的现实需要。[4] 2017 年，工作组第二次会议设有"网络犯罪与国际法"等四个专题，"成员一致认为至少需要制定打击网络犯罪国际合作的示范法，或者是鼓励成员国各自开展相关立法"。2018 年 10 月，工作组决定结合网络空间国际法的最新发展与成员国打击网络

[1] 《网络安全法》第 1 条："为了保障网络安全，维护网络空间主权和国家安全、社会公共利益，保护公民、法人和其他组织的合法权益，促进经济社会信息化健康发展，制定本法。"

[2] Resolutions Adopted at the 53rd Annual Session of AALCO [EB/OL]. [2021–08–26]. https：//www.aalco.int/Resolution%20adopted%20at%2053rd%20Annual%20Session%202014.pdf.

[3] INTERNATIONAL LAW IN CYBERSPACE [EB/OL]. [2021–08–26]. https：//www.aalco.int/userfiles/file/54thSession/resolutions/RESOLUTION%20ON%20_INTERNATIONAL%20LAW%20IN%20CYBERSPACE_%20as%20on%2015%20April.pdf.

[4] Declaration and Resolutions adopted at the Fifty–Fifth Annual Session of AALCO，New Delhi，India，17–20 May 2016 [EB/OL]. [2021–08–28]. https：//www.aalco.int/userfiles/file/55thSession/Final%20Resolutions%202016.pdf.

犯罪国际合作等的需要，继续起草新报告。[1]此外，上海合作组织、金砖国家也在积极推动在联合国框架下制定全球性网络犯罪。例如，2017 年，上海合作组织领导人峰会通过的《阿斯塔纳宣言》与金砖国家领导人峰会通过的《厦门宣言》均强调要加强区域协调与配合，推动在联合国框架下制定惩治网络犯罪的国际性公约。[2]

（三）联合国框架下探讨打击网络犯罪国际合作取得实质性进展

作为全球治理体系核心的联合国，在推动网络犯罪国际治理方面进行了不少了探索。近年来，尽管美国、欧盟等老牌网络强国极力反对在联合国框架下制定全球性网络犯罪公约，但在中国、俄罗斯为代表的新兴国家和其他发展中国家的推动下，联合国关于打击网络犯罪问题日益频繁和不断深入，取得了实质性进展。

1. 联合国网络犯罪政府间专家组进程开启实质性磋商

长期以来，联合国毒品和犯罪问题办公室（UNODC）和联合国预防犯罪和刑事司法委员会（CCPCJ）在打击网络犯罪国际合作方面扮演了重要角色。UNODC 推动网络犯罪国际规则制定，CCPCJ 作为 UNODC 的理事机构，第 11 届、第 12 届、第 13 届均就网络犯罪国际规则的问题进行讨论[3]，关于全球性公约的探讨在 CCPCJ 上的探讨最为频繁。[4]在第 12 届 CCPCJ 中，成员国建议请 CCPCJ 召集一个不限成员名额政府间专家组。2010 年 12 月，第 65 届联合国大会通过第 65/230 号决议，成立联合国网络犯罪政府间专家组。2013 年专家组编写了《网络犯罪问题综合研究报告（草案）》（以下简称《研究报告草案》），由于各方对其结论和建议存在争议，该报告在 2013 年

---

[1] 李彦 . 网络犯罪国际法律机制建构的困境与路径设计 [J]. 云南民族大学学报（哲学社会科学版），2019（6）：143.

[2] 陈洁，曾磊 . 网络犯罪全球治理的现实挑战及应对之策 [J]. 西南大学学报（社会科学版），2021（4）：52.

[3] 王肃之 . 打击网络犯罪国际规则的博弈与中国方案 [J]. 法学论坛，2021（1）：89.

[4] 同[1] 140.

2 月专家组第二次会议未获得通过。[1]在中国、俄罗斯、巴西等金砖国家不断努力和推动下，专家组于 2017 年 4 月召开第三次会议，决定搁置《研究报告草案》中的争议，继续以研究报告草案为基础讨论网络犯罪国际合作中实质性问题。[2] 2018 年 4 月，专家组第四次会议召开，通过了中国提出的 2018 年至 2021 年工作计划。根据该计划，专家组每年定期召开一次会议，分别围绕“立法和框架”“刑事定罪”“执法和侦查”“电子证据和刑事司法”“国际合作”和“预防”议题就网络犯罪实质问题展开讨论，并且不晚于 2021 年出台工作建议提交 CCPCJ 审议。除通过工作计划之外，第四次会议就其中的“立法和框架”和“刑事定罪”两个议题进行讨论，并汇集各国提出的初步建议供后续会议审议。[3] 2019 年 3 月，专家组第五次会议召开，重点对“执法和调查”“电子证据和刑事司法”两项议题进行讨论。[4] 2020 年 7 月，专家组第六次会议召开，重点针对“国际合作”和“预防”两项议题进行讨论。[5] 2021 年 4 月，专家组第七次会议召开，审议专家组 2018 年、2019 年和 2020 年举行的第四次、第五次和第六次会议得出的所有初步结论和建议，

[1] Open–ended intergovernmental expert group to conduct a comprehensive study of the problem of cybercrime [EB/OL]. [2021–08–27]. https：//www.unodc.org/unodc/en/organized–crime/expert–group–to–conduct–study–cybercrime–feb–2013.html.

[2] Open–ended intergovernmental expert group to conduct a comprehensive study of the problem of cybercrime [EB/OL]. [2021–08–27]. https：//www.unodc.org/unodc/en/organized–crime/open–ended–intergovernmental–expert–group–to–conduct–a–comprehensive–study–of–the–problem–of–cybercrime.html.

[3] Open–ended intergovernmental expert group to conduct a comprehensive study of the problem of cybercrime [EB/OL]. [2021–08–27]. https：//www.unodc.org/unodc/en/organized–crime/open–ended–intergovernmental–expert–group–to–conduct–a–comprehensive–study–of–the–problem–of–cybercrime2018.html.

[4] Open–ended intergovernmental expert group to conduct a comprehensive study of the problem of cybercrime [EB/OL]. [2021–08–27]. https：//www.unodc.org/unodc/en/organized–crime/open–ended–intergovernmental–expert–group–to–conduct–a–comprehensive–study–of–the–problem–of–cybercrime2019.html.

[5] Sixth session of the Open–ended intergovernmental expert group to conduct a comprehensive study of the problem of cybercrime [EB/OL]. [2021–08–27]. https：//www.unodc.org/unodc/en/organized–crime/open–ended–intergovernmental–expert–group–to–conduct–a–comprehensive–study–of–the–problem–of–cybercrime2020.html.

并编制结论和建议提交 CCPCJ 审议。[1] 中国在议题三“专家组未来工作”发言，鉴于联合国打击网络犯罪公约谈判特设政府间专家委员会将正式开启打击网络犯罪全球性公约谈判，各国特别是资源有限的发展中国家和毒罪办难以同时兼顾公约谈判和专家组的工作。为避免重复劳动，各方应集中精力投入联合国打击网络犯罪公约谈判特设政府间专家委员会的工作。在联合国网络犯罪政府间专家组按计划完成第七次会议的议程后，专家组没有必要继续开展工作。[2]

2. 联合国特设政府间专家委员会进程正式启动谈判

2019 年 12 月，第 74 届联合国大会以 79 票赞成、60 票反对、33 票弃权，通过由中俄等 47 国提出的《打击为犯罪目的使用信息通信技术》决议（以下简称为“第 74/247 号决议”），决定设立一个代表所有区域的不限成员名额特设政府间专家委员会，以拟订一项打击网络犯罪全球性公约。同时，充分考虑到关于打击为犯罪目的使用信息和通信技术行为的现有国际文书和国家、区域和国际各级的现有努力，特别是全面研究联合国网络犯罪政府间专家组的工作和成果。第 74/247 号决议又决定特设政府间专家委员会应于 2020 年 8 月在纽约召开为期三天的组织会议，以便商定其进一步活动的纲要和方式，提交第 75 届联合国大会审议和核准。[3] 这标志着自互联网诞生以来联合国将首次主持网络问题国际条约谈判，这一进程必然极大程度左右着国际社会网络犯罪治理的走向，

---

[1] Seventh session of the Open–ended intergovernmental expert group to conduct a comprehensive study of the problem of cybercrime [EB/OL]. [2021–08–28]. https：//www.unodc.org/unodc/en/organized–crime/open–ended–intergovernmental–expert–group–to–conduct–a–comprehensive–study–of–the–problem–of–cybercrime_2021.html.

[2] Statement by China on Item 3 in the Seventh Meeting of IEG（April 8，2021）[EB/OL]. [2021–08–28]. https：//www.unodc.org/documents/organized–crime/cybercrime/Cybercrime–April–2021/Statements/Item–3/China_Item_3_Statement.pdf.

[3] Resolution adopted by the General Assembly on 27 December 2019 [on the report of the Third Committee（A/74/401）] [EB/OL]. [2021–08–30]. https：//documents–dds–ny.un.org/doc/UNDOC/GEN/N19/440/28/PDF/N1944028.pdf?OpenElement.

也关系着打击网络犯罪的国际话语权。[1] 2020 年 5 月，第 75 届联合国大会通过了启动打击网络犯罪全球性公约谈判的决议，定于 2022 年 1 月正式启动打击络犯罪全球性公约谈判，并确定了谈判包括时间、地点、议事规则等具体事项。这是继联合国大会审议通过第 74/247 号决议之后又一里程碑，标志着在联合国框架下打击网络犯罪全球性公约的谈判进入实质性开展阶段。

[1] 王肃之 . 打击网络犯罪国际规则的博弈与中国方案 [J]. 法学论坛，2021（1）：81.

参考文献

[1] 刘艳红 . 网络时代言论自由的刑法边界 [J]. 中国社会科学，2016（10）：134–152，204–205.

[2] 皮勇 . 论新型网络犯罪立法及其适用 [J]. 中国社会科学，2018（10）：126–150，207.

[3] 张明楷 . 网络时代的刑事立法 [J]. 法律科学（西北政法大学学报），2017，35（3）：69–82.

[4] 梁根林 . 传统犯罪网络化：归责障碍、刑法应对与教义限缩 [J]. 法学，2017（2）：3–13.

[5] 刘宪权 . 网络造谣、传谣行为刑法规制体系的构建与完善 [J]. 法学家，2016（6）：105–119，178–179.

[6] 陈兴良 . 网络犯罪的刑法应对 [J]. 中国法律评论，2020（1）：88–95.

[7] 李传军，李怀阳 . 基于网络空间主权的互联网全球治理 [J]. 电子政务，2018（5）：9–17.

[8] 喻海松 . 网络犯罪黑灰产业链的样态与规制 [J]. 国家检察官学院学报，2021，29（1）：41–54.

[9] 周汉华 . 探索激励相容的个人数据治理之道——中国个人信息保护法的立法方向 [J]. 法学研究，2018，40（2）：3–23.

[10] 黄璜 . 美国联邦政府数据治理：政策与结构 [J]. 中国行政管理，2017（8）：47–56.

[11] 刘永志 . 西方意识形态网络渗透新态势及我国对策研究 [J]. 马克思主义研究，2017（12）：96–105.

[12] 周汉华 . 习近平互联网法治思想研究 [J]. 中国法学，2017（3）：5–21.

[13] 崔志伟 . 区块链金融：创新、风险及其法律规制 [J]. 东方法学，2019（3）：87–98.

[14] 杨志琼 . 我国数据犯罪的司法困境与出路：以数据安全法益为中心 [J]. 环球法律评论，2019，41（6）：151–171.

[15] 刘耀宗，刘云恒 . 基于区块链的 RFID 大数据安全溯源模型 [J]. 计算机科学，2018，45（S2）：367–368，381.

[16] 施巍松，张星洲，王一帆，张庆阳 . 边缘计算：现状与展望 [J]. 计算机研究与发展，2019，56（1）：69–89.

[17] 刘剑，苏璞睿，杨珉，和亮，张源，朱雪阳，林惠民 . 软件与网络安全研究综述 [J]. 软件学报，2018，29（1）：42–68.

[18] 刘宪权 . 网络黑灰产上游犯罪的刑法规制 [J]. 国家检察官学院学报，2021，29（1）:3–17.

[19] 许可 . 自由与安全：数据跨境流动的中国方案 [J]. 环球法律评论，2021，43（1）：22–37.

[20] 王肃之 . 打击网络犯罪国际规则的博弈与中国方案 [J]. 法学论坛，2021，36（1）：81–92.

[21] 曾磊 . 惩治网络犯罪国际警务合作的理论基础与路径考量 [J]. 中国人民公安大学学报（社会科学版），2021，37（1）：121–131.

[22] 裴炜 . 论网络犯罪跨境数据取证中的执法管辖权 [J]. 比较法研究，2021（6）：30–45.

[23] PETERS A, JORDAN A. Countering the cyber enforcement gap: Strengthening global capacity on cybercrime [J]. J. Nat'l Sec. L. & Pol'y, 2019, 10: 487.

[24] MAYER J. Cybercrime litigation [J]. U. Pa. L. Rev., 2016, 164: 1453.

[25] BRENNER S W. At light speed: Attribution and response to cybercrime/terrorism/warfare [J]. J. Crim. L. & Criminology, 2007, 97: 379.

[26] GRAY D, CITRON D K, RINEHART L C. Fighting Cybercrime After United States v. Jones [J]. J. Crim. L. & Criminology, 2013, 103: 745.

[27] KERR O S. Cybercrime's Scope: Interpreting Access and Authorization in Computer Misuse Statutes [J]. N.Y.U.L. Rev., 2003, 78: 1596.

[28] REED T S. Cybercrime and technology losses: Claims and potential insurance coverage for modern cyber risks [J]. Tort Trial & Insurance Practice Law Journal, 2019, 54: 153.

[29] HONG Y, NEILSON W. Cybercrime and punishment [J]. The Journal of Legal Studies, 2020, 49(2): 431–466.

[30] WEGBERG R, OERLEMANS J, DEVENTER O. Bitcoin money laundering: mixed results? An explorative study on money laundering of cybercrime proceeds using bitcoin [J]. Journal of Financial Crime, 2018,25(2):419–435.

[31] STEWART P. Trading Cybercrime for Jobs and Commerce or Paying Up: Using the WTO to

Combat Cybercrime [J]. Geo. Wash. Int'l L. Rev., 2015, 48: 475.

[32] GONZALEZ J P, ESWORTHY M A S, GAUGER N J. Cases without Borders: The Challenge of International Cybercrime Investigations [J]. Criminal Justice, 2016, 30(4): 15.

[33] YAR M, STEINMETZ K F. Cybercrime and society [M]. New York: SAGE Publications Ltd, 2019.

[34] MCQUADE S C. Understanding and managing cybercrime [M]. Boston: Pearson/Allyn and Bacon, 2006.

[35] WALL D. Cybercrime: The transformation of crime in the information age [M]. Cambridge: Polity Press, 2007.

[36] LOADER, BRIAN D, THOMAS D. Cybercrime: Security and surveillance in the information age [M]. London: Routledge, 2013.

[37] SINGER P W, FRIEDMAN A. Cybersecurity: What everyone needs to know[M]. Oxford: Oxford University Press, 2014.

[38] THAMES L, SCHAEFER D. Cybersecurity for industry 4.0 [M]. Heidelberg: Springer, 2017.

[39] LESSIG L. Code: And other laws of cyberspace [M]. New York:Basic Books, 2009.

[40] FANG B. Cyberspace Sovereignty Reflections on building a community of common future in cyberspace [M]. Berlin: Springer, 2018.